NCS · 한국산업인력공단 출제기준
제과제빵산업기사 · 제과제빵기능사

완벽대비

제과제빵
이론특강

월간 파티시에 **저**

BnCworld

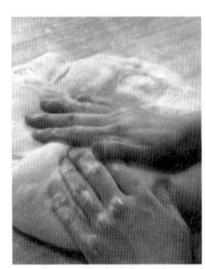

제과제빵
이론특강

전정판 4쇄	2024년 2월 1일
편저	월간 파티시에
발행인	장상원
발행처	(주)비앤씨월드
출판등록	1990. 11. 13 제 16-376호
주소	서울특별시 강남구 선릉로 132길 3-6 서원빌딩 3층
연락처	전화 : 02)547-5233
	팩스 : 02)549-5235
가격	16,000원
ISBN	978-89-88274-63-7　93570

ⓒ B&C WORLD, 1999 Printed in Korea
이 책은 신 저작권법에 의해 한국에서 보호받는 저작물이므로
저자와 (주)비앤씨월드의 동의없이 무단전재와 무단복제를 할 수 없습니다.
http://www.bncworld.co.kr

책 머리에

제과제빵에 대한 관심이 높아지면서 이를 배우려는 열기 또한 날로 뜨거워지고 있습니다. 제과제빵을 가르치는 전문교육기관의 수도 증가하고, 교육의 형태도 점점 다양화되어 가고 있는 추세입니다. 교육의 수요와 공급이 다같이 늘었다는 것은 매우 고무적인 일이나 이러한 관심을 지속시키기 위해서는 무엇보다도 교육의 품질이 뒷받침되어야만 할 것입니다. 교육의 질을 높이는데 있어 '좋은 교재의 선택'은 아주 중요한 조건입니다. '제과제빵 이론특강'은 이러한 조건을 충족시키기 위해 만들어진 기본 이론서입니다. 초판이 발간된 이후 교육계와 현장에서 꾸준히 사랑받아 온 본서가 2020년 전정판을 통해 국가직업능력표준(NCS)과 한국산업인력공단의 자격기준을 철저히 보완함으로서 더욱 완벽한 교재로 거듭나게 되었습니다.

특히, 본서는 지금까지의 제과제빵 이론교재가 미국이나 일본 등 외국의 이론을 흡수하는 과정에서 다소 무리가 있었던 점과 현장의 검증을 거치지 않은 이론이 그대로 수용되던 점을 고려, 우리 실정에 맞도록 내용과 체계를 새롭게 정리하였습니다. 제빵이론과 제과이론의 경우 각종 제품의 제법에 대한 쉽고도 명쾌한 해설을 통해 입문자들로 하여금 보다 쉽게 제과제빵에 접근할 수 있도록 했습니다. 또한 제과제빵과 관련된 생산관리, 재료과학, 영양학, 식품위생학등 모든 이론분야를 한 권의 책으로 묶어 제과제빵 이론 입문서로서의 역할을 다하도록 꾸몄습니다. 이밖에 본서가 지닌 특징을 요약하면 다음과 같습니다.

물론 본서에 수록된 내용은 최근의 제과제빵 기능검정 필기시험 출제기준도 충실히 반영하고 있습니다. 따라서 이 책 한 권만으로도 응시자들은 기능검정 필기시험을 완벽하게 대비할 수 있을 것입니다.

그 밖에 제과제빵을 이해하는데 필요한 관련지식들도 빠짐없이 설명함으로써 강의용 정통 교과서로 매우 적합한 체계를 갖추도록 했습니다. 하지만 본서는 강의를 전제로 한 교과서적인 체계에도 불구하고 독학자들에게도 일독을 권할 수 있을 만큼 최대한 쉽고 평이하게 쓰여졌습니다.

이상과 같이 본격 제과제빵 이론 강의교재로서 새롭게 출간된 본서가 제과제빵을 배우려는 모든 분들에게 더 없이 친근한 벗이 될 수 있기를 바랍니다.

발행인 장상원

CONTENTS

기초 재료 과학

제 1 장 | 제과 · 제빵 기초 재료
1. 밀가루 및 가루제품 ··············· 008
2. 감미제 ····························· 022
3. 유지와 유지제품 ··················· 028
4. 우유와 유제품 ····················· 033
5. 계란과 계란제품 ··················· 037
6. 이스트 및 기타 팽창제 ············ 041
7. 물 ································· 051
8. 초콜릿 ····························· 054

제 2 장 | 기타 재료 및 첨가물
1. 과실류 ····························· 059
2. 리큐르 ····························· 062
3. 기타 첨가물 ······················· 064

재료의 영양학적 특성

제 1 장 | 기초과학
1. 탄수화물의 재료적 특성 ·········· 072
2. 지방질의 재료적 특성 ············ 077
3. 단백질의 재료적 특성 ············ 080
4. 효소 ······························ 083

제 2 장 | 탄수화물
1. 탄수화물의 분류 ·················· 088
2. 탄수화물의 영양 ·················· 091
3. 탄수화물 급원 식품 ··············· 092

제 3 장 | 지방질
1. 지방질의 분류 ···················· 093
2. 지방질의 영양 ···················· 095
3. 지방질 급원 식품 ················· 096

제 4 장 | 단백질
1. 단백질의 분류 ···················· 097
2. 단백질의 영양 ···················· 099
3. 단백질 급원 식품 ················· 101

제 5 장 | 무기질, 비타민, 물
1. 무기질 ···························· 102
2. 비타민 ···························· 105
3. 물 ································ 113

제 6 장 | 영양과 건강
1. 질병과 영양 ······················ 114
2. 에너지 대사 ······················ 119
3. 영양 생리 ························ 120

빵류 제조 이론

제 1 장 | 빵의 개요
1. 빵의 정의 ························ 126
2. 빵의 역사 ························ 126
3. 빵의 분류 ························ 127
4. 빵의 주요 재료와 기능 ··········· 128
5. 제빵 기기와 도구 ················ 130
6. 품질관리용 설비 ················· 134
7. 제과 백분율 ······················ 134

제 2 장 | 제빵법
1. 스트레이트법 ···················· 135
2. 스펀지법 ························· 137
3. 액체발효법 ······················· 140
4. 연속식 제빵법 ··················· 142
5. 비상반죽법 ······················· 144
6. 재반죽법 ························· 147
7. 노타임 반죽법 ··················· 148
8. 사우어 도우법 ··················· 149
9. 냉동반죽법 ······················· 150
10. 오버나이트 스펀지법 ··········· 152

제 3 장 | 제빵 공정
1. 제빵법 결정 ······················ 152
2. 배합표 작성 ······················ 152
3. 재료 계량 ························ 154
4. 원료의 전처리 ··················· 154
5. 반죽 ······························ 155
6. 발효 ······························ 163
7. 분할 ······························ 168
8. 둥글리기 ························· 169
9. 중간 발효 ························ 170
10. 정형 ····························· 171
11. 팬닝 ····························· 173
12. 2차 발효 ························ 174
13. 굽기 ····························· 177
14. 냉각 ····························· 180
15. 슬라이스 ························ 181
16. 포장 ····························· 182

제 4 장 | 빵류 제품의 저장 및 유통
〈1〉 빵의 노화와 부패 ················ 183
1. 빵의 노화 ························ 183
2. 빵의 부패 ························ 185
3. 노화와 부패의 차이 ·············· 185
〈2〉 빵류 제품의 저장 및 유통 ······· 186

제 5 장 | 제품별 제빵법
1. 건포도 식빵 ······················ 187
2. 과자빵 ···························· 188
3. 데니시 페이스트리 ··············· 189
4. 조리빵류 ························· 190
5. 소프트 롤 ························ 191
6. 프랑스빵 ························· 191
7. 하드 롤 ·························· 192
8. 호밀빵 ···························· 193
9. 전밀빵 ···························· 194
10. 브리오슈 ························ 195

제 6 장 | 제품 평가
1. 일반적 평가 기준 ················ 196

2. 제품별 평가 기준 ·············· 196
  3. 빵의 결점과 원인 ·············· 200

과자류 제조 이론

제 1 장 ㅣ 과자의 개요
  1. 과자의 정의 ···················· 206
  2. 과자의 역사 ···················· 206
  3. 과자의 분류 ···················· 207
  4. 과자의 주요 재료와 기능 ······ 208
  5. 제과 기기와 도구 ·············· 210

제 2 장 ㅣ 제과법
  1. 반죽형 반죽 ···················· 214
  2. 거품형 반죽 ···················· 216
  3. 시퐁형 반죽 ···················· 218
  4. 페이스트 반죽 ·················· 218

제 3 장 ㅣ 제과 공정
  1. 반죽법 결정 ···················· 220
  2. 배합표 작성 ···················· 220
  3. 재료 계량 ······················ 221
  4. 반죽 만들기 ···················· 221
  5. 정형 · 팬닝 ····················· 224
  6. 굽기 또는 튀기기 ·············· 226
  7. 포장 ···························· 227

제 4 장 ㅣ 과자류 제품의 저장 및 유통
  〈1〉 과자의 노화와 부패 ··········· 228
  1. 과자의 노화 ···················· 228
  2. 과자의 부패 ···················· 229
  3. 노화와 부패의 차이 ············ 230
  〈2〉 과자류 제품의 저장 및 유통 ··· 230

제 5 장 ㅣ 제품별 제과법
  1. 레이어 케이크 ·················· 231
  2. 파운드 케이크 ·················· 237

  3. 스펀지 케이크 ·················· 239
  4. 에인젤 푸드 케이크 ············ 243
  5. 퍼프 페이스트리 ··············· 247
  6. 파이 ···························· 251
  7. 쿠키 ···························· 257
  8. 도넛 ···························· 263
  9. 슈 ······························ 270
  10. 냉과 ··························· 272
  11. 아이싱 ························· 275

제 6 장 ㅣ 제품 평가
  1. 제품의 평가 기준 ·············· 282
  2. 제품 평가시 감점 요인 ········ 282
  3. 과자류 제품의 결점 및 원인(요약) ·· 284

식품위생 · 환경관리

제 1 장 ㅣ 식품위생 개요
  1. 식품위생의 정의 ··············· 286
  2. 식품위생의 목적 ··············· 286
  3. 유해식품의 생성 요인 ········· 286
  4. 식품위생의 과제와 대책 ······ 287

제 2 장 ㅣ HACCP와 제조물 책임법
  1. HACCP ·························· 287
  2. 제조물 책임법(PL법) ·········· 289
  3. 포장 및 용기위생 ·············· 289

제 3 장 ㅣ 식품의 변질
  1. 미생물에 의한 변질 ············ 293
  2. 변질의 개념 ···················· 303

제 4 장 ㅣ 식품과 감염병
  1. 감염병의 개요 ·················· 306
  2. 경구감염병 ···················· 307
  3. 인 · 수공통감염병 ············· 311
  4. 식품과 기생충병 ··············· 313

  5. 위생동물 ······················· 316

제 5 장 ㅣ 식중독
  1. 식중독의 종류와 특성 및 예방방법 ·· 320
  2. 식중독 발생시 대책 ············ 332

제 6 장 ㅣ 식품 첨가물
  1. 식품의 첨가물 ·················· 332
  2. 식품 첨가물의 용도와 사용기준 ·· 333

제 7 장 ㅣ 식품위생 · 환경관리
  1. 식품위생 관련법규 ············· 335
  2. 식품위생과 환경관리 ·········· 336

생산 및 안전관리

제 1 장 ㅣ 생산 관리의 개요
  1. 생산 관리와 기업 활동 ········ 342
  2. 생산 관리의 기능 ·············· 343
  3. 생산 관리 조직의 편성 ········ 343
  4. 생산 계획과 제품 ·············· 344
  5. 생산 시스템의 분석 ············ 346

제 2 장 ㅣ 생산 관리와 안전
  1. 생산 준비 ······················ 347
  2. 생산량 관리 ···················· 348
  3. 품종 · 품질 관리 ··············· 348
  4. 원가 관리 ······················ 348
  5. 손실 관리 ······················ 351
  6. 자재 · 운반 · 외주 관리 ······· 352
  7. 작업 환경과 안전관리 ········· 353
  8. 기기 및 설비의 보전관리 ······ 354

부록 ㅣ 제빵 관련 외래어 표기 ······ 355

제과제빵 기능사 출제 기준 [필기]

한국산업인력공단

직무 분야	식품가공	중직무분야	제과 · 제빵	자격 종목	제과 · 제빵기능사	적용 기간	2023.1.1.~2025.12.31.

※ 직무내용 : 과자류 · 빵류 제품을 제공하기 위한 체계적인 기술과 생산계획을 수립하여 생산, 판매, 위생 및 관련 업무를 실행하는 직무이다.

필기검정방법	객관식	문제수	60	시험시간	1시간

제빵기능사

과목명	주요항목	세부항목	세세항목
빵류 재료, 제조 및 위생관리	1 재료 준비	1 재료 준비 및 계량	1 배합표 작성 및 점검 2 재료 준비 및 계량 방법 3 재료의 성분 및 특징 4 기초재료과학 5 재료의 영양학적 특성
	2 빵류 제품 제조	1 반죽 및 반죽 관리	1 반죽법의 종류 및 특징 2 반죽의 결과 온도 3 반죽의 비용적
		2 충전물 · 토핑물 제조	1 재료의 특성 및 전처리 2 충전물 · 토핑물 제조 방법 및 특징
		3 반죽 발효 관리	1 발효 조건 및 상태 관리
		4 분할하기	1 반죽 분할
		5 둥글리기	1 반죽 둥글리기
		6 중간발효	1 발효 조건 및 상태 관리
		7 성형	1 성형하기
		8 팬닝	1 팬닝 방법
		9 반죽 익히기	1 반죽 익히기 방법의 종류 및 특징 2 익히기 중 성분 변화의 특징
	3 제품 저장 관리	1 제품의 냉각 및 포장	1 제품의 냉각 방법 및 특징 2 포장재별 특성 3 불량제품 관리
		2 제품의 저장 및 유통	1 저장 방법의 종류 및 특징 2 제품의 유통 · 보관 방법 3 제품의 저장 · 유통 중의 변질 및 오염원 관리 방법
	4 위생 안전 관리	1 식품위생 관련 법규 및 규정	1 식품위생법 관련 법규 2 HACCP 등의 개념 및 의의 3 공정별 위해요소 파악 및 예방 4 식품첨가물
		2 개인위생 관리	1 개인위생 관리 2 식중독의 종류, 특성 및 예방 방법 3 감염병의 종류, 특징 및 예방 방법
		3 환경위생관리	1 작업환경 위생관리 2 소독제 3 미생물의 종류와 특징 및 예방 방법 4 방충 · 방서 관리
		4 공정 점검 및 관리	1 공정의 이해 및 관리 2 설비 및 기기

제과기능사

과목명	주요항목	세부항목	세세항목
과자류 재료, 제조 및 위생관리	1 재료 준비	1 재료 준비 및 계량	1 배합표 작성 및 점검 2 재료 준비 및 계량방법 3 재료의 성분 및 특징 4 기초재료과학 5 재료의 영양학적 특성
	2 과자류 제품 제조	1 반죽 및 반죽 관리	1 반죽법의 종류 및 특징 2 반죽의 결과 온도 3 반죽의 비중
		2 충전물 · 토핑물 제조	1 재료의 특성 및 전처리 2 충전물 · 토핑물 제조 방법 및 특징
		3 팬닝	1 분할 팬닝 방법
		4 성형	1 제품별 성형 방법 및 특징
		5 반죽 익히기	1 반죽 익히기 방법의 종류 및 특징 2 익히기 중 성분 변화의 특징
	3 제품 저장 관리	1 제품의 냉각 및 포장	1 제품의 냉각방법 및 특징 2 포장재별 특성 3 불량제품 관리
		2 제품의 저장 및 유통	1 저장방법의 종류 및 특징 2 제품의 유통 · 보관방법 3 제품의 저장 · 유통 중의 변질 및 오염원 관리 방법
	4 위생 안전 관리	1 식품위생 관련 법규 및 규정	1 식품위생법 관련 법규 2 HACCP 등의 개념 및 의의 3 공정별 위해요소 파악 및 예방 4 식품첨가물
		2 개인위생관리	1 개인위생 관리 2 식중독의 종류, 특성 및 예방 방법 3 감염병의 종류, 특징 및 예방 방법
		3 환경위생관리	1 작업환경 위생관리 2 소독제 3 미생물의 종류와 특징 및 예방방법 4 방충 · 방서 관리
		4 공정 점검 및 관리	1 공정의 이해 및 관리 2 설비 및 기기

기초 재료 과학

제1장 제과 · 제빵 기초 재료
제2장 기타 재료 및 첨가물

기초 재료 과학

제1장 제과·제빵 기초 재료

1. 밀가루(wheat flour) 및 가루제품

(1) 밀알의 구조
밀알은 밀의 씨로서 배아, 내배유, 껍질의 3부분으로 구성되어 있다.

1) 껍질층(barn layer)
전체 밀알의 약 13~14.5%를 차지하는데, 전밀가루에는 들어 있으나 일반 밀가루에는 제분과정 중 분리된다. 껍질 부위에는 전 단백질의 15~20%가 알부민, 글로불린, 글리아딘과 같은 단백질 형태로 들어 있으며, 소화가 되지 않는 셀룰로오스와 회분을 다량 함유하고 있다.

밀알의 단면도

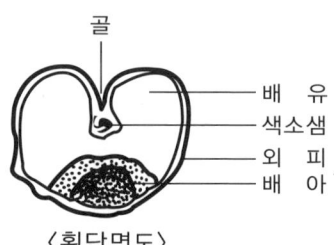
〈횡단면도〉

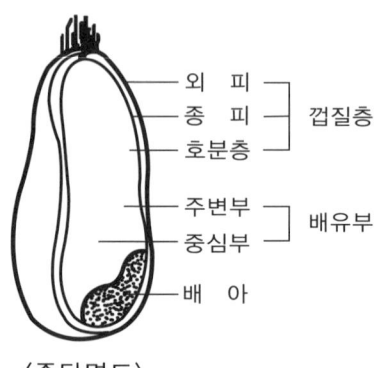
〈종단면도〉

밀알의 부위별 성분(단위 : %)

구분	껍질	배아	내배유
무게 구성비	14.5	2.5	83
단백질 분포	19	8	73
회분	6.38	4.80	0.30
지방	6	8~15	1~2
무질소물	적다	적다	많다

2) 내배유(endiosperm)

밀의 거의 대부분인 약 83~85%를 차지하고 있으며, 이 부분을 분말화한 것이 밀가루이다. 단백질, 탄수화물, 철의 대부분과 리보플라빈, 니아신, 티아민과 같은 비타민 B군이 다량 함유되어 있다. 특히 내배유에 함유된 단백질은 전체 단백질의 70~75% 정도를 차지하며, 알콜 용해성인 글리아딘과 산-알칼리 용해성인 글루테닌이 거의 같은 양으로 들어 있다.

경질 밀로 만든 밀가루는 초자질의 내배유 조직을 가지고 있어 모래알 같은 특성을 나타낸다. 그러나 연질 밀로 만든 밀가루는 작은 세포 입자와 유리된 전분을 가지고 있어 고운 밀가루가 된다.

3) 배아(germ)

밀의 2~3%를 차지하며 발아하는 부위이다. 지방이 상당량 함유되어 있어 저장성을 나쁘게 하므로 식용, 약용, 사료용으로 쓰인다. 배아에는 수용성인 알부민과 염수용성인 글로불린이 많으며, 핵 단백질과 같은 형태의 생물학적 활성 단백질을 함유하고 있다.

(2) 밀의 분류

1) **파종기에 따른 분류** : 봄밀, 겨울밀
2) **단백질 함량에 따른 분류** : 강력밀, 중력밀, 박력밀
3) **밀알의 색에 따른 분류** : 적색밀, 백색밀, 흑색밀, 앰버밀
4) **밀알의 경도에 따른 분류** : 연질밀, 반경질밀, 경질밀
5) **초자율에 따른 분류** : 초자질밀, 반초자질밀, 분상질밀

❖ 초자율 : 밀알을 가로로 잘랐을 때 단면의 투명 정도에 따라 계산한다. 초자율이 70% 이상이면 초자질밀, 30~70%이면 반초자질밀, 30% 이하이면 분상질밀에 해당한다. 일반적으로 경질밀은 초자질밀에, 연질밀은 분상질밀에 해당한다. 따라서 초자율은 밀의 단단함과도 관계가 있다.

6) 밀의 기본 6품종

밀은 크게 2종의 재배 계절로 나뉘는데 동맥(winter wheat)은 가을에 파종하여 봄이나 여름에 수확하고, 춘맥(spring wheat)은 봄에 파종하여 늦은 여름이나 이른 가을에 수확하는 밀이다. 일반적으로 밀은 토양이 척박하고 건조한 지역에서 재배되지만 특성은 강수량, 기온, 토양 조건 등의 재배 환경에 의해 크게 지배된다. 밀의 품종은 파종하고 수확하는 시기뿐만 아니라 밀알의 경도, 껍질색, 모양에 따라 수백종으로 분류되지

만 기본 6종은 다음과 같다.

① **경질 적동맥(hard red winter wheat)** : 단백질 함량의 범위가 넓고 제분성, 제빵적성이 양호한 편이며 식빵용, 롤용, 과자빵용, 다목적용 밀가루를 만든다.

② **경질 적춘맥(hard red spring wheat)** : 단백질 함량이 가장 높고, 제분성과 제빵 적성이 우수한 강력분 제조용 밀이다.

③ **연질 적동맥(soft red winter wheat)** : 수율이 많으나 상대적으로 단백질 함량이 낮다. 평평한 빵, 케이크, 페이스트리, 크래커 등 박력분 계열의 밀가루 제조용이다.

④ **듀럼(durum)** : 경질 소맥으로 파스타 제조를 위한 세몰리나(semolina) 밀가루를 만들며 경질 적춘맥과 같은 지역에서 재배한다.

⑤ **경질 백소맥(hard white wheat)** : 적소맥에 비하여 껍질이 백색으로 더 부드럽고 향이 강하며 이스트 사용 하드롤, 동양식 국수, 또띠아 제조용 밀이다.

⑥ **연질 백소맥(soft white wheat)** : 케이크, 크래커, 쿠키, 머핀, 스낵용 밀가루를 만들며 연질 적동맥과 유사하게 박력분 제조에 사용된다.

(3) 제분

밀의 내배유 부분으로부터 껍질 부위와 배아 부위를 분리하고, 내배유 부위의 전분을 손상되지 않게 고운 가루로 만드는 것이다.

1) 제분 공정

① **밀 저장소** : 종류별로 사용할 밀을 저장한다.
② **제품 통제** : 품종별 밀의 특성을 조사하여 분류하고, 사용 목적에 따라 혼합비도 결정한다.
③ **분리기** : 돌, 막대기, 조각 등 불순물을 제거한다.
④ **흡출기** : 공기를 불어넣어 가벼운 불순물을 제거한다.
⑤ **원반 분리기** : 밀알만 통과시키는 분리기이다.
⑥ **스카우더** : 밀알에 붙어 있는 먼지와 까락 등의 불순물과 불균형 물질을 털어낸다.
⑦ **자석 분리기** : 철, 강철 등을 제거한다.
⑧ **세척** : 밀에 물을 넣고 고속으로 일어서 돌을 골라낸다.
⑨ **템퍼링** : 파괴된 밀이 잘 분리되도록 하고, 내배유를 부드럽게 한다.
⑩ **혼합** : 특정 용도에 맞도록 밀을 조합한다.
⑪ **엔톨레터** : 파쇄기에 주입되는 부분으로, 부실한 밀을 제거한다.

⑫ 1차 파쇄 : 톱니처럼 된 롤러로 밀을 파쇄하여 거친 입자를 만든다.

⑬ 1차 체질 : 체의 그물눈을 곱게 하여 밀가루를 얻고 나면, 과피 부분은 별도의 정선기로 보내져 다시 분쇄되고, 저급 밀가루와 사료로 분리된다.

⑭ 정선기 : 공기와 체그물로 과피 부분을 분리하고 입자를 분류한다.

⑮ 리듀싱롤 : 정선기에서 온 밀가루를 다시 분쇄하여 작은 입자로 만든다.

⑯ 2차 체질 : 고운 밀가루는 다음 단계로 넘어가고, 거친 입자는 별도의 정선기를 거쳐 배아 롤에 다시 분쇄되고 계속되는 체질에 의해 배아와 밀가루가 분리된다.

⑰ 정선 : 분쇄와 체질이 한번에 이루어진다.

⑱ 표백 → 저장 → 영양강화

⑲ 포장

2) 제분율과 용도

① 제분율 : 밀을 제분하여 밀가루를 만들 때 밀에 대한 밀가루의 양을 %로 나타낸 것이다. 제분율이 낮을수록 껍질 부위가 적으며 고급분이 되지만, 영양가와는 무관하다.

(전밀가루 : 100%, 전시용 밀가루 : 80%, 일반용 밀가루 : 72%)

❖ 전립분 : 제분율이 100%인 밀가루, 즉 밀을 통째로 제분한 검은 밀가루로 그레이엄 밀가루라고도 한다. 열량면에서는 일반 밀가루에 못 미치지만 단백질, 비타민이 많이 포함되어 있다. 전립분으로 만든 빵을 전립빵이라고 한다.

② 분리율 : 분리된 밀가루 100을 기준하여 나타낸 특정 밀가루의 백분율을 말한다. 입자가 곱고 내배유 중심 부위가 많이 들어간 밀가루일수록 분리율이 작다.

③ 용도

가. 제빵용 : 특정 제품에 따라 규격이 다양하지만, 일반적으로 경질소맥을 제분해서 얻은 강력분을 사용한다. 단백질 함량은 12~15%로 최소 10.5% 이상이며, 회분은 0.4~0.5% 전후가 바람직하다. 제품에 따라 중력분 또는 박력분을 혼합하여 사용하기도 한다.

나. 제과용 : 연질소맥을 제분해서 얻은 박력분을 주로 사용하는데, 평균 7~9%의 단백질과 0.4% 이하의 회분이 함유된 것이 좋다. 제품에 따라 중력분 또는 강력분을 단독으로 사용하거나 혼합하여 사용하기도 한다.

(4) 밀가루의 분류

밀가루의 분류에는 단백질 함량을 기준으로 한 제품 유형별 분류와 회분량을 기준으로 한 등급별 분류가 있다.

제품 유형별 분류

제품 유형	단백질량(%)	원료밀의 종류	용도
강력분	11.5~13.0	경질초자질	빵용(식빵)
준강력분	10.5~12.0	경질초자질 및 중자질	빵용(과자빵)
중력분	8.0~10.0	연질중자질	우동, 면류
박력분	6.5~8.0	연질분상질	과자
듀럼분	11.0~12.5	듀럼초자질	스파게티, 마카로니

❖ 제빵용으로는 단백질 함량이 많은 강력분이, 제과용으로는 단백질 함량이 적은 박력분이 주로 쓰인다.
❖ 듀럼분 : 듀럼밀로 만든 밀가루. 듀럼밀은 일반밀과는 품종이 다른 경질밀이다. 지중해 연안, 미국, 캐나다 등지에서 재배된다.

등급별 분류

등 급	회 분	색 깔	효소 활성도
특등급	0.3~0.4	아주 좋다	아주 낮다
1등급	0.4~0.45	좋다	낮다
2등급	0.46~0.60	보통	보통
3등급	0.7~1.0	나쁘다	높다
최하등급	1.2~2.0	아주 나쁘다	아주 높다

❖ 등급별 분류는 밀가루의 순도, 즉 내배유 이외의 부분(외피, 배아)이 얼마나 섞였는가를 나타낸다. 회분과 단백질 양이 적을수록 등급은 높다.

(5) 밀가루의 성분

1) 밀 단백질(wheat proteins)

밀가루의 단백질 함량은 특히 제빵에 있어 중요한 품질 지표가 된다. 따라서 제빵 적성은 단백질의 함량 및 질(質)에 의해 좌우된다. 밀가루 단백질 중 가장 중요한 역할을 하는 것은 글리아딘과 글루테닌이다. 이 두 불용성 단백질은 반죽 과정에서 물과 결합해 글루텐이라고 하는 그물망 조직을 형성한다. 글루텐은 점성과 탄력성이 풍부하고 발효 시 배출되는 탄산가스를 보유하는 능력이 있어 완성된 제품에 부피감을 준다. 즉, 글루텐이 많은 밀가루는 그만큼 제품을 많이 부풀게 하는 것이다.

> ❖ 글루텐 형성 단백질
> ① 글리아딘 : 물에는 녹지 않으나, 70% 알콜에는 녹는다. 약 36%를 차지한다.
> ② 글루테닌 : 중성 용매에 불용성이며, 약 20%를 차지한다.
> ③ 메소닌 : 묽은 초산에 용해되며, 약 17%를 차지한다.
> ④ 알부민과 글로불린 : 약 7%로, 수용성이다. 세척되지 않고 전분, 지방, 회분, 섬유질과 함께 글루텐에 남아 있다.

2) 지방(lipids)

밀가루의 지방 함량은 1~2% 정도인데, 이중 70% 정도는 유리 지방으로 유기용매에 의해 추출된다. 그러나 일단 빵 반죽이 되면 인 함량이 높은 인지질이 글루테닌과 결합, 결합 지방이 되어 추출되지 않는다.

> ❖ 유리 지방 : 에테르, 사염화탄소와 같은 용매로 추출되는 지방
> ❖ 결합 지방 : 에테르에는 추출되지 않으나, 포화된 결정수를 가진 부탄알콜에 추출되는 지방. 유리 지방에 비해 인의 함량이 5배 이상이다.

3) 탄수화물(carbohydrates)

① 밀가루는 70% 이상이 탄수화물로 이루어져 있으며, 이의 대부분은 전분(녹말)이다. 나머지는 덱스트린, 섬유질 및 여러 가지 형태의 당류와 펜토산으로 구성되어 있다.
② 전분은 밀가루의 가장 주된 성분으로서 일부는 이스트의 영양원이 되고, 나머지 대부분은 물을 흡수하면서 글루텐 조직이 만든 그물망 사이를 메워감으로써 글루텐과 함께 빵의 골격을 이룬다.
③ 밀가루의 전분 함량은 단백질 함량과는 반비례한다. 따라서 일반적인 박력분이 강력분보다 전분의 함량이 높다. 손상된 전분 입자는 알파-아밀라아제가 작용하기 쉬워서 발효가 진행되는 동안 적절한 가스 생산을 지원해 줄 발효성 탄수화물을 만들게 한다. 손상된 전분 입자의 권장량은 4.5~8%이다.
④ 수용성 탄수화물로는 자당, 맥아당, 포도당, 과당, 라피노스 등이 단당류에서부터 3당류의 형태로 1~1.5% 가량 들어 있다. 덱스트린의 함량은 0.1~0.2% 수준이다. 수용성 펜토산이 교질로 변하면 반죽의 단단한 정도를 높이고, 2차 발효 중에 생산되는 가스 세포가 무너지지 않게 하여 빵의 세포 구조를 유지시킨다.

4) 회분

회분 함량은 밀가루의 등급과 관계가 있고 제분율과도 정비례하기 때문에 밀가루 출하 시 품질을 확인하는 항목이다. 그러나 제빵성은 여러 요인에 의해 영향을 받으므로 회분 함량만으로 제빵성을 판단할 수는 없다.

❖ 밀가루 회분 함량의 의미
① 정제도 표시 : 고급 밀가루의 회분 함량은 밀의 1/4~1/5 정도로 감소한다. 이는 껍질 부분에 회분이 많으므로 껍질을 분리한 정도를 알 수 있다.
② 제분 공장의 점검 기준이 된다.
③ 제빵 적성을 직접 나타내지는 않는다. 여러 가지 밀가루의 조합에 따라 회분 함량이 조절되기 때문이다.
④ 제분율이 같을 때 일반적으로 경질소맥이 연질소맥에 비해 회분 함량이 높다.

5) 효소

밀가루에는 다양한 효소가 함유되어 있으나 제빵에 가장 중요한 영향을 미치는 효소는 전분을 분해하는 아밀라아제와 단백질을 분해하는 프로테아제이다. 효소의 활동은 밀가루의 가공 적성에 영향을 준다. 일반적으로 효소가 많이 들어 있는 밀가루는 가공 적성을 떨어뜨린다.

❖ 프로테아제 : 글루텐 조직을 연화시키는 효소이다. 이 효소가 빵 반죽을 숙성시키는데, 그 활성도가 지나치면 글루텐 조직이 끊어져 끈기가 없어진다. 반죽에 산화제를 첨가하면 프로테아제의 활성도가 떨어진다.

(6) 밀가루의 성분 특성 실험

1) 밀가루의 색

① 페카시험(pekar color test) : 밀가루의 색을 판정하는 방법 중 하나이다. 밀가루를 유리판 위에 놓고 매끄럽게 다듬은 후 찬물에 담근다. 그런 후 젖은 상태로, 또는 100℃에서 건조시켜 색을 판단한다. 껍질의 혼입 정도와 표백 정도를 알 수 있다.
② 분광 분석기를 이용하는 방법 : 밀가루(10g)를 물-노르말 부탄올의 포화용액(50㎖)으로 추출한 뒤, 그 여과액을 분광 분석기로 측정하여 밀가루 색을 판정한다.
③ 이밖에 여과지 이용법이나 색광 반사를 직접 읽을 수 있는 광학기구를 이용하여 밀가루 색을 실험하는 방법이 있다.

2) 조단백질

조단백질이란 켈달(kjeldahl)법으로 질소를 정량하여 5.7을 곱한 수치를 말한다. 이는 밀가루 단백질 중 질소의 구성이 17.5%이기 때문이다. 최근에는 밀의 단백질을 3분만에 정량해 내는 기계가 개발되어 사용되고 있다.

3) 회분
550~590℃의 오븐에서 태워 재로 만든 뒤, 재의 중량을 %로 표시한다. 회분은 제분에 의해 껍질 부분이 얼마나 분리되었는지를 알 수 있는 지표로 활용된다.

4) 수분
수분을 진공 오븐법, 건조 오븐법, 알루미늄판법, 적외선 조사법 등으로 정량한다. 밀가루는 수분이 많고 적음에 따라 상품으로서의 가치, 저장성, 제빵 가공성 등이 달라진다. 따라서 가수율을 적절히 조절해 줘야 한다.

5) 팽윤시험
유산을 사용하여 밀가루-물의 현탁액 침강 높이를 측정한다. 침강 높이가 55mm 이상이면 제빵 적성이 양호하지만, 20mm 이하이면 불량하다.

6) 가스 생산 측량
① 압력계 방법 : 밀가루에 물과 이스트를 넣고 반죽한 후 발생하는 가스를 기압계로 측정한다.
② 부피 측정 방법 : 밀가루를 충분한 물과 이스트를 넣고 혼합한 후 발생되는 가스를 눈금이 있는 가스 측정 장치에 연결하여 시간별로 부피를 측정한다.

(7) 밀가루의 물리적 특성
1) 글루텐 형성
글루텐의 형성은 원료 밀의 종류에 따라 차이가 있으나, 가볍게 반죽하면 글루텐이 약하게 생성되고 탄력성이 결핍된다. 반대로 강하게 반죽하면 결합 구조가 강화된다. 그러나 과도하게 반죽할 경우에는 글루텐 조직의 일부가 파괴되어 오히려 연약해진다.

또 단백질량이 많은 강력분의 경우는 장시간에 걸쳐 글루텐이 생성되지만, 박력분은 단시간에 만들어지는 경향이 있다. 따라서 과자를 만들 경우, 지나치게 반죽하지 않도록 주의할 필요가 있다.

2) 글루텐이 만들어지기 쉬운 조건

① 글루텐 양이 많고 질 좋은 밀가루를 쓸 때
② 물을 밀가루의 50% 이상 더할 때
③ 찬물 대신 미지근한 물을 사용할 때
　(단, 버터 사용량이 많은 반죽에서는 찬물을 사용해야 한다.)
④ 오랫동안 반죽할 때. 중간에 휴지한 후 다시 한번 반죽하면 더 효과적이다.
⑤ 소금은 글루텐에 신장성을 주고 우유, 계란, 지방은 신장성을 높이면서 부드러운 반죽을 만든다.

3) 밀가루의 흡수력

① 단백질이 많을수록(글루텐이 많을수록) 흡수량이 많다.
② 글루텐의 질이 단단할수록(강력분일수록) 흡수량이 많다.
③ 제분한 뒤 시간이 흐를수록 글루텐은 단단해져 흡수량이 많아진다.
④ 반죽에 유동성을 부여하는 원료(유지, 계란, 설탕 등)가 적을수록 흡수량이 늘어난다.
⑤ 밀가루가 건조할수록(밀가루의 수분이 적을수록) 흡수량은 증가한다.
⑥ 밀가루의 입자가 미세할수록 흡수량이 증가한다.
⑦ 외피 부분이 많은 밀가루일수록 흡수량이 많다.

(8) 밀가루의 표백과 숙성

1) 표백제

갓 빻은 밀가루는 내배유 속의 카로티노이드계 색소로 인해 크림색을 띠는데, 이것을 오랜 시간 놓아두면 공기 중의 산소에 의해 산화하여 탈색한다(자연 표백). 이때 탈색하는 시간을 줄이기 위해 사용하는 것이 표백제이다. 산소, 과산화벤조일, 과산화질소, 이산화염소, 염소가스 등으로 표백한다. 근래에는 찐빵과 만두용 밀가루 외에는 천연 상태를 선호하는 추세에 따라 무표백 밀가루를 만들고 있다.

❖ 밀가루의 색을 지배하는 요소
① 입자 크기 : 입자가 작을수록 밝은색이 된다.
② 껍질 입자 : 껍질 입자가 많을수록 어두운 색이 된다. 껍질에 들어 있는 색소물질은 표백제로 표백하기가 어렵다.
③ 카로틴 색소 : 내배유에 천연 상태로 존재하는 황색 색소물질로, 표백제에 의해 탈색된다.

2) 영양 강화제

비타민, 무기질 등 밀가루에 부족한 영양소를 보강해 주는 물질이다.

3) 밀가루 산화제

숙성이란 -SH 결합을 산화시켜 반죽의 장력을 증가시키고, 부피 증대, 기공과 조직, 속색을 개선하는 것이다. 브롬산칼륨, ADA(아조디카본아미드), 비타민 C와 같이 두드러진 표백 작용 없이 숙성제로 작용하는 물질이다.

❖ 표백과 숙성의 기능
① 자연 숙성이나 인공 숙성은 제빵 적성을 직접적으로 개선한다.
② 빵 반죽의 물리적 변화로 색택을 개선하고 고운 속결과 기공을 만든다.
③ 흡수율을 높이고 발한 현상을 없앤다.

(9) 밀가루의 저장과 프리믹스

1) 밀가루의 저장

제분한 지 얼마 되지 않은 밀가루로 만든 반죽은 신장성이 결여되어 터지기 쉽고, 세포 구조도 원형으로 남아 조직이 까칠까칠하여 노화도 빨라진다. 숙성이 안된 밀가루로 만든 반죽은 믹싱 후 발효 중에 수분을 표피로 방출시켜 마치 반죽이 땀을 흘리는 것과 같은 현상이 나타나는데 이것을 '발한'이라 하며, 이는 흡수율을 낮추고 빵의 품질을 저하시킨다. 이런 현상은 제분 후 4~5일째에 시작하여 3주까지 계속되는데 이 기간을 밀가루의 '호흡기간' 이라 한다.

저장 중에 일어나는 밀가루의 반응은 아주 복잡해서 저장기간이 경과되면서 제빵 적성이 나빠지는 1차 악화가 일어났다가 다시 회복되어 개선되는 기간을 거쳐 2차 악화가 일어난다. 이 주기는 pH, 완충 능력, 전체 산도, 수용성 질소량, 글루텐의 양과 질 등 많은 화학적 특성과 관계가 있다.

포장한 밀가루는 24~27℃의 밝고 공기가 잘 통하는 저장실에서 약 3~4주간 숙성시키면 호흡기간이 끝나 제빵 적성이 좋아지며 이 기간을 단축하기 위하여 숙성제를 사용한다.

2) 프리믹스(premix)

① 정의 : 밀가루, 설탕, 분유, 계란 분말, 향료 등 건조 재료와 경우에 따라 이스트, 베이킹 파우더와 같은 팽창제와 유지 등 재료를 제품에 알맞은 배합률로 균일하게 혼합한 원료이다.

② 장점
가. 균일한 품질의 제품 제조, 재료 계량, 공정의 편리성

나. 계란, 우유 등을 취급할 때 위생 문제 해결
다. 재료 저장 면적 축소
라. 재고 관리의 효율성
마. 제품의 균일성(수십 개 혹은 수백 개의 독점 판매업소를 가진 회사에서는 절대적인 요소가 된다.)

③ 1920년대에 소개된 이래로 제과, 제빵 제품의 품목과 품질이 괄목할만큼 증가되고 개선되고 있으며 우리 나라에서도 1977년에 시작하여 제분 회사를 중심으로 여러 회사가 참여하고 있다.

(10) 기타 가루(miscellaneous flours)

1) 호밀가루(rye flour)

호밀을 제분한 가루이다. 주로 독일, 러시아, 북유럽 등지에서 호밀빵의 주원료로 이용된다.

① 호밀가루의 종류

가. 제분율에 따른 분류
- 백색 호밀가루 : 호밀의 중심 부분을 빻은 것이다. 표백제로 화학처리하는 유일한 호밀가루이며, 전분이 대부분이고 회분(0.5~0.65%)과 단백질(6~9%)이 적다. 색상이 밝아 라이트 호밀빵에 이용한다.
- 중간색 호밀가루 : 스트레이트 가루이다. 회분이 약 1%로 담회색을 띤다. 사워 호밀빵인 버라이어티용이다.
- 흑색 호밀가루 : 회분은 약 2%이고, 단백질은 12~16%로 많다. 제분율이 높고 껍질 입자가 가장 많이 함유되어 있어 검은색 호밀빵에 이용한다.

나. 전립분
껍질째 갈은 통호밀가루를 말하며 고운 제품, 중간 제품, 거칠게 간 제품 등이 있다.

② 호밀가루의 성분
탄수화물 70.9%, 단백질 12.6%, 지방 1.7%, 회분 1.9%, 수분 10.5%, 섬유질 2.4%로 구성되어 있다.

가. 단백질

호밀가루의 단백질은 밀가루와 양적인 차이는 없으나 질적인 차이가 있다. 글루텐을 형성하는 단백질인 글리아딘과 글루테닌이, 밀은 전체 단백질의 90%나 되지만, 호밀은 25.72% 밖에 되지 않아 탄력성과 신장성이 나쁘다. 따라서 호밀가루로 만든 반죽은 잘 부풀지 않고, 제품의 결은 곱고 치밀하다. 흔히 이런 단점을 보완하기 위해 밀가루를 섞어 사용한다.

나. 지방

주로 배아에 함유되어 있으며 주성분은 올레산, 팔미트산이다. 이밖에도 인지질인 레시틴을 0.5% 함유하고 있다. 호밀의 지방은 저장시의 안정성과 관계가 있다. 즉, 지방 함량이 많은 호밀가루는 저장성이 낮아진다.

다. 탄수화물

전분이 70% 이상이지만, 펜토산이 많다는 게 큰 특징이다. 펜토산은 고분자의 탄수화물로 호밀가루에는 약 5% 정도 들어 있는데, 이 중 30~40%가 수용성이다. 수용성 펜토산은 약 10배의 물을 흡수하기 때문에 반죽을 부드럽게 하고 촉촉한 제품을 만들지만, 호밀가루의 배합이 많아지면 전분의 분해효소에 의해 구울 때 수분이 빠지면서 빵 속이 설익거나 끈적이게 된다. 때문에 일반 이스트 발효보다 산화된 발효종이나 사워종을 사용한다.

라. 기타 : 칼륨과 인이 풍부하고, 영양가도 높다.

2) 대두분(soybean flour)

대두(콩)가루로, 전지 대두분, 탈지 대두분, 농축 대두분, 분리 대두분이 있다. 대두분은 밀가루에 부족한 각종 아미노산을 함유하고 있어서 세계 각국에서 밀가루의 영양소 보강을 위해 사용하는 식품이다. 대두는 빵의 영양가를 높이고 맛과 구운 색을 향상시켜 신선함을 오래 유지시킨다. 제빵에 많이 쓰이는 제품은 탈지 대두분이다.

대두 단백질은 밀 단백질에 비해 신장성이 결여되어 있으므로, 밀가루에 대두 단백질 첨가량이 많을수록 글루텐과 전분을 약하게 한다. 대두 단백질은 필수 아미노산인 리신 함량이 높아 밀가루 영양의 보강제로 빵, 과자 제품에 사용된다.

❖ 탈지대두분
　대두로부터 기름을 추출하고 분말화한 것(단백질 40~52%)
　역할 　① 제빵 첨가시 결합력이 강해진다.
　　　　② 필수 아미노산 리신의 함량이 높아 영양보강제로 사용

3) 활성 밀 글루텐(vital wheat gluten)

선별된 밀가루로 특별한 공정을 거쳐 만들어진다. 미세한 분말로 연한 황갈색이며 단백질 함량은 70% 이상이다. 사용하려는 밀가루의 단백질 함량이 낮아 이를 높여야 할 때, 혹은 섬유질, 호밀가루, 기타 부재료로 인해 밀가루가 상당히 희석되었을 때 사용한다.

① **제조 공정**
　가. 밀가루에 물을 넣고 믹싱해 부드러운 반죽을 만든다.
　나. 흐르는 물로 반죽 중의 전분과 수용성 물질을 최대한 씻어 낸다(젖은 글루텐 반죽).
　다. 세심하게 조절된 건조 조건하에서 글루텐을 건조하고 분말 형태로 만든다(60℃ 이하에서 분무 건조).

② **구성** : 단백질 75~77%, 지방 0.7~1.5%, 회분 1% 내외, 수분 4~6%

③ **사용 방법**
　가. 대개 스펀지나 액종과 같은 발효 전 단계에서 첨가한다. 단, 고섬유질 빵과 같이 많은 양의 밀 글루텐을 사용하는 경우에는 재반죽 때 첨가한다.
　나. 활성 밀 글루텐을 사용할 때는 반죽 시간을 약간 늘려 준다.

④ **효과**
　가. 반죽의 믹싱 내구성을 개선하고 발효, 성형하는 동안에 안정성을 높인다.
　나. 제품의 부피를 크게 하고 기공, 조직, 저장성을 개선한다.
　다. 첨가하는 중량에 대해 1.25~1.75% 흡수율을 증가시킨다.

⑤ **사용** : 하스 브레드, 소프트 번·롤, 호밀빵, 건포도빵, 고단백빵 등에 사용된다.

❖ 젖은 글루텐 반죽과 밀가루의 글루텐 양
　밀가루와 물을 2:1로 섞어 반죽한 후 물로 전분을 씻어낸 글루텐 덩어리를 젖은 글루텐 반죽이라고 한다. 이 젖은 글루텐 반죽의 중량을 알면 밀가루의 글루텐 양을 알 수 있다.
　① 젖은 글루텐(%) = (젖은 글루텐 반죽의 중량÷밀가루 중량)×100
　② 건조 글루텐(%) = 젖은 글루텐(%)÷3

4) 기타

① **감자가루** : 구황식량으로, 주로 향료제, 노화지연제, 이스트의 성장을 촉진시키는 영양제로 사용된다.

② **땅콩가루** : 전체 단백질 함량이 높고, 필수 아미노산 함량도 높아 영양강화 식품의 중요한 자원이 된다.

❖ 땅콩가루의 품질 요건
　① 95% 이상이 120메시(mesh) 통과　　② 껍질, 이물질 제거
　③ 밝은 색과 부드러운 맛 유지　　　　④ 단백질 55% 이상 함유
　⑤ 지방 5~9% 정도 함유　　　　　　⑥ 10% 이하의 수분과 3% 이하의 섬유질 함유 등

③ **면실분** : 광물질과 비타민이 풍부하여 영양강화 재료로 사용되고 있다. 단백질이 높은 생물가를 가지고 있다.

④ **옥수수가루** : 음식물 조리의 농후화제로 사용하거나 포도당, 물엿을 만드는 원료로 사용한다. 또한 콘플레이크와 같은 스낵류, 옥배유 제조 등에 다양하게 사용된다. 옥수수 단백질은 리신과 트립토판이 결핍된 불완전 단백질이지만, 일반 곡류에 부족한 트레오닌과 함황 아미노산이 많기 때문에 다른 곡류와 섞어 사용하면 좋다. 옥수수가루는 글루텐 형성 능력이 작으므로 밀가루에 섞어서 사용하는데, 같은 부피의 빵을 만들기 위해서는 분할량을 증가시켜야 한다.

⑤ **보릿가루** : 밀가루와 섞어서 빵이나 과자를 만든다. 보리의 주단백질인 호르데인은 글루텐 형성 능력이 작으므로 같은 부피의 빵을 만들기 위해서는 분할 무게를 증가시켜야 한다.

2. 감미제(sweetening agents)

감미제는 제과·제빵에 있어서 빼놓을 수 없는 기본 재료 중의 하나이다. 그 기능 또한 다양하여 감미·향료의 역할 외에도 영양소, 안정제, 발효 조절제 등의 역할을 한다.

(1) 자당(sucrose)

설탕이라고도 불리며, 사탕수수나 사탕무로부터 얻어진다. 사탕수수나 사탕무 즙액을 농축하고 결정시킨 원액을 원심분리시키면 원당과 제1당밀로 분리되는데, 자당은 원당으로 만드는 당류이다. 제과·제빵의 대표적인 감미료로 가장 많이 쓰인다.

1) 함밀당

당밀을 분리하지 않고 함께 굳힌 설탕으로, 흑설탕이 여기에 속한다.

2) 정제당

원당 결정 입자에 붙어 있는 당밀과 불순물을 제거하여 만든 순수한 자당이다.

① **입상형당** : 자당이 알갱이 형태를 이룬 것으로, 용도에 따라 입자가 미세한 제품으로부터 큰 제품에 이르기까지 다양하다.
  가. 하드 슈거 : 입자가 큰 설탕 – 그라뉴당, 쌍백당, 중쌍백당
  나. 소프트 슈거 : 미세한 입자의 설탕 – 상백당, 중백당, 삼온당(황설탕)

② **분당** : 그라뉴당이나 흰 쌍백당 같은 고순도의 설탕을 곱게 빻아 가루로 만든 가공당의 하나이다. 분설탕, 슈거 파우더라고도 한다. 덩어리가 생기는 현상을 방지하기 위해 미세한 입자로 된 옥수수 전분을 3% 정도 혼합한다. 전분 이외에 고화 방지제로 인산삼칼슘을 1% 이내의 범위로 첨가하기도 한다. 주로 생크림, 버터크림, 머랭 등의 크림류와 반죽의 재료로 사용한다.

③ **변형당** : 입상형당이나 분당에 속하지 않는 자당으로, 색상은 백색에서 암갈색까지 다양하다. 각설탕, 빙당, 과립상당, 커피 슈거 등 용도별 특성에 적합한 형태로 만들어 사용되고 있다.

④ **액당** : 고도로 정제된 자당 또는 전화당이 물에 녹아 있는 시럽을 액당이라고 한다. 취급이 용이하고 위생적이기 때문에 설탕을 대량으로 사용하는 공장에서 많이 쓴다.

❖ 액당의 당도 : 설탕물에 녹아 있는 설탕의 무게를 %로 표시한 수치
　　　　　　　설탕의 양 ÷ (설탕의 양 + 물의 양) × 100

⑤ **전화당** : 자당을 산이나 효소로 가수분해하면 같은 양의 포도당과 과당이 생성되는데, 이 혼합물을 전화당이라고 한다. 자당의 1.3배 정도로 감미가 높고, 수분 보유력도 높기 때문에 보습이 필요한 제품에 쓰인다. 실제로는 수분 22~23%의 시럽 형태로 제품화되어 있다.

정제당의 종류와 특징

종류	특징 및 용도
쌍백당	• 입자가 가장 큰 백설탕으로, 사카린 모양이다. • 스펀지 케이크, 데커레이션, 사탕의 표면 코팅에 사용한다.
중쌍백당	• 쌍백당보다 입자가 다소 작다. • 중국, 홍콩 등지에서 음식 맛을 낼 때 사용한다.
그라뉴당	• 순도 및 청결도가 가장 높다. 콜라당이라고도 한다. • 음료, 제과용으로 사용한다.
상백당	• 환원당을 1% 정도 첨가한 백설탕으로, 감미도가 높고 부드럽다. • 장기간 저장시 호화 변질의 우려가 있다. • 일본, 중국 이외에서는 그다지 사용되고 있지 않다.
중백당	• 입자가 중쌍백당 정도이며, 엷은 황색을 띤다. • 특수빵, 쿠키에 사용한다.
삼온당	• 황설탕이라고도 한다. • 약과, 약식, 캐러멜 색소 원료로 사용한다.
정백당	• 입자가 고운 백설탕이다. • 가정용, 제과용, 제빵용으로 대개의 설탕을 총칭한다.
빙당	• 설탕을 얼음으로 동결시킨 것이다. • 투명 또는 색색으로 착색이 가능하다.
각설탕	• 정백당을 1.5~1.8cm 크기의 육면체로 만든 것이다. • 홍차, 커피 등 차 종류에 사용한다.
과립상당	• 백설탕을 다공질의 과립상으로 만든 고급 설탕이다. • 눈 또는 서리와 같은 모양으로 용해가 빠르다. • 드레싱용으로 사용한다.
기타	• 분당, 액당, 전화당 등이 있다.

(2) 포도당과 물엿

1) 포도당(dextrose)

전분을 가수분해하여 만드는데, 포도당의 감미도는 설탕 100에 대하여 75 정도이다. 포도당은 제빵시 이스트의 영양원으로서 일반적인 정제 설탕보다 좋은 효과를 가져온다. 즉, 빵의 촉감과 결을 부드럽게 하고 오랫동안 촉촉함을 유지시키며, 빵의 유연성과 탄력성을 높여 준다.

무수포도당($C_6H_{12}O_6$)과 함수포도당($C_6H_{12}O_6 \cdot H_2O$)의 두 가지 형태가 있는데, 제과용으로 쓰이는 것은 함수포도당이다. 입자 크기에 따라 14메시(mesh) 체를 통과하는 일반제품, 48메시를 통과하는 분말제품, 200메시를 통과하는 미분말 제품이 있다.

제과에서 설탕 대신 포도당을 쓰고자 하면, 설탕 100g당 포도당 105.26g으로 대체해야 한다. 포도당과 과당의 결합체인 설탕은 물이 있어야 분해되기 때문에 설탕 100g당 물이 5.26g 필요하기 때문이다.

$$\text{설탕} \xrightarrow{\text{가수분해}} \text{포도당(포도당+과당)}$$
$$100g \quad +\text{물 } 5.26g \quad 105.26g(52.63g+52.63g)$$

단, 이것은 순도 100%인 무수포도당을 쓸 때의 값이다. 함수포도당은 발효성 탄수화물 91%에 물 9%로 구성되어 있으므로 무수포도당 105.26g은 함수포도당 115.67g(=105.26÷0.91)과 같다. 그러므로 설탕 100g은 함수(일반)포도당 115g이 된다.

2) 물엿(corn syrups)

전분이 산이나 효소에 의해 분해되어 만들어진 반유동성 감미물질이다. 물엿은 전분의 분해산물인 포도당, 맥아당, 그 밖의 이당류, 덱스트린이 혼합된 물질로, 분해 방법과 정도에 따라 감미도가 다르다. 설탕에 비해 감미도는 낮지만 점성, 보습성이 뛰어나 제품의 조직을 부드럽게 할 목적으로 많이 쓰인다. 각종 빵류, 케이크류, 파이의 껍질과 충전물, 쿠키류, 아이싱, 퐁당, 냉동 계란, 잼과 젤리 등 빵·과자 제품에 널리 사용된다. 산 분해법, 효소 전환법, 산·효소법의 3가지 방법에 의해 제조된다.

(3) 맥아와 맥아시럽

1) 맥아(malt)

발아시킨 보리의 낟알을 말하는데, 보통 가루형태로 이용된다. 맥아가루를 제품에 넣으면 맥아에 함유되어 있는 효소 아밀라아제가 전분을 맥아당으로 분해하여 이스트 발효가 촉진된다. 또한 맥아당으로 인해 특유의 향을 가지게 되며 껍질색이 좋아진다.

2) 맥아시럽(malt syrups)

맥아분에 물을 넣고 가온하여 탄수화물 분해효소, 단백질 분해효소, 맥아당, 가용성 단백질, 광물질, 기타 맥아 물질을 추출한 액체로, 물엿에 비해 흡습성이 적다. 설탕의 결정화 방지(캐러멜, 캔디, 젤리 등에서)와 빵·과자의 보습을 위해 사용된다.

3) 사용

① 중활성 맥아 시럽을 밀가루 기준 0.5% 정도 사용하면 이스트 작용을 활발하게 만들 수 있다.
② 분유를 6% 사용하면 당질 분해효소 작용을 지연시키고 발효가 늦어진다. 왜냐하면 분유는 알칼리성으로서 반죽을 중화시키기 때문이다. 이때 0.5%의 맥아 시럽을 사용하면 분유의 완충 효과에 대해 보상받을 수 있다.
③ 0.5%의 맥아 시럽 사용으로 반죽상태와 흡수율 변화에 별다른 영향없이 발효를 지속시킬 수 있어 경수나 알칼리성 물 사용에도 효과적이다.
④ 맥아 제품을 너무 많이 사용하면 발효 중에 반죽이 지나치게 연해지고 끈적거려 작업시 불편해지므로 주의해야 한다.

❖ 맥아 시럽의 아밀라아제 활성은 린트너가가 30° 이하를 저활성, 30~60°는 중활성, 70° 이상은 고활성으로 구분한다.

(4) 당밀(molasses)

사탕수수나 사탕무 정제 공정에서 원당을 분리하고 남는 1차 산물이거나 부산물이다. 식용 당밀은 색이 어두운 빵이나 케이크에 사용하는데, 당밀을 넣으면 특유의 단맛을 얻을 수 있으며 제품을 오랫동안 촉촉한 상태로 보존시킬 수 있다. 특수 향료와의 조화를 위해 사용하기도 한다. 당 함량, 회분 함량, 색상을 기준으로 등급을 나눈다.

1) 등급

당밀의 종류	색상	당 함량(%)	회분 함량(%)
오픈 케틀	적황색	70	1~2
1차 당밀	연한 황색	60~66	4~5
2차 당밀	적색	56~60	5~7
저급 당밀	담갈색	52~55	9~12

※ 저급 당밀은 식용하지 않고 가축 사료, 이스트 생산 등 제품의 제조용 원료로 사용한다.

2) 제품 형태

① 시럽 형태 : 30% 정도의 물에 당을 비롯한 고형질이 용해된 상태

② 분말 형태, 얇은 조각 형태 : 시럽을 탈수시켜 만든다.

※ 제과에 많이 쓰이는 럼주는 당밀을 발효시켜 만든 술이다.

(5) 유당(젖당, lactose)

포유동물의 젖(유즙) 속에 포함되어 있는 감미물질로서, 우유 속에 평균 4.8%를 함유하고 있다. 설탕에 비해 감미도(16)와 용해도가 낮고, 결정화가 빠른 것이 특징이다. 환원당으로, 껍질색을 진하게 하는 역할도 한다. 제빵용 이스트에 의해 발효되지 않으므로 반죽 속에 남는다. 설탕 기준으로 케이크와 머핀에 10~15%, 아이싱과 토핑에 15~20%, 과일 충전물에 15~20%를 사용하면 제품의 품질 수준을 높일 수 있다. 유당은 조제 분유, 유산균 식품, 유제품의 원료로 널리 사용되고 있다.

(6) 기타 감미제

① 캐러멜 색소(caramel color) : 설탕류를 가열하여 만드는 암갈색의 무정형(無晶形) 물질이다. 감미제라기보다 착색제이다.

② 아스파탐(aspatame) : 아스파르산과 페닐알라닌 2종류의 아미노산으로 이루어진 감미료로, 감미도는 설탕의 200배이다.

③ 올리고당(oligosaccharides) : 1개의 포도당에 2~4개의 과당이 결합된 3~5당류로, 감미는 설탕의 30% 정도이다.

④ 이성화당(isomerized sugar) : 포도당의 일부를 과당으로 이성화(異性化)시켜 과당과 포도당이 혼합된 당이다. 고과당 물엿 등 시럽 상태가 많다.

⑤ 꿀(honey) : 감미가 높고 종류별로 독특한 향미를 가지고 있다. 수분 보유력이 뛰어나 제과 제품에 많이 사용된다.

⑥ 기타 : 스테비오시드, 단풍당, 글리실리틴, 사카린, 소미린, 감초 등이 있다.

허용 감미료의 사용 기준

첨가물명	사용기준
사카린나트륨(saccharin sodium)	식빵, 이유식, 흰설탕, 포도당, 물엿, 벌꿀 및 알사탕류에 사용해서는 안된다.
글리시리진산이나트륨(disodium glycyrrhizinate) 글리시리진산삼나트륨(trisodium glycyrrhizinate)	된장과 간장 이외의 식품에 사용해서는 안된다.
아스파탐(aspartame)	가열조리가 필요치 않은 식사대용 곡류가공품(이유식 제외), 껌, 청량음료, 다류(茶類 : 분말 청량음료 포함), 아이스크림, 빙과(셔벗 포함), 잼, 주류, 분말수프, 발효유, 식탁용 감미료 이외의 식품에 사용해서는 안된다.
스테비오시드(stevioside)	식빵, 이유식, 흰설탕, 포도당, 물엿, 벌꿀, 알사탕, 우유 및 유제품에 사용해서는 안된다.

(7) 제과 · 제빵에서의 기능

1) 제빵 제품에서의 기능

① 단맛을 낸다.
② 발효가 진행되는 동안 이스트에 발효성 탄수화물을 공급한다. 설탕은 포도당과 과당을, 맥아당은 2분자의 포도당을 만들어 이스트에 들어 있는 효소 치마아제가 알콜과 이산화탄소 가스를 생성하게 한다.

> ❖ 생성된 알콜은 다른 물질과 함께 휘발성 산과 알데히드 같은 화합물을 만들어 발효빵 특유의 향을 나게 한다.
> ❖ 생성된 이산화탄소는 빵 반죽의 물리적 성질을 조절하고, 굽기 과정을 통해 최종 부피를 이루게 한다.

③ 이스트에 소비되고 남은 당은 밀가루 단백질과 환원당 사이의 갈변반응(메일라드 반응) 또는 캐러멜화를 통해 껍질색을 진하게 한다.
④ 속결과 기공을 부드럽게 만든다.
⑤ 수분 보유력이 있어 노화를 지연시키고, 보존기간을 늘린다.

2) 제과 제품에서의 기능

① 단맛을 나게 한다.
② 밀 단백질을 연화시켜 제품의 조직, 기공, 속을 부드럽게 한다.
③ 메일라드 반응과 캐러멜화를 통해 껍질색을 진하게 한다.
④ 수분 보유제로 노화를 지연시키고 신선도를 지속시킨다.

⑤ 감미제의 특성에 따라 독특한 향을 내게 한다.

> ❖ 메일라드반응(갈변반응) : 프랑스의 화학자 메일라드(L. C. Maillard)가 발견했다고 하여 붙여진 명칭이다. 밀가루, 유제품, 계란 등에 함유되어 있는 아미노산과 환원당이 가열에 의해 반응하여 갈색으로 변하는 현상이다. 따라서 비환원당인 설탕에서는 반응이 나타나지 않는다.
> ❖ 캐러멜화 : 당분을 고온에서 가열하면 분해, 중합하여 착색물질(캐러멜)을 만드는데, 이것을 캐러멜화라고 한다. 당의 종류에 따라 착색도가 달라진다. 설탕은 160℃에서 캐러멜화가 시작되고, 포도당과 과당은 이보다 낮은 온도에서 착색된다.

3. 유지(fat & oil)와 유지제품

지방산과 글리세롤이 결합한 화합물로, 단순지방의 하나이다. 지방산의 종류에 따라 상온에서 액체인 기름(油, oil)과 고체인 지방(脂, fat)으로 나뉘는데, 유지란 이를 총칭하는 말이다.

(1) 유지의 분류

- ▶ 유(油)
  - 식물성 : 참기름, 면실유, 대두유, 올리브유 등
  - 동물성 : 어유(魚油)
- ▶ 지방(脂)
  - 식물성 : 카카오버터, 팜유 등
  - 동물성 : 버터, 라드, 소기름 등
- ▶ 가공 유지 — 마가린, 쇼트닝

1) 버터(butter)

유지에 물이 분산되어 있는 형태로, 향미가 우수하여 제과·제빵에 많이 사용된다. 우유지방 80~81%, 수분 14~17%, 소금 0~3%, 카세인, 단백질, 광물질, 유당을 합쳐 1%, 부피로 1~5%의 공기가 들어 있다. 유지 중 풍미가 가장 뛰어나고 크리밍성, 쇼트닝성 등 다양한 제과적성을 가지고 있다. 단, 일반 쇼트닝 제품에 비해 비교적 융점이 낮고 가소성의 범위가 좁다는 것이 단점이다. 따라서 18~21℃에서 작업하는 것이 좋다. 제조 방법에 따라 젖산균을 넣어 발효시킨 발효버터와 젖산균을 넣지 않고 숙성시킨 스위트버터, 2%의 소금을 넣은 가염버터와 소금을 넣지 않은 무염버터, 식물성 유지를 섞은 컴파운드버터 등으로 나뉜다. -5~0℃에서 냉장 보관하는 것이 좋으며, 냄새를 잘 흡수하므로 냄새가 강한 것과 함께 보관하지 않도록 한다.

2) 라드(lard)

돼지의 지방조직으로부터 분리해서 정제한 것으로, 상온에서 백색의 고형인 지방이다. 풍미가 버터 다음으로 좋고 가소성 범위가 넓으며 쇼트닝성이 뛰어나지만, 크리밍성과 산화안정성이 약하다. 옛날에는 버터만큼이나 폭넓게 사용되었으나 근래에는 대부분 쇼트닝으로 대체되고 있다. 주로 빵, 파이, 쿠키, 크래커 등에 쇼트닝가를 높이기 위해 사용된다.

3) 마가린(margarine)

버터의 대용 유지로, 정제한 동·식물 유지나 경화유에 유화제, 향료, 색소, 소금, 발효유 등을 더해 유화시킨 후 급랭·연합하여 만든 것이다. 마가린은 버터의 조성과 흡사하여 지방 80%, 우유 16.5%, 소금 0~3%, 유화제 0.5%, 인공향료와 색소가 약간 들어 있다. 버터의 유지가 꼭 유지방이어야 하는 반면, 마가린은 동물성, 식물성, 이들의 혼합 등 어느 지방이라도 사용할 수 있다. 사용하는 지방을 조정하므로 버터에 비해 가소성, 유화성, 크림성을 대폭 개선할 수 있는 장점이 있다. 마가린은 가소성 정도에 따라 체온에서 녹는 식탁용, 부드러우나 크림가가 높은 제과용, 그리고 단단하고 밀납질인 롤인(roll in)용으로 나뉜다. 냉암소에 보관하는 것이 좋으며, 냉장보관하면 신선한 풍미를 오래 보존할 수 있다.

4) 쇼트닝(shortening)

라드 대용품으로 식빵 등에 가장 일반적으로 사용되는 유지이다. 고체 쇼트닝의 경우는 정제된 동·식물 유지나 경화유, 또는 이의 혼합물을 급랭·연합시켜 만들지만, 유동성(액상) 쇼트닝의 경우는 급랭·연합시키지 않고 유화제와 소량의 고융점 유지를 혼합해 만든다.

마가린과 다른 점은 수분이 0.5% 이하로 거의 지방이라는 점과 향료, 소금 성분을 갖지 않고 유화제를 많이 함유하고 있다는 것이다. 가소성, 쇼트닝성, 크리밍성, 유화 분산성, 흡수성, 산화 안정성, 프라잉성 등의 특성을 가지고 있다.

쇼트닝은 빵, 과자 등을 만들 때 배합용 또는 버터크림용, 샌드크림용으로 사용되며, 최근에는 빵용, 케이크용, 버터크림용, 샌드크림용, 튀김용 등 용도별로 출시되고 있다. 역시 냉암소에 보관한다.

❖ 가소성 쇼트닝의 고형질 지방 20~30%를 10%의 고형질 유화제나 지방으로 대치하면 케이크 반죽의 유동성, 기공과 조직, 저장성 등이 좋아진다.

5) 식물성유

상온에서 액체 상태이며 100% 지방으로 필수 지방산과 비타민 E가 풍부하다. 식물성유에는 참기름, 면실유, 대두유, 올리브유, 낙화생유, 유채유 등이 있다. 이 중 튀김용 기름이 갖추어야 할 요건은 다음과 같다.

① 튀김물의 단백질과 전분이 구조 형성을 할 수 있도록 열을 전달해야 한다.
② 튀김 중 또는 튀김 후 불쾌한 냄새가 나지 않아야 한다.
③ 설탕이 탈색되거나 지방 침투가 되지 않도록 제품이 냉각되는 동안 충분히 응결되어야 한다.
④ 기름을 대치할 때 성분과 기능이 바뀌어서는 안된다.
⑤ 엷은 색을 띠며 발연점이 높은 것이 좋다.

❖ 발연점 : 기름을 비등점 이상으로 계속 가열하면 일정 온도에서 푸른 연기를 내기 시작하는데, 이때의 온도를 발연점이라 한다. 기름을 발연점 이상으로 가열하면 지방산과 글리세롤로 분해되고, 글리세롤이 탈수되어 자극성 냄새를 가진 아크롤레인으로 변한다. 튀김기름의 유리지방산 적정 함량은 보통 0.35~0.5%이다. 유리지방산이 1% 이상 되면 발연 현상이 나타난다.
❖ 튀김기름의 4대 적 : 온도, 수분, 공기, 이물질
❖ 정상적인 튀김온도 : 180~194℃

(2) 유지의 화학적 반응

1) 가수분해(hydrolysis)

유지는 가수분해 과정을 통해 모노글리세리드, 디-글리세리드와 같은 중간 산물을 만들고, 결국 지방산과 글리세린이 된다. 가수분해 속도는 온도의 상승으로 가속된다. 가수분해에 의해 생성되는 유리지방산의 함량이 높아지면 산가가 높아지고, 튀김기름은 거품이 잘 일어나며 발연점이 낮아진다. 우리가 섭취하는 지방이 체내에서 담즙의 도움을 받아 효소 리파아제에 의해 소화되는 것도 가수분해의 하나이다.

2) 산패(oxidation)

유지를 공기 중에 오래 두었을 때 산화되어 불쾌한 냄새가 나고 맛이 떨어지며 색이 변하는 현상이다. 화학 변화에 따라 여러 가지 유형이 있으나, 이 중 유지가 대기 중의 산소와 반응하여 산패되는 것을 자가산화라고 한다. 즉, 이중결합에 인접한 탄소 원자가 산소와 결합하여 과산화물을 생성하는 것이다. 산화 과정 중의 과산화수화물은 무미, 무취의 물질이지만 불안정하여 사슬 길이가 짧은 알데히드나 산으로 분해되어 냄새가 나게 된다(산패취).

(3) 유지의 안정화

1) 항산화제(산화 방지제)

산화적 연쇄반응을 방해함으로써 유지의 안정 효과를 갖게 하는 물질이다. 항산화제의 대부분은 1개 또는 그 이상의 수산기(-OH)가 붙어 있는 환상구조를 가진 석탄산 계통의 화합물이다. 식품 첨가용 항산화제에는 비타민 E, 프로필갈레이트(PG), BHA, NDGA, BHT, 구아검 등이 있으나, 나라에 따라 종류나 사용량이 규제되고 있다. 항산화제는 지방의 안정화 과정에서 자신이 소모되기 때문에 무한정으로 산화 방지를 할 수는 없다. 그래서 보완제와 함께 사용하기도 한다.

> ❖ 항산화제의 보완제 : 비타민 C, 구연산, 주석산, 인산 등은 자신만으로는 별 효과가 없지만 항산화제와 같이 사용하면 항산화 효과를 높여준다.

2) 수소 첨가

지방산의 이중결합에 수소를 첨가, 지방의 불포화도를 크게 감소시키는 방법이다. 니켈을 촉매로 하여 수소를 첨가시키면 불포화도가 감소되어 포화도가 높아지므로 유지의 융점이 높아지고 단단해진다. 이러한 유지의 수소 첨가를 경화(硬化)라 하고, 이렇게 해서 만들어진 유지를 경화유라고 한다. 이 과정에서 트랜스지방이 생성된다.

(4) 제과·제빵용 유지의 특성

1) **향미(taste & flavor)** : 유지는 제품별로 고유의 맛과 향을 지니고 있어야 한다. 탈취한 쇼트닝은 무미·무취여야 하나, 버터는 고유의 향미를 가지고 있어야 한다. 튀김이나 굽기 과정을 거친 후에 냄새가 환원되지 않아야 한다. 또한 유지를 사용한 완제품에 산패취, 불쾌취, 자극취가 남지 않아야 한다.

2) **가소성(plasticity)** : 유지가 상온에서 고체 모양을 유지하는 성질을 말한다. 유지의 단단한 정도는 온도, 고형질의 입자 크기, 결정체의 모양, 결정의 강도, 고체·액체의 비율 등에 의해 영향을 받는다. 낮은 온도에서 너무 단단하지 않으면서 높은 온도에서 너무 무르게 되지 않는 것을 '가소성 범위가 넓다'고 한다. 믹싱과 작업에 편리한 가소성 유지의 고형 지방 함량은 약 15~25% 범위에 있다.

3) **유리지방산가(free fatty acid value)** : 1g의 유지에 들어 있는 유리지방산을 중화하는 데 필요한 수산화칼륨의 mg수를 %로 표시한 것이다. 유지의 가수분해 정도를 나타내는 중요한 지수로, 유지의 질을 판단하는 기준이 된다. 탈취 쇼트닝의 산가는 0.6%

이하이며, 튀김 제품의 산가도 0.3%를 넘어서는 안된다. 튀김기름에 유리지방산이 많아지면 낮은 온도에서도 연기가 나기 시작한다.

4) **안정성(stability)** : 지방의 산화와 산패를 장기간 억제하는 성질이다. 유통기간이 긴 건과자와 높은 온도에 노출되는 튀김물에 중요한 특성이 된다. 유지의 포화도를 조절하거나 항산화제의 사용으로 안정성을 높일 수 있다.

5) **색(color)** : 버터, 마가린, 라드, 식용유는 고유한 색상을 가져야 한다. 또한 쇼트닝은 순수한 흰색으로 로비본드 색가로 2.0 이하가 되어야 좋다. 유지의 색은 원유, 결정 입자의 크기, 공기 또는 질소의 함유량, 템퍼링, 정제, 저장온도 등에 의해 영향을 받는다.

6) **크림가(creaming value)** : 유지가 믹싱 조작 중 공기를 포집하는 능력이다. 크림법으로 제조하는 버터케이크와 버터크림 등 크림을 만드는 경우에 중요한 기능을 한다.

7) **유화가(emulsification value)** : 유지가 물을 흡수하여 보유하는 능력을 말한다. 많은 유지와 액체 재료(물, 우유, 계란 등)를 함께 사용하는 제품에 특히 중요한 기능이다. 쇼트닝은 자기 무게의 100~400%를 흡수하며, 유화쇼트닝은 800%까지 흡수한다. 고율배합에는 많은 설탕을 녹일만한 다량의 물을 사용하면서 상당량의 유지를 함께 쓰므로 유화쇼트닝이 필수적이다.

8) **쇼트닝가(shortening value)** : 빵·과자 제품의 부드러움을 나타내는 수치이다. 사용하는 유지의 양이나 종류에 따라 부드러운 정도가 다르다. 쇼트미터라는 기계를 사용하여 부드러운 정도를 측정한다.

❖ 쇼트닝성 : 제품에 부드러움과 바삭함을 주는 성질로, 버터나 쇼트닝이 많이 가지고 있는 성질이다.

9) **향의 온화(blandness of flavor)** : 유지의 향미 안정성은 여러 가지 방법의 가속 숙성시험으로 측정하는데 정기적으로 탈향이나 탈취가 일어나는 것을 기록한다. 유지 제품 자체는 물론이고 이것을 사용한 완제품에 산패취, 불쾌취, 자극취가 남지 않아야 한다.

(5) 제과·제빵에서의 기능
1) 껍질을 얇고 부드럽게 한다.
2) 전분을 균일하게 분산시키고 광택을 낸다.

3) 수분 증발을 방지하고 노화를 지연시킨다.
4) 유지 특유의 맛과 향을 준다.
5) 영양가를 높인다.
6) 반죽의 신장성을 좋게 하고 가스 보유력을 증대시켜 빵의 부피를 크게 한다.

4. 우유와 유제품(milk & milk products)

인류가 가축의 젖을 식품으로 사용하기 시작한 것은 6,000년 이전으로 보며, 지역에 따라서는 염소, 양, 물소, 라마, 순록, 말, 낙타 등도 젖의 공급원이지만 젖소가 가장 효율적이고 중요한 우유 생산 동물이다.

(1) 우유의 성분

우유의 성분은 크게 수분과 고형물로 나눌 수 있는데, 그 비율은 수분 87.5%, 고형물 12.5%이다. 고형물 중에는 단백질 3.4%, 유당 4.75%, 유지방 3.65%, 회분 0.7%가 들어 있다.

1) 유지방(milk fats)

우유에는 트리글리세리드가 다수 결합한 지방구가 콜로이드 상태로 분산되어 있다. 지방구의 크기는 대개 0.1~10μ(평균 3μ)이며 1㎖의 우유에 약 20억~30억 개가 존재한다. 우유 유장의 비중이 1.030 이상인데 비해, 유지방의 비중은 0.92~0.94로 낮다. 따라서 우유를 교반하면 비중의 차이로 지방 입자가 뭉쳐 크림이 된다.

유지방에는 카로틴, 크산토필 같은 색소 물질과 레시틴(인지질), 세파린, 콜레스테롤, 지용성 비타민 A·D·E 등이 함유되어 있다. 콜레스테롤은 뇌 조직, 신경, 혈관, 간 조직에 존재하는 호르몬과 유사한 물질로 0.071~0.43% 정도 함유되어 있다. 레시틴, 세파린은 0.1% 이하로 들어 있다. 우유에는 분자량이 적은 저급 지방산이 많고 포화지방산이 적다. 또한 우유의 지방이 유화상태로 존재하므로 소화 흡수율이 높다.

2) 유당(lactose)

동물의 젖에만 존재하는 특수한 당으로, 포도당과 갈락토오스가 결합한 것이다. 설탕의 16% 정도의 감미도를 가지고 있으며, 100℃ 이상의 열을 가하면 갈변한다. 유산균에 의해서 발효되면 뷰티르산과 이산화탄소로 분해된다. 유산 함량이 0.25~0.3%가 되면 신맛을 느끼게 된다. 제빵용 이스트에 의해서는 발효되지 않는다.

3) 유단백질(proteins)

카세인, 유장단백질, 지단백질로 이루어져 있다. 카세인은 우유의 주된 단백질로서, 우유 단백질의 약 80% 정도를 차지하고 있다. 열에는 응고하지 않으나, 산과 효소 레닌에 의해 응유된다. 이 원리를 이용해 만든 것이 치즈, 요구르트 등이다. 카세인은 정상적인 우유의 pH인 6.6에서 pH 4.6(산가 0.5~0.7%)으로 내려 가면 칼슘과의 화합물 형태로 응고한다. 유장단백질은 카세인을 뺀 나머지 단백질로, 락토알부민과 락토글로불린이 여기에 속한다. 각각 0.5% 정도 함유되어 있으며 열에 의해 변성, 응고된다. 이 원리를 이용해 훼이치즈를 만든다.

지질을 포함하는 지단백질은 우유의 지방구 주위에 안정된 지방구 피막을 만든다.

4) 무기질(minerals)

회분 함량이 0.6~0.9%(평균 0.7%)인 우유에는 각종 무기질이 고루 함유되어 있다. 전체의 1/4을 차지하는 칼슘과 인은 골격을 형성하는 기본 무기질로, 어린이의 성장 발달에 필수적인 영양소이다. 대부분의 무기질은 용액 상태로 우유에 녹아 있지만 칼슘, 인, 마그네슘의 일부는 우유의 카세인과 유기 상태로 결합하고 있다.

5) 효소와 비타민(enzymes & vitamins)

우유에는 상당수의 효소가 들어 있다. 리파아제(지방 분해효소), 아밀라아제(전분 분해효소), 포스파타아제(인산화합물 분해효소), 락타아제(유당 분해효소), 촉매 효소 등이 그것이다. 이러한 효소는 열에 민감하기 때문에 살균 과정 또는 분유 제조시 대부분 불활성화된다.

우유에는 사료의 종류와 질에 따라 함량이 다양한 비타민을 함유하고 있다. 비타민 A, 리보플라빈, 티아민은 풍부하지만 비타민 D · E는 결핍되어 있다. 비타민 D는 칼슘과 인의 소화 흡수를 지원하기 때문에 비타민 D 강화 우유를 만들고 있다. 리보플라빈은 햇볕에 파괴되기 쉬우므로 보관에 주의해야 한다.

(2) 우유의 물리적 성질

1) 비중(20℃일 때) : 1.028~1.034(평균 1.030)
2) 끓는점 : 100.17℃
3) 어는점 : -0.53~-0.57℃(평균 -0.55℃)

(3) 우유의 가공 과정

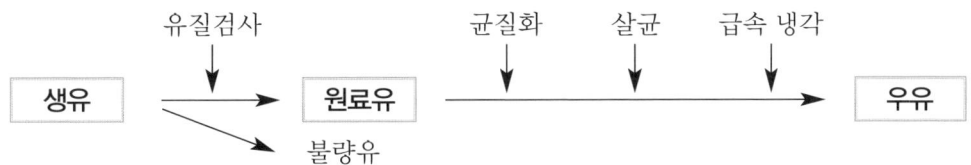

❖ 우유의 살균법은 병원 미생물을 제거하면서 일반 미생물은 남기는 저온살균법(파스퇴르 살균법)과 모든 미생물을 포자까지 완전히 제거하는 완전살균(멸균)법이 있다. 저온살균은 61~65℃에서 30분간, 완전살균은 135~150℃에서 1~10초간 실시한다.

(4) 우유의 종류

우유는 시유(市乳)와 유제품으로 크게 나뉜다. 시유란 마시기 위해 가공된 액상 우유를 말한다. 즉, 원유를 받아 여과, 청정 과정을 거친 뒤 표준화, 균질화, 살균(또는 멸균)하여 위생상 안전하게 마실 수 있도록 적은 단위 용량으로 포장한 것이다. 유제품은 우유를 가공하여 제품화한 것을 말한다.

1) 시유의 종류
① 보통 우유 : 우유에 아무것도 넣지 않고 살균, 냉각한 뒤 포장한 것
② 탈지 우유 : 우유에서 지방을 제거한 것
③ 가공 우유 : 우유에 탈지분유나 비타민 등을 강화한 것
④ 응용 우유 : 우유에 과즙, 커피, 초콜릿 등을 혼합하여 맛을 낸 것

2) 유제품의 종류
① 연유 : 우유 속의 수분을 줄인 농축 우유이다. 무가당 연유와 가당 연유가 있다. 가당 연유는 보통 40% 이상의 설탕(또는 포도당)을 첨가해 보존성이 좋다.
② 크림 : 우유의 지방을 원심 분리하여 농축한 것이다. 일반적으로 생크림이라고 하면 유지방 18% 이상을 말하나, 커피용·조리용은 10~30%, 휘핑용은 35% 이상이 적당하다. 그대로 요리, 제과에 쓰이며 버터나 아이스크림 등의 원료로도 쓰인다.

❖ 농축 우유 : 우유 속의 수분을 증발시키고 고형질 함량을 높인 우유이다. 일반 농축 우유의 수분을 27%까지 낮춘 제품을 비롯해 용도에 따라 고형질 함량을 조절한다. 연유나 생크림도 농축 우유의 일종으로 본다.

③ 분유 : 농축 우유를 분무·건조시켜 가루로 만든 것이다. 전지 분유, 탈지 분유, 부분 탈지분유가 있다.

가. 전지 분유 : 원유를 건조시킨 것(수분 함량 2.4~4.5%)
나. 탈지 분유 : 탈지유를 건조시킨 것(수분 함량 2.7~3.6%)
다. 부분 탈지 분유 : 지방을 부분적으로 뽑아 쓴 우유를 건조시킨 것(수분 함량 2.1~5.3%)

❖ 제빵시 분유 4~6% 사용이 제품에 미치는 영향
  가. 빵 부피를 증가시킨다.
  나. 분유 속의 유당(50% 존재)이 껍질색을 개선시킨다.
  다. 기공과 결이 좋아진다.

❖ 분유의 보관·사용시 유의사항
  가. 고온다습한 곳에 분유를 장시간 보관하면 노화취, 산패취가 날 수 있다.
  나. 빵 반죽에 있어서 탈지분유는 완충제 역할을 한다.
  다. 스펀지법에서 분유를 스펀지에 첨가하는 경우
    ㄱ. 단백질 함량이 적거나, 약한 밀가루를 사용할 때
    ㄴ. 아밀라아제 활성이 과도할 때
    ㄷ. 장시간에 걸쳐 스펀지 발효를 하고, 본발효시간을 짧게 하고자 할 때
    ㄹ. 밀가루가 쉽게 지칠 때

④ **발효유** : 우유나 탈지 우유에 젖산균을 더해 응고시킨 것으로, 독특한 향을 갖는다. 요구르트가 대표적이다.
⑤ **유산균 음료** : 발효유에 물을 넣어 묽게 한 것이다.
⑥ **치즈** : 우유의 단백질을 응고, 발효시킨 것으로, 나라와 지역에 따라 제법이 달라 그 종류가 수백종에 이른다. 자연 치즈와 가공 치즈로 크게 나눌 수 있다.

〈치즈의 분류〉

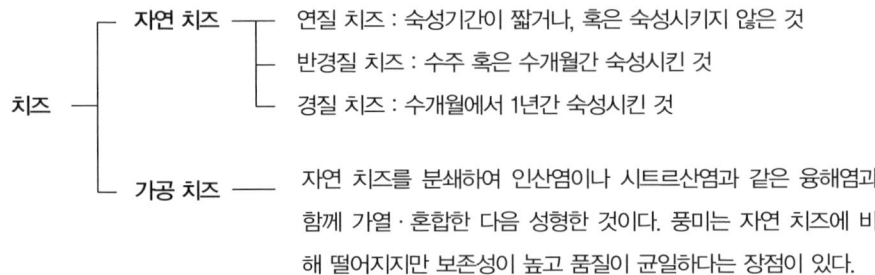

❖ 유장 : 우유에서 유지방과 카세인을 분리하고 남은 부분으로, 즉 치즈의 부산물이다. 농축, 건조시켜 제빵에 이용하기도 하고, 가공하여 유장 제품을 만들기도 한다. 건조시킨 유장 분말의 사용 권장량은 밀가루 100에 대하여 식빵에 1~6%, 롤·번에 3~6%, 과자빵류에 3~6%, 쿠키류에 2~10%, 반죽형 껍질에 2~10%, 반죽형 케이크에 5~20% 정도이다.

⑦ **버터** : 크림을 세게 휘저어 엉기게 한 뒤 이를 굳힌 것으로, 발효 버터와 스위트 버터 등이 있다.

(5) 제과·제빵에서의 기능
1) 영양가를 향상시킨다.
2) 향과 풍미를 개선한다.
3) 빵 속의 광택을 좋게 하고, 크림색을 띠게 한다.
4) 껍질색을 좋게 한다(유당의 캐러멜화).
5) 빵 속을 부드럽게 한다.
6) 믹싱시 내구력을 높이고, 오버 믹싱의 위험을 감소시킨다.

5. 계란(eggs)과 계란제품

(1) 계란의 구성
껍질, 흰자, 노른자로 구성되어 있으며, 그 비율은 1:6:3이다. 계란 1개의 무게가 60g 이상이 되면 노른자의 비율이 감소하고 흰자의 비율이 높아진다.

(2) 계란의 성분
계란에는 수분 75%, 단백질 13%, 지방 11.5%, 그리고 비타민 C와 섬유소를 제외한 거의 모든 영양소가 들어 있다.

1) 흰자
수분(88%), 단백질(11.2%), 지방(0.2%), 포도당(0.4%), 회분(0.7%)이 함유되어 있다. 특히 흰자에는 오브알부민, 콘알부민, 오보뮤코이드, 아비딘 등의 단백질이 함유되어 있는데, 오브알부민은 흰자의 54%를 차지하는 주단백질로, 필수 아미노산을 고루 함유하고 있다. 콘알부민은 흰자의 13%를 차지하는 단백질로, 철과의 결합 능력이 강해서 미생물이 이용하지 못하는 항세균 물질이다. 오보뮤코이드는 흰자의 약 11%를 차지하며, 효소 트립신의 활동 억제제로 작용한다. 그밖에 아비딘은 흰자의 0.05% 정도로 소량이지만, 비타민 비오틴과 먼저 결합하여 비오틴의 흡수를 방해하는 작용을 한다.

2) 노른자
단백질(16.5%), 지방(31.6%), 포도당(0.2%), 회분(1.2%)을 함유하고 있으며, 흰자보다 수분 함량(49.5%)이 적다. 노른자 고형질의 약 70%를 차지하는 지방은 트리글리세리드, 인지질, 콜레스테롤 등으로 되어 있다. 인지질의 79% 정도를 차지하는 레시틴은 소화 흡수율이 좋고 유화제로 쓰인다.

3) 껍질
세균 침입을 막는 큐티클(cuticle)로 싸여 있다.

(3) 계란 제품

1) 생계란(shell eggs)
껍질과 내막은 많은 구멍과 반투막으로 구성되어 있는데, 이는 배(胚)가 발달하는 데 필요한 기체를 교환하기 위해서이다. 하지만 이로 인해 살모넬라 같은 박테리아에 의해 오염되기 쉽다. 따라서 적절한 위생처리와 저장조건을 갖춰야 한다. 미국의 경우, 세균 오염을 방지하기 위해 계란을 세척하고, 60~62℃에서 3분 30초 이상 가열하여 살균하고 있다.

생계란의 신선도를 측정하는 방법으로 등불검사(candling)가 많이 사용된다. 이 방법에 따르면 흰자가 진하고 노른자가 공모양으로 움직이지 않는 것이 신선한 계란이다.

2) 냉동 계란(frozen eggs)
전란, 흰자, 노른자 등을 용도에 따라 껍질로부터 분리해 낸 뒤, 껍질조각, 점막 등 이물질을 걸러내고 냉동(-23~-26℃), 저장(-18~-21℃)시킨 것이다. 냉동계란은 21~27℃에서 18~24시간 해동하거나, 흐르는 물에 5~6시간 담가 녹인 후 사용하도록 한다. 사용 전에 잘 혼합하고 2일 이내에 사용하는 것이 좋다. 흰자의 손실을 막고, 저장 능력을 향상시킬 수 있다.

3) 분말 계란(powdered eggs)
용도에 따라 흰자, 노른자, 혹은 전란을 분무, 건조시킨 제품이다.
① 건조 방법 : 분무 건조법, 팬 건조법, 냉동 건조법이 있다. 주로 분무 건조법과 냉동 건조법이 많이 사용된다.
② 흰자 분말 : 전란에서 분리한 흰자를 건조시킨 제품이다. 실제 사용할 때에는 흰자 분말 1에 물 7을 첨가하여 재구성한다.
③ 노른자 분말 : 노른자를 흰자로부터 분리하여 건조시킨 제품이다. 노른자 분말 1에 물 1.25를 첨가하면 생계란의 노른자와 같아진다. 프리믹스에는 분말 상태로 첨가한다.
④ 전란 분말 : 전란을 건조시켜 분말화한 제품이다. 전란분말 1에 물 3을 넣어 액란을 만들어 사용한다.

(4) 신선한 계란 판별법
1) 껍질이 까슬까슬하고 윤기가 없다.
2) 밝은 불빛에 비추어 보았을 때 속이 맑게 보인다.
3) 6~10%의 소금물에 넣었을 때 가라앉는다.
4) 흔들어 보았을 때 소리가 나지 않는다.
5) 깨었을 때 노른자가 뚜렷하고, 흰자의 농도가 진하다.

(5) 계란의 특성과 기능
1) 기포성
계란을 교반시키면 흰자의 단백질인 글로불린에 의해 거품이 일어나는 성질을 말한다. 흰자에 기포성이 두드러지게 나타나는 이유는 지방처럼 기포성을 저해하는 물질이 흰자에 없기 때문이다. 노른자에는 기포성이 없지만 전란(全卵)으로는 기포를 만들 수 있다. 이는 노른자에 많은 지방이 레시틴에 의해 수분 속에 유화, 분산되어 기포가 직접 지방구에 닿지 않기 때문이다.

❖ 거품내는 방법
  ① 흰자만을 쓰는 방법
  ② 별립법(別立法) : 흰자와 노른자를 따로 거품낸 후 합한다.
  ③ 공립법(共立法) : 계란 전체를 거품낸다.

휘핑 시간과 기포의 상태 변화

	기포의 정도	특징	용도
1단계	거친 기포	약간 휘핑된 기포로, 기포가 크고 부드러우며 투명하고 쉽게 흘러 내린다.	전병의 코팅
2단계	촉촉한 기포	볼을 기울이면 천천히 흘러 내리는 정도. 기포는 보다 미세하고 촉촉하며 윤기가 난다.	에인젤 푸드 케이크 부드러운 머랭
3단계	단단한 기포	충분히 휘핑한 기포로, 상당히 단단하다. 안정성이 좋기 때문에 오랫동안 방치해도 기포가 파괴되거나 변하지 않는다.	단단한 머랭, 별립법 케이크, 마시멜로, 오믈렛, 수플레
4단계	건조한 기포	휘핑이 지나친 상태. 상당히 하얗고 퍼석퍼석한 불투명 기포로 안정성이 결핍됨.	

계란의 기포성을 이용한 제품에는 머랭, 무스, 수플레, 마시멜로, 스펀지 케이크 등이 있다.

2) 유화성

노른자에는 강한 유화작용을 일으키는 레시틴(인지질)이 함유되어 있기 때문에 천연 유화제로 많이 이용된다. 마요네즈가 그 대표적인 예로, 제과·제빵에 있어서도 유지를 반죽 전체에 골고루 분산시키는 역할을 한다. 버터 케이크, 슈 반죽, 노른자가 들어간 버터 크림 등이 계란의 유화성을 이용한 제품들이다.

3) 열응고성

단백질이 열에 의해 굳는 성질을 가리킨다. 이는 단백질이 변성(變性)하여 물에 녹지 않는 불용성을 갖기 때문이다. 노른자보다는 흰자가 응고력이 강하다. 계란의 열응고성을 이용한 제품으로는 머랭, 마카롱, 스펀지 케이크, 버터 케이크, 슈 등이 있다.
소금, 칼슘, 산 등도 단백질의 응고를 촉진시킨다. 단, 설탕은 단백질의 응고를 지연시킨다.

4) 색

빵 반죽에 계란물을 칠해 구우면 당분과 아미노산이 메일라드 반응을 일으켜 갈색을 만든다. 또한 노른자에 들어 있는 황색 색소물은 제품의 속색을 식욕을 돋구는 색상으로 만든다.

5) 영양·풍미

양질의 단백질원으로, 계란 자체에 특수한 맛은 없지만 다른 재료의 맛을 살리는 역할을 한다.

(6) 취급시의 유의점

1) 껍질에 묻은 오물 등을 수돗물로 세척하여 위생란 상태로 만들어 사용한다.
2) 노른자와 흰자를 분리할 때 흰자에 노른자가 섞이지 않도록 주의한다.
3) 흰자를 기포하여 흰자 거품을 만드는 경우에 사용하는 믹서, 용기, 흰자에 기름기가 없도록 한다.
4) 사용하고 남은 계란은 즉시 냉장고에 넣어 보관한다.

(7) 제과·제빵에서의 기능

1) 결합제 역할 : 계란 단백질은 가열하면 응고되기 때문에 농후화제의 역할을 하는데 그

대표적인 예가 커스터드 크림이다.
2) 팽창 역할 : 물리적인 휘핑에 의해 공기를 포집하고 이 기포는 열에 의해서 팽창한다.
3) 유화 역할 : 노른자의 레시틴은 유화제의 역할을 한다.
4) 기타 : 완전식품으로 영양가가 높다.

6. 이스트(yeast) 및 기타 팽창제

효모라고도 불리는 이스트는 빵, 맥주, 포도주를 만들 때 쓰는 미생물이다. 곰팡이류에 속하지만 균사가 없고, 광합성 작용과 운동성이 없는 단세포 생물이다. 학명은 사카로미세스 세레비지에(Saccharomyces cerevisiae)이다.

(1) 이스트

1) 이스트의 형태

① **생물학적 성상**

이스트는 현미경이 아니면 볼 수 없을 정도로 아주 작은 단세포 식물이다. 엽록소가 없어 스스로 광합성을 못하는 타가 영양체로, 형태는 원형 또는 타원형이다. 길이는 1~10㎛, 폭은 1~8㎛이며, 1개의 세포가 하나의 생명체를 이루고 있다. 생 이스트의 경우 1g 중의 세포수는 50억~100억 개에 달한다.

② **세포의 구조**

세포벽은 식물 세포 특유의 셀룰로오스막으로, 거의 모든 용액을 통과시킨다. 세포벽 안쪽에 있는 원형질막은 이스트에 필요한 용액만을 통과시킨다. 직경 1㎛ 정도인 핵은 1개로, DNA, RNA와 같은 핵산을 함유하고 있으며, 대사의 중추적 역할을 담당하고 유전에 관계한다.

이스트 세포의 구조

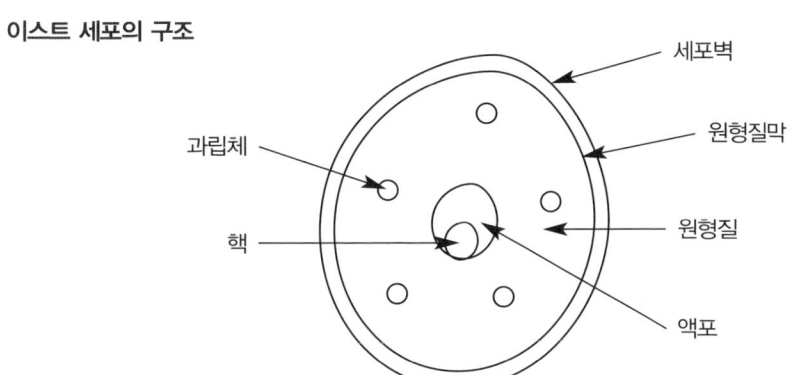

2) 생식

① **출아법** : 성숙된 이스트 세포의 핵이 2개로 분리되면서 유전자도 분리된다. 어미 세포의 핵과 세포질이 출아된 세포로 이동하여 새로운 딸 세포를 형성한다. 딸 세포가 모든 면에서 어미 세포와 같게 되면 새로운 세포로 독립한다. 무성생식으로, 이스트의 가장 보편적인 증식 방법이다.

② **포자 형성** : 포자가 포자낭 속에서 성장하다가 낡은 세포벽이 터지면 방출되어 있다가 적당한 조건이 되면 발아하여 정상적인 성장 및 생식을 시작한다. 무성생식으로, 주위의 조건이 부적합할 때의 증식 방법이다.

③ **유성 생식** : 목적에 맞도록 서로 대응이 되는 세포를 교잡시키는 잡종 교배이다. 발효력, 견실성, 저장성 등 이스트의 능력을 개선하는 데 이용된다.

3) 이스트의 일반 성분

생 이스트는 68~83%가 수분이고 나머지는 단백질, 탄수화물, 지방, 광물질 등으로 구성되어 있다. 단, 그 함량은 이스트의 형태와 배양조건에 따라 크게 다르다. 제빵용 생 이스트의 수분은 73% 전후로 하는 것이 일반적이다.

이스트의 구성

수분	단백질	회분	인산	pH
68~83%	11.6~14.5%	1.7~2.0%	0.6~0.7%	5.4~7.5%

4) 이스트에 들어 있는 효소

① **말타아제** : 맥아당을 2분자의 포도당으로 분해시켜 지속적인 발효가 진행된다. 이스트는 말타아제가 충분히 함유된 것이 좋다(최적 pH 6.0~6.8, 적정온도 30℃ 전후).

② **인베르타아제** : 자당을 포도당과 과당으로 분해시킨다(최적 pH 4.2 전후, 적정온도 50~60℃).

③ **치마아제** : 포도당과 과당을 분해해 탄산가스와 알콜을 만든다. 빵 반죽 발효를 최종적으로 담당하는 효소이다(최적 pH 5.0 전후, 적정온도 30~35℃).

④ **리파아제** : 세포액에 존재하며, 지방을 지방산과 글리세린으로 분해한다. 세포내적 효소로, 이스트 세포의 원형질내 지방에 작용한다.

⑤ **프로테아제** : 단백질을 분해하는 작용을 하며 펩티드, 아미노산을 분해·생성한다.

5) 이스트의 번식 조건

① 양분 : 당, 질소, 무기질
② 공기 : 이스트는 호기성(好氣性) 미생물이기 때문에 산소가 필요하다.
③ 온도 : 27~28℃
④ 산도 : pH 4.5~4.8

❖ 이스트는 10℃ 이하에서 활동이 정지되고 -60℃로 동결시켜도 완전히 죽지는 않지만, 48℃에서 세포가 파괴되기 시작한다. 이스트 세포는 63℃ 전후에서, 포자는 69℃에서 죽는다.

6) 이스트의 종류

① 생 이스트(fresh yeast, compressed yeast)

본 배양기에서 꺼낸 이스트를 여과 후 유화제와 소량의 물을 넣은 다음 믹싱하여 균질화된 가소성 덩어리로 만든 뒤, 사출기로 정형한 것이다. 압착 효모라고도 한다. 70~75%의 수분을 함유하고 있기 때문에 가스 발생력의 저하를 막기 위해 균일하고 낮은 온도에 보관해야 한다. 0℃에서 보관하면 2~3개월, 13℃에서는 2주, 22℃에서는 1주를 넘기기 어렵다.

② 활성 건조 효모(active dry yeast)

활성 건조 효모는 70% 이상인 생이스트의 수분을 7.5~9% 정도로 건조시킨 것이다. 수분 함량이 적어 불리한 저장 조건에서도 저장성이 훨씬 높다.

생 이스트의 고형질이 30%, 건조 이스트의 고형질이 90%이므로 이론상의 사용량은 1/3이지만, 건조, 유통, 수화(水化) 과정 중에 죽은 세포가 생기므로 실제로는 생 이스트의 40~50%를 사용한다. 반죽에 고루 분산시키기 위해 물에 녹여 사용하는데, 보통 이스트 양의 4배 되는 물을 40~45℃로 데운 후 5~10분간 수화시켜 사용한다. 이때 낮은 온도의 물로 수화시키면 발효력이 감소되어 끈적거리고 약한 반죽을 만든다.

❖ 활성 건조 효모의 장점
① 균일성 : 저장기간내 발효력이 일정하다.
② 편리성 : 다른 건조 재료처럼 계량이 용이하다.
③ 정확성 : 중량 계량이 정확하다.
④ 경제성 : 운송비 및 보관 면적이 감소되고, 냉장고가 필요없어 비용이 절감된다.

❖ 인스턴트 이스트 : 사용할 때마다 수화시켜야 하는 활성 건조 효모의 단점을 보완하여 물에 풀지 않고 밀가루에 섞어 직접 사용할 수 있도록 만든 것이다. 그러나 발효 시간이 짧은 빵에서는 반죽에 완전히 용해되기 어려우므로 따뜻한 물에 녹여 사용하는 것이 좋다. 효소 활성이 좋고 발효력이 강하다.

③ 불활성 건조 효모(inactive yeast)

높은 건조 온도에서 수분을 증발시킴으로 이스트내의 효소계가 완전히 불활성화된 이스트로, 빵·과자 제품에 영양보강제로 사용된다. 우유나 계란의 단백질과 같은 영양가를 가지고 있으며, 특히 필수아미노산인 리신이 풍부해서 곡물식품의 리신 결핍을 보강한다. 단, 글루타티온이 들어 있으면 빵 반죽을 느슨하게 하므로, 글루타티온이 침출되지 않도록 주의해야 한다.

7) 제빵에서의 이스트 사용량

① 감소시켜 사용하는 경우
  가. 천연 효모와 병용할 때
  나. 발효시간을 지연시킬 때

② 다소 감소시켜 사용하는 경우
  가. 손으로 하는 작업공정이 많을 때
  나. 실온이 높을 때
  다. 작업량이 많을 때

③ 다소 증가시켜 사용하는 경우
  가. 글루텐의 질이 좋은 밀가루를 사용할 때
  나. 미숙한 밀가루를 사용할 때
  다. 소금 사용량이 조금 많을 때
  라. 반죽온도가 다소 낮을 때
  마. 물이 알칼리성일 때

④ 증가시켜 사용하는 경우
  가. 설탕 사용량이 많을 때
  나. 소금 사용량이 많을 때
  다. 우유(분유) 사용량이 많을 때
  라. 발효시간을 감소시킬 때

8) 취급과 저장시 주의할 점

① 이스트는 48℃에서 파괴되기 시작하므로, 이스트를 사용할 때 너무 높은 온도의 물

과 직접 닿지 않도록 해야 한다.
② 믹서의 기능이 불량한 경우에는 소량의 물에 풀어서 사용하면 전반죽에 고루 분산되는 장점이 있다. 기계 성능이 좋은 경우에는 그렇게 할 필요가 없다.
③ 소금과 이스트는 직접 닿지 않도록 해야 한다.
④ 작은 규모의 공장에서는 날씨를 감안해야 한다. 고온다습한 날에는 반죽 중의 이스트 활성이 증가되므로 반죽온도를 낮춘다.
⑤ 생이스트는 개봉 후 밀봉 용기에 옮겨 냉장고에서 보관한다. 아무리 높아도 10℃ 이하를 유지해야 한다. 냉동은 이스트 내 수분이 얼면서 팽창해 세포를 파괴하므로 피하도록 한다.
⑥ 건조 이스트와 인스턴트 이스트 역시 밀봉 용기에 넣어 저온에서 보관한다. 건조 이스트는 6개월~1년, 인스턴트 이스트는 2년간 보존이 가능하다.
⑦ 이스트는 곰팡이, 세균, 야생 이스트 등의 영양원이 되므로 자칫 이런 잡균의 침투를 받게 되면 곧 분해되고 연화되면서 잡균의 서식처가 된다. 그러므로 깨끗한 환경에서 보관해야 한다.
⑧ 먼저 배달된 이스트부터 사용하도록 한다.

9) 질 좋은 이스트의 조건
① 보존성이 좋을 것
② 이미(異味), 이취(異臭) 혹은 다른 미생물에 의한 오염이 없을 것
③ 발효력이 강하고 지속적일 것
④ 수화시 물에 잘 녹고 반죽 속에 균일하게 분산될 것
⑤ 밀가루 중 발효 저해물질에 대한 저항력이 강할 것

10) 빵 반죽내에서의 이스트 작용
① 2~3시간 발효 과정 중 이스트 자체의 세포수는 증가되지 않는다.
② 포도당, 과당, 맥아당, 자당을 발효성 탄수화물로 이용하나, 유당을 발효시키지는 못한다.
③ 발효 중 생산되는 이산화탄소 가스를 적당하게 보유할 수 있도록 글루텐을 조절한다. 글루텐은 산성에서 탄력성과 신장성의 합계가 커지기 때문이다.
④ 발효 최종 산물은 이산화탄소와 에틸 알코올이다. 이산화탄소는 팽창에, 에틸 알코올은 다른 과정을 더 거쳐 반죽의 pH를 낮추고 향을 발달시킨다.
⑤ 이스트 세포는 63℃ 근처에서, 포자는 69℃에서 죽는다.

(2) 이스트 푸드(yeast food)

미국에서 제빵용 수질을 개선하기 위해 썼던 것이나, 현재는 이스트의 발효를 촉진시키고 빵 반죽의 질을 개선하기 위한 제빵개량제로 쓰이고 있다. 질소액, pH 조정제, 효소제, 수질 개량제, 산화제, 환원제, 유화제 등이 쓰임새에 알맞게 배합되어 있으므로, 용도에 따라 알맞은 이스트 푸드를 선택해 사용하도록 한다. 빵 반죽에 더할 때는 밀가루 양의 0.2%를 기준으로 한다.

1) 대표적인 이스트 푸드의 배합례(%)

① 알칼리성용 이스트 푸드

과산화칼슘 0.65 + 인산암모늄 9.0 + 전분, 밀가루 90.35

② 완충형 이스트 푸드

가. 전분 40.0 + 황산칼슘 25.0 + 염화나트륨 25.0 + 염화암모늄 9.7 + 브롬산칼륨 0.3

나. 산성인산칼슘 50.0 + 황산암모늄 7.0 + 브롬산칼륨 0.12 + 요오드칼륨 0.10 + 염화나트륨 19.35 + 전분 23.43

이스트 푸드 각 소재의 사용 목적과 효과

	소 재	사용 목적	주요 효과
암모늄염	염화암모늄 황산암모늄 인산암모늄	효모의 영양원	발효 촉진→ 빵 용적 증대 ※ 분해에 의해 생성되는 산은 pH를 저하시켜 발효를 자극한다.
칼슘염	과산화칼슘 황산칼슘 인산칼슘	물의 경도 조절	발효 안정, 글루텐 강화 → 빵 용적 증대 발효 안정 발효 촉진
산화제	브롬산칼륨 요오드칼륨 아조디카본아미드 아스코르브산(비타민C)	프로테아제의 불활성화, 산화	글루텐 강화 → 빵 용적 증대
환원제	글루타티온 시스테인	프로테아제에 활력을 줌 환원	글루텐 신장성 증가(반죽, 발효시간 단축) 노화 방지
효소제	알파 - 아밀라아제 프로테아제	전분 분해 단백질 분해	발효 촉진, 풍미와 구운 색이 좋아짐. 노화 방지 글루텐 신장성 증가, 풍미와 구운 색이 좋아짐

계면활성제	(모노글리세리드) 스테아릴 유산칼슘	글리세린 지방산 에스테르 기계성 향상, 노화 억제	생지 물리성 강화, 노화 지연
분산제	염화나트륨 전분 밀가루	발효 조절 분산 완충	계량의 간이화, 발효의 안정, 혼합접촉 변화방지 계량의 간이화, 흡습에 의한 화학 변화방지

2) 이스트 푸드의 역할

① 수질 개선
물의 경도를 적절하게 조절하여 제빵성을 높인다. 이 역할을 하는 것은 칼슘염(황산칼슘, 인산칼슘, 과산화칼슘)이다.

② 이스트의 영양 공급
이스트는 다른 식물과 마찬가지로 질소, 인산, 칼륨의 3대 영양소를 필요로 하는데, 이스트 푸드는 이 중 부족한 질소를 제공한다. 이 목적으로 첨가하는 것이 암모늄염(염화암모늄, 황산암모늄, 인산암모늄)이다.

③ 반죽의 pH 조절
알칼리성이 강한 반죽은 발효를 저해하므로 이스트 푸드에 함유되어 있는 효소제와 산성인산칼슘에 의해 반죽의 pH를 낮춰 이스트의 발효를 촉진시킨다.

④ 반죽의 물리성 개량
반죽의 물리적 성질을 좋게 하기 위한 반죽개량제로는 산화제와 효소제가 사용된다. 산화제는 반죽의 글루텐을 강화시키고, 효소제는 반죽의 신장성을 좋게 한다. 산화제로는 브롬산칼륨, 아스코르브산, 아조디카본아미드(ADA) 등이 사용되며, 효소제로 사용되는 것은 알파-아밀라아제와 프로테아제이다.

이밖에 전분이나 밀가루를 쓰는 목적은 이스트 푸드 구성 성분의 균질화와 수분 흡습을 방지하는 데 있다.

가. 산화제
산화를 일으키는 물질이다. 반죽하는 동안 밀가루 단백질의 -SH기를 S-S결합으로 산화시켜 글루텐의 탄력성을 높인다.
- 브롬산칼륨 : 천천히 효과가 나타나는 지효성 반죽조절제이다. 첨가량을 늘림에 따라 산화력이 강해진다.
- 요오드칼륨 : 효과가 빠른 속효성 반죽조절제이다.
- 아조디카본아미드(ADA) : 가장 빠르게 효과가 나타나는 속효성 반죽조절제이다. 밀가루 단백질의 -SH 그룹을 산화하여 글루텐을 강하게 한다.
- 아스코르브산(비타민 C) : 속효성 반죽조절제이다. 원래는 환원제이지만, 산소(공기)와 밀가루에 존재하는 효소에 의해 디하이드로 아스코르브산으로 산화되어 산화제로 작용한다. 단시간 발효법에서는 효과가 좋으나, 장시간 발효법에서는 반죽을 엉키게 하여 가공 내성이 좋지 않게 된다. 적정량에 도달하면 첨가량을 늘려도 산화력이 더 이상 늘지 않는다.
- 과산화칼슘 : 글루텐을 강하게 만들고 반죽을 다소 되게 하여 정형 과정에서 덧가루 사용을 적게 한다. 과산화칼슘은 스펀지 반죽보다는 본반죽에 사용한다.

나. 환원제
산화제와 반대 효과를 가진다. 산화제가 S-S결합의 형성을 촉진하는데 반해, 환원제는 이 과정을 방해한다. 흔히 쓰이는 환원제는 시스테인, 글루타티온이다. 이들을 반죽에 넣으면 산화제와는 반대로 글루텐을 연화시킨다.

다. 효소제
일반적으로 알파-아밀라아제와 프로테아제가 첨가되지만 프로테아제의 역가(力價)는 매우 작다. 맥아류 혹은 곰팡이류의 아밀라아제를 사용한다. 효소는 내열온도, 최적 pH가 각각 다르기 때문에 사용시 잘 확인해 두어야 한다.

3) 사용시 주의할 점
① 산화제의 종류와 양을 확인한다.
② 효소제의 계통(맥아, 곰팡이, 균사)을 확인한다.
③ 첨가량이 적어도 효과가 크므로 정확히 계량한다.
④ 물 또는 밀가루에 균일하게 분산시킨다.
⑤ 이스트와 함께 녹이지 않는다.

(3) 팽창제(leavening agents)

빵·과자 제품을 부풀려 부피를 크게 하고 부드러움을 주기 위해 첨가하는 것으로, 제품 종류에 따라 소량 사용한다. 팽창제는 굽기 중 가열에 의해 화학반응을 일으켜 반죽 내에서 탄산가스(이산화탄소)와 암모니아 가스를 발생시킨다. 이 가스가 반죽을 부풀게 하고 조직을 다공성으로 만들어 가벼운 식감을 주는 것이다.

1) 팽창제의 종류

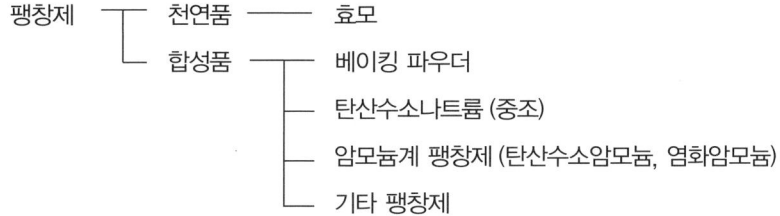

2) 기본 가스발생제

팽창제로 사용되는 식품 첨가물에는 여러 가지가 있으나, 그 중 가스발생제로 자주 사용되는 것으로는 탄산수소나트륨, 암모늄계 팽창제(탄산수소암모늄, 염화암모늄)가 있다. 이들은 각각 반응속도(가스발생속도), 생성물, 발생하는 가스의 양이 다르다.

① 탄산수소나트륨

중조라고도 하며, 단독 또는 베이킹 파우더 형태로 사용한다. 가스발생량이 적고, 이산화탄소 외에 탄산나트륨이 생겨 식품을 알칼리성으로 만든다. 또한 사용량 과다시 빵색을 누렇게 바꾸며 풍미를 떨어뜨린다. 따라서 염화암모늄 등의 산성 물질을 함께 사용해 결점을 보완하고 효과를 향상시킨다. 이렇게 만든 것이 합성 팽창제, 즉 베이킹 파우더이다.

$$2NaHCO_3 \rightarrow Na_2CO_3 + H_2O + CO_2$$

탄산수소나트륨　　　　탄산나트륨　　　물　　이산화탄소

② 암모늄계 팽창제

가. 장점

- 물이 있으면 단독으로 작용하여 가스를 발생한다.
- 쿠키 등에 사용하면 퍼짐이 좋아진다.
- 밀가루 단백질을 부드럽게 하는 효과가 있다.
- 굽기 중 3가지 가스로 분해되어 잔류물이 남지 않는다.

나. 종류

- 탄산수소암모늄 : 가열에 의해 암모니아 가스, 물, 이산화탄소로 분해된다. 가스발생량도 많고, 분해 결과 생긴 암모니아 가스와 물, 이산화탄소는 모두 기체이기 때문에 반죽 중에 남는 것이 없어 팽창제로 이상적이다. 따라서 단독으로 사용하는 경우 가장 많이 사용된다. 단, 90℃를 넘으면 가스발생력이 떨어진다.

$$NH_4HCO_3 \rightarrow NH_3 + H_2O + CO_2$$
탄산수소암모늄   암모니아 가스   물   이산화탄소

- 염화암모늄 : 탄산수소나트륨, 탄산수소암모늄과는 달리 가열에 의해 독자적으로 가스를 발생시키지는 않는다. 따라서 순수한 가스발생제는 아니지만 탄산수소나트륨과 반응하여 암모니아가스와 이산화탄소를 발생시키기 때문에 베이킹 파우더 등의 주재료로 이용된다. 또 이스트 파우더라고 불리는 팽창제의 제재로도 사용된다.

$$NH_4Cl + NaHCO_3 \rightarrow NH_3 + CO_2 + H_2O + NaCl$$
염화암모늄   탄산수소나트륨   암모니아   이산화탄소   물   염화나트륨

3) 베이킹 파우더와 이스트 파우더

① **베이킹 파우더(baking powder)**

탄산수소나트륨에 산성제를 배합하고, 완충제로서 전분을 첨가한 팽창제이다. 이때 탄산수소나트륨과 산성제가 화학반응(산·알칼리 중화반응)을 일으켜 이산화탄소를 발생시키고 기포를 만들어 반죽을 부풀린다. 이 화학반응의 원리는 탄산수소나트륨이 분해되어 이산화탄소, 물, 탄산나트륨이 되는 것으로, 베이킹 파우더 무게에 대하여 12% 이상의 유효가스를 발생시켜야 한다.

산성제로는 각종 산성제를 사용할 수 있으며, 이 산성제들의 조합에 따라 가스발생속도와 상태를 변화시킬 수 있다.

❖ 중화가(中和價) : 산에 대한 탄산수소나트륨의 백분율로서, 적정량의 유효가스(이산화탄소)를 발생시키고 중성이 되는 양을 조절할 때 활용된다.

② **이스트 파우더(yeast powder)**

암모니아계 합성 팽창제로 염화암모늄, 탄산수소나트륨, 주석산수소칼륨, 전분 등이 혼합되어 만들어진 것이다. 화학반응에 의해 이산화탄소와 암모니아 가스를 발생시켜 팽창한다. 베이킹 파우더와 비교해 볼 때 옆으로 팽창시키는 경향이 있다.

4) 팽창제의 저장

① 공기 중의 수분을 흡수하면 가스를 발생시키고 역가가 떨어진다. 습기로 덩어리가 생기면 균일한 분산이 어렵다.
② 깨끗하고 건조한 저장실에 보관하고 사용하지 않을 때는 뚜껑을 꼭 닫아야 한다.

7. 물(water)

산소와 수소의 화합물로, 무색, 무취의 액체이며 분자식은 H_2O이다. 100℃에서는 증기(기체)가 되고 0℃ 이하에서는 얼음(고체)이 된다. 물은 생물의 생존과 관련해 꼭 필요한 것이기도 하지만, 제빵에 있어서도 가장 기본이 되는 중요한 원료이므로 좋은 품질의 빵을 만들기 위해서는 물의 성상(性狀)을 정확히 파악할 필요가 있다. 또 제빵 적성에 맞도록 수질을 조절해 주는 역할을 하는 이스트 푸드의 사용량과 종류를 파악하기 위해서도 수질 파악은 필수적인 사항이다.

경도에 따른 물의 분류

구 분	연수	아연수	아경수	경수
경도(ppm)	60미만	60이상~120미만	120이상~180미만	180이상

(1) 물의 경도

물에 녹아 있는 칼슘염 및 마그네슘염을 이것에 상응하는 탄산칼슘의 양으로 환산해 ppm으로 표시한 것으로, 이 경도의 표시법은 국가에 따라 차이가 있으나 대체로 다음과 같다.

1) 연수(軟水)

단물이라고도 하며 증류수, 빗물 등이 여기에 속한다. 제빵에 사용하면 글루텐을 연화시켜 반죽을 연하고 끈적거리게 한다.

2) 경수(輕水)

센물이라고도 하며 바닷물, 광천수, 온천수 등이 이에 속한다. 반죽에 경수를 사용하면 반죽이 질겨지고 발효시간이 길어진다.

① 일시적 경수 : 탄산수소 이온이 들어 있는 경수로, 끓이면 불용성 탄산염으로 분해되고 가라앉아 연수가 된다. 이것은 물의 경도에 영향을 주지 않는다.

② 영구적 경수 : 황산 이온이 들어 있어 끓여도 연수가 되지 않는 물이다. 칼슘염, 마그네슘염은 물 속에 용액 상태로 남아 경도에 영향을 준다.

3) 아경수(亞輕水)

이스트의 영양물질이 되고, 글루텐을 경화(硬化)시키는 효과가 있어 제빵에 가장 알맞은 것으로 알려져 있다.

(2) 물의 산도

물에 용해되어 있는 물질이 산성이면 산성 물(pH 7 이하), 알칼리성이면 알칼리성 물(pH 7 이상)이라고 한다. 제빵용 물로는 약산성의 물(pH 5.2~5.6)이 양호하며, 알칼리성이 강하거나 산성이 강한 물은 적합하지 않다. 물의 pH는 주로 효소 작용과 글루텐의 물리성에 영향을 준다.

1) 산성 물 : 발효를 촉진시키나, 산성이 지나치면 글루텐을 용해시켜 반죽이 찢어지기 쉽다.

2) 알칼리성 물 : 반죽을 부드럽게 하지만, 너무 지나치면 탄력성이 떨어지고 이스트의 발효를 방해해 발효 속도를 지연시킨다. 또 부피가 작고 색이 노란 빵을 만든다.

(3) 물의 처리

자연 상태의 물은 여러 분야에서 각기 요구하는 조건을 두루 만족시킬 수 없다. 따라서 물때와 부식성을 막아 기구와 용기를 보호하고, 위생상의 안전을 확보하기 위해 물을 처리하게 된다.

1) 여과

물에 들어 있는 불순물을 제거하는 것을 말한다. 일반적으로 모래 여과기가 주로 사용되고 있다. 좋지 않은 맛과 냄새를 내는 유기물을 걸러내는 데는 활성 탄소를 사용한다.

2) 연화

물을 연화시키는 방법으로 증류법, 양이온 교환법, 음이온 교환법, 석회 · 소다법 등이 있다. 이 중 증류법은 많은 경비가 필요하기 때문에 실용성이 적다.
① 양이온 교환법 : 나트륨비석(Na_2Z)과 수소비석(H_2Z)을 사용하여 물을 연화시키는 방법이다.
② 음이온 교환법 : 교환 수지에 산을 직접 흡착시켜 물을 연화시키는 방법이다.

③ 석회 · 소다법 : 물의 경도를 주도하는 탄산수소칼슘과 마그네슘을 석회, 소다와 반응시켜 불용성 화합물로 침전시키는 방법이다.

※ 제빵용 물은 경도와 더불어 병원균의 오염이 없는 생물학적 순도도 높아야 한다.

(4) 물의 특성에 따른 처리 방법

1) 연수
① 흡수율을 1~2% 정도 줄인다.
② 이스트 사용량을 줄인다.
③ 이스트 푸드와 소금량을 증가시킨다.

2) 경수
① 이스트 사용량을 증가시킨다.
② 이스트 푸드의 양을 감소시킨다.
③ 맥아를 첨가, 효소 공급으로 발효를 촉진시킨다.

3) 산성 물 : 이온교환수지를 이용해 물을 중화시킨다.

4) 알칼리성 물 : 가스 생산을 가속화시키기 위해 황산칼슘을 함유한 산성 이스트 푸드의 양을 증가시킨다.

※ 중성의 아경수(120~180 ppm)가 제빵에 좋다.
※ 물이 반죽에 균일하게 분산되는 시간은 밀가루 입자의 크기와 강도, 믹싱 방법, 설탕, 분유, 유화제, 환원제 등 재료에 따라 달라지지만 보통은 10분 정도 걸린다.

(5) 제과 · 제빵에서의 기능

사용물의 종류	영향	조치
경수	① 글루텐을 단단하게 한다(반죽이 경직됨). ② 발효속도가 느리다.	① 흡수율 증가 ② 이스트 푸드, 소금 사용량 감소 ③ 맥아시럽 첨가 ④ 이스트 사용량 증가
연수	① 글루텐을 연화시킨다. ② 반죽이 끈적거리고 가스 보유력이 떨어진다.	① 흡수율 감소(2% 정도) ② 이스트 푸드, 소금 사용량 증가
알칼리성 물	발효속도 지연	산성 이스트 푸드 사용량 증가
중성의 아경수	제빵용 물로 가장 적합	

8. 초콜릿(chocolate)

(1) 초콜릿의 원료
① 카카오매스 : 여러 종류의 카카오를 혼합하여 특정한 맛과 향을 낸다. 카카오매스 자체의 풍미, 지방의 함량, 껍질의 혼입량 등에 따라 품질이 달라진다.
② 코코아 : 용도에 따라 색상, 지방의 함량, 용해도, 미생물의 수치 등을 고려하여 선택한다. 맛과 향이 좋아야 한다.
③ 카카오버터 : 초콜릿의 풍미를 결정하는 가장 중요한 원료로 향이 뛰어나다. 입안에서 빨리 녹으며 감촉이 좋다. 카카오빈의 종류, 탈취 공정에 따라 맛과 향의 강도가 달라진다.
④ 설탕 : 정백당과 분당을 많이 사용한다. 포도당이나 물엿 등으로 설탕의 일부를 대치하기도 한다.
⑤ 우유 : 밀크 초콜릿의 원료로 전지 분유, 탈지 분유, 크림 파우더 등을 사용한다. 분유는 풍미가 좋고, 미생물이나 효소에 의해 변질되지 않는 것을 사용해야 한다.
⑥ 유화제 : 카카오버터에 1% 이하의 수분이 들어 있으므로 친유성 유화제를 사용한다. 대두로부터 추출한 레시틴이 대표적이며, 0.2~0.8% 정도를 사용한다.
⑦ 향 : 가장 기본적인 것은 바닐라향으로, 0.05~0.1%를 사용한다. 그밖에 제품 특성에 따라 버터향, 박하향, 견과류 계통의 향 등을 사용한다.

(2) 초콜릿의 종류
1) 배합 조성에 따른 분류
① 카카오매스 : 말 그대로 쓴 초콜릿, 비터 초콜릿이라고도 한다. 카카오빈에서 외피와 배아를 제거하고 잘게 부순 것으로, 다른 성분이 포함되어 있지 않아 카카오빈 특유의 쓴맛이 그대로 살아 있다. 식으면 굳어 커버추어용으로 사용한다.

② 다크 초콜릿 : 순수한 쓴맛의 카카오매스에 설탕과 카카오버터, 레시틴, 바닐라향 등을 섞어 만든 초콜릿이다. 다크 스위트, 세미 스위트, 비터 스위트로 구분된다. 다크 스위트에는 최소 15% 이상, 세미·비터 스위트에는 35% 이상의 카카오버터가 함유되어 있다. 카카오버터를 일정량 함유하고 있는 카카오매스에 별도로 카카오버터를 첨가했기 때문에 유지 함량이 높고 유동성이 좋으며 카카오의 풍미도 강하다.

③ 밀크 초콜릿 : 다크 초콜릿 구성 성분에 분유를 더한 것으로, 가장 부드러운 맛의 초콜릿이다. 유백색이므로 색이 엷어질수록 분유의 함량이 많다고 볼 수 있다. 부드럽고 풍부한 맛을 강하게 하려면 카카오버터의 함량을 높인다. 15~25% 정도의 우유, 7~17% 정도의 카카오버터가 함유되어 있다.

④ 화이트 초콜릿 : 카카오 고형분(코코아 케이크)과 카카오버터 중 다갈색의 카카오 고형분을 빼고 카카오버터에 설탕, 분유, 레시틴, 바닐라향을 넣어 만든 백색의 초콜릿이다. 일부 나라에서는 초콜릿이 아닌 설탕과자로 취급하기도 한다.

⑤ 컬러 초콜릿 : 화이트 초콜릿에 유성 색소를 넣어 색을 낸 초콜릿이다.

⑥ 가나슈용 초콜릿 : 카카오매스에 카카오버터를 넣지 않고 설탕만을 더한 것이다. 카카오 고형분이 갖는 강한 풍미를 살릴 수 있는 것이 장점이다. 유지 함량이 적어 생크림같이 지방과 수분이 분리될 위험이 있는 재료와도 잘 어울린다. 그러나 커버추어처럼 코팅용으로 이용하기에는 부적합하다.

⑦ 코팅용 초콜릿(파타글라세) : 카카오매스에서 카카오버터를 제거한 다음 식물성 유지와 설탕을 넣어 만든 것으로, 번거로운 템퍼링 작업 없이도 언제 어디서나 손쉽게 사용할 수 있다. 유동성이 좋으므로 코팅용으로 쓰인다.

⑧ 풍미를 첨가한 초콜릿 : 술이나 오렌지, 커피 등을 넣어 색다른 풍미를 낸 초콜릿이다.

2) 형태
① 몰드 초콜릿 : 초콜릿을 틀에 넣어 굳힌 것이다.
② 엔로브 초콜릿 : 누가, 퍼지, 캐러멜, 비스킷 등을 중앙 부분에 넣고 초콜릿을 흘려 부어 코팅해서 냉각한 것이다.
③ 팬 초콜릿 : 견과류나 스낵류에 초콜릿을 분무하여 코팅하고 당의를 입힌 것이다.

(3) 초콜릿의 제조방법

1차 가공과 2차 가공에 의해 초콜릿이 생산된다.

1) 1차 가공

원료인 카카오빈(카카오콩)에서 중간 제품인 카카오매스 혹은 카카오버터(카카오 페이스트)를 생산하는 공정이다.

① 정선(cleaning) : 산지(産地)로부터 운반된 카카오빈에서 이물질을 제거한다.

② 볶기(roasting) : 카카오빈을 볶아 휘발성분과 수분을 제거한다. 이를 통해 초콜릿 특유의 향과 풍미가 살아난다(볶는 온도 110~160℃(보통 130℃), 시간 30~40분).

③ 껍질 제거(winnowing) : 카카오빈은 외피, 배아, 배유로 구성되어 있다. 이 중 초콜릿을 만들 때 필요한 부분은 배유이므로, 카카오빈의 껍질과 배아를 제거하고 배유(카카오니브)만 남긴다.

④ 분쇄(grinding) : 회전율이 다른 롤러를 통과시켜 배유를 빻아 카카오매스를 만든다.

❖ 카카오매스 : 빻는 동안 배유 속의 지방이 녹아 페이스트 상태가 되는데, 이것을 카카오매스라고 한다. 비터 초콜릿, 카카오 페이스트라고도 한다.

2) 2차 가공

1차 가공이 끝난 카카오매스에서 최종 제품인 초콜릿으로 가공하기까지의 공정이다.

① 혼합(mixing) : 카카오매스에 설탕, 분유, 레시틴, 향료 등을 일정 비율에 따라 첨가하고 섞어 준다.

② 정제(refining) : 위의 혼합물을 빻아 미세한 입자로 만든다.

③ 정련(glossing) : 조직을 균일하게 하고, 수분과 나쁜 냄새 등을 없앤다. 이 과정에서 초콜릿 특유의 광택과 풍미, 식감이 향상된다.

④ 조질(調質, tempering) : 초콜릿 조직을 안정되게 굳힐 수 있도록 온도를 조절한다.

⑤ 정형·진동 : 틀 속에 초콜릿을 넣고 심하게 진동시켜 초콜릿 속의 기포를 없앤다.

⑥ 냉각·틀 제거 : 냉각용 터널을 통과시키면서 굳힌 뒤, 틀을 제거한다.

⑦ 포장 : 틀에서 빼낸 초콜릿은 즉시 포장해야 한다. 포장실은 온도(18℃ 정도)와 습도가 낮아야 하고, 포장지는 방습 포장지를 이용한다.

⑧ 숙성 : 포장한 초콜릿을 온도 18℃, 상대습도 50% 이하의 저장실에서 7~10일간 숙성시키면 초콜릿 속의 카카오버터 조직이 더욱 안정되게 된다.

초콜릿 제조 공정

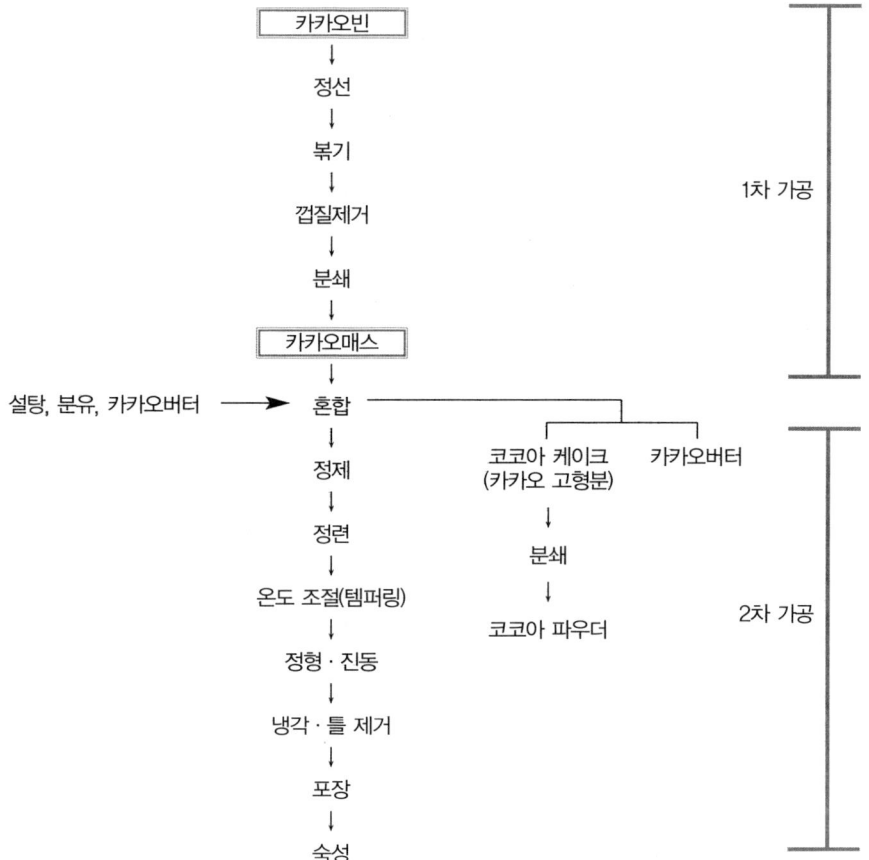

(4) 커버추어와 템퍼링

초콜릿 제품 중 제과 재료로서 주로 사용되는 것은 커버추어라고 하는 대형 판초콜릿이다. 국제 규격에 의하면 '총 카카오 분량 35%(카카오버터 31%) 이상으로 대용유지를 포함하지 않은 것'이라고 되어 있다. 하지만 실제로는 35~40%의 카카오버터를 함유하고 있어 일정 온도에서 유동성과 점성을 갖는 제품을 가리킨다. 봉봉 오 쇼콜라(봉봉초콜릿)의 피복용으로 사용된다.

1) 커버추어 사용법

커버추어는 파타글라세와는 달리 반드시 온도 조절, 즉 템퍼링을 거쳐야 한다. 이것은 파타글라세가 경화유를 사용한 반면, 커버추어는 천연의 카카오버터가 주성분이기 때문이다. 즉, 카카오버터의 특성상 템퍼링을 거쳐야만 초콜릿 특유의 광택이 나고 블룸이 없는 초콜릿을 얻을 수 있다.

2) 카카오버터의 특성

일단 녹인 카카오버터를 냉각하면 카카오버터의 분자가 결정 형태를 이루며 굳게 된다. 이 과정에서 온도에 따라 각기 다른 성질을 가진 $\gamma, \alpha, \beta, \beta'$ 등의 결정이 만들어지는데, 매끈한 광택의 초콜릿을 얻기 위해서는 카카오버터를 β형의 미세한 결정으로 만들어 굳혀야 한다. 이를 위해 우선 커버추어를 40℃ 정도로 가열해 결정이 없는 상태로 만든 다음, 27℃ 정도로 냉각한다. 그러면 β형 결정의 핵이 생기게 되는데, 이것을 다시 가열해 30℃ 정도로 유지시킨다. 이 온도는 β형 결정의 융점보다 낮은 온도이므로 이 과정에서 β형 결정이 서서히 증가하게 된다. 이것을 피복해 굳히면 대부분의 카카오버터가 미세한 β형 결정이 되는 것이다.

3) 템퍼링의 필요성 및 정의

카카오 버터(코코아 버터)가 안정된 결정상태로 되어 초콜릿 전체가 안정한 상태로 굳을 수 있도록 사전에 하는 온도조절을 템퍼링이라고 한다.

4) 템퍼링 방법

① 방법 I

가. 볼에 잘게 썬 커버추어를 넣는다.

나. '가'의 볼보다 작은 볼에 물을 채워 약한 불에 올리고, 그 위에 '가'의 볼을 겹쳐 올려 중탕하면서 저어 녹인다.

다. 40℃ 정도에서 전체가 균일하게 녹으면 다시 '가'의 볼을 냉수에 받쳐 천천히 저으면서 27℃정도로 온도를 낮춘다.

라. 다시 불에 올려 중탕하면서 30~32℃ 정도까지 온도를 높인다. 이때 온도가 34℃ 이상이 되지 않도록 주의한다. 만약 34℃ 이상이 되면 '다'의 과정부터 되풀이한다.

② 방법 II

가. 커버추어를 중탕하면서 녹는점(34~40℃) 이상의 온도로 가열해 녹인다.

나. 전체 분량의 2/3를 대리석 위에 붓고 팔레트 나이프로 얇게 펼쳐 이기면서 식힌다.

다. 차츰 점성이 생기면(27~29℃) 원래의 초콜릿 용기에 담아 온도를 균일하게 맞춘다 (30~32℃).

5) 템퍼링할 때의 주의점
① 템퍼링은 빨리 행해야 한다.
② 커버추어를 자를 때는 같은 크기로 자른다. 이는 초콜릿을 균일하게 녹이기 위해서이다.
③ 볼이나 대리석에 수분이 없도록 한다.
④ 대리석에 붓고 팔레트 나이프로 펼칠 때에는 바깥쪽에서 안쪽으로 펼친다.

(5) 블룸 현상
블룸(bloom)이란 '꽃(花)'이라는 의미로 초콜릿의 표면에 하얀 무늬 또는 하얀 반점이 생긴 것이 꽃과 닮았다고 하여 붙여진 이름이다. 이러한 현상은 카카오 버터(지방)가 원인인 지방 블룸(fat bloom)과 설탕이 원인인 설탕 블룸(Sugar bloom)이 있다.

1) **설탕 블룸(sugar bloom)** : 초콜릿을 습도가 높은 곳에 보관할 때 초콜릿에 들어 있는 설탕이 수분을 흡수하여 녹았다가 재결정이 되어 표면이 하얗게 변하는 현상
2) **지방 블룸(fat bloom)** : 초콜릿을 온도가 높은 곳에 보관하거나 직사광선에 노출시켰을 때 지방이 분리되었다가 다시 굳어지면서 얼룩을 만드는 현상

(6) 코코아
1) 카카오 원두의 배유 부분을 마쇄한 후 압착하여 카카오버터와 카카오박으로 분리한 다음 카카오박을 분말화한 것을 가리킨다.
2) 카카오박을 200메시로 곱게 부순 후 알칼리로 처리하여 우유나 음료에 잘 녹도록 한다.

제2장 기타 재료 및 첨가물

1. 과실류

(1) 견과
단단하고 굳은 껍질과 깍정이에 1개의 종자만이 싸여 있는 나무 열매의 총칭이다.

1) 아몬드

제과에서 가장 기본적이고 폭넓게 사용하는 견과 중 하나이다. 주산지는 미국 캘리포니아주, 호주, 남아프리카 등이다. 단백질과 지방이 풍부하고 탄수화물, 무기질도 포함되어 있다. 스위트와 비터 2종류가 있는데, 보통 아몬드라고 하면 스위트 아몬드를 가리킨다. 통째로 사용하는 블랜치 아몬드, 얇게 자른 슬라이스 아몬드, 잘게 다진 다이스 아몬드, 가루로 만든 파우더 아몬드 등 여러 형태로 가공되어 쿠키, 초콜릿 과자, 아이스크림 등을 만들 때 다양하게 사용된다. 특히 아몬드는 아몬드 페이스트와 마지팬의 중요한 원료이기도 하다.

❖ 마지팬 : 설탕과 아몬드를 갈아 만든 페이스트. 점토와 같이 부드럽고 색을 들이기도 쉽기 때문에 꽃, 동물 등의 조형(造形)에 이용된다.

2) 머캐더미어넛

하와이에서 대규모로 재배되며 호주, 동남아시아에서도 생산된다. 지방이 75%가량 함유되어 있어 식감이 좋고 모양이 둥글기 때문에 살짝 볶아 그대로 먹거나 토핑 재료 등으로 사용한다. 제과용으로 사용할 때는 주로 통째로 사용하며, 밀크 초콜릿으로 감싼 머캐더미어넛 초콜릿이 유명하다.

3) 헤이즐넛

아시아, 유럽, 북아메리카에 널리 분포하며, 주산지는 터키, 에스파냐, 이탈리아 등 지중해 연안 지역이다. 지방이 60% 이상이며, 향긋한 맛과 향이 있다. 제과에서는 통째로 혹은 잘게 다져서 사용한다. 페이스트로 만들어 크림과 섞거나, 프랄리네 형태로 아이스크림, 수플레, 무스에 더하면 풍미를 높일 수 있다.

4) 코코넛

열대 야자나무의 열매로, 주산지는 태국, 필리핀, 인도네시아이다. 다량의 지방과 단백질, 무기질을 함유하고 있다. 과육은 갈아서 설탕과 흰자를 섞어 코코넛 마카롱을 만든다. 또 과육을 얇게 자르거나 갈아서 설탕과 함께 약한 불에서 조려 잼을 만들기도 한다. 곱게 간 가루는 살짝 볶아서 사용하면 더욱 맛이 좋다고 알려져 있다.

5) 피칸넛

호두나무과에 속하는 교목의 열매로, 원산지는 미국 미시시피강 유역이다. 성분은 지방

70%, 단백질 12%로 호두와 비슷하지만 호두보다 더 달고 고소하며 영양가가 높다. 각종 과자와 식용유의 원료가 된다. 과자에 쓸 때는 껍질을 벗기고 잘게 부수어 반죽에 섞는다. 버터에 볶으면 맛이 좋으며, 피칸파이가 유명하다.

6) 잣

소나무과에 속하는 교목의 열매로, 우리나라를 비롯해 일본, 중국, 시베리아에서 생산된다. 칼로리가 높고, 특히 비타민 B군, 철분이 많이 들어 있다. 제과에서는 호두, 땅콩 등과 함께 장식용이나 케이크에 사용된다.

7) 호두

주산지는 미국, 프랑스, 인도, 이탈리아 등이다. 양질의 단백질과 지방이 많아 칼로리가 높다. 제과에 이용할 때는 주름진 독특한 모양을 이용해 열매 그대로 케이크 등에 장식하거나, 다져서 스펀지에 섞어 굽는 등 다양하게 사용한다.

8) 땅콩

땅콩은 아몬드 대신 이용할 수 있는 견과이지만, 견과류 가운데 가장 산화되기 쉬우므로 보관에 주의해야 한다. 녹인 초콜릿에 섞어 굳히거나 다져서 케이크 장식에 쓰고, 쿠키 반죽에 섞는다. 향신료와 함께 사용하는 것도 좋다.

9) 피스타치오

아몬드와 같은 향을 지녔다고 하여 그린 아몬드라고도 불린다. 아몬드보다 풍미가 좋지만 값이 비싸므로 포인트 장식으로 이용하거나 아몬드와 병행해 사용한다.

10) 캐슈넛

아프리카가 주산지인 캐슈넛은 견과류 중 가장 당도가 높고 씹는 맛이 부드럽다. 누가, 카카오버터의 원료로 사용하며, 잘게 다지거나 얇게 썰어서 쿠키, 아이스크림 등에 쓴다. 단맛을 살려 페이스트로 가공하기도 한다.

(2) 과실 가공품

1) 잼·젤리류

① 잼 : 으깬 과실에 설탕을 더해 조린 것. 과일 속의 산, 펙틴이 당과 결합하여 젤리화

한 것이다. 업소용과 일반용이 있다.
② 프리저브 : 과육을 충분히 으깨지 않아 과일 조각이 그대로 남아 있는 잼이다.
③ 프루츠 젤리 : 섬유질을 뺀 과즙을 젤리화한 것이다.
④ 마멀레이드 : 펙틴 추출액, 설탕, 과즙에 얇게 썬 과실 껍질을 더해 조린 것이다.

2) 통조림 제품

과육을 깡통에 넣고 시럽을 부은 후 밀봉, 가열·살균, 냉각하여 오래 보존할 수 있도록 만든 제품이다. 통조림 제품은 생과실에 비해 색과 모양은 떨어지지만, 계절에 관계없이 쓸 수 있는 장점이 있다.

3) 건조 제품

① 탈수과실 : 함수량을 10% 이하로 낮춘 것으로, 여기에 물을 더하면 신선도, 맛, 육질이 생과실에 가깝게 된다.
② 건과실 : 말린 과실이다. 이것은 물을 넣어 복원하는 것이 목적이 아니라, 말리는 동안에 과실의 성분을 바꿔 생과실과는 다른 맛을 내기 위한 것이 목적이다. 과실을 함수량 20~25%로 말리면 당, 유기산의 농도가 높아지고 저장성이 좋아진다.

4) 냉동 제품

과실을 동결시키면 호흡 작용이 멎어 본래의 신선함을 유지할 수 있다. -40℃ 이하에서 급속 냉동시키고, -20℃에 저장한다. 해동은 자연 해동이 좋다.

5) 과실 음료

① 천연 과즙 : 설탕만을 더한 과실즙이다.
② 과즙 음료 : 과즙 10~45%, 당도 12~14%, 유기산 0.3~0.4%가 함유된 음료이다.
③ 넥타 : 과육 속에 펄피(연한 과육)가 많이 든 음료로 점성이 크다.
④ 농축 과즙 : 보통 과즙을 1/5 정도로 농축한 음료이다.

2. 리큐르(liqueur)

증류주에 과실, 과즙, 약초, 향초 등을 배합하고, 설탕 같은 감미료와 착색료를 더해 만든 술이다. 제과용이나 칵테일용으로 널리 이용되고 있다.

(1) 리큐르의 종류

1) 약초·향초계 리큐르
① 아니제트 : 아니스 종자를 주원료로 하여 각종 향신료를 배합한 리큐르이다.
② 샤르트뢰즈 : 샤르트뢰즈 수도원에서 처음 만들어진 리큐르로 초록색(알콜 도수 : 55)과 노란색(알콜 도수 : 40), 그리고 VEP(숙성주)가 있다.
③ 페퍼민트 리큐르 : 박하를 주원료로 한 리큐르로 대표적인 것에는 프리조민트, 크렘 드 망트가 있다.
④ 퀴멜 : 캐러웨이 종자를 주원료로 하고 코리앤더, 커민 등으로 풍미를 낸 리큐르이다.
⑤ 에리카 : 벨기에에서 만들어진 리큐르이다.

2) 과일계 리큐르
① 오렌지 리큐르 : 오렌지 껍질을 이용해서 만든 리큐르로 큐라소라고도 한다.
② 만다린 리큐르 : 만다린 오렌지의 껍질을 이용해서 만든 리큐르이다.
③ 레몬 리큐르 : 알콜과 설탕을 섞고 거기에 레몬을 담가 만든 리큐르이다.
④ 체리 리큐르 : 무색 투명한 마라스키노, 적갈색의 체리 브랜디가 있다.
⑤ 에프리콧 리큐르 : 살구를 브랜디 등에 담가 만든 리큐르이다.
⑥ 트로피컬 프루츠 리큐르 : 새로운 타입의 리큐르로, 여러 가지 과실을 원료로 해서 만든다.

3) 견과·종자계 리큐르
① 아마레토 : 살구씨를 원료로 한 리큐르로 향이 아몬드와 비슷하여 아몬드 리큐르라고도 한다. 실제로 아몬드를 사용한 것도 있다.
② 누아제트 : 헤이즐넛향을 낸 리큐르이다.
③ 카카오 리큐르 : 카카오빈을 원료로 해서 향을 낸 리큐르로 초콜릿 리큐르라고도 한다.
④ 바닐라 리큐르 : 향이 짙은 바닐라로 만든 리큐르이다. 크렘 드 바니유가 여기에 속한다.

4) 기타 리큐르
① 크림 리큐르 : 여러 가지 알콜에 크림을 배합한 리큐르이다. 옛날에는 크림과 리큐르의 배합이 어려웠지만 지금은 기술의 발달로 가능해졌다.
② 브랜디 리큐르 : 브랜디에 감미를 더해서 만든 리큐르이다.

(2) 제과 · 제빵에서의 기능

리큐르의 원료와 같은 재료를 써서 만든 과자에 사용하면 잘 어울린다. 무스, 바바루아 등에 풍미를 내거나, 크림류에 향을 낼 때 럼과 섞어서 사용한다.

3. 기타 첨가물

(1) 향료

향료는 후각 신경을 자극하여 특유의 방향(芳香)을 느끼게 함으로써 식욕을 증진시키는 첨가물이다. 향료를 사용하는 목적은 제품에 독특한 개성을 주는 데 있기 때문에 향, 맛, 속 조직이 잘 조화되도록 해야 한다. 일반적으로 미각은 단맛, 신맛, 짠맛, 쓴맛으로 구별하지만 인종, 성별, 연령, 침의 pH, 타고난 기호성에 따라 개인차가 심하다.

1) 제과 · 제빵 향의 급원
① 발효와 굽기 과정에서 생기는 향 : 발효는 여러 가지 재료의 생화학적 변화를 수반하여 다양한 향 물질을 생성하는데 발효의 정도와 시간에 따라 향과 맛이 다르게 된다. 굽기 과정에서 갈변 반응, 캐러멜화 반응으로 특유의 향이 발생하는데 굽기 온도와 시간에 따라 향이 달라진다.
② 재료의 향 : 사용하는 재료에 들어있는 고유의 향이 제품에 그대로 남거나 열을 받아 특이한 향을 만들기도 한다.
③ 향료의 향

2) 향료의 분류
향료는 성분과 가공 방법에 따라 분류할 수 있다.
① 성분에 따른 분류
가. 천연 향료 : 풀, 나무, 과실, 잎, 나무 껍질, 뿌리, 줄기 등에서 추출한 향료이다. 꿀, 당밀, 코코아, 초콜릿, 분말 과일, 감귤류, 바닐라 등에서 추출한 정유가 있다.
나. 합성 향료 : 천연 향료와 유지 제품을 합성한 것으로, 버터의 디아세틸, 바닐라빈의 바닐린, 계피의 시너먼 알데히드, 아몬드의 벤즈알데히드 등이 있다.
다. 인조향 : 천연향은 아니지만 합성향을 조합하여 천연에 가깝도록 만든 것이다.

② 가공 방법에 따른 분류

가. 알콜성 향료 : 에센스. 에틸알콜에 향 물질을 용해시킨 향료이다. 열에 의한 휘발성이 크므로, 굽는 제품에는 사용하지 않는다. 아이싱과 충전물 제조에 사용하면 좋다.

나. 비알콜성 향료 : 오일. 프로필렌글리콜, 글리세린, 식물성유에 향 물질을 용해시킨 향료이다. 굽는 과정에서 향이 날아가지 않는다. 캐러멜, 캔디, 비스킷에 이용한다.

다. 유화 향료(乳化香料) : 유화제를 사용하여 향 물질을 물 속에 분산·유화시킨 것이다. 내열성이 있고 물에도 잘 섞여 취급이 편리하다. 알콜성 향료나 비알콜성 향료 대신 사용할 수 있다.

라. 분말 향료 : 진한 수지액과 물의 혼합물에 향 물질을 넣고 용해한 후 분무, 건조시킨 것이다. 가루상태로는 향이 약해 느껴지지 않으나 입속, 물에서는 강한 향이 난다. 가루식품, 아이스크림, 제과, 츄잉껌에 쓰인다.

(2) 향신료

좁은 의미로는 강렬한 방향(芳香)과 매운맛을 내는 식물성 향료를 말하나, 넓은 의미로는 풍부한 맛과 향을 내기 위해 소량 첨가하는 향료를 통틀어 향신료, 즉 스파이스라고 한다.

1) **바닐라(vanilla)** : 덩굴성 난초과 식물인 바닐라의 콩깍지(바닐라빈)를 완숙 전에 따서 발효시키면 짙은 갈색으로 변하면서 표면에 바닐린 결정이 생기고 바닐라 특유의 향을 낸다. 제과에 가장 광범위하게 쓰이는 향신료로 초콜릿을 비롯해 과자, 아이스크림, 그 밖의 유제품, 캔디, 리큐르에 이용된다.

2) **계피(cinnamon)** : 녹나무과의 상록수 껍질을 벗겨 만든 향신료이다. 일반적으로 인도의 실론에서 생산되는 계피를 시너먼이라고 하고, 중국 계열의 것은 카시아라고 한다. 분말 형태로 케이크, 쿠키, 초콜릿, 크림과자 등의 과자류와 파이 등의 빵류에 사용된다.

3) **넛메그(nutmeg)** : 육두구과 교목의 열매를 건조시킨 것으로, 한 개의 종자에서 두 종류의 향신료, 즉 넛메그와 메이스(mace)를 얻는다. 메이스쪽이 쓴맛이 적고 값도 비싸다. 애플 파이, 밀크 푸딩 수플레, 크림류에 이용한다.

4) **생강(ginger)** : 서아프리카, 인도, 일본, 중국 등에서 재배되는 다년포의 다육질(多肉

質) 뿌리로부터 얻는 향신료이다. 매운맛과 특유의 향을 가지고 있다. 설탕이나 시럽에 절여 먹기도 하고, 갈아서 설탕과 리큐르에 더해 셔벗을 만들기도 한다. 가루는 빵, 비스킷, 케이크 반죽에 섞어 쓴다. 영국의 진저 케이크, 진저 비스킷이 유명하다.

5) **정향(clove)** : 정향나무의 꽃봉오리를 따서 말린 것으로서, 클로브라고도 한다. 박하와 같은 맛이 나고 단맛의 방향이 있어 그대로 사용하거나, 곱게 빻아 각종 반죽과 단맛이 강한 크림, 소스 등에 섞어 쓴다.

6) **올스파이스(allspice)** : 올스파이스 나무의 열매를 채 익기 전에 따서 말린 것으로, 자메이카 후추라고도 한다. 빵·케이크에 가장 많이 쓰이는 향신료로서 그 향이 시너먼, 넛메그, 정향 등을 합한 것과 비슷하다 하여 올스파이스란 이름이 붙었다. 프루츠 케이크, 단맛이 강한 케이크, 비스킷, 파이, 햄, 카레 등에 가루로 빻아 쓰며, 장시간 넣고 끓일 경우에는 그대로 사용한다.

7) **카더몬(cardamon)** : 생강과(科)의 다년초 열매로부터 얻는다. 열매 속의 조그만 씨를 가루로 빻아 네덜란드풍의 빵류나 포도 젤리에 사용한다. 푸딩, 케이크, 페이스트리에도 이용되며, 특히 커피향과 잘 어울린다.

8) **박하(peppermint)** : 꿀풀과의 다년생 숙근초인 박하의 잎사귀에서 얻는다. 시원하고 산뜻한 향을 가지고 있다. 제과용으로 박하유와 박하뇌가 많이 이용된다. 식용으로 시판되고 있는 것은 페퍼민트와 스피아민트이다. 박하 잎은 과자에 장식하거나 소스, 크림에 풍미를 낼 때 이용한다.

9) **오레가노(oregano)** : 꿀풀과에 속하는 다년생 식물의 잎과 꽃의 끝부분을 말린 것이다. 오랜 기간 이탈리아 등 지중해 요리의 기본 양념으로 쓰였는데, 토마토 소스와 잘 어울린다. 향이 강하고 좋으며, 얼얼하고 톡 쏘는 듯한 쓴맛이 난다.

(3) 계면활성제

액체의 표면 장력을 수정시키는 물질로, 세척, 삼투, 기포, 유화, 분산 능력을 가지고 있다. 이 중에서 유화력이 뛰어난 것이 유화제이다. 식품첨가물로 이용하는 유화제는 모두 비이온성 계면활성제이다. 계면활성제를 빵, 과자에 응용하면 반죽의 기계 내성을 향상시키고 유지를 분산시켜 제품의 조직과 부피를 개선하며 노화를 지연시킨다.

※ 표면 장력 : 표면 면적을 가능한 한 좁히려는 힘

1) 화학적 구조

계면활성제는 친수성 그룹과 친유성 그룹을 함께 가지고 있다. 친수성 그룹은 유기산처럼 극성기를 가지고 있어서 물과 같은 극성물질에 보다 강한 친화력을 나타낸다. 친유성 그룹은 지방산처럼 비극성기를 가지고 있어 유지에 쉽게 용해되거나 분산된다. 친유성단에 대한 친수성단의 크기와 강도의 비를 'HLB'로 표시한다. HLB란 친수성-친유성 균형을 숫자로 표시한 것으로, HLB의 값이 클수록 친수성이 증대한다. 일반적으로 HLB의 수치가 9 이하이면 친유성으로 기름에 용해되고, 11 이상이면 친수성으로 물에 용해된다.

2) 주요 계면활성제

① 레시틴(lecithin) : 친유성 유화제로, 옥수수유와 대두유로부터 얻어진다. 빵 반죽 기준 0.25%, 케이크 반죽에는 유지의 1~2%를 사용하면 반죽의 유동성이 좋아진다.

② 모노-디-글리세리드(mono-di-glycerides) : 가장 많이 사용하는 계면활성제의 하나이다. 쇼트닝 제품에는 유지의 6~8%, 빵에는 밀가루 대비 0.375~0.5%를 사용하면 노화가 눈에 띄게 감소된다.

③ 모노-디-글리세리드의 디아세틸 타르타르산 에스테르(dicetyltartaric acid ester) : 친유성기와 친수성기가 1:1로 되어 있기 때문에 유지에 녹으면서 물에도 분산된다.

④ 아실 락테이트(acyl lactylate) : 비흡습성 분말인 아실 락테이트는 물에 녹지 않지만, 대부분의 비극성 용매와 뜨거운 유지에는 잘 녹는다. 쇼트닝에 3%, 밀가루 기준 0.35%를 사용하면 믹싱 내구성 및 기계 적성의 개선, 2차 발효 가속, 부피 증가, 기공과 조직 개선, 흡수율 증가 등의 효과가 있다.

⑤ SSL(sodium stearoyl-2-lactylate) : 크림색 분말로 물에도 분산되나, 뜨거운 기름에 잘 녹는다. 이스트를 사용하는 식빵류와 과자빵류에 효과적이다.

(4) 안정제(stabilizer)

물과 기름, 기포, 콜로이드의 분산과 같이 상태가 불안정한 화합물에 첨가해 상태를 안정시키는 물질이다. 내용물의 침전 방지, 끈적거림, 제품의 표면이 갈라지거나 쉽게 마르는 것을 방지하고 포장성을 개선하기 위하여 사용하는 첨가물이다.

1) 안정제의 종류

① 한천(agar-agar)
바다의 해조류인 우뭇가사리로부터 뜨거운 물로 성분을 추출, 건조시켜 만든 것이다. '식물성 젤라틴' 이라고도 한다. 끓는 물에만 용해되며, 냉각하면 단단하게 굳는 성질이 있다. 물에 대하여 1~1.5% 사용하면 젤라틴과 같은 효과를 볼 수 있다.

② 젤라틴(gelatin)
동물의 껍질이나 연골 속의 콜라겐을 정제한 것이다. 판상, 입자상, 분말상의 제품이 사용되고 있다. 순수한 젤라틴은 무미, 무취, 연한 색을 띠고 있으며, 끓는 물에만 용해되며, 식으면 단단하게 굳는다. 용액에 대하여 1% 농도로 사용해야 한다. 과다하게 사용하면 질긴 고무 같은 제품이 된다.

③ 펙틴(pectin)
많은 과일과 식물의 조직 속에 존재하는 일종의 다당류이다. 보통 감귤류나 사과의 펄프로부터 얻는다. 메톡실기 7% 이하의 펙틴은 당과 산에 영향을 받지 않는다. 그러나 7% 이상의 펙틴은 당과 산이 존재해야 교질이 형성되므로, 젤리 제조시 당 농도와 산 함량을 고려해야 한다. 설탕 농도 50% 이상, pH 2.8~3.4의 산이 되면 젤리를 형성한다.

④ 알긴산(alginic acid)
태평양의 큰 해초로부터 추출한다. 냉수 용해성으로 뜨거운 물에도 녹으며 1% 농도로 단단한 교질이 된다. 우유와 같이 칼슘이 많은 재료와는 단단한 교질체가 되지만, 과일주스와 같이 산이 많은 것에서는 교질 능력이 감소한다.

⑤ 씨엠씨(C.M.C. : carboxy methyl cellulose)
냉수에서 쉽게 팽윤되어 진한 용액이 된다. 산에 대한 저항성이 약한 씨엠씨는 셀룰로오스로부터 만든 제품이다.

⑥ 로커스트 빈 검(locust bean gum)
지중해 연안에서 재배되는 로커스트 빈 나무 껍질을 벗겨 수지를 채취한 것으로, 냉수에도 완전히 용해되지만 뜨겁게 해야 더 효과적이다. 0.5% 농도에서 진한 액체 상태가 되며, 5% 농도에서 진한 페이스트가 된다. 산에 대한 저항성이 크다.

⑦ **트래거캔스검(tragacanthgum)**

냉수에 용해되며 71℃로 가열하면 최대로 농후한 상태가 된다. 터키와 이란에서 재배되는 트래거캔스 나무를 잘라 얻는 수지이다.

2) 안정제의 사용 목적
① 아이싱의 끈적거림 방지
② 아이싱의 부서짐 방지
③ 머랭의 수분 배출 억제
④ 토핑의 거품 안정
⑤ 젤리 제조
⑥ 무스 제조
⑦ 파이 충전물의 농후화제
⑧ 흡수제로 노화 지연 효과
⑨ 포장성 개선

재료의 영양학적 특성

제1장 기초과학
제2장 탄수화물
제3장 지방질
제4장 단백질
제5장 무기질, 비타민, 물
제6장 영양과 건강

# 재료의 영양학적 특성

제1장 기초과학

1. 탄수화물(carbohydrates)의 재료적 특성

탄소(C), 수소(H), 산소(O) 3원소로 구성된 유기화합물로, 일반식은 CmH_2nOn 또는 $Cm(H_2O)n$이다. 분자내에 1개 이상의 수산기(-OH)와 카르복실기(-COOH)를 가지고 있는 것이 특징이다. 3대 영양소(탄수화물, 지방, 단백질)의 하나이며 당질이라고도 불린다.

(1) 탄수화물의 분류

- ▶ 단당류
  - • 포도당
  - • 과당
  - • 갈락토오스
- ▶ 이당류
  - • 자당(설탕) : 포도당 + 과당
  - • 맥아당(엿당) : 포도당 + 포도당
  - • 유당(젖당) : 포도당 + 갈락토오스
- ▶ 다당류
  - • 덱스트린 : 포도당 다분자(맥아당과 전분의 중간 형태)
  - • 전분 : 포도당 다분자

(2) 탄수화물의 종류와 특징

  1) 단당류(monosaccharides)

  더 이상 가수분해되지 않는 가장 단순한 탄수화물로, 탄소 원자수에 따라 3탄당~6탄당 등으로 나뉘며, 이 중 천연에 존재하는 것은 대개 5탄당과 6탄당이다. 물에 잘 녹고 단맛이 있다.

① 포도당(glucose)
자연계에 널리 분포되어 있는 전분의 기본 단위로 특히 포도에 많다. 포유동물의 혈액 내에도 0.1% 가량 존재하며, 동물 체내의 간장에서 글리코겐 형태로 저장된다. 환원당이며 상대적 감미도는 75이다.

② 과당(fructose)
꿀, 과즙에 들어 있고 체내에서 쉽게 포도당으로 변해 흡수된다. 당류 중 가장 단맛이 강하고 흡습성이 있다. 포도당을 섭취해서는 안되는 당뇨병 환자의 식이(食餌)에 감미료로 사용되며 카스텔라, 스펀지 케이크 등에 보습 효과를 주는 재료로 사용된다. 상대적 감미도는 약 175 정도이며 돼지감자나 달리아의 구근에 있는 '이눌린'을 가수분해하여 다량으로 만들거나 설탕(자당)을 가수분해 하면 과당과 포도당을 반씩 얻을 수 있다. 과당과 포도당은 다같이 수산화암모늄에 있는 질산은을 금속의 은(銀)으로 환원시키며, 펠링(fehling)용액의 제2동염을 제1동(銅)으로 환원시키는 능력이 있어 환원당(reducing sugar)이라 한다.

③ 갈락토오스(galactose)
단독으로 존재하지 않고 포도당과 결합해 유당의 형태로 존재한다. 따라서 포유동물의 젖에서만 얻을 수 있다. 포도당보다 단맛이 덜하고 물에 잘 녹지 않는다. 환원당이며 상대적 감미도는 32이다.

2) 이당류(disaccharides)
단당류 2분자가 결합된 당류로 분자식은 $C_{12}H_{22}O_{11}$이다. 수용성으로 단맛이 있고 물에 녹는다.

① 자당(설탕, sucrose)
포도당 1분자와 과당 1분자가 결합된 당으로, 효소 인베르타아제에 의해 포도당과 과당으로 분해된다. 사탕수수와 사탕무에 존재하며, 농축하여 감미제로 사용한다. 당류의 단맛을 비교하는 기준이 되고, 가수분해하여 전화당을 만든다. 160℃를 넘으면 캐러멜 반응을 일으킨다. 비환원당으로 상대적 감미도를 측정하는 기준이 되는 100이다.

❖ 전화당 : 자당이 가수분해될 때 생기는 중간 산물로, 포도당과 과당이 1:1로 혼합된 당이다. 자당보다 당도가 커 감미도가 자당의 약 1.3배 정도이다. 흡습성이 있어 고체 상품으로 부적합하므로 꿀, 물엿 같은 액체 상태로 이용된다.

② 맥아당(엿당, maltose)
포도당 2분자의 결합체로서 곡식이 발아할 때 생기며, 엿기름 속에 존재한다. 효소 말타아제에 의해 포도당과 포도당으로 분해된다. 자당과 함께 전분의 노화를 방지하는 효과와 보습 효과가 있다. 자당보다 달지는 않지만 결정화가 더디므로 캔디용 감미료로 사용된다. 전분의 환원당이고 상대적 감미도는 32이다.

③ 유당(젖당, lactose)
포도당 1분자와 갈락토오스 1분자가 결합된 당으로, 포유동물의 젖에만 존재한다. 물에 잘 녹지 않고 단맛이 적다. 효소 락타아제에 의해 포도당과 갈락토오스로 분해된다. 다른 당과는 달리 이스트의 영양원이 되지는 못하지만 빵의 착색에 효과적이다. 유산균에 의해 유산을 생성해 독특한 맛과 향을 내기도 한다. 환원당이며 상대적 감미도는 16이다.

❖ 상대적 감미도 순
  과당(175) > 전화당(130) > 자당(100) > 포도당(75) > 맥아당(32), 갈락토오스(32) > 유당(16)
❖ 삼당류 : 라피노오스, 멜레지토오스, 말토트리오스, 겐티아노오스, 시알릭락토오스, 플란테오스
❖ 사당류 : 스타키오스, 말토테트라오스, 셀로테트라오스, 스코로도오스,

3) 다당류(polysaccharides)
여러 개의 단당류가 결합된 고분자 화합물로, 단맛이 없다. 전분을 비롯해 덱스트린, 글리코겐, 섬유소, 펙틴, 한천 등이 있다.

① 전분(녹말, starch)
식물계의 중요한 저장 탄수화물인 전분은 쌀, 밀, 보리, 옥수수 등의 곡물 전분과 감자, 고구마, 타피오카, 칡 등의 구경 전분이 있으며, 그 기본 구성 단위는 포도당이다. 공급원이 다른 전분은 개체의 크기, 모양, 돌출 정도, 줄무늬의 유무 등 차이가 있다. 또한 팽윤, 호화, 퇴화, 반죽의 점도 등 물리적 작용도 서로 다르다.

가. 입자
재배된 환경 요소에 의해 달라지며, 같은 낟알에서도 부위에 따라 입자 모양이 다르다. 그러나 일반적으로 곡물 전분에는 각질의 다각형이 많고, 구경 전분에는 원형, 타원형의 입자가 많다.

- 소맥 전분(wheat starch) : 입자가 얇고 둥근 모양으로 큰 입자는 25~35㎛, 작은 입자는 2~8㎛ 정도로 물에 팽윤되면 곡선 모양이 된다.

- 옥수수 전분(corn starch) : 다각형 모양으로 10㎛ 정도의 크기로 중앙 부분이 터져 있다.
- 감자 전분(potato starch) : 타원형으로 귤 껍질과 같은 줄무늬가 있고 크기는 15㎛에서 100㎛까지 다양하다.
- 쌀 전분(rice starch) : 곡물 전분 입자 중 가장 작으며 3㎛에서 6㎛ 정도로 투명하고 줄무늬가 없다.
- 보리 전분(barley starch) : 타원형 또는 원형으로 2㎛에서 6㎛의 작은 입자와 20~35㎛의 큰 입자가 있으며 작은 입자가 소맥보다 많은 편이다.
- 타피오카 전분(tapioca starch) : 원형 또는 계란형으로 입자 크기가 20㎛ 정도이며 일명 카사바 전분이라고도 한다.

나. 구조

전분은 아밀로오스와 아밀로펙틴, 2개의 기본 형태로 이루어진 포도당 단위가 수백에서 수천에 이르는 종합체이다. 보통의 전분류는 아밀로오스가 17~28%이고, 나머지는 아밀로펙틴으로 되어 있다.

- 아밀로오스(amylose)
  ㉠ 아밀로펙틴에 비해 분자량이 작다(분자량 80,000~320,000).
  ㉡ 포도당이 α-1, 4 결합으로 이어진 사슬 형태이다.
  ㉢ 요오드 용액에 의해 청색 반응을 나타낸다.
  ㉣ β-아밀라아제에 의해 소화되면 거의 완전하게 맥아당으로 바뀐다.
  ㉤ 쉽게 노화하고 침전하는 경향이 있다.

- 아밀로펙틴(amylopectin)
  ㉠ 아밀로오스보다 분자량이 크다(분자량 1,000,000 이상).
  ㉡ 포도당이 α-1, 4 결합으로 이어진 사슬에 α-1, 6 결합인 다른 사슬이 나뭇가지 모양으로 결합하고 있다.
  ㉢ 요오드 용액에 적자색 반응을 나타낸다.
  ㉣ β-아밀라아제에 의해 52%까지만 분해된다.
  ㉤ 노화가 늦게 진행된다.
  ㉥ 찹쌀, 찰옥수수 전분은 아밀로펙틴이 대부분이다.

전분의 구조

다. 전분의 성질
- 무미, 무취의 흰색 가루로서 물에 녹지 않고 쉽게 가라앉는다.
- 60℃ 이상에서 쉽게 호화한다.
- 산 또는 효소에 의해 쉽게 가수분해되어 최종 분해산물인 포도당이 된다.
  (전분+산 또는 효소 → 덱스트린 → 맥아당 → 포도당)

라. 전분의 호화와 노화
- 호화

  전분(β전분)에 물과 열을 가하면 전분 입자가 팽윤하고 점성이 증가해 반투명한 풀 상태가 되는데, 이를 호화(α전분)라 한다(덱스트린화, 또는 젤라틴화).

  호화는 수분이 많을수록, pH가 높을수록 빨리 일어난다. 호화가 시작되는 온도는 식품의 종류에 따라 다르다. 즉, 옥수수 전분은 70℃에서도 원형을 유지하지만, 감자 전분은 더 낮은 온도에서 팽윤하기 시작, 80℃ 이상에서는 입자 간의 경계선이 없어진다. 또한 밀가루 전분은 56~60℃에서 호화가 시작된다.

- 퇴화

  전분 용액의 농도 변화나 냉각으로 전분 입자가 물과 분리되어 불용성의 침전을 만들거나, 그물 모양의 망상 조직을 만들어 물리적으로 불안정한 상태가 됨에 따라 딱딱하게 굳어지는 현상을 퇴화라고 한다. 퇴화는 전분 용액 중 아밀로오스가 많을 때, 중합도가 균일할 때, 아밀로오스 분자로부터 수분을 끌어낼 무기물이 있을 때, pH가 7 근처일 때 더 빨리 일어난다.

- 노화

  제품이 딱딱해지거나 거칠어지는 것으로, 호화된 α전분의 수분이 빠지면서 β전분으로 되돌아가는 현상을 말한다. 노화는 퇴화의 결과이다. 빵·과자 제품의 노화는 오븐에서 나오자마자 시작되며, 노화 속도는 전분의 종류, 저장 온도, 수분 함량, pH의 영향을 받는다. 호화시켜 부드럽게 만들려면 가열하도록 한다.
㉠ 전분 종류 : 밀, 옥수수 전분의 노화가 가장 빠르고, 찹쌀 전분은 거의 노화하지 않는다.
㉡ 저장 온도 : -7~10℃의 냉장 온도에서 가장 빠르고, -18℃로 급냉하면 노화가 지연된다.
㉢ 수분량 : 30~60%에서 빠르고, 10% 이하에서는 억제된다.
㉣ pH : 낮을수록(산성이 강할수록) 빠르다.

❖ 노화 지연 방법　① 냉동 저장　② 유화제의 사용
　　　　　　　　　③ 포장 철저　④ 양질의 재료 사용과 적정한 공정 관리

② **덱스트린(Dextrin)**

녹말을 산, 효소, 열 등으로 가수분해할 때 이당류인 맥아당으로 분해되기까지 만들어지는 중간생성물이다. 호정(糊精)이라고도 한다.

2. 지방질(lipid)의 재료적 특성

3대 영양소의 하나로 탄소(C), 수소(H), 산소(O) 3원소로 구성되어 있다. 3분자의 지방산과 1분자의 글리세린(글리세롤, 3가의 알콜)이 결합되어 만들어진 에스테르, 즉 트리글리세리드이다. 탄수화물이나 단백질에 비해 산소 함유량이 적고, 탄소와 수소가 많기 때문에 산화 분해될 때 발생하는 에너지가 더 많다.

❖ 에스테르 : 알콜이 유기산 또는 무기산과 반응하여 물을 잃고 축합한 결과 생긴 화합물의 총칭
❖ 트리글리세리드 : 글리세린과 3개의 지방산이 결합한 상태

(1) 지방의 구조

1) 지방산(fatty acid)

한 개의 카르복실기(-COOH)를 가진 탄화수소 사슬의 지방족 화합물로, 지방 전체의 94~96%를 구성한다. 구조식을 살펴보면 횡으로 연결된 탄소를 축으로 해서 수소와 카르복실기(-COOH)가 붙어 있는 형태로, 천연 식용 유지의 탄소수는 거의 짝수이다. 탄소와 탄소 사이의 이중결합 유무에 따라 포화 지방산과 불포화 지방산으로 나눈다.

① 포화 지방산

지방산 사슬의 탄소 원자가 2개의 수소 원자와 결합하여 이중결합 없이 단일결합만으로 이루어진 지방산이다. 상온에서 고체이며, 동물성 유지(소기름, 돼지기름, 버터 등)에 많이

들어 있다. 탄소수가 증가함에 따라 융점(녹는점)과 비점(끓는점)이 높아진다. 분자식은 $C_nH_{2n}+1COOH$이다.

포화 지방산의 종류에는 뷰티르산, 카프로산, 미리스트산, 스테아르산, 팔미트산 등이 있다. 뷰티르산은 유지방에 2~4%, 카프로산은 유지방, 코코넛, 야자씨 기름에 3~10%, 미리스트산은 유지방에 8~12%, 넛메그 지방에는 70~80%나 들어 있다. 스테아르산은 천연 동·식물성 지방에 널리 분포되어 있으며, 팔미트산은 라드, 소기름, 야자유, 카카오버터, 기타 식물성 기름에 최소 5%에서 25~50% 들어 있다.

② 불포화 지방산

지방산 사슬의 탄소 원자가 1개의 수소 원자와 결합하여 탄소와 탄소 사이에 이중결합이 있는 지방산이다. 이중결합이 많을수록 산화하기 쉽고 융점도 낮아진다. 수소 첨가에 따라 포화 지방산이 될 수 있다. 상온에서 액체이며, 식물성 유지(참기름, 콩기름, 옥수수유 등)에 다량 함유되어 있다.

불포화 지방산의 종류에는 올레산, 리놀레산, 리놀렌산 등이 있다. 탄소수 18개인 올레산은 이중결합이 1개인데, 유지방, 라드, 소기름의 주성분이다. 이중결합이 2개인 리놀레산은 식물성유의 주성분이다. 또한 이중결합이 3개인 리놀렌산은 아마인유와 같은 건성유의 주성분이다. 리놀레산, 리놀렌산, 아라키돈산(이중결합 4개)을 필수 지방산이라 한다.

❖ 트랜스 지방산 : 식물성 경화유 제조시 발생하는 지방산이다. (261쪽 참조)

포화 지방산과 불포화 지방산의 구조

단일결합

이중결합

주요 지방의 지방산 구성비

지방	포화 지방산(%)	불포화 지방산(%)
우유지방	57.5	42.5
코코넛유	91.2	8.8
야자인유	80.8	19.2
카카오버터	59.8	40.2
라드	41.5	58.5
면실유	27.2	72.8
대두유	11~20	83~90
낙화생유	21.7	78.3

2) 글리세린(glycerine)

글리세린은 3개의 수산기(-OH)를 가지고 있는 3가의 알콜이기 때문에 글리세롤(glycerol)이라고도 한다. 무색, 무취, 감미를 가진 시럽 형태의 액체로서 물보다 비중이 크다. 지방의 가수분해로 얻을 수 있으며, 수분보유력이 커서 식품의 보습제로 이용된다. 또한 물과 지방의 분리를 억제해 주고, 향미제의 용매로 많이 이용된다.

❖ 빵·과자 제품에 대한 글리세린의 3가지 특성
 ① 보습성 : 수분보유력이 뛰어나 반죽에 소량 첨가하여 빵류, 케이크류, 소프트 쿠키의 저장성을 연장시킬 수 있다.
 ② 물-기름 유탁액에 대한 안정기능이 있어 크림을 만들 때 물과 지방의 분리를 억제한다.
 ③ 용매작용 : 글리세린은 향미제(香味劑)의 용매로 널리 사용되는 한편, 식품의 색깔을 좋게 하는 독성이 없는 극소수 용매 중의 하나이다. 케이크 제품에는 1~2% 사용한다.

(2) 지방질의 종류와 특징

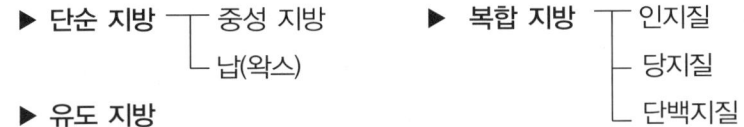

1) 단순 지방
① **중성 지방** : 3분자의 지방산과 1분자의 글리세롤이 결합된 것으로, 지방산(fatty acid)의 종류에 따라 상온에서 고체인 지방(fat)과 액체인 기름(oil)으로 나뉘어진다. 흔히 말하는 유지가 이에 속한다.
② **납(왁스)** : 고급 지방산과 고급 알콜이 1:1로 결합한 고체 형태의 단순 지방이다. 영양적 가치는 없다.

2) 복합 지방 : 지방산과 알콜 이외에 다른 분자군을 함유한 지방이다.
① **인지질** : 중성 지방에 인산 등이 결합된 것으로 레시틴, 세팔린, 스핑고미엘린 등이 있다.
 가. 레시틴(지방산, 글리세롤+인산, 콜린) : 항산화제, 유화제로 쓰이고 지방 대사에도 관여한다.
 나. 세팔린 : 혈액 응고에 관여한다.
② **당지질** : 중성 지방과 당류가 결합된 것.
③ **단백지질** : 중성 지방과 단백질이 결합된 것.

3) 유도 지방

중성 지방, 복합 지방을 가수분해할 때 유도되는 지방으로, 지방산과 고급 알코올, 스테로이드(스테롤) 등이 있다. 스테롤에는 콜레스테롤과 에르고스테롤이 있다.

3. 단백질(proteins)의 재료적 특성

단백질은 탄소(50~55%), 산소(20~23%), 질소(12~19%) 외에 수소로 구성되어 있는데, 질소가 단백질의 특성을 규정짓는다. 일반 식품은 질소를 정량하여 단백질의 질소계수 6.25를 곱하고, 밀의 경우는 5.7을 곱하여 단백질 함량으로 한다.

(1) 아미노산(amino acid)

1) 기본 구조

단백질을 가수분해하면 알파 아미노산이 되는데 이것이 단백질을 구성하는 기본 단위이다. 아미노($-NH_2$) 그룹과 카르복실기($-COOH$) 그룹을 함유하는 유기산으로, 카르복실기 그룹에 있는 첫번째 원소인 알파 탄소에 아미노 그룹이 붙어 있다. 아미노산은 염기와 산의 특성을 함께 지니고 있는 공산 염기성이다.

2) 아미노산의 분류

반응성과 성분을 기준으로 다음과 같이 분류할 수 있다.
① 중성 아미노산 : 아미노 그룹과 카르복실기 그룹을 각각 1개씩 가지고 있다. 발린, 류신, 이소류신, 트레오닌이 여기에 속한다.
② 산성 아미노산 : 1개의 아미노 그룹과 2개의 카르복실기 그룹을 가지고 있어 약산의 성질을 띤다. 여기에 속하는 필수아미노산은 없다.
③ 염기성 아미노산 : 2개의 아미노 그룹과 1개의 카르복실기 그룹을 가지고 있어 약염기성을 띤다. 리신이 여기에 속한다.
④ 함황 아미노산 : 시스테인, 시스틴, 메티오닌이 있다. 메티오닌은 필수 아미노산이다.
⑤ **페닐알라닌**은 방향족, **트립토판**은 이종 환상아미노산에 속한다.

❖ 성인에게 꼭 필요한 필수 아미노산 :
① 리신(라이신, lysine)   ② 트립토판(tryptophan)   ③ 페닐알라닌(phenylalanine)
④ 류신(leucine)   ⑤ 이소류신(isoleucine)   ⑥ 트레오닌(threonine)
⑦ 메티오닌(methionine)   ⑧ 발린(valine)

(2) 단백질의 종류와 특징

▶ 화학적 성질 ─ 단순 단백질
     ├ 복합 단백질
     └ 유도 단백질

▶ 생물학적 방법 ─ 식물성 단백질
      └ 동물성 단백질

1) 단순 단백질(simple proteins)

가수분해에 의해 아미노산만이 생성되는 단백질이다.

① 알부민(albumins) : 물이나 묽은 염류 용액에 녹고, 열과 강한 알콜에 의해 응고된다. 흰자, 혈청, 우유, 식물의 조직에 존재하며, 단백소(蛋白素)라고도 한다.

② 글로불린(globulins) : 물에는 녹지 않으나, 묽은 염류 용액에는 녹는다. 열에 의해 응고되며 구소(球素)라고도 한다. 계란, 혈청, 대마씨, 완두 등에 존재하며, 인을 함유한 것은 물에도 녹는다.

③ 글루텔린(glutelins) : 중성 용매에는 불용성이나 묽은 산, 알칼리에는 가용성이다. 곡식의 낟알에 존재하며, 밀의 글루테닌이 대표적이다.

④ 프롤라민(prolamins) : 물과 중성 용매에는 불용성이나, 묽은 산과 알칼리에는 가용성이다. 특히 70~80%의 알콜에 용해되는 특징이 있다. 곡식의 낟알에 존재하며, 밀의 글리아딘, 옥수수의 제인, 보리의 호르데인이 대표적이다.

⑤ 알부미노이드(albuminoids) : 모든 중성 용매에 불용성이다. 동물의 결체 조직인 인대, 건(腱), 발굽 등에 존재한다. 가수분해하면 젤라틴이 되는 콜라겐과 모발, 손톱, 뿔과 같은 보호조직을 형성하는 케라틴이 여기에 속한다.

⑥ 히스톤(histones) : 물이나 묽은 산에는 녹으나, 묽은 암모니아수에는 녹지 않는 염기성 단백질이다. 동물의 세포에만 존재하며 핵산, 철 등과 조합하여 핵단백질, 헤모글로빈 등을 만든다.

⑦ 프로타민(protamins) : 거의 기본 아미노산으로 구성된 가장 간단한 단백질 또는 폴리펩티드이다. 물에는 녹으나 열에 의해 응고되지 않는다.

2) 복합 단백질(conjugated proteins)

단순 단백질에 다른 물질이 결합되어 있는 단백질이다.

① 핵 단백질(nucleoproteins) : 세포의 활동을 지배하는 세포핵을 구성하는 단백질로, 핵산을 함유하고 있다. RNA와 DNA와 결합하여 동·식물의 세포에 존재한다.

② 당 단백질(glycoproteins) : 복잡한 탄수화물과 단백질이 결합한 화합물로, 동물의 점

액성 분비물에 존재한다. 뮤신, 연골, 힘줄의 점성 물질인 뮤코이드가 여기에 속한다.
③ 인 단백질(phosphoproteins) : 단백질이 유기 인과 결합한 화합물로, 우유의 카세인, 노른자의 오보비텔린이 여기에 속한다. 대부분 열에 응고되지 않는 특성이 있다.
④ 색소 단백질(chromoproteins) : 발색단을 가지고 있는 단백질 화합물로, 포유류와 무척추 동물의 혈관, 녹색식물에 존재한다. 헤모글로빈, 엽록소 등이 여기에 속한다.
⑤ 금속 단백질(metalloproteins) : 철, 구리, 아연, 망간 등과 결합한 단백질로, 호르몬의 구성 성분이 되기도 한다.
※ 이밖에도 레시틴과 결합한 레시틴 단백질, 지방과 결합한 지 단백질이 복합 단백질에 속한다.

3) 유도 단백질(derived proteins)
효소나 산, 알칼리, 열 등 적절한 작용제에 의한 분해로 얻어지는 단백질의 제1차, 제2차 분해산물을 말한다.
① 메타 단백질(metaproteins) : 제1차 분해산물로 물에는 불용성, 묽은 산과 알칼리에는 가용성이다.
② 프로테오스(proteos) : 메타 단백질보다 가수분해가 더 많이 진행된 분해산물로 수용성이다.
③ 펩톤(pheptons) : 펩티드 직전의 분자량이 적은 분해산물로, 교질성이 없고 수용성이다.
④ 펩티드(pheptid) : 2개 이상의 아미노산 화합물로, 아미노산 직전의 유도단백질이다.

(3) 단백질의 성질
1) 용해성과 등전점
단백질은 단백질의 종류에 따라 용매에 대한 용해도가 다르며, 또 용매의 pH에 따라서도 용해도가 달라진다. 등전점은 이 용매의 (+), (−) 전하량이 같아져서 단백질이 중성이 되는 pH시기를 말한다. 등전점에서는 용해도가 적어 결정을 석출한다. 이것을 등전점 침전이라고 하며 단백질의 분리, 정제에 이용한다.

2) 변성
단백질이 열, 자외선, 산, 알칼리, 유기 약품, 중금속, 염류 등에 의해 불가역적인 변화를 일으키는 것을 변성이라고 한다. 단백질 구조의 변화로 볼 수 있다.

3) 응고성

단백질에 열, 산, 알칼리를 가하면 단백질이 응고되는 성질을 말한다. 효소 레닌(rennin)에 의한 카세인(우유 단백질) 응고로 치즈를, 산(酸)에 의한 카세인 응고로 요구르트를 만든다.

4) 침전성

단백질 용액에 황산암모니아, 염화나트륨 등의 포화용액이나 염석, 승홍(염화 제2수은) 등의 중금속 용액, 그리고 수은(Hg), 구리(Cu), 철(Fe) 등의 중금속 이온을 가하면 침전한다.

4. 효소(enzyme)

생물체 속에서 일어나는 화학 반응에 촉매 역할을 하는 단백질이다. 즉, 화학 반응을 촉진하는 단백질을 말한다. 단, 효소는 단백질이기 때문에 무기 반응의 촉매와는 달리 온도, pH, 수분 등의 영향을 받는다.

(1) 효소의 작용

일반적으로 화학 반응을 일으키기 위해서는 반응 가능한 상태로 만들기 위한 에너지가 필요하다. 이것을 활성화 에너지라고 하는데, 촉매가 존재하면 이 활성화 에너지가 낮더라도 반응을 진행시킬 수 있다. 더욱이 효소는 유기촉매보다 더욱 낮은 활성화에너지만으로도 반응을 진행시킨다.

(2) 효소의 성질

1) 선택성

① 효소는 어느 특정한 기질에만 작용할 수 있는 능력인 '절대적 선택성'과 서로 관련된 기질의 어느 특정한 형태의 반응에만 작용할 수 있는 능력인 '상대적 선택성'을 가지고 있다.

② 대부분의 효소는 한 화합물의 2개 입체 이성체 중 하나에만 반응하는 능력인 '공간적 선택성' 또는 '입체 선택성'을 나타내기도 한다.

③ D-아미노산 산화 효소는 D-아미노산을 산화시킬 수 있어도 L-아미노산에는 아무런 영향을 주지 못한다. 효소(enzyme, E)와 기질(substance, S)은 열쇠와 자물쇠

의 관계이다. 효소는 작용 기질에 반응하여 중간 물질을 형성하여 효소-기질(ES)이 되고 이어서 새로운 물질을 생산하고 효소 자신은 분리된다.

④ 효소-기질(ES) + 물 → 생산물 A + 생산물 B + 효소(E)로 표시할 수 있다.

⑤ 초기의 생산물 생산 속도는 효소-기질 화합물의 농도가 영향을 주는데 기질이 충분하게 존재하면 효소의 농도에 정비례한다. 효소의 촉매 활동은 적정한 조건하에서 1몰(mole)의 순수한 효소는 1분 간 10,000~3,000,000몰의 기질을 변화시킨다.

2) 온도의 영향

① 효소도 일종의 단백질이므로 열에 의해 변성되거나 파괴되어 활성을 잃게 되며, 낮은 온도에서는 촉매반응 속도가 0까지 감소되고 온도가 적정하게 상승하면 활성이 회복된다.

② 화합물을 반응 상태로 바꾸어 주는데 필요한 에너지를 '활성 에너지'라 하는데 효소의 촉매 반응은 무기물 촉매 반응보다 낮은 수준의 활성 에너지를 요구한다.

예) 자당이 가수분해되어 포도당과 과당이 될 때
- 산을 이용할 경우 : 몰당 25,000칼로리 소요
- 소화 효소 인베르타아제를 이용할 경우 : 몰당 8,000 내지 10,000칼로리 소요

③ 효소적 반응에 미치는 온도의 영향

가. 반응 속도가 최대로 될 때까지 온도가 상승함에 따라 반응 속도도 증가한다. 효소가 손상되지 않는 온도 범위 내에서 매 10℃ 상승에 효소의 활성은 약 2배가 된다.

나. 최적 온도 수준 이상으로 상승하면 반응 속도가 감소하기 시작하고 어느 온도에 도달하면 효소의 주성분인 단백질이 변성을 일으켜 '불활성'이 된다.

④ 맥아 아밀라아제에 의해 전분이 맥아당으로 가수분해 되는 것은 실온 이하에서도 일어나지만 38℃에서 55℃까지 속도가 빨라지다가 60℃가 넘으면 급격히 감소한다. 일단 불활성이 되면 다시 온도를 낮추어도 활성이 회복되지 않는다.

3) pH의 영향

효소의 활성은 pH에 의해서도 영향을 받는다. 각 효소는 활성이 최대로 되는 특유의 pH가 있는데 이를 적정 pH라 한다. 단, 같은 효소라도 그 작용 기질에 따라 적정 pH가

달라진다. 제빵용 아밀라아제는 pH 4.6~4.8에서 활력이 가장 높다.

① 효소가 반응하는 화합물의 수소이온 농도(pH)는 효소 활성에 중요한 영향을 주며, 대부분의 효소가 pH에 대하여 민감해서 pH가 달라지면 효소의 활성도 달라진다.

② 효소가 최대의 활성을 가지는 적정 pH도 효소 종류에 따라 다르며 같은 효소라도 작용하는 기질에 따라 달라진다.

③ 효소 작용 속도에 대한 pH의 효과

가. 펩신

나. 글루탐산 탈카르복실라아제

다. 침의 아밀라아제

라. 알기나아제

※ 제빵용 아밀라아제는 pH 4.6~4.8에서 맥아당 생성량이 가장 많으나 pH와 온도는 동시에 일어나는 사항이므로 적정 온도와 적정 pH가 되어야 최대의 효과를 기대할 수 있다.

❖ 기질에 따른 효소의 적정 pH
  ① 펩신(알부민) : 1.5
  ② 췌장 아밀라아제 : 6.7~6.9
  ③ 맥아 아밀라아제 : 4.5
  ④ 아르기나아제 : 9.5~9.9
  ⑤ 알파 글루코시다아제 : 7.0
  ⑥ 유레아제 : 6.4~6.9

(3) 효소의 분류

1) 촉매 반응의 형태에 따른 분류

① 산화환원 효소(oxidoreductase) : 산화·환원 작용을 촉매하는 효소

② 전이 효소(transferase) : 어떤 분자에서 기능기(화학 반응에 관여하는 몇 개의 원자 집단)를 떼어내어 다른 분자에 옮겨 주는 효소

③ 가수분해 효소(hydrolase) : 물을 가하여 화학결합을 파괴하는 가수분해 반응을 촉매하는 효소

④ 분해 효소(lyase) : 가수분해에 의하지 않고, 기질로부터 어떤 기(基 : 몇 개의 원자 집단)를 떼어내어 기질 분자에 이중결합을 남기거나, 또는 이중결합에 어떤 기를 붙이는 효소

⑤ 이성화 효소(isomerase) : 기질 분자의 분자식은 변화시키지 않으면서 분자 구조를 바꾸는 데에 관여하는 효소

⑥ 합성 효소(ligase) : ATP(아데노신3인산), 또는 이와 비슷한 무리로부터 인산기를 떼내면서, 이때 발생하는 에너지를 이용하여 어떤 두 물질을 결합시키는 효소

촉매 반응의 형태와 기질의 변화
① 산화환원 효소(oxidoreductase) ② 전이 효소(transferase) ③ 가수분해 효소(hydrolase) ④ 분해 효소(lyase) ⑤ 이성화 효소(isomerase) ⑥ 합성 효소(ligase) 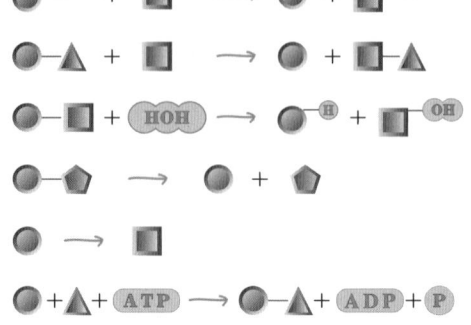

2) 작용 기질에 따른 분류

① 탄수화물 분해 효소

가. 이당류 분해 효소

ㄱ. 인베르타아제(invertase) : 자당(설탕)을 포도당과 과당으로 분해하며 제빵용 이스트, 췌액(이자액), 장액 등에 존재한다.

ㄴ. 말타아제(maltase) : 맥아당을 2개의 포도당으로 분해하며 제빵용 이스트, 췌액, 장액 등에 존재한다.

ㄷ. 락타아제(lactase) : 유당을 포도당과 갈락토오스로 분해하며 췌액과 장액에 존재한다. 제빵용 이스트에는 없다.

나. 다당류 분해 효소

ㄱ. 아밀라아제(amylase) : 전분이나 글리코겐과 같이 α-결합을 한 다당류를 가수분해하는 효소의 총칭으로 디아스타아제라고도 한다. 전분을 무작위로 잘라서 액화시키는 α-아밀라아제와, 잘려진 전분을 맥아당 단위로 자르는 β-아밀라아제가 있다. 밀가루, 맥아 추출물, 침(프티알린), 박테리아와 곰팡이류에 존재한다.

ㄴ. 셀룰라제(cellulase) : 섬유소(셀룰로오스)를 분해하는 효소로, 맥아분, 각종 달팽이류, 목질천공충, 미생물체에 존재하나 사람의 소화기관에는 존재하지 않는다.

ㄷ. 이눌라아제(inulase) : 돼지감자 등에 들어 있는 이눌린을 과당으로 분해하는 효소로, 땅속 줄기와 뿌리 식물에 존재한다.

❖ **아밀라아제의 종류**
  i) 알파-아밀라아제 : 전분을 덱스트린화 하는 능력이 있어 액화효소라고 한다. 또 아밀로오스와 아밀로펙틴 사슬의 내부 결합을 분해할 수 있어 내부아밀라아제라고도 불린다. 이 효소는 α-1, 4 결합 뿐 아니라 α-1, 6 결합을 가진 아밀로펙틴에도 작용한다. 천연 상태의 전분에 직접 작용하여 전분을 쉽게 액화하지만, 처음부터 맥아당을 생성하지는 않는다.
  ii) 베타-아밀라아제 : α-1, 4 결합을 공격하여 맥아당을 생성하므로 당화효소라고 한다. 또 아밀로펙틴의 가지 부분, 즉 α-1, 6 결합에는 작용하지 못하므로 외부아밀라아제라고도 한다. 이 효소는 천연상태의 전분에는 작용하지 않고 손상된 전분과 덱스트린에서 맥아당을 직접 생성한다.

다. 산화 효소

ㄱ. 치마아제(zymase) : 포도당, 과당, 갈락토오스와 같은 단당류를 알콜과 CO_2(이산화탄소)로 분해시키며, 제빵용 이스트에 존재한다.

ㄴ. 퍼옥시다아제(peroxidase) : 카로틴계의 황색 색소를 무색으로 산화시키는 효소로, 대두 등에 존재한다.

② 지방 분해 효소

가. 리파아제(lipase) : 지방을 지방산과 글리세린으로 분해하며 밀가루, 이스트, 장액 등에 존재한다.

나. 스테압신(steapsin) : 췌장에 존재한다.

③ 단백질 분해 효소

단백질과 펩티드 결합을 분해하는 효소이다.

가. 프로테아제(protease) : 단백질을 펩톤, 폴리펩티드, 펩티드, 아미노산으로 분해하는 효소로, 밀가루, 발아 중의 곡식, 곰팡이류에 존재한다.

나. 펩신(phepsin) : 위액에 존재한다.

다. 트립신(tripsin) : 췌액에 존재한다.

라. 레닌(rennin) : 단백질을 응고시키며, 반추동물(소, 양 등)의 위액에 존재한다.

마. 펩티다아제(pheptidases) : 췌장에 존재한다.

바. 에렙신(elepsin) : 장액에 존재한다.

제2장 탄수화물(carbohydrates)

탄소(C), 수소(H), 산소(O) 3원소로 이루어진 유기화합물로, 단당류를 비롯한 당유도체의 총칭인 당질과 같은 의미로 쓰인다. 대부분 수소와 산소의 비율이 2:1이고 일반식은 CnH_2nOm 또는 $Cn(H_2O)m$이다. 자연계에 널리 분포되어 있는 식품의 기본적인 성분이며, 인류의 가장 중요한 에너지원으로 1g당 4kcal의 열량을 낸다.

1. 탄수화물의 분류

(1) 단당류(monosaccharides)

더 이상 가수분해되지 않는 가장 단순한 탄수화물로 탄소 원자수에 따라 3탄당, 4탄당, 5탄당, 6탄당 등으로 분류된다. 물에 잘 녹고 단맛이 있다.

1) 포도당(glucose)
① 탄수화물의 최종 분해산물로 직접 에너지원이 된다.
② 자연계에 널리 존재하며 특히 포도에 많다.
③ 포유동물의 혈액 중 0.1% 가량 포함되어 있다.
④ 전분을 가수분해하여 얻을 수 있다.
⑤ 동물 체내의 간장에서 글리코겐 형태로 저장된다.

2) 과당(fructose)
① 꿀, 과즙에 들어 있고, 체내에서 쉽게 포도당으로 변해 흡수된다.
② 이눌린, 자당의 가수분해로 얻을 수 있다.
③ 당류 중 가장 단맛이 강하고 결정화되지 않으며 흡습성이 있다.

3) 갈락토오스(galactose)
① 단독으로 존재하지 않고 포도당과 결합해 유당의 형태로 유즙에 존재한다.
② 우유 중의 유당을 분해하여 얻을 수 있다.
③ 물에 잘 녹지 않으나 단당류 중 가장 빨리 소화, 흡수된다.
④ 지방과 결합하여 뇌, 신경 조직의 성분이 되므로 유아에게 특히 필요하다.

(2) 이당류(disaccharides)

단당류 2분자가 결합된 당류로, 분자식은 $C_{12}H_{22}O_{11}$이다. 수용성으로 단맛이 있고 결정형이다.

1) 자당(설탕, sucrose) : 포도당 + 과당
① 사탕무나 사탕수수에서 얻을 수 있으며, 농축·정제하여 감미료로 사용한다.
② 당류의 단맛을 비교할 때 기준이 된다.
③ 장액 중의 수크라아제(인베르타아제)나 묽은 산에 의해 가수분해되면 포도당과 과당의 결합이 끊어지고 혼합되어 전화당이 된다.

❖ 전화당 : 자당이 가수분해될 때 생기는 중간 산물로, 포도당과 과당이 1:1로 혼합된 당이다. 감미도가 설탕의 약 1.3배이고 흡습성이 있다.

2) 맥아당(엿당, maltose) : 포도당 + 포도당
① 곡식이 발아할 때 생기며 엿기름 속에 많다.
② 전분이 가수분해되는 과정에서 생긴 중간생성물이다.
  (전분 → 덱스트린 → 맥아당 → 포도당)
③ 엿기름 속에 들어 있는 아밀라아제에 의해 전분을 가수분해시켜 만든 엿, 식혜의 단맛 성분이다.
④ 쉽게 발효하지 않아 위 점막을 자극하지 않으므로 어린이나 소화기 계통의 환자에게 좋다.

3) 유당(젖당, lactose) : 포도당 + 갈락토오스
① 포유동물의 유즙에 존재하며, 당류 중 단맛이 가장 약하다.
② 장내에서 잡균의 번식을 막아 정장작용을 하고 칼슘의 흡수를 돕는다.

(3) 다당류(polysaccharides)

여러 개의 단당류가 결합된 것으로, 단맛이 없다.

1) 전분(녹말, starch)
① 곡류나 감자류의 주성분으로, 대부분 열량섭취원이 된다.
② 단맛이 없고 찬물에 잘 녹지 않는다.
③ 요오드 반응은 청색을 띤다.

④ 보통 전분은 아밀로오스와 아밀로펙틴이 1:4의 비율로 함유되어 있다.
⑤ 찹쌀 전분은 아밀로펙틴이 대부분이다. 아밀로펙틴은 많은 가지로 갈라져 있어서 분자끼리 엉김으로써 특유의 점성을 나타낸다.

❖ 호화와 노화 : 전분(β전분)에 물을 넣고 가열하면 전분 입자가 팽윤하고 점성이 증가해 풀과 같은 콜로이드상태가 되는데, 이를 호화라 하고 이 상태의 전분을 α전분이라 한다. 호화된 전분은 맛이 좋고 소화가 잘 된다. 한편 이 호화된 α전분을 방치하면 차차 분자가 다시 모여 결정화 되면서 β전분으로 되돌아가는데, 이를 노화라 한다. 노화는 수분 30~60%, 온도 -7~10℃에서 가장 빠르게 진행된다.

2) 덱스트린(호정, dextrin)
① 전분이 가수분해되는 과정에서 생기는 중간생성물로, 전분보다 분자량이 적고 물에 약간 녹으며 점성이 있다.
② 싹트는 종자, 팽창 식품, 엿, 조청 등에 들어 있다.

3) 글리코겐(glycogen)
① 동물이 사용하고 남은 에너지를 간장이나 근육에 저장해 두는 탄수화물로, 쉽게 포도당으로 변해 에너지원으로 쓰이므로 동물성 전분이라고도 한다.
② 어패류, 효모 등에 들어 있다.
③ 호화나 노화현상은 일으키지 않는다.

4) 셀룰로오스(섬유소, cellulose)
① 식물 세포막의 구성 성분으로, 채소의 줄기, 잎, 열매의 껍질 등에 들어 있다.
② 체내에서는 소화되지 않으나, 장의 연동작용을 자극하여 배설작용을 촉진한다. 변비 방지에 효과적이다.

5) 펙틴(pectin)
① 과일(특히 감귤류와 사과), 한천에 들어 있으며 특히 미숙한 과일의 껍질 부분에 많다.
② 산, 설탕을 넣고 졸이면 겔(gel)화 되므로 잼, 젤리를 만드는 데 응고제로 쓰인다.
③ 펙틴산은 반섬유소라 하여 소화·흡수는 되지 않지만 장내 세균 및 유독물질을 흡착, 배설하는 성질이 있다.

6) 한천(agar-agar)
① 우뭇가사리를 비롯한 홍조류를 조려 녹인 후 동결, 해동, 건조시킨 것이다.

② 펙틴과 같은 응고제로 사용된다. 응고력은 젤라틴의 10배이다. 녹는 온도는 80℃ 전후이다.

7) 알긴산(alginic acid)
① 다시마, 대황, 미역 등 갈조류의 세포막 구성성분이다.
② 유화안정제와 증점제로 사용된다.

8) 이눌린(inulin)
달리아 구근, 돼지감자, 우엉 등에 들어 있다.

2. 탄수화물의 영양

(1) 탄수화물의 영양적 기능
1) 에너지 공급원이다(1g당 4kcal).
2) 소화 흡수율 98%로 거의 체내에서 이용되며, 섭취에서 분해까지의 시간이 짧아 피로회복에 매우 효과적이다.
3) 간에서 글리코겐 형태로 저장되었다가 필요시 포도당으로 분해되어 사용되며, 간장 보호와 해독작용을 한다.
4) 간에서 지방의 완전대사를 돕는다.
5) 단백질 절약 작용을 한다. 즉, 탄수화물만으로 에너지 공급이 충분하면 단백질은 에너지로 연소되지 않고 단백질 특유의 기능을 충실히 할 수 있게 된다.
6) 그 외에 중추신경 유지, 혈당량 유지(0.1%), 변비 방지 등의 기능이 있으며, 감미료 등으로도 이용된다.

(2) 탄수화물의 소화, 흡수, 대사
1) 단당류는 그대로 흡수되나, 이당류와 다당류는 소화관내에서 포도당으로 분해되어 소장에서 흡수된다.
2) 체내에 흡수된 포도당은 혈액에 섞여 각 조직에 운반되며, 세포내의 해당 경로를 거쳐 피루브산으로 분해된 후 다시 활성 아세트산(acetyl Co A)이 되어 TCA(tricarboxylic acid) 회로를 거친다. 그런 후 완전히 산화되어 이산화탄소와 물로 분해된다. 이때 1g당 4kcal의 에너지를 방출한다.

3) 에너지로 쓰이고 남은 여분의 포도당은 간과 근육에 글리코겐 형태로 저장되었다가 혈액내의 포도당(혈당치)이 줄어들기 시작하면 분해되어 포도당이 된다. 그리고 혈액내로 보내져 0.1%의 혈당량을 유지한다.
4) 연소될 때 조효소로는 비타민 B군이 작용하고 인(P), 마그네슘(Mg) 등의 무기질이 필요하다.

탄수화물의 대사 과정

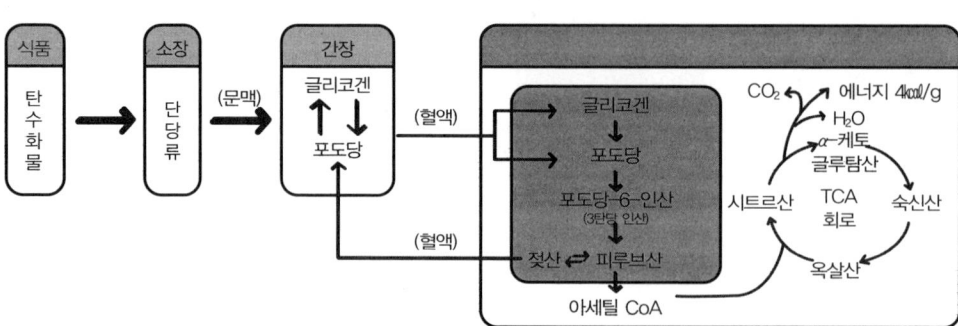

(3) 탄수화물의 권장량

탄수화물의 권장량은 1일 총 에너지 필요량의 60~70%이다. 과잉 섭취시 비만해지고 당뇨병, 동맥경화증이 유발되기 쉽다.

3. 탄수화물 급원 식품

설탕이나 꿀, 엿 등에 고농도로 농축되어 있으나 대부분의 곡류로서 보통 70~80%에 달하는 많은 양의 탄수화물이 함유되어 있으며 감자류, 과실류도 중요한 급원식품이다.

제3장 지방질(fats)

지방산을 포함하고 있거나 지방산과 결합하고 있는 물질을 말한다. 유지 및 이들의 유도체의 총칭인 지질과 같은 의미로 쓰인다. 탄소(C), 수소(H), 산소(O) 3원소로 구성되어 있다. 물에는 녹지 않고 에테르, 클로로포름, 벤젠 등의 유기용매에 녹는다. 탄수화물과 단백질에 비해 산소 함유량이 적고 탄소와 수소가 많기 때문에 산화 분해될 때 발생하는 에너지가 더 많다(1g당 9kcal).

1. 지방질의 분류

(1) 단순 지방

고급 지방산과 알콜의 결합체로서, 알콜의 종류에 따라 중성지방과 납(왁스)으로 나눌 수 있다.

1) 중성 지방

천연 지방의 대부분은 중성 지방이다. 3분자의 지방산과 1분자의 글리세롤(glycerol, 3가의 알콜)이 결합된 것으로, 지방산(fatty acid)의 종류에 따라 상온에서 고체인 지방(fat)과 액체인 기름(oil)으로 나뉘어진다. 천연의 중성지방에는 약 20종의 지방산이 들어 있다.

① 포화 지방산 : 지방산은 탄소, 수소, 산소로 구성되어 있는데, 이 중 탄소와 탄소 사이의 결합이 이중결합 없이 단일결합만으로 이루어진 지방산을 포화지방산이라고 한다. 특성상 탄소수가 많을수록 융점(녹는점)이 높아진다. 상온에서 고체이며 동물성 유지(소기름, 돼지기름, 버터 등)에 다량 함유되어 있다. 팔미트산, 스테아르산 등이 있다.

② 불포화 지방산 : 탄소 사이에 이중결합이 있는 지방산을 말한다. 이중결합이 많을수록 산화하기 쉽다. 수소 첨가에 따라 포화 지방산이 될 수 있으며, 융점은 포화 지방산보다 낮다. 상온에서 액체이며 식물성유지(참기름, 콩기름, 옥수수유 등)에 다량 함유되어 있다. 올레산, 리놀렌산, 리놀레산, 아라키돈산 등이 이에 속한다.

③ 트랜스 지방산(Trans fatty acid) : 액체의 유지를 고체의 유지로 가공할 때 생성되는 트랜스형 지방을 말한다. 불포화 지방산인 식물유에 수소를 첨가하여 고체 유지

를 만들게 되는데 이때 분자 구조에 변이가 생겨 트랜스 지방이 나타난다.

트랜스 지방은 마가린 등에 특히 많으나 우유나 버터 등의 일부 유제품에도 자연적으로 생성되는 트랜스 지방이 미량 들어있다. 트랜스 지방은 혈관을 청소해 주는 콜레스테롤 HDL(고밀도지방단백질)을 낮추고, 몸에 나쁜 콜레스테롤인 LDL(저밀도지방단백질)의 수치를 높여 심장병 발병율을 높이며, 세포막을 딱딱하게 만들어 면역력을 떨어뜨리는 등 인체에 해로운 것으로 알려져 세계 각국이 사용을 규제하고 있다. 덴마크는 2004년부터 트랜스 지방 함유량이 2%가 넘는 가공식품의 유통을 금지시키고 있으며, 한국과 캐나다는 1회 제공량(과자의 경우 30g)당 0.2g미만일 때만 트랜스 지방 '0' 표시를 할 수 있도록 하고, 미국은 0.5g미만일 때 '0' 표시가 가능하다.

❖ **필수 지방산(비타민 F)** : 체내에서 합성되지 않아 음식물에서 섭취해야 하는 지방산이다. 성장을 촉진시키고 피부건강을 유지시키며 혈액내의 콜레스테롤 양을 저하시킨다. 리놀레산, 리놀렌산, 아라키돈산이 있으며, 이 중 리놀레산은 식물성기름에 함유되어 있어 지나친 결핍 증세는 나타내지 않는다.

주요 지방산의 종류

종류	지방산	분자식	주요 소재
포화 지방산 (이중결합이 없다)	뷰티르산	$C_4H_8O_2$	버터
	카프로산	$C_6H_{12}O_2$	버터, 야자유
	미리스트산	$C_{14}H_{28}O_2$	낙화생유
	팔미트산	$C_{16}H_{32}O_2$	일반 동·식물성 유지
	스테아르산	$C_{18}H_{36}O_2$	
불포화 지방산 (이중결합이 1개 이상 있다)	올레산	$C_{18}H_{34}O_2$	올리브유, 소기름, 라드
	리놀레산	$C_{18}H_{32}O_2$	참기름, 콩기름, 유채유
	리놀렌산	$C_{18}H_{30}O_2$	아마인유
	아라키돈산	$C_{20}H_{32}O_2$	간유

2) 납(왁스)

고급 지방산과 고급 1가 알콜이 결합한 고체 형태의 단순 지방이다. 식물의 줄기, 잎, 종자, 동물의 체표부, 뇌, 뼈 등에 분포되어 있으나 영양적 가치는 없다.

(2) 복합 지방

지방산과 알콜 이외에 다른 분자군을 함유한 지방이다. 단순 지방과 달리 친수성(親水

性)이 있어 식품의 유화제 등으로 자주 이용된다.

1) 인지질
중성 지방에 인산 등이 결합된 것으로서 뇌, 신경조직의 구성 성분이며 간, 동물 내장, 달걀 노른자 등에 많다. 인지질에는 레시틴, 세팔린, 스핑고미엘린 등이 있다.
① 레시틴 : 뇌, 신경, 간장, 난황, 콩 등에 존재한다. 항산화제, 유화제로 쓰이고, 지방 대사에도 관여한다.
② 세팔린 : 뇌, 혈액에 들어 있고, 식품 중에는 난황, 콩에 함유되어 있다. 혈액 응고에 관여한다.

2) 당지질 : 중성 지방과 당류가 결합된 것으로서 뇌, 신경조직 등의 구성 성분이다.
3) 단백지질 : 중성 지방과 단백질이 결합된 것이다.

(3) 유도 지방
중성 지방, 복합 지방을 가수분해할 때 유도되는 지방으로, 지방산과 고급 알콜, 스테로이드(스테롤) 등이 있다. 스테로이드(스테롤)에는 콜레스테롤과 에르고스테롤이 있다.

1) 콜레스테롤 : 동물체의 거의 모든 세포, 특히 신경조직, 뇌조직에 많이 들어 있다. 담즙산, 성호르몬, 부신피질 호르몬 등의 생체내 모체이기도 하다. 과잉 섭취시 혈관 내부에 축적되어 고혈압, 동맥경화를 일으킬 우려가 있다. 자외선에 의해 비타민 D_3로 전환된다.
2) 에르고스테롤 : 효모, 표고버섯, 맥각 등에 많이 함유되어 있다. 자외선에 의해 비타민 D_2로 전환되므로 프로비타민 D라고도 한다.

2. 지방질의 영양
(1) 지방질의 영양적 기능
1) 에너지 공급원이다(1g당 9kcal).
2) 피하 지방은 체온의 발산을 막아 체온을 조절한다.
3) 복강 지방은 외부의 충격으로부터 내장 기관을 보호한다.
4) 위에서 머무는 시간이 길어 포만감을 주고, 장내에서 윤활제 역할을 해 변비를 막아준다.
5) 지용성 비타민의 흡수와 운반을 돕는다.

(2) 지방질의 소화, 흡수, 대사

1) 지방은 소화에 의해 지방산과 글리세롤로 분해되어 흡수된 후, 혈액에 의해 조직으로 운반된다.
2) 글리세롤은 탄수화물 대사 과정에 들어가 인산과 결합하여 3탄당 인산이 되고, 피루브산을 거쳐서 TCA 회로로 들어간다.
3) 지방산은 산화 과정을 거쳐서 모두 아세틸 Co A를 생성한 후, TCA 회로를 거쳐 1g당 9kcal의 에너지를 방출하고 이산화탄소와 물로 된다.
4) 남은 지방은 피하, 복강, 근육 사이에 저장된다.
5) 지방의 대사에는 비타민 A, 비타민 D가 관여한다.

지방의 대사 과정

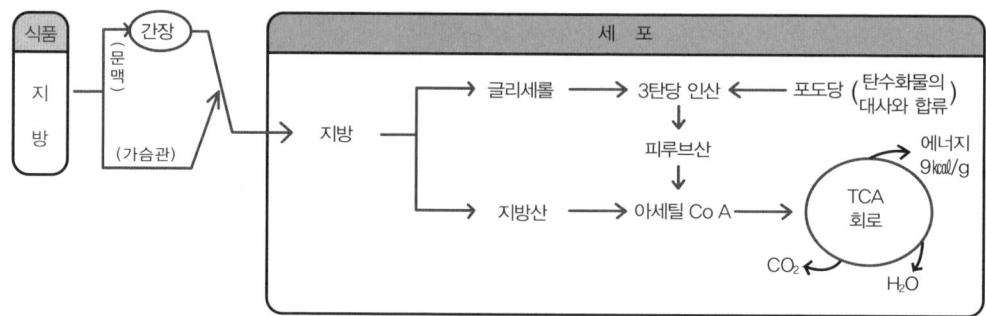

(3) 지방질의 권장량

1일 총 에너지 필요량의 20% 정도를 섭취하는 것이 적당하며, 필수 지방산은 2%의 섭취가 권장된다. 과잉 섭취시에는 비만, 동맥경화, 유방암, 대장암 등을 유발시키기 쉽다.

3. 지방질 급원 식품

(1) **가시지방(육안으로 확인가능한 지방)** : 버터, 마가린, 쇼트닝, 식용유 등
(2) **비가시지방(육안으로 식별하기 어려운 지방)** : 넛트류, 과자류, 우유, 육류 등

제 4 장 단백질(proteins)

탄소(C), 수소(H), 산소(O) 이외에 질소(N) 등을 함유하는 고분자 유기화합물이다. 기본 구성 단위는 아미노산으로, 단백질 조직은 수많은 아미노산의 펩티드(peptide) 결합으로 이루어진 것이다. 탄수화물, 지방과 같은 에너지원이며 몸의 근육을 비롯해 여러 조직을 형성하는, 생명 유지에 필수적인 영양소이다.

1. 단백질의 분류
(1) 아미노산의 종류 : 현재까지 약 20여종이 알려져 있다.

> ❖ 단백질의 질소 계수 : 질소는 단백질만 가지고 있는 원소로서, 단백질에 평균 16% 들어 있다. 따라서 식품의 질소 함유량을 알면 질소계수인 6.25를 곱하여 그 식품의 단백질 함량을 산출할 수 있다.
> - 질소의 양 = 단백질 양 × 16/100
> - 단백질 양 = 질소의 양 × 100/16 (즉, 질소계수 6.25)

1) 필수 아미노산
체내 합성이 안되므로 반드시 음식물에서 섭취해야 하는 아미노산으로, 동물성 단백질에 많이 함유되어 있다. 성인에게는 이소류신, 류신, 리신, 메티오닌, 페닐알라닌, 트레오닌, 트립토판, 발린 등 8종류, 어린이와 회복기 환자에게는 8종류 외에 히스티딘을 합한 9종류가 필요하다.

2) 불필수 아미노산
체내 합성이 가능한 아미노산이다. 필수 아미노산을 뺀 나머지 아미노산으로 알라닌, 글리신, 세린, 아스파르트산, 아스파라긴, 아르기닌, 글루타민, 시스틴, 프롤린, 티로신, 글루탐산, 시스테인 등이 있다.

(2) 단백질의 분류
1) 화학적 분류
① 단순 단백질 : 아미노산만으로 구성된 단백질이다.

단순 단백질의 분류

분 류	특 징	종 류
알부민	물, 묽은 염류 용액, 산, 알칼리에 녹으며 열과 알콜에 의해 응고된다.	오브알부민(흰자), 미오겐(근육), 류코신(밀), 레구멜린(콩) 등
글루텔린	묽은 산, 알칼리에 녹고, 염류 용액과 물, 알콜에 녹지 않는다.	글루테닌(밀), 오리제닌(쌀) 등
글로불린	묽은 염류 용액에 녹고, 물에 녹지 않는다. 열에 의해 응고한다.	오보글로불린(흰자), 락토글로불린(우유), 글리시닌(대두) 등
프로타민	물, 산, 암모니아 용액에 녹는다. 열에 의해 응고되지 않는 염기성 단백질.	살민(연어), 클루페인(청어), 스콤브린(고등어) 등
프롤라민	묽은 산, 알칼리, 70~80% 알콜에 녹는다.	호르데인(보리), 제인(옥수수), 글리아딘(밀) 등
히스톤	물, 묽은 산에 녹는 염기성 단백질.	티머스 히스톤(흉선), 글로빈(적혈구) 등
알부미노이드 (경단백질)	보통 용매에 잘 녹지 않으며, 효소에 의해서도 소화되지 않는다.	케라틴, 피브로인(명주), 엘라스틴(힘줄), 콜라겐(뼈가죽)

② **복합 단백질** : 아미노산만으로 이루어진 단순 단백질에 다른 유기화합물, 즉 당질, 지질, 인산, 색소 등이 결합된 것이다.

복합 단백질의 분류

분 류	특 징	종 류
리포 단백질	각종 지질이 결합하여 형성된다.	리포비텔린
색소 단백질	각종 금속·유기색소가 결합하여 형성된다.	헤모글로빈, 미오글로빈(근육), 헤모시아닌, 헤모에리슬린(김)
핵 단백질	핵산이 결합하여 형성된다.	뉴클레오히스톤, 뉴클레오프로타민, 담배 모자이크 바이러스
인 단백질	단순 단백질과 인산이 에스테르 결합하여 형성된다.	카세인(우유), 비텔린(난황), 비텔리넨, 포스비틴
당 단백질	단순 단백질과 각종 탄수화물이 결합하여 형성된다. 알칼리 용액에만 녹는다.	오보뮤신(난백), 오보뮤코이드, 산성 당 단백질

③ **유도 단백질** : 천연 단백질이 열이나 다른 물리적 작용에 의해 부분적으로 분해되어 생긴 물질로, 분해 정도에 따라 1차 유도 단백질과 2차 유도 단백질로 나뉜다.

가. 1차 유도 단백질 : 젤라틴 등

나. 2차 유도 단백질 : 프로테오스, 펩톤 등

2) 영양학적 분류

함유된 아미노산의 종류와 양에 따라 완전 단백질, 부분적 완전 단백질, 불완전 단백질로 나뉜다.

① 완전 단백질 : 생명 유지, 성장 발육, 생식에 필요한 필수 아미노산을 고루 갖춘 단백질이다. 카세인과 락트알부민(우유), 오브알부민과 오보비텔린(계란), 미오신(육류), 미오겐(생선), 글리시닌(콩) 등이 속한다.

② 부분적 완전 단백질 : 생명 유지는 시켜도 성장 발육은 못시키는 단백질이다. 글리아딘(밀), 호르데인(보리), 오리제닌(쌀) 등이 여기에 속한다.

③ 불완전 단백질 : 생명 유지나 성장 모두에 관계없는 단백질이다. 제인(옥수수), 젤라틴(육류) 등이 속한다.

2. 단백질의 영양

(1) 단백질의 영양적 기능

1) 생물가

단백질의 체내 이용 정도를 평가하는 방법이다. 질소평형실험으로 얻어지며, 체내에 흡수된 질소량에 대한 체내에 보유된 질소량을 %로 나타낸다. 생물가가 높을수록 체내 이용률이 높다.

$$생물가(\%) = \frac{체내에\ 보유된\ 질소량}{체내에\ 흡수된\ 질소량} \times 100$$

2) 단백가

필수 아미노산 비율이 이상적인 표준 단백질을 가정하여 이를 100으로 잡고 다른 단백질의 영양가를 비교하는 방법이다. FAO 표준 단백질의 아미노산 함량에 대한 식품의 제1제한 아미노산 함량을 %로 나타낸다. 단백가가 클수록 영양가가 크다.

$$단백가(\%) = \frac{식품\ 중\ 제1제한\ 아미노산\ 함량}{표준\ 단백질\ 중\ 아미노산\ 함량} \times 100$$

❖ 제한 아미노산 : 식품에 함유되어 있는 필수 아미노산 중 이상형보다 적은 아미노산을 제한 아미노산이라고 한다. 제한 아미노산이 2종 이상일 때는 가장 적은 아미노산을 제1제한 아미노산이라고 한다.

각종 단백질의 필수 아미노산 조성(질소 1g당의 mg)   *는 제1제한 아미노산

	표준 단백질	우유	달걀	소고기	돼지고기	생선	쌀	밀가루	옥수수	대두	감자	완두
이소류신	270	407	428	332	320	317	322	262	293	333	260	336
류신	306	630	565	515	462	474	545	442	827	484	304	504
리신	270	496	396	540	515	549	236	*126	179	395	326	438
페닐알라닌	180	311	368	256	240	231	307	332	284	309	285	290
메티오닌	270	*211	342	237	*233	262	222	192	197	*197	*159	*157
트레오닌	180	292	310	275	292	283	241	174	249	247	237	230
트립토판	90	90	106	*75	80	*62	*65	96	*38	86	72	74
발린	270	440	460	45	302	327	415	262	327	328	339	317
단백가	100	78	100	83	86	70	72	47	42	73	59	58
생물가		90	87	76	79	75		52	54	75	71	48

3) 단백질의 상호 보조

단백가가 낮은 식품이라도 부족한 필수 아미노산(제한 아미노산)을 보충할 수 있는 식품과 함께 섭취하면 체내 이용률이 높아진다. 쌀-콩, 빵-우유, 옥수수-우유 등은 상호 보조 효과가 좋다.

4) 단백질의 기능

1) 체조직과 혈액 단백질, 효소, 호르몬 등을 구성한다.
2) 에너지 공급원이다(1g당 4kcal).
3) 체내 삼투압 조절로 체내 수분 함량을 조절하고, 체액의 pH를 일정하게 유지시킨다.
4) γ-글로불린은 병에 저항하는 면역체 역할을 한다.

(2) 단백질의 소화, 흡수, 대사

1) 단백질은 아미노산으로 분해되어 소장에서 흡수된다.
2) 흡수된 아미노산은 전신의 각 조직에 운반되어 조직 단백질을 구성한다. 나머지는 혈액과 함께 간으로 운반되어 필요에 따라 분해되고, 요소와 그 밖의 질소 화합물들은 소변으로 배설된다. 질소 이외의 성분(α-케토글루탐산)은 TCA 회로로 들어가 산화된

다. 이때 단백질 1g은 4kcal의 에너지를 발생한다.

단백질의 대사 과정

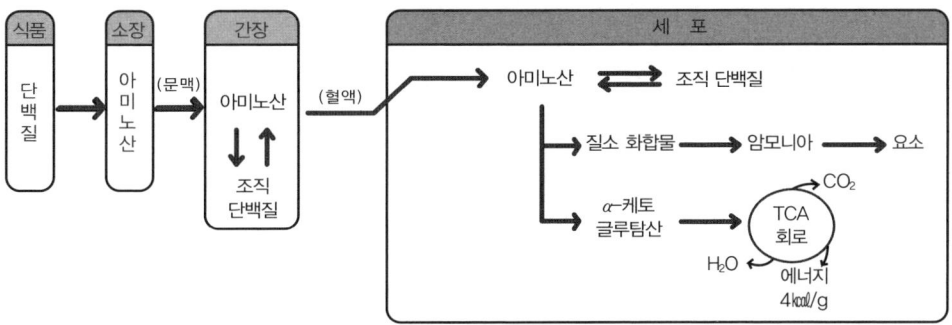

(3) 단백질의 권장량

1일 총 에너지 필요량의 10~20% 정도를 섭취하는 것이 적당하며, 1일 필요량의 1/3은 필수 아미노산이 많은 동물성 단백질로 섭취한다. 과잉 섭취시 혈압 상승, 불면증이 생기기 쉽고, 장시간 결핍시는 발육 장애, 부종, 피부염, 머리카락 변색, 간 질환, 저항력 감퇴 등의 증세를 수반하는 콰시오카(kwashokor)나 마라스무스(marasmus)같은 질병이 나타난다.

3. 단백질 급원 식품

동식물 조직에 있는 모든 세포의 주성분으로 생명을 유지하는데 필수적 영양소로서 육류, 어류, 대두, 치즈 등이 중요한 급원식품이다.

제5장 무기질, 비타민, 물

1. 무기질(minerals)

인체는 96%가 탄소(C), 수소(H), 산소(O), 질소(N)로 구성되어 있으며, 나머지 4%가 그 외의 원소인 무기질로 구성되어 있다. 무기질은 체내에서 직접적인 열량원은 되지 못하나, 경조직과 연조직을 구성하고 생체 기능을 조절하는 역할을 한다. 체내에서 합성되지 못하므로 반드시 음식으로부터 공급받아야 한다.

(1) 무기질의 종류 및 기능

1) 칼슘(Ca)

① 기능

가. 체내의 무기질 중 가장 많은 양을 차지하며, 대부분 인산칼슘 형태로 존재한다. 99%는 뼈와 치아를 형성하고 나머지 1%는 혈액과 근육에 존재한다.

나. 혈액 응고에 관여하고 백혈구의 활력을 증진시킨다.

다. 심장과 근육의 수축, 이완을 조절하고 근육의 흥분을 억제한다.

라. 체액을 중성으로 조절한다.

마. 중추신경을 통하여 외부 자극을 뇌에 전달한다.

바. 흡수율은 10~30%로, 비타민 D와 구연산은 흡수를 돕고 옥살산, 피트산은 흡수를 방해한다.

② 결핍증 : 구루병(안짱다리, 밭장다리, 새가슴), 골연화증, 골다공증 등

2) 인(P)

① 기능

가. 체내에 칼슘 다음으로 많다. 칼슘, 마그네슘과 결합하여 뼈와 치아를 구성한다.

나. 뇌, 신경, 간장, 폐, 근육, 혈액 등에 각종 화합물로 존재하며, 인지질, 핵단백질의 중요 성분이다.

다. 체액의 pH를 조절한다.

라. 각종 비타민과 결합하여 조효소를 형성한다.

마. 탄수화물, 지방의 연소 과정에 관여한다.

바. 흡수율 70% 이상으로 결핍증은 거의 없다. 성인의 경우 칼슘과 인의 섭취 비율은 1:1이다.

3) 철(Fe)

① 기능

가. 적혈구 중 헤모글로빈의 구성 성분으로 조혈작용을 한다.

나. 간장, 근육, 골수에 존재한다.

다. 근육 세포내의 산화·환원 작용을 돕는 시토크롬의 구성 성분이다. 또한 근육 색소인 미오글로빈의 성분이기도 하다.

라. 흡수율은 10%이다. 위의 염산, 아스코르브산은 흡수를 돕고 피트산, 탄닌은 흡수를 방해한다.

② 결핍증 : 빈혈

4) 구리(Cu)

① 기능

가. 헤모글로빈, 시토크롬 형성시 촉매작용을 한다.

나. 철의 흡수와 운반을 돕는다.

② 결핍증 : 악성 빈혈

5) 요오드(I)

① 기능

가. 갑상선 호르몬인 티록신의 구성 성분이다.

나. 에너지 대사에 관여한다.

다. 성장, 지능 발달, 유즙 분비를 돕는다.

② 결핍증 : 갑상선종, 부종, 성장 부진, 지능 미숙, 피로

③ 과잉증 : 바세도우씨병

6) 나트륨(Na)

① 기능

가. 염소와 결합해 염화나트륨(NaCl : 소금)의 형태로 체액에 존재한다.

나. 혈액, 체액의 삼투압을 조절한다.

다. 신경의 흥분을 억제한다.

라. 근육의 수축, 이완을 조절한다.

② 과잉증 : 동맥경화증

7) 염소(Cl)

① 기능

가. 위액 중 염산의 성분으로 산도를 조절하고 소화를 돕는다.

나. 체액의 삼투압을 조절한다.

② 결핍증 : 소화 불량, 식욕 부진

8) 마그네슘(Mg)

① 기능

가. 70%는 인산염, 탄산염의 형태로 칼슘과 함께 뼈와 이를 구성하고, 나머지는 근육, 뇌, 신경, 체액 중에 존재한다.

나. 탄수화물 대사에 관여한다.

다. 신경의 흥분을 억제한다.

라. 식물성 식품을 섭취하면 마그네슘의 결핍은 거의 없다.

9) 칼륨(K)

① 기능

가. 인산염, 단백질과 결합하여 근육, 장기 등의 세포액에 존재한다.

나. 체액의 pH와 삼투압을 조절한다.

다. 신경의 흥분을 억제한다.

라. 보통 식사를 하는 경우 결핍은 거의 없다.

10) 코발트(Co)

① 기능

가. 비타민 B_{12}의 구성 성분이다.

나. 간접적으로 적혈구 구성에 관여한다.

11) 기타

① 불소(F) : 뼈와 치아에 들어 있으며, 충치 예방의 효과가 있다.

② 아연(Zn) : 당질 대사에 관여하고, 인슐린 합성에 관여한다.

③ 황(S) : 피부, 손톱, 모발 등에 풍부하다. 체내에서 해독작용을 하고, 산화·환원작용에도 관여한다.

❖ 체내 무기질의 성질
① 골격 및 치아 구성(Ca, P, Mg)
② 근육, 신경조직 구성(S, P)
③ 티록신 구성(I), 인슐린 합성(Zn)
④ 삼투압 조절(Na, Cl, K)
⑤ 조혈작용(Fe, Cu, Co)

(2) 무기질의 급원 식품

1) **칼슘** : 우유 및 유제품, 뼈째 먹는 생선, 계란 등
2) **인** : 우유, 치즈, 육류, 콩류, 어패류, 난황 등
3) **철** : 동물의 간, 난황, 살코기, 콩류, 녹색 채소 등
4) **구리** : 동물의 내장, 해산물, 견과류, 콩류 등
5) **요오드** : 해조류(다시마, 미역, 김), 어패류 등
6) **나트륨** : 소금, 육류, 우유 등
7) **염소** : 소금, 우유, 계란, 육류 등
8) **마그네슘** : 곡류, 채소, 견과류, 콩류 등
9) **칼륨** : 밀가루, 밀의 배아, 현미, 참깨 등
10) **코발트** : 간, 이자, 콩, 해조류 등

(3) 산·알칼리의 평형

단백질과 무기질은 산과 염기에 대한 완충작용을 하므로 혈액과 체액의 정상 pH(pH 7.35~7.65)가 유지된다.

1) **산성 식품** : S, P, Cl 같은 산성을 띠는 무기질을 많이 포함한 식품으로 곡류, 육류, 어패류, 난황 등이 속한다.
2) **염기성 식품** : Ca, K, Na, Mg, Fe 같은 알칼리성 무기질을 많이 포함한 식품으로 채소, 과일 등의 식물성 식품과 우유, 굴 등이 이에 속한다.

❖ 우리 몸의 체액이나 혈액은 산성 식품이나 알칼리성 식품 어느 것을 지나치게 섭취하더라도 무기질의 조성을 일정하게 유지하는 기능을 가지고 있다. 따라서 섭취하는 식품이 곧 체액이나 혈액의 pH에 직접적으로 영향을 주는 것은 아니다.

2. 비타민(vitamins)

체내에 극히 미량 함유되어 있으나, 생리작용 조절과 성장을 유지하는 데 절대적으로 필요한 유기영양소이다. 3대 영양소, 즉 탄수화물, 지방, 단백질의 대사에 조효소 역할을 한다. 호르몬과 마찬가지로 신체 기능을 조절하지만 호르몬은 내분비 기관에서 체내 합성되는 반

면, 비타민은 체내에서 합성되지 않는다. 따라서 음식물에서 섭취해야 한다. 부족하면 영양장애가 일어나지만, 에너지를 발생하거나 체물질이 되지는 않는다.

(1) 비타민의 일반적 성질

1) 지용성 비타민(비타민 A, D, E, K)
① 지방이나 지방을 녹이는 유기용매에 녹는다.
② 필요 이상 섭취되어 포화상태가 되면 체내에 저장, 축적된다.
③ 결핍증은 서서히 나타난다.
※ 지용성 비타민은 수용성 비타민에 비해 열에 강하고 조리에 의한 손실이 적다.

2) 수용성 비타민(비타민 B군, C, 니아신, 엽산, 판토텐산)
① 물에 녹는다.
② 필요 이상 섭취하면 체외로 방출된다(소변으로 쉽게 방출된다).
③ 결핍증이 비교적 빨리 나타난다.
※ 수용성 비타민은 지용성 비타민과 달리 전구체가 존재하지 않는다.

(2) 비타민의 종류 및 기능

1) 비타민 A(retinol, 레티놀)
① 기능
가. 발육을 촉진한다.
나. 상피세포의 건강을 유지시킨다.
다. 시홍(로돕신)의 생성에 관여하여 야맹증, 안염을 방지한다.
라. 질병에 대한 저항력을 증강시킨다.
마. 전구체로는 식물계의 황색 색소인 카로틴($\alpha \cdot \beta \cdot \gamma$-carotene)이 있다. 카로틴은 동물 체내에서 쉽게 비타민 A로 전환, 이용되므로 프로비타민 A라고도 한다.
② 결핍증 : 야맹증, 건조성 안염, 각막 연화증, 발육 지연, 상피세포의 각질화, 전염병, 호흡기 질환에 대한 저항력 약화

2) 비타민 D(calciferol, 칼시페롤)
① 기능
가. 칼슘과 인의 흡수력을 증강시킨다.

나. 혈액내 인의 양을 일정하게 유지시킨다.

다. 뼈, 치아의 인산칼슘 침착을 촉진시킨다(골격의 석회화).

라. 전구체로서 에르고스테롤과 7-디하이드로 콜레스테롤이 있으며, 자외선에 의해 에르고스테롤은 비타민 D_2로, 7-디하이드로 콜레스테롤은 비타민 D_3로 변한다.

② 결핍증 : 어린이-구루병, 성인-골연화증, 골다공증

3) 비타민 E(tocopherol, 토코페롤)

① 기능

가. 생식기능을 정상적으로 유지시킨다.

나. 근육 위축을 방지하고, 근육 작용을 향상시킨다.

다. 천연 항산화작용을 하며, 세포막과 조직의 손상을 방지한다.

② 결핍증 : 쥐의 불임증, 근육 위축증

4) 비타민 K(phylloquinone, 필로퀴논)

① 기능

가. 포도당 등의 연소에 관계한다.

나. 간에서 혈액 응고에 필요한 프로트롬빈(prothrombin)의 형성을 돕는다.

다. K_1~K_3 중 생체 활성이 가장 큰 것은 K_3이다. 동물은 체내에서 K_3를 K_2로 전환해 사용한다.

② 결핍증 : 혈액 응고 지연

5) 비타민 B_1(thiamine, 티아민)

① 기능

가. 당질 대사의 보조 작용을 한다.

나. 뇌, 심장, 신경조직의 유지에 관계한다.

다. 식욕을 촉진시킨다.

② 결핍증 : 각기병, 식욕 부진, 피로, 권태감, 신경통

6) 비타민 B_2(riboflavin, 리보플라빈)

① 기능

가. 발육을 촉진하고, 입안의 점막을 보호한다.

나. 체내의 산화·환원 작용을 돕는 여러 효소 및 조효소의 구성 성분이다.
　　다. 포도당의 연소 과정을 돕고, 수소 운반 작용을 한다.
　② 결핍증 : 구순 구각염, 설염, 피부염, 발육 장애

7) 니아신(niacin, nicotinic acid)
　① 기능
　　가. 포도당의 연소 과정에서 발생한 수소를 운반하여 리보플라빈에 넘겨주는 역할을 한다.
　　나. 조효소의 구성 성분으로 포도당, 지방, 아미노산의 연소 과정에 관여한다.
　　다. 60mg의 트립토판이 체내에서 1mg의 니아신으로 전환된다.
　② 결핍증 : 펠라그라병, 피부염

8) 비타민 B_6(pyridoxine, 피리독신)
　① 기능
　　가. 불필수 아미노산의 형성에 관여한다.
　　나. 트립토판이 니아신으로 전환될 때의 조효소이다. 리놀레산이 아라키돈산으로 전환할 때 관여한다.
　② 결핍증 : 피부염, 신경염, 성장 정지, 충치, 저혈색소성 빈혈

9) 비타민B_{12}(cyanocobalamin, 시아노코발라민)
　① 기능
　　가. 적혈구 생성에 관여한다.
　　나. 성장을 촉진한다.
　② 결핍증 : 악성 빈혈, 간 질환, 성장 정지

10) 엽산(folic acid, 비타민 M)
　① 기능
　　가. 헤모글로빈, 핵산 형성에 필요하다.
　　나. 장내 점막의 기능을 회복시키는 역할을 한다.
　② 결핍증 : 빈혈, 장염, 설사

11) 판토텐산(pantothenic acid)
  ① 기능
  가. 탄수화물이나 지방의 대사에 필요한 효소의 구성 성분이다.
  나. 콜린을 신경자극 전달 물질인 아세틸콜린으로 만드는데 필요하다.
  ② 결핍증 : 피부염, 신경계의 변성

12) 아스코르브산(ascorbic acid, 비타민 C)
  ① 기능
  가. 세포내의 산화 · 환원 작용에 관여한다.
  나. 콜라겐 형성에 관여한다.
  다. 칼슘과 철의 흡수를 돕는다.
  라. 세포간 결합조직을 강화시킨다.
  마. 탄수화물, 지방, 단백질 대사에 관여한다.
  바. 세균에 대한 저항력을 증강시키며, 상처 회복에 효과적이다.
  ② 결핍증 : 괴혈병, 저항력 감소

> ❖ 비타민의 단위 : 보통 mg나 μg, I. U.(International Unit)로 표시한다.
>   ● 비타민 A, 카로틴 → μg 및 R. E.
>   ● 비타민 B군, 아스코르브산 → mg
>   ● 비타민 D → μg
>   ● 비타민 E → mg 및 α-T. E.

주요 비타민의 종류와 기능

〈 지용성 비타민 〉

종류	기본 특성	주요기능	결핍증	함유 식품
비타민 A Retinol	• 항산성 • 열에 안정적 • 산과 빛에 약함	• 피부 점막의 건강유지 • 성장촉진, 시력보호 • 질병에 대한 저항력	• 야맹증 • 결막염 • 안구건조증	간, 버터, 녹황색 채소, 난황
비타민 D Calciferol	• 항구루성 • 열에 안정적 • 태양광선과 합성	• 칼슘과 인의 흡수 촉진 • 뼈의 정상적인 발육 촉진 • 체내 합성가능 (영아제외)	• 구루병 • 골연화증 • 골다공증	대구, 간, 효모, 말린버섯
비타민 E Tocopherol	• 항산화성 • 열에 아주 안정	• 체내 지방의 산화방지(노화방지) • 동물의 생식 기능 도움 • 동맥 경화, 성인병 예방	• 불임증 • 근육마비	곡식의 배아, 식물성 기름
비타민 K Phulloguinome	• 응혈성 • 열, 산소에 안정	• 혈액 응고 촉진 (프로트롬빈 생성 기여) • 장내 세균에 의해 합성	• 혈액 응고지연 • 신생아 출혈	녹황색 채소, 동물의 간, 양배추

〈 수용성 비타민 〉

종류	기본 특성	주요기능	결핍증	함유 식품
비타민 B_1 Thiamine	• 항각기성 • 열에 안정적 • 자외선과 알칼리에 분해	• 탄수화물 대사에 관여 (성장 촉진) • 신경안정과 식욕향상	• 각기병 • 식욕부진 • 피로, 뇌세포손상	곡류의 배아, 돼지고기, 콩류
비타민 B_2 Riboflavin	• 성장촉진성	• 성장·재생 촉진, 피부 보호 • 포도당의 연소를 도움 • 수소 운반 작용	• 구순 구각염 • 안질 • 설염	우유, 간, 육류, 달걀, 샐러리
비타민 B_3 Niacin	• 항펠라그라성 • 열에 강함 • 알칼리에 안정적	• 탄수화물, 지방, 단백질 대사에 관여 • 펠라그라, 피부염 예방	• 펠라그라 • 체중 감소 • 빈혈	효모, 육어류, 동물의 간
비타민 B_6 Pyridoxine	• 항피부성 • 장내 세균에 의한 합성	• 아미노산 대사에서 조효소로 작용 • 면역기능 강화	• 피부병 • 저혈소성 빈혈	미강, 효모, 동물의 간, 난황
비타민 B_{12} Cobalamine	• 항악성빈혈성 • Co와 P 함유	• 체내에서 조효소로 전환되어 적혈구 합성에 기여 • 젖산균의 발육 촉진 효과	• 악성빈혈 • 신경과민	동물의 간, 조개류, 치즈, 육류
비타민 C Ascorbic Acid	• 항괴혈성 • 열에 약함 • 산소에 산화 잘됨	• 항산화 작용 • 세포간의 결합조직 강화 (콜라겐 합성) • 철분·칼슘 흡수 촉진 (치아·뼈 발육 기여) • 피부 건강유지 • 흡연자의 면역기능 강화 • 스트레스 해소 • 면역증진 및 감기예방 • 탄수화물, 지방, 단백질 대사에 관여	• 괴혈병 • 피하 출혈 • 체중 감소 • 저항력 감소	야채, 과일류에 특히 많음

(3) 비타민의 급원식품 및 특성

1) 비타민 A
① **급원 식품** : 간유, 버터, 김, 난황, 녹황색 채소(시금치, 당근 등)
② **특성**
가. 담황색 또는 무색 결정이다.
나. 기름과 유지용매에 녹는다.
다. 열, 산, 염기에 강하나 자외선에 파괴되기 쉽다.

2) 비타민 D
① **급원 식품** : 청어, 연어, 간유, 난황, 버터, 표고버섯 등
② **특성**
가. 무색의 결정이다.
나. 유지에 녹고 물에 녹지 않는다.
다. 열, 산, 염기에 비교적 강하다.

3) 비타민 E
① **급원 식품** : 곡류의 배아유, 옥수수기름, 면실유, 난황, 우유, 버터, 녹색채소 등
② **특성**
가. 무색, 또는 연노랑색의 기름 상태이다.
나. 물에 녹지 않고 유지용매에 녹는다.
다. 열에 안정적이고, 자외선과 효소에도 비교적 안정적이다.

4) 비타민 K
① **급원 식품** : 녹색채소(양배추, 시금치 등), 간유, 난황 등
② **특성**
가. 연노랑색의 기름 상태이다.
나. 물에 녹지 않고 유지에 녹는다.
다. 자외선에 쉽게 파괴된다.

5) 비타민 B_1
① **급원 식품** : 쌀겨, 대두, 땅콩, 돼지고기, 난황, 간, 배아 등

② 특성

가. 무색의 결정이다.

나. 물에 쉽게 녹는다.

다. 산에는 안정적이나 염기성, 중성에는 분해되기 쉽다.

6) 비타민 B_2

① **급원 식품** : 우유, 치즈, 간, 계란, 녹색 채소, 살코기 등

② **특성**

가. 황등색의 결정이다.

나. 염기에 약하고, 자외선에 쉽게 파괴된다.

7) 니아신

① **급원 식품** : 간, 육류, 콩, 효모, 생선 등

② **특성**

가. 무색의 결정이다.

나. 더운물에 녹고, 염기에 불안정하다.

8) 비타민 B_6

① **급원 식품** : 육류, 간, 배아, 곡류, 난황 등

② **특성**

가. 무색의 결정이다.

나. 물과 알콜에 녹고, 자외선에 약하다.

9) 비타민 B_{12}

① **급원 식품** : 간, 내장, 난황, 살코기 등

② **특성**

가. 암적색의 결정이다.

나. 물, 알콜에 녹으며 자외선에 약하다.

다. 분자 중에 Co를 가지고 있다.

10) 엽산
① **급원 식품** : 간, 두부, 치즈, 밀, 난황, 효모 등
② **특성**
가. 황색의 결정이다.
나. 산과 염기에 약하다.

11) 판토텐산
① **급원 식품** : 효모, 치즈, 콩 등
② **특성**
가. 기름 상태이다.
나. 물, 알콜에 녹고 산, 염기, 열에 의해 분해된다.

12) 아스코르브산
① **급원 식품** : 신선한 채소(시금치, 무청)나 과일류(딸기, 감귤류)
② **특성**
가. 가장 불완전한 비타민이다.
나. 공기에 노출되면 산화된다. 열, 염기, 자외선, 금속(Fe, Cu)에 의해 파괴되기 쉽다.

3. 물(water)
인체의 중요한 구성 성분으로 체중의 약 2/3를 차지한다.

(1) 물의 영양적 기능
1) 영양소의 용매로서 체내 화학반응의 촉매 역할을 하며, 삼투압을 조절하여 체액을 정상으로 유지시킨다.
2) 영양소와 노폐물을 운반하고 체온을 조절한다.
3) 체내 분비액의 주요 성분이다.
4) 외부의 자극으로부터 내장 기관을 보호한다.

(2) 물의 권장량
성인은 1kcal당 1㎖(1일 1,800~2,500㎖), 영·유아는 1kcal당 1.5㎖가 필요하다. 과잉시 부종, 피로를 느끼며 20% 이상 상실시 사망한다.

제6장 영양과 건강

1. 질병과 영양
(1) 식생활과 질병

영양소 섭취량	탄수화물	지방	단백질
섭취부족	① 단백질 분해 심화 → 단백질 낭비 ② 지방의 산화 불충분 → 케톤체 다량생산 → 대사 이상	① 필수지방산 결핍 ② 당질비율 증가 → 위에 부담	① 마라스무스 : 단백질과 에너지 영양소가 동시 결핍되어 기아 상태의 쇠약이 되는 것 ② 카시오코르 : 에너지 영양소는 섭취되지만 양질의 단백질이 부족 되는 것
과잉섭취	① 체지방 축적 → 비만 ② 대사의 원활성 상실 → 비타민 B과잉 필요	① 고지혈증 → 관상동맥경화 → 심장병유발 ② 에너지 대비 40%이상 고지방식 → 내당성 저하 → 당뇨병	① 요독증 → 신장에 부담 ② 체온, 혈압 상승, 체중 증가 → 생존기간 단축

(2) 영양섭취기준
1) 영양섭취기준과 기초식품군
① 한국인 영양섭취기준

한국 영양학회가 1962년 처음 제정한 '한국인의 1일 영양권장량'은 2005년 제8차 개정에서 '한국인 영양섭취기준'으로 변경 되었다. 〈 284쪽 표 참조 〉

② 목적
　가. 국민보건과 체위 향상
　나. 식량 생산과 공급의 계획
　다. 국민의 식생활 개선

③ 다섯가지 기초식품군

우리나라의 다섯가지 기초식품군은 인체에 필요한 영양소를 기초로하여 현 식습관을 참작, 분류하였다.

가. 기초식품군의 분류
- 제1군(단백질식품)

  수, 조, 어, 육류, 콩류 – 쇠고기, 돼지고기, 닭고기, 생선, 조개, 굴, 두부, 콩, 달걀
- 제2군(칼슘 식품)

  우유 및 유제품, 뼈째 먹는 생선 – 멸치, 뱅어포, 새우, 잔생선, 사골, 우유, 유제품
- 제3군(무기질 및 비타민식품)

  채소 및 과일류 – 시금치, 당근, 쑥갓, 상추, 무, 배추, 사과, 감, 딸기
- 제4군(당질식품)

  곡류 및 감자류 – 쌀, 보리, 콩, 팥, 밀, 감자, 고구마, 토란
- 제5군(지방식품)

  유지류 – 참기름, 면실유, 들기름, 버터, 마가린

나. 영양소의 기능에 의한 분류
- 구성영양소(구성소) : 새로운 조직이나 효소, 호르몬을 구성하는 영양소이다.

  ㉠ 단백질 : 근육조직 성분

  ㉡ 무기질 : Ca, P (치아와 골격구성), Fe (혈액의 성분)

  ㉢ 물 : 몸무게의 2 / 3차지

- 조절영양소(조절소) : 체내의 생리작용을 조절하는 영양소이다.

  ㉠ 물 : 소화액 분비, 혈액상태 유지, 배설과 순환작용, 체온조절

  ㉡ 무기질 : 신경조직의 조절, 근육의 탄력유지, 체액의 중성유지

  ㉢ 비타민 : 소화액분비, 대사작용조절

- 열량영양소(열량소) : 힘과 열을 공급하는 영양소이다.

  ㉠ 탄수화물 : $1g \rightarrow 4kcal$

  ㉡ 지   방 : $1g \rightarrow 9kcal$

  ㉢ 단 백 질 : $1g \rightarrow 4kcal$

한국인 영양 섭취기준

□ 권장섭취량 ■ 충분섭취량

영양소/연령/영아	영아 0~5월	6~11개월	유아 1~2세	3~5세	남자 6~8세	9~11세	12~14세	15~18세	19~29세	30~49세	50~64세	65~74세	75이상	여자 6~8세	9~11세	12~14세	15~18세	19~29세	30~49세	50~64세	65~74세	75이상	임신부	수유부
비타민A (μg RAE)	350	450	300	350	450	600	750	850	800	750	750	700	700	400	550	650	600	650	650	600	550	550	+70	+490
비타민D (μg)	5	5	5	5	5	5	10	10	10	10	10	15	15	5	5	10	10	10	10	10	15	15	+0	+0
비타민E (mg α-TE)	3	4	5	6	7	9	10	11	12	12	12	12	12	7	9	10	11	12	12	12	12	12	+0	+3
비타민K (μg)	4	7	25	30	45	55	70	80	75	75	75	75	75	45	55	65	65	65	65	65	65	65	+0	+0
칼슘 (mg)	210	300	500	600	700	800	1,000	900	800	800	750	700	700	700	800	900	800	700	700	800	800	800	+0	+0
인 (mg)	100	300	450	550	600	1,200	1,200	1,200	700	700	700	700	700	550	1,200	1,200	1,200	700	700	700	700	700	+0	+0
나트륨 (g)	0.12	0.37	0.9	1.0	1.2	1.4	1.5	1.5	1.5	1.5	1.5	1.3	1.1	1.2	1.4	1.5	1.5	1.5	1.5	1.5	1.3	1.1	1.5	1.5
염소 (g)	0.18	0.56	1.3	1.5	1.9	2.1	2.3	2.3	2.3	2.3	2.3	2.0	1.7	1.9	2.1	2.3	2.3	2.3	2.3	2.3	2.0	1.7	2.3	2.3
칼륨 (g)	0.4	0.7	2.0	2.3	2.6	3.0	3.5	3.5	3.5	3.5	3.5	3.5	3.5	2.6	3.0	3.5	3.5	3.5	3.5	3.5	3.5	3.5	+0	+0.4
마그네슘 (mg)	30	55	80	100	160	230	320	400	350	370	370	370	370	150	210	290	340	280	280	280	280	280	+40	+0
철 (mg)	0.3	6	6	6	9	10	14	14	10	10	10	9	9	8	10	16	14	14	14	8	8	7	+10	+0
아연 (mg)	2	3	3	4	6	8	8	10	10	10	9	9	9	5	8	8	9	8	8	8	7	7	+2.5	+5.0
구리 (μg)	240	310	280	320	440	580	740	840	800	800	800	800	800	440	580	740	840	800	800	800	800	800	+130	+480
불소 (mg)	0.01	0.5	0.6	0.8	1.0	2.0	2.5	3.0	3.5	3.0	3.0	3.0	3.0	1.0	2.0	2.5	2.5	3.0	3.0	2.5	2.5	2.5	+0	+0
망간 (mg)	0.01	0.8	1.5	2.0	2.5	3.0	4.0	4.0	4.0	4.0	4.0	4.0	4.0	2.5	3.0	3.5	3.5	3.5	3.5	3.5	3.5	3.5	+0	+0
요오드 (μg)	130	170	80	90	100	110	130	130	150	150	150	150	150	100	110	130	130	150	150	150	150	150	+90	+190
셀레늄 (μg)	9	11	23	25	35	45	60	65	60	60	60	60	60	35	45	60	65	60	60	60	60	60	+4	+10
탄수화물 (g)	60	90																						
지방 (g)	25	25																						
n-6 불포화 지방산 (g)	2.0	4.5																						
n-3 불포화 지방산 (g)	0.3	0.8																						
단백질 (g)	10	15	15	20	30	40	55	65	65	60	60	55	55	25	40	55	50	50	50	50	45	45	*2, 3분기별 부가량* +15 +30*	+25
식이섬유 (g)		15	10	15	20	20	25	25	25	25	25	25	25	20	20	20	20	20	20	20	20	20	+5	+5
수분 (ml)	700	800	1,100	1,500	1,800	2,100	2,300	2,600	2,600	2,500	2,200	2,100	2,100	1,700	1,900	2,000	2,000	2,100	2,000	1,900	1,800	1,800	+200	+700
비타민C (mg)	35	45	35	40	55	70	90	105	100	100	100	100	100	60	80	100	95	100	100	100	100	100	+10	+40
티아민 (mg)	0.2	0.3	0.5	0.5	0.7	0.9	1.1	1.3	1.2	1.2	1.2	1.2	1.2	0.7	0.9	1.1	1.2	1.1	1.1	1.1	1.1	1.1	+0.4	+0.4
리보플라빈 (mg)	0.3	0.4	0.5	0.6	0.9	1.2	1.5	1.7	1.5	1.5	1.5	1.5	1.5	0.8	1.0	1.2	1.2	1.2	1.2	1.2	1.2	1.2	+0.4	+0.5
니아신 (mg NE)	2	3	6	7	9	12	15	17	16	16	16	16	16	9	12	15	14	14	14	14	14	14	+4	+3
비타민B6 (mg)	0.1	0.3	0.6	0.7	0.9	1.1	1.5	1.5	1.5	1.5	1.5	1.5	1.5	0.9	1.1	1.4	1.4	1.4	1.4	1.4	1.4	1.4	+0.8	+0.8
엽산 (μg DFE)	65	80	150	180	220	300	360	400	400	400	400	400	400	220	300	360	400	400	400	400	400	400	+220	+150
비타민B12 (μg)	0.3	0.5	0.9	1.1	1.3	1.7	2.3	2.7	2.4	2.4	2.4	2.4	2.4	1.3	1.7	2.3	2.4	2.4	2.4	2.4	2.4	2.4	+0.2	+0.4
판토텐산 (mg)	1.7	1.9	2	2	3	4	5	5	5	5	5	5	5	3	4	5	5	5	5	5	5	5	+1	+2
비오틴 (μg)	5	7	9	11	15	20	25	30	30	30	30	30	30	15	20	25	30	30	30	30	30	30	+0	+5

보건복지부 (2015)

※ 권장섭취량 : 연령별로 권장되는 1일 영양소 섭취량으로서 평균 필요량을 근거로 하여 산출
※ 충분섭취량 : 권장섭취량을 산출할 수 없는 경우 역학조사 결과를 토대로 건강인의 영양소 섭취수준을 기준으로 산출

(3) 특이식 관리

1) 치료식의 종류

① 일반식

일반 환자(산부인과, 정신과, 외상 환자)에게 주는 식사로, 종류와 양에 제한받지 않는다. 단, 환자용이므로 영양이 풍부하고 소화되기 쉬운 것으로 한다.

② 점진식

환자의 회복 정도와 소화 능력에 맞추어 단계적으로 주는 식사이다.

가. 맑은 유동식 : 위독한 환자나 막 수술을 끝낸 환자에게 1~2일간 수분을 공급할 목적으로 주는 식사이다. 연한 보리차, 맑은 육즙, 거른 과즙 등이 있다.

나. 전유동식 : 수술 후 환자, 소화기 질환 환자, 음식을 삼키기 어려운 환자에게 주는 식사로, 미음, 우유, 수프, 푸딩 등이 있다. 일주일 이상 계속 실시할 경우 달걀 노른자, 버터 등을 첨가하여 영양과 열량을 높이기도 한다.

다. 연질식(연식) : 수술 후 회복기에 있는 환자, 급성 전염병, 위장 장애 등의 환자에게 주는 식사로 죽식이라고도 한다. 자극성 있는 조미료를 사용하지 않는다. 죽, 흰살생선, 두부, 익힌 채소, 기름기 없는 연한 고기 등을 소화가 잘 되게 조리한다.

라. 회복식(경식) : 회복기 환자, 가벼운 증세의 환자에게 주는 식사로, 기름기 많은 음식이나 생과일, 채소 등은 피하고 죽, 진밥, 그 밖에 소화되기 쉬운 음식을 이용한다.

2) 특별 치료식

① 위·십이지장 궤양

가. 원인 : 스트레스, 불규칙한 식사, 자극적인 음식 섭취, 단백질 결핍, 과다한 약물 복용

나. 증세 : 위통, 위 팽만감, 혈변, 체중 감소

다. 식이요법
- 규칙적으로 자주 소량의 식사를 한다.
- 우유, 계란, 고기 등의 단백질 식품과 크림, 버터, 노른자 등의 유화지방을 섭취한다.
- 자극성 있는 음식, 섬유질 식품, 술, 카페인 등은 피한다.

❖ 시피(sippy)식 : 소화성 궤양의 초기 치료법으로 사용되며, 우유와 크림으로 구성되어 있다.

② 빈혈

가. 원인 : 철분 부족, 임신부와 청소년기의 소녀들에게 많다.

나. 증세 : 창백한 안색, 어지럼증

다. 식이요법
- 단백질과 철분이 많이 들어 있는 간이나 난황, 푸른 잎 채소를 섭취한다.
- 철의 흡수를 도와주는 아스코르브산을 충분히 섭취한다.

③ 당뇨병

가. 원인 : 췌장에서 분비되는 인슐린 부족으로 혈당량이 증가해 생기는 병이다.

나. 증세 : 몸의 쇠약, 빈뇨로 인한 심한 갈증, 피로, 체중 감소, 식욕 왕성

다. 식이요법
- 탄수화물 섭취량을 줄이고 설탕의 섭취를 금한다.
- 단백질은 몸무게 1kg당 1~1.5g으로 증가시키고, 총 단백질의 1/3~1/2을 동물성 단백질로 섭취한다.
- 동물성 지방을 제한한다.
- 섬유질을 많이 섭취한다.

④ 고혈압

가. 원인 : 심장병, 호르몬의 불균형, 정신적 불안이나 흥분, 유전적 성향, 동물성 단백질과 지방, 소금의 과다 섭취 등이다.

나. 증세 : 두통, 어지럼증, 귀울림, 불면증, 뒷목의 통증

다. 식이요법
- 표준 체중을 유지한다.
- 소금, 동물성 지방, 탄수화물을 제한한다.
- 식물성 지방, 해조류, 채소, 과일 등을 섭취한다.

⑤ 간염

가. 원인 : 바이러스 감염에 의해 발생한다.

나. 증세 : 발열, 두통, 식욕 감퇴, 구토, 피로, 오른쪽 가슴 아래의 압박감

다. 식이요법
- 동물성 단백질과 탄수화물의 섭취를 늘린다.
- 지방의 양을 줄이고 우유, 버터, 크림 등의 유화지방을 충분히 섭취한다.

⑥ 신장병
　가. 원인 : 단백질 대사물이 여과되지 못하여 혈액내의 질소 화합물이 증가하고, 물과 나트륨이 체내에 축적된다.
　나. 증세 : 부종, 결뇨
　다. 식이요법
　・ 단백질 양을 줄이는 대신, 양질의 단백질을 섭취한다.
　・ 소금과 수분을 제한한다.
　・ 자극적인 향신료와 술, 커피 등의 음료를 피한다.

⑦ 비만
　가. 원인 : 운동 부족, 유전, 호르몬 분비 이상, 과식 습관 등이 원인으로, 표준 몸무게보다 20% 이상 초과되는 경우를 말한다.
　나. 증세 : 고혈압, 동맥경화증, 심장병, 당뇨병 등의 발생 확률이 높아진다.
　다. 식이요법
　・ 당분, 지방 섭취를 줄인다.
　・ 채소와 과일 등을 많이 섭취해 만복감을 느끼게 한다.
　・ 단백질, 무기질, 비타민 등을 충분히 섭취하며 무리한 감식은 피한다.

⑧ 동맥경화증
　가. 원인 : 혈중 지방 농도가 높아지고 콜레스테롤이 혈관벽에 축적되어 혈관의 탄력이 줄어든다.
　나. 증세 : 단독 수축기 고혈압, 관동맥의 경화현상, 뇌동맥의 경화현상
　다. 식이요법
　・ 콜레스테롤 함량이 높은 육류와 난황의 섭취를 제한한다.
　・ 동물성 지방의 섭취를 줄인다.

2. 에너지 대사

인체가 생활을 영위할 수 있도록 체성분을 분해하여, 화학적 에너지를 열·운동 에너지로 바꾸는 일을 에너지 대사라고 한다.

(1) 기초 대사량
사람의 생명을 유지하는 데 필요한 최소한도의 대사량을 기초 대사량이라고 한다. 정신적으로나 육체적으로 어떠한 일도 하지 않고 소화관의 소화, 흡수 작용조차 정지한 상태에서 무의식적인 생리 작용만을 할 때 소요되는 에너지양을 말한다. 성인의 1일 기초 대사량은 1200~1600kcal이다.

(2) 에너지 대사율(RMR)
에너지 대사율은 그 사람이 행한 작업 강도를 알 수 있는 기준으로, 노동 대사량을 기초 대사량으로 나눈 값이다.

3. 영양 생리
(1) 소화 효소
가수분해 효소로서 동물의 소화관 속에서 음식물을 소화시키는 효소이다. 즉, 음식물 중의 고분자 유기화합물을 저분자 유기화합물로 가수분해하는 효소를 말한다. 소화 효소도 다른 효소와 마찬가지로 기질 특이성을 가지며, 열에 약하고 최적 pH를 갖는다.

1) 소화 효소의 종류
① **탄수화물 가수분해 효소** : 아밀라아제, 수크라아제, 말타아제, 락타아제 등
② **지방 가수분해 효소** : 리파아제
③ **단백질 가수분해 효소** : 펩신, 트립신, 에렙신 등

2) 주요 소화 효소
① **프티알린(ptyalin)** : 침(타액) 속에 들어 있는 탄수화물 가수분해 효소, 즉 아밀라아제로서 녹말을 덱스트린과 맥아당으로 분해한다.
② **아밀롭신(amylopsin)** : 척추동물의 췌장에서 분비되는 아밀라아제이다. 녹말을 분해, 다량의 맥아당과 소량의 덱스트린, 포도당을 만든다.
③ **수크라아제(sucrase)** : 장에서 분비되어 자당(설탕)을 포도당과 과당으로 분해하는 탄수화물 분해효소의 하나이다.
④ **말타아제(maltase)** : 장에서 분비, 맥아당을 가수분해하여 포도당을 만든다.
⑤ **락타아제(lactase)** : 장에서 분비, 동물의 젖이나 우유에 많이 들어 있는 유당을 분

해하여 포도당과 갈락토오스를 만든다.

⑥ **리파아제(lipase)** : 중성 지방(단순 지질)을 지방산과 글리세롤로 가수분해하는 효소이다. 위액, 췌장액, 장액 속에서 분비된다.

⑦ **펩신(pepsin)** : 위액 속에서 분비되는 단백질 분해효소이다. 극도의 산성 용액에서만 활성하는데, pH 2인 위 속에서 단백질을 분해한다.

⑧ **트립신(trypsin)** : 췌장에서 만들어지고, 췌액과 함께 십이지장으로 분비되어 단백질을 가수분해하는 효소이다. pH 7인 중성에서 활성화된다.

(2) 소화와 흡수

1) 소화
음식물이 소화기관을 통과하는 동안 작은 단위로 나뉘어 체내에 흡수되기 쉬운 상태로 되는 일을 말한다.

① 소화 작용의 분류
가. 기계적 소화 작용 : 이로 씹어 부수는 일 및 위와 소장의 연동작용
나. 화학적 소화 작용 : 소화액에 있는 소화효소의 작용을 받아 소화되는 일
다. 발효 작용 : 소장의 하부에서 대장에 이르는 곳에서 세균류가 분해하는 작용

② 소화 흡수율
영양소의 소화 흡수 정도를 나타내는 지표이다. 일정 기간 동안 흡수된 식품 속의 영양 성분과 대변 속의 영양 성분의 차이로, 섭취량에 대한 이용량을 백분율로 나타낸 값이다. 영양소의 소화 흡수율은 음식물을 잘 씹으면 높아지고, 음식물의 종류나 배합 비율, 조리·가공 방법에 따라 달라진다.

$$\text{소화 흡수율(\%)} = \frac{\text{섭취식품 속의 각 성분} - \text{대변 속의 배설 성분} \times 100}{\text{섭취식품 속의 각 성분}}$$

③ 소화 과정
가. 입에서의 소화
- 음식을 씹어 잘게 부수는 기계적 소화 작용을 한다.
- 타액(침) 속의 아밀라아제(프티알린)에 의해 전분의 일부가 덱스트린과 맥아당으로 분해된다.

- 타액 속의 뮤신(musin)은 점성이 있는 당 단백질로, 음식을 삼키기 좋게 한다.

나. 위에서의 소화
- 당질 분해효소가 없으므로 음식물이 위액에 닿아 산성이 될 때까지 타액의 프티알린이 계속 작용하여 소화시킨다.
- 소량 분비되는 리파아제(십이지장에서 역류)는 지방을 소화되기 쉽게 유화시킨다.
- 위액에 있는 펩신은 단백질을 펩톤과 프로테오스로 분해한다.
- 레닌은 소화 효소는 아니지만 유즙을 응고시켜 펩신이 작용하기 쉽게 도와준다.
- 염산은 펩신의 작용을 돕고, 세균 번식을 방지하며 칼슘과 철의 흡수를 돕는다.

복합 단백질의 분류

작용부위	효 소 명	분비선(소재)	기 질	작용(생성물질)
구강	ptyalin(타액 amylase)	타액선(타액)	가열전분	덱스트린, 맥아당
위	pepsin lipase rennin	위선(위액)	단백질 지방 우유	proteose, peptone 지방산과 글리세롤(미약) 카세인 응고
췌장 · 소장	trypsin chymotrypsin enterokinase peptidase dipeptidase amylopsin(췌 amylase) 자당 분해효소 (saccharase 또는 invertase) 맥아당 분해효소(maltase) 유당 분해효소(lactase) steapsin(췌 lipase) lipase	췌장(췌액) 장액 췌액 · 장액 췌장(췌액) 장액 장액 유아의 장액 췌장(췌액) 장액	단백질 peptone peptone peptide dipeptide 전분, 글리코겐 덱스트린 자당 맥아당 유당 지방 지방	proteose polypeptide polypeptide trypsin의 부활작용 dipeptide 아미노산 맥아당 포도당 · 과당 포도당 포도당 · 갈락토오스 지방산 · 글리세롤 지방산 · 글리세롤

❖ 위액은 1일 2~3ℓ 분비되는데 99%의 수분, 그 외 염산, 펩신, 레닌, 뮤신, 소량의 리파아제를 포함하고 있다.

다. 췌장에서의 소화
- 췌액의 아밀라아제(아밀롭신)에 의해 전분이 맥아당으로 분해된다.
- 지방은 담즙에 의해 유화되고, 췌액의 리파아제에 의해 지방산과 글리세롤로 가수분해된다.
- 췌액의 트립신은 단백질과 그 분해물인 펩톤과 프로테오스를 폴리펩티드로 분해하고, 일부는 아미노산으로 분해한다.

❖ 담즙은 간에서 생성되어 쓸개(담낭)에 저장되었다가 일부가 십이지장으로 분비된다. 담즙은 알칼리성을 띠며 담즙 산염, 담즙 색소(빌리루빈), 레시틴, 콜레스테롤, 무기염 등을 함유한다

라. 소장에서의 소화
- 장액의 수크라아제(인베르타아제)는 자당을 포도당과 과당으로 분해한다.
- 말타아제는 맥아당을 포도당 2분자로 분해한다.
- 락타아제는 유당을 포도당과 갈락토오스로 분해한다.
- 에렙신은 프로테오스, 펩톤, 펩티드를 아미노산으로 분해한다.

마. 대장에서의 소화
소화 효소는 분비되지 않고 장내 세균에 의해 섬유소가 분해된다. 대부분의 물이 흡수된다.

$$\text{에너지 대사율} = \frac{\text{작업시 소비 열량} - \text{안정시 소비 열량}}{\text{기초 대사량}}$$

$$= \frac{\text{노동 대사량}}{\text{기초 대사량}}$$

2) 흡수

1) 소화 효소의 작용을 받아 탄수화물은 포도당으로, 지방은 지방산과 글리세롤로, 단백질은 아미노산으로 분해된 후 소장벽의 융털로 대부분 흡수된다.
2) 융털로 흡수된 수용성 영양소(포도당, 아미노산, 글리세롤, 수용성 비타민, 무기질)는 융털에 있는 모세혈관으로, 지방산과 지용성 비타민은 림프관으로 흡수된다.
3) 수분은 대장에서 흡수되고, 흡수가 안된 영양소는 변으로 배설된다.

빵류 제조 이론

제1장 빵의 개요
제2장 제빵법
제3장 제빵 공정
 - 재료 전처리 및 혼합
 - 반죽 및 발효
 - 성형 및 굽기
 - 냉각 및 포장

제4장 빵류 제품의 저장 및 유통
제5장 제품별 제빵법
 - 제품별 충전물·토핑물·장식재료 포함
제6장 제품 평가

# 빵류 제조 이론

제1장 빵의 개요

1. 빵의 정의
　빵이란 밀가루 혹은 그 외 곡물에 이스트, 소금, 물 등을 가해 반죽을 만든 후 이를 발효시켜 구운 것을 말한다. 즉 밀가루, 이스트, 소금, 물을 주재료로 하고 제품에 따라서 당류, 유제품, 계란, 유지, 그 밖의 부재료를 첨가하여 반죽한 뒤 발효시켜 구운 것이다.

2. 빵의 역사
　B.C 6,000~7,000년 경, 인류가 밀을 재배하면서 시작되었다. 초기의 빵은 밀알을 돌도구로 빻아 물로 반죽한 뒤 평평하게 밀어 돌 위에 구워 먹는 것이었다. 그 후 이것이 서남아시아와 이집트, 지중해 연안을 중심으로 발전해 갔으며, B.C 3,000년경에는 이집트에서 오늘날과 같은 발효빵이 출현하였다. 이집트에서 무르익은 발효빵은 B.C 800년경, 그리스를 거쳐 로마로 전해졌으며, 이 때 크게 발달한 제분·제빵 기술은 로마 멸망 후 기독교 전파와 함께 유럽 각지로 퍼져 나갔다.
빵이 일부 특권층의 전유물에서 대중의 음식으로 자리잡은 것은 15세기 르네상스 시대에 이르러서이며, 빵을 부풀리는 효모 기술이 정식으로 발견된 것은 17세기 후반의 일이다. 그 뒤 1857년에 프랑스의 파스퇴르(L. Pasteur)가 효모의 작용을 발견함에 따라 순수 배양이 가능한 이스트가 상품으로 만들어지고, 제빵법도 체계화되기에 이르렀다.

한편, 우리 나라에 빵이 전해진 것은 구한말 외국인 선교사들에 의해서이며 일제시대 일본인들에 의해 소규모의 제빵업소가 출현하기도 했으나 소규모 영세성을 탈피하지 못한 수준이었다. 그 뒤 1970년대 이후 분식 장려 운동을 계기로 발달하기 시작, 현재 번성기를 맞고 있다.

3. 빵의 분류

빵은 기준에 따라 여러 가지로 분류할 수 있다. 즉, 반죽의 성질, 제법, 형태 등의 차이에 따라 다양하게 분류할 수 있다.

(1) 빵의 일반적인 분류
① 식　빵 : 요리의 보완 식품, 또는 주식빵
　밀가루 및 곡물을 이용한 각종 식빵, 바게트, 하드 롤 등
② 과자빵 : 설탕이나 유지를 많이 넣어 만든 빵
　앙금빵, 크림빵, 스위트 롤, 크루아상, 데니시 페이스트리 등
③ 특수빵 : 재료나 굽는 방법 등이 특이한 빵
　러스크, 찜빵, 빵도넛, 브라운 앤 서브 롤, 크로켓, 베이글 등
④ 조리빵 : 각종 부식을 조합한 빵
　샌드위치, 피자, 햄버거, 카레빵 등

(2) 팽창제 사용 유무에 따른 분류
① 발효빵
② 무발효빵
③ 속성빵(Quick Bread) : 화학팽창제 사용

(3) 가열 형태에 따른 분류
① 오븐에 구운 빵
② 기름에 튀긴 빵
③ 스팀에 찐 빵

(4) 틀 사용 유무에 따른 분류
① 형틀 사용 빵(Pan Bread) : 틀이나 철판을 사용해 구운 제품

② 하스 브레드(Hearth Bread) : 틀이나 철판을 사용하지 않고 오븐에 직접 닿게 하여 구운 제품

4. 빵의 주요 재료와 기능

(1) 밀가루
1) 제품의 구조를 형성한다.
2) 색택과 흡수력이 좋고 힘이 있으며, 내구성이 있는 밀가루를 사용하는 것이 좋다.

(2) 물
1) 글루텐의 형성을 돕는다.
2) 반죽의 온도 및 되기를 조절한다.
3) 소금 등 각 재료를 균일하게 분산시킨다.
4) 전분을 수화시키고 팽윤시킨다.
5) 반죽내 효소에 활성을 제공한다.
6) 제빵에는 아경수(亞輕水)가 바람직하다.

❖ 연수(軟水)를 사용하면 글루텐을 연화시켜 반죽을 연하고 끈적거리게 한다. 반면에 경수(輕水)를 사용하면 함유된 다량의 광물질들이 글루텐을 강화시켜 발효 시간이 길어진다.

(3) 이스트
1) 팽창제로 탄산가스를 생성한다.
2) 제품에 향미를 부여한다.
3) 반죽을 조절하고 숙성시킨다.

❖ 제빵시 바람직한 이스트의 조건
  ① 보존성이 뛰어날 것 ② 이미, 이취가 없고 오염되지 않을 것
  ③ 발효력이 강하고 지속성이 있을 것 ④ 물에 녹기 쉽고 분산성이 있을 것

(4) 소금
1) 다른 재료의 맛과 향을 나게 한다.
2) 글루텐을 강화시킨다.
3) 발효 속도를 조절한다.

(5) 이스트 푸드

1) 물의 경도를 조절한다.
2) 황산암모늄 또는 염화암모늄 같은 암모늄염이 들어 있어 이스트에 질소를 공급하여 이스트의 활성을 높인다.
3) 브롬산칼륨이나 요오드칼륨 같은 산화제가 들어 있어 가스 보유력을 증진시키고, 제품의 부피를 크게 한다.

❖ 연수에는 이스트 푸드 사용량을 늘리고, 경수에는 사용량을 줄인다.

(6) 설탕

1) 이스트의 영양물질이 된다.
2) 갈변반응과 캐러멜화 작용으로 껍질색을 진하게 한다.
3) 제품의 단맛과 향을 낸다.
4) 수분 보유력에 의해 제품의 신선도를 오랫동안 유지시킨다.

(7) 탈지분유

1) 껍질색을 향상시킨다.
2) 발효 조정 역할을 한다.
3) 노화를 지연시켜 저장성을 증가시킨다.
4) 밀가루(글루텐)를 강화시킨다.
5) 제품의 영양가를 높이고 맛과 향이 향상된다.

(8) 유지(쇼트닝)

1) 껍질을 얇고 부드럽게 한다.
2) 빵의 수분 증발을 억제하고 노화를 지연시킨다.
3) 내상을 균일하고 조밀하게 한다.
4) 유지의 독특한 맛과 향을 더해 준다.
5) 반죽에 유동성을 준다.
6) 가스 보유력을 증가시켜 부피를 크게 한다.
7) 반죽 취급이나 정형을 용이하게 한다.
8) 빵의 슬라이스를 용이하게 한다.

(9) 계란
1) 영양가를 높인다.
2) 제품의 풍미를 개선시킨다.
3) 수분공급제 역할을 한다.
4) 제품의 속색과 껍질색을 향상시킨다.
5) 노른자의 레시틴은 유화제 역할을 한다.

5. 제빵 기기와 도구
(1) 제빵 기기
제빵에는 믹싱에서 굽기, 냉각, 포장에 이르기까지 많은 기기가 사용된다. 많이 쓰이는 기기는 다음과 같다.

1) 믹서
① 수직믹서(Vertical mixer) : 주로 케이크 반죽을 만들 때 많이 사용하지만, 제과점 단위에서 소량의 빵 반죽을 만들 경우에도 사용한다. 반죽 상태를 수시로 점검할 수 있는 장점이 있다.

② 수평믹서(Horizontal mixer) : 다량의 빵 반죽을 만들 때 사용한다. 반죽의 양은 전체 반죽통 용적의 30~60%가 적당하다.

수직믹서   스파이럴믹서

③ 스파이럴믹서(Spiral mixer) : 나선형 훅(hook)이 내장되어 있어 프랑스빵 같이 된 반죽이나 글루텐 형성 능력이 다소 적은 밀가루로 빵을 만들 경우에 적합하다.

2) 롤러 : 반죽을 균일하게 밀어펴는 기계이다. 도넛이나 데니시 페이스트리 등의 제조에 유용하게 사용된다.

3) 자동분할기 : 1차 발효가 끝난 반죽을 정해진 용량의 반죽 크기로 자동적으로 분할하는 기계이다.

4) 반자동 분할 라운더 : 1차 발효가 끝난 반죽을 기계에 넣고 핸들을 조작하면 20~30개로 일시에 분할함과 동시에 둥글리기까지 하는 기계이다.

5) 라운더 : 우산형 환목기로 분할된 반죽이 기계적으로 둥글려지면서 표피를 매끄럽게 만든다.

6) 정형기 : 중간 발효를 마친 반죽을 밀어펴서 가스를 빼고 다시 말아서 원하는 모양으로 만드는 기계이다.

7) 발효기
믹싱이 끝난 반죽을 발효시키는 데 사용한다. 1차 발효기와 중간 발효기, 2차 발효기(Final Proofer)가 있으며 중간 발효기의 경우 보통 다른 반죽공정 설비들의 위에 놓여지기 때문에 오버헤드 프루퍼(Overhead Proofer)라 부르기도 한다.

8) 도 컨디셔너
냉동, 냉장, 해동, 2차 발효를 프로그래밍에 의해 자동적으로 조절하는 기계이다. 계획 생산을 할 수 있고, 연장 근무를 하지 않아도 필요한 시간에 빵을 구워낼 수 있다. 냉동시키지 않은 반죽을 장시간 발효시키기 위해서는 리타드 프루퍼(Retard Proofer)를 사용한다.

9) 오븐
① 데크 오븐(Deck oven) : 가장 보편적인 형태의 오븐으로 화덕이 선반 형태로 고정되어 있고, 각 선반의 온도를 조절할 수 있도록 되어 있다. 열원으로 가스나 전기를 주로 사용한다.

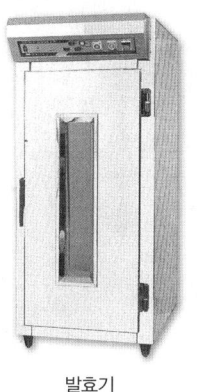
발효기

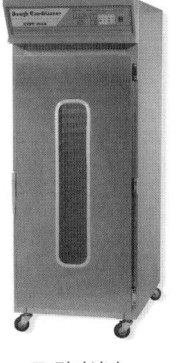
도 컨디셔너

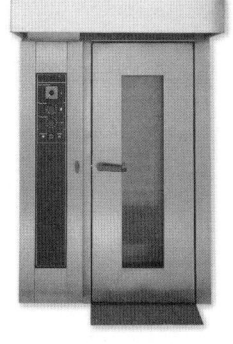
로터리 래크 오븐

② 로터리 래크 오븐(Rotary rack oven) : 구울 팬을 래크의 선반에 끼어 넣고 래크 채로 오븐에 넣어 굽는다. 래크가 시계 방향으로 회전을 하면서 굽기 때문에 열의 분배가 고르게 된다.
③ 프랑스빵 전용 오븐 : 바닥을 하스(hearth)형으로 만들고 증기를 분무하도록 하여 프랑스빵을 굽기에 적합하도록 설계한 오븐이다.
④ 컨벡션 오븐(Convection oven) : 대류식 오븐이라고도 하며 1960~70년대에 등장했다. 오븐실 내의 뜨거워진 공기를 강제로 순환시켜 제품을 굽는다.

10) 슬라이서 : 빵을 일정한 두께로 자르는 데 사용한다.

11) 튀김기 : 빵도넛, 크로켓 등 튀김제품을 튀기는 기계로 자동 온도 조절 장치가 달려있다.

12) 찜기 : 찜을 하는 제품을 찔 수 있도록 고압, 고온의 증기를 공급한다. 시간 조절 장치가 부착되어 있다.

13) 자동 제빵 성형기 : 숙성된 반죽을 자동으로 분할해서 정형까지 해주는 기계를 말한다. 양산업체에서 많이 사용한다.

(2) 제빵 도구
제빵 공정에는 여러 가지 도구가 필요하다. 많이 사용되는 도구는 다음과 같다.

슬라이서

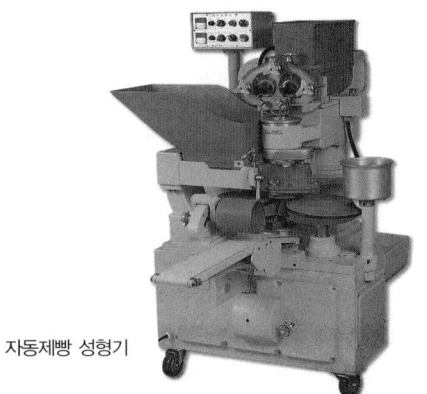
자동제빵 성형기

1) **스크레이퍼** : 반죽을 분할하고 한데 모으며, 작업대에 들러붙은 반죽을 떼어낼 때 사용하는 도구이다. 금속제, 플라스틱제가 있다.

① **금속제 스크레이퍼** : 반죽 속에 버터를 잘라 섞을 때, 빵 반죽을 분할할 때 사용한다.

금속제 스크레이퍼

② **플라스틱제 스크레이퍼** : 작업대 위에서 반죽하거나 반죽을 떼어낼 때, 그리고 틀에 넣은 반죽이나 크림의 표면을 고르게 펼칠 때 사용한다. 커드라고도 한다.

2) **밀대** : 반죽을 밀어펴거나 정형하기 위해 쓰는 둥근 막대 모양의 도구이다. 면봉이라고도 한다. 목제, 철제가 있고 굵기도 다양하다. 흔히 파트 쉬크레, 푀이타주를 밀 때는 목제를 사용하고 엿, 누가처럼 고온에서 끈적이는 것에는 금속제를 쓴다.

밀대

3) **각종 틀** : 컨트리 브레드 틀, 햄버거 틀, 바게트 틀, 식빵 틀, 풀먼 브레드 틀, 브리오슈 틀 등

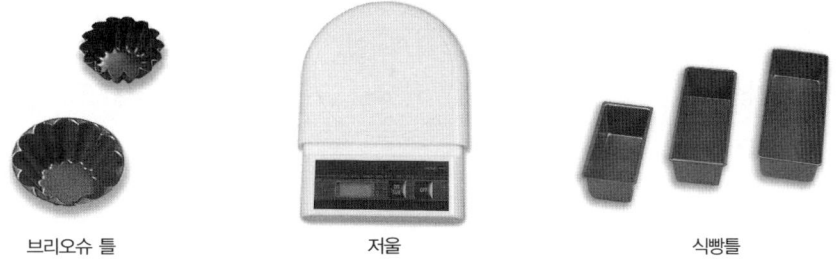

브리오슈 틀　　　　저울　　　　식빵틀

4) **기타 도구** : 도 커터, 가루체, 냉각망, 저울, 온도계 등

6. 품질관리용 설비

(1) 아밀로그래프
1) 밀가루의 호화 정도 등 밀가루 전분의 질을 측정
2) 맥아의 액화효소인 알파아밀라아제의 활성을 측정
3) 제빵용 밀가루의 곡선높이는 400~600B.U가 적당

(2) 패리노그래프
1) 밀가루의 흡수율(단백질 흡수율) 측정(글루텐의 질 측정)
2) 믹싱시간 측정
3) 믹싱내구성 측정
4) 곡선이 500B.U를 중심으로 그래프 작성

(3) 익스텐소그래프
1) 반죽의 신장성 측정
2) 신장내구성으로 발효시간 추정

7. 제과 백분율

제과제빵에 사용하는 특수한 백분율법으로 제과 백분율(Baker's Percent)이 있다. 제과 백분율은 배합에 들어가는 밀가루 전체의 양을 100%로 보고 기타 재료의 양을 비교, 백분율로 표시한것이다. 즉 밀가루 1kg에 물 600g, 이스트 30g의 배합이 있을 경우 이를 제과 백분율로 표시하면 밀가루 100%, 물 60%, 이스트 3%가 된다.

제과 백분율과 일반 백분율

재료	제과 백분율(%)	일반 백분율(%)
밀가루	100	60.6
소금	2	1.2
이스트	3	1.8
물	60	36.4
합계	165	100

제2장 제빵법

제빵법은 반죽 만드는 방법을 기준으로 분류한다. 기본적인 것에는 스트레이트법, 스펀지법, 액체발효법이 있고, 그 외는 위의 세 가지 제빵법을 약간씩 변형한 것이다.

1. 스트레이트법(Straight dough method)

준비한 빵 반죽의 재료를 모두 믹서에 넣고 한꺼번에 반죽하는 방법으로, 직접 반죽법이라고도 한다. 일반 대규모 제빵 공장보다 소규모 제과점에서 주로 많이 사용하는 제법이다.

(1) 종류

표준 스트레이트법, 비상 스트레이트법, 재반죽법, 노타임 반죽법, 후염법 등.

(2) 제조 공정

기본 제조 공정

❖ 재료 계량 → 반죽 → 1차 발효 → 분할 → 둥글리기 → 중간 발효 → 정형 → 팬닝 → 2차 발효 → 굽기 → 냉각 → 포장

1) 재료 계량 : 미리 작성한 배합표대로 재료의 무게를 정확히 계량한다. 생이스트는 소금과 설탕에 닿지 않도록 계량을 하고, 가루재료는 서로 섞어 체질을 한다. 또한 사용할 물은 반죽 온도에 맞도록 조절을 한다.

스트레이트법 식빵의 배합례

재료	사용범위(%)	통상사용(%)	비고
밀가루	100	100	단백질 11% 이상인 강력분
물	56~68	60~66	
이스트	1.5~5.0	2~3	생이스트
이스트 푸드	0~0.5	0.1~0.2	완충형
소금	1.75~2.25	1.75~2.0	정제소금
설탕	3~8	4~6	정백당
유지	3~5	3~4	
탈지분유	2~8	3~5	
개량제	0~2.0	0.5~2.0	

2) **반죽** : 반죽 온도가 27℃가 되도록 하며, 반죽상태가 부드럽고 윤기가 나는 상태가 되도록 반죽량, 반죽 온도, 믹싱 구조에 따라 10~15분간 반죽한다.

3) **1차 발효** : 온도 27℃, 상대습도 75~80%인 발효실에서 1~3시간 발효시킨다. 발효하는 동안 반죽의 부피가 처음의 2.5~3배로 부풀었을 때 가스빼기를 1~3회 시행한다.

> ❖ 1차 발효 완료점을 판단하는 방법
> ① 반죽의 부피가 처음의 3.5배 정도로 부푼 상태
> ② 반죽을 들어 올렸을 때 실모양 같은 직물구조(섬유질 상태)를 보이는 상태
> ③ 손가락에 밀가루를 묻혀 반죽을 눌렀을 때 조금 오므라드는 상태

※가스빼기(펀치, punch) : 발효한 반죽에 압력을 주어 가스를 빼는 일. 단, 반죽이 소량일 때는 생략해도 좋다.

4) **분할** : 1차 발효가 완료된 반죽을 반죽통에서 꺼내어 원하는 양만큼 저울을 사용해 정확히 나눈다. 덧가루나 오일은 되도록 적게 사용하며, 발효가 계속 진행되지 않도록 20분내에 분할을 완료한다.

5) **둥글리기** : 분할된 반죽을 표면이 매끄럽게 둥글리기를 하면서 발효 중 생성된 큰 기포를 제거한다.

6) **중간 발효** : 상대습도 75%, 온도 28~29℃ 되는 조건에서 15~20분 정도 부풀린다.

7) **정형** : 중간 발효가 완료된 반죽을 틀에 넣기 전에 모양을 내거나 충전물을 넣는다. 식빵류는 밀대로 밀어편 뒤 접거나 말아 봉한다.

8) **팬닝** : 정형한 반죽의 마무리 부분이 밑으로 향하도록 틀에 넣는다.

9) **2차 발효** : 온도 35~43℃, 상대습도 85~90%인 발효실에서 30분~1시간 동안 발효시킨다.

10) **굽기** : 반죽 크기, 배합 재료, 제품 종류에 따라 오븐 온도를 조절하여 굽는다. 큰 빵은 낮은 온도에서 길게, 작은 빵은 높은 온도에서 짧게 굽는다.

11) **냉각** : 갓 구워낸 빵의 온도를 35~40℃로 식힌다.

12) **포장**

(3) 스트레이트법의 장·단점(스펀지법과 비교)

1) 장점
① 제조 공정이 간단하여 시간, 설비, 노동력을 줄일 수 있다.
② 발효 시간이 짧아 발효 손실이 적다.
③ 맛과 향이 신선하다.

2) 단점
① 작업에 융통성을 발휘할 수 없다(반죽 수정 불가능).
② 발효 내구성이 약하다.
③ 제품의 부피가 작고, 제품의 결이 고르지 못하다.
④ 노화가 빠르다.

2. 스펀지법(Sponge dough method)

중종반죽법이라고도 하며, 스트레이트법과는 달리 두 번에 걸쳐 반죽하는 방법이다. 먼저 밀가루(전부 또는 일부), 물, 이스트, 이스트 푸드를 섞어 2시간 이상 발효시킨 후, 이것(sponge, 스펀지)을 나머지 재료와 섞어 반죽한다. 이를 스펀지와 구분하여 도(dough, 본반죽)라고 부른다. 본반죽은 스트레이트법으로 만든 반죽에 해당한다. 발효 공정상 다른 제법보다 실패율이 적어 일반 소규모 제과점보다는 대규모 제빵 공장에서 사용되는 제법이다.

(1) 종류
① 발효 시간 기준 : 장시간 스펀지법(8시간), 표준 스펀지법(4시간), 단시간 스펀지법(2시간), 오버나이트 스펀지법(12~24시간)
② 스펀지에 첨가하는 밀가루량 기준 : 70% 스펀지법(표준), 100% 스펀지법
③ 스펀지에 첨가하는 설탕량 기준 : 무가당 스펀지법(표준), 가당 스펀지법(보통 3~5% 첨가)
④ 스펀지 발효실 온도 기준 : 상온 스펀지법(표준), 저온 스펀지법(냉장)

(2) 제조 공정

기본 제조 공정

❖ 재료 계량 → 스펀지 만들기 → 스펀지 발효 → 본반죽 만들기 → 플로어 타임 → 분할 → 둥글리기 → 중간 발효 → 정형·팬닝 → 2차 발효 → 굽기 → 냉각 → 포장

1) **재료 계량** : 미리 작성한 배합표대로 재료의 무게를 달고, 스펀지용 재료와 본반죽용 재료를 구분해 둔다.

   ① 스펀지에 밀가루 양을 증가시킬 때의 효과
   - 가. 스펀지의 발효 시간은 길어지고, 본반죽의 발효 시간인 플로어 타임은 짧아진다.
   - 나. 본반죽의 반죽 시간은 짧아지며, 반죽의 신장성이 좋아진다.
   - 다. 부피가 크고 기공막이 얇으며 조직이 부드러워 품질이 좋아진다.
   - 라. 풍미가 강해진다.

   ② 스펀지용 밀가루의 사용량을 바꾸는 이유
   - 가. 밀가루의 품질이 바뀌었을 때
   - 나. 발효 시간을 조절하기 위해
   - 다. 빵의 품질을 향상시키기 위해

   ③ 스펀지에 분유를 첨가하는 경우
   - 가. 저단백질 또는 약한 밀가루를 사용할 때
   - 나. 아밀라아제의 활성이 너무 지나칠 때
   - 다. 믹싱시 밀가루가 쉽게 처질 때

   ④ 스펀지의 물은 스펀지의 밀가루를 기준으로 삼아 계산한다.
   즉, 스펀지의 밀가루가 80%, 물이 55%라면 실제 물 사용량은 44%(=80×0.55)이다.

   ⑤ 본반죽의 물은 전체 밀가루 사용량(100%)을 기준으로 한 물의 총량이다.
   전체 물 사용량이 60%일 때 본반죽용 물은 16%(=60-스펀지용 물 44)이다.

2) **스펀지 만들기** : 반죽 시간 저속 4~6분, 반죽 온도 22~26℃(보통 24℃).

스펀지법 식빵 배합례

스펀지(Sponge)	(%)
밀가루	60~100
물	스펀지 밀가루의 55~60
이스트	1~3
이스트 푸드	0~0.5

본반죽(Dough)	(%)
밀가루	0~40
물	전체 밀가루의 60~66
이스트	0~2(추가)
소금	1.75~2.25
탈지분유	2~4
설탕	3~8
유지	2~7

3) **스펀지 발효** : 온도 27℃, 상대습도 75~80%인 발효실에서 2~6시간 발효시킨다. 이때 스펀지의 온도가 5~5.5℃ 올라간다.

> ❖ 스펀지 발효의 완료점
>   ① 반죽의 부피가 처음의 4~5배로 부푼 상태.
>   ② 수축 현상이 일어나 반죽 중앙이 오목하게 들어가는 현상(드롭, drop)이 생길 때.
>   ③ pH가 4.8을 나타낼 때. 이때 반죽 표면은 유백색을 띠며 핀홀이 생긴다.
>   (스펀지는 발효 초기에 pH 5.5 정도이나, 발효가 끝나면 pH 4.8로 떨어진다.)

4) **본반죽 만들기** : 스펀지와 본반죽용 재료를 한데 넣고 섞는다. 반죽 시간 8~12분, 반죽 온도 25~29℃(보통 27℃).

   ※반죽 완료점 : 반죽이 부드러우면서 잘 늘어나고 약간 처지는 상태가 되었을 때.

5) **플로어 타임** : 발효 시간 20~40분. 반죽시 파괴된 글루텐 층을 다시 재결합시키는 시간을 말한다. 반죽 시간이 길어질수록 플로어 타임도 길어진다. 스펀지에 사용한 밀가루 양이 많을수록 플로어 타임은 짧아진다.

> ❖ 플로어 타임을 주는 이유 : 본반죽을 끝냈을 때 약간 처져 있는 반죽을 팽팽하게 만들어 분할하기 쉽게 하기 위함이다.

6) **분할**
7) **둥글리기**
8) **중간 발효** : 발효 시간 10~15분
9) **정형 · 팬닝**
10) **2차 발효** : 온도 35~43℃, 상대습도 85~90%인 발효실에서 발효시킨다.
11) **굽기**
12) **냉각**
13) **포장**

(3) 스펀지법의 장 · 단점
1) **장점**
   ① 작업에 융통성을 발휘할 수 있다. 발효 시간이 약간 지나도 본반죽 단계에서 조절할 수 있다.

② 발효 내구성이 강하다.
③ 비교적 제품의 부피가 크고 속결이 부드럽다.
④ 이스트 사용량을 20% 줄여도 된다.
⑤ 노화가 지연된다.

2) 단점
① 장시간이 소요되고 설비, 노동력이 많이 든다.
② 발효 손실이 크다.

3. 액체발효법

스펀지법의 변형으로, 스펀지 대신 액체발효종인 액종을 이용한 제빵법이다. 이스트, 설탕, 소금, 이스트 푸드, 맥아에 물을 넣어 섞고, 완충제로서 탈지분유 또는 탄산칼슘을 넣어 pH 4.2~5.0의 액종을 만든다. 그리고 일정 시간이 지난 후 본반죽을 만든다. 액종법으로 만든 반죽은 발효 시간이 짧아 글루텐 숙성과 풍미를 기대할 수 없다. 따라서 어느 정도 기계적인 숙성과 합리적인 관리가 필요하다.

(1) 종류

1) **아드미법** : 완충제로 탈지분유를 사용하는 액종법이다. 아드미(ADMI : 미국분유협회)가 개발한 방법으로, 이때 쓰는 액종을 퍼멘트라 한다.
2) **브루법(플라이슈만법)** : 완충제로 탄산칼슘을 넣는 액종법이다. 이때 쓰는 액종을 브루라 한다.
   ※현재는 명확히 구분 안함.

(2) 제조 공정

기본 제조 공정

❖ 재료 계량 → 액종 만들기 → 본반죽 만들기 → 플로어 타임 → 분할 → 둥글리기 → 중간 발효 → 정형·팬닝 → 2차 발효 → 굽기 → 냉각 → 포장

1) **재료 계량** : 미리 작성한 배합표대로 재료의 무게를 정확히 달고, 액종용 재료와 본반죽용 재료를 구분해 둔다.

2) **액종 만들기** : 액종용 재료를 한데 넣어 섞고 30℃에서 2~3시간 발효시킨다.
3) **본반죽 만들기** : 믹서에 위의 액종과 본반죽용 재료를 넣고 반죽한다(반죽 온도 28~32℃).
4) **플로어 타임** : 발효 시간 15분
5) **분할**

액체발효법 식빵의 배합례

〈액종〉

재료	사용범위(%)
물	30
이스트	2~3
설탕	3~4
이스트 푸드	0.1~0.3
분유	0~4

〈본반죽〉

재료	사용범위(%)
액종	35
밀가루	100
물	32~34
소금	1.5~2.25
유지	3~6

❖ 액종의 배합재료 중 분유와 완충제(탄산칼슘, 염화암모늄)는 발효하는 동안에 생기는 유기산과 작용하여 반죽의 산도를 조절하는 역할을 한다.
※ 액종의 발효 완료점 : pH 4.2~5.0

6) **둥글리기**
7) **중간 발효** : 상태로 판단한다.
8) **정형 · 팬닝**
9) **2차 발효** : 온도 35~43℃, 상대습도 85~95%인 발효실에서 발효시킨다.
10) **굽기**
11) **냉각**
12) **포장**

(3) 액체발효법의 장 · 단점

1) **장점**
① 한번에 많은 양을 발효시킬 수 있다.
② 펌프와 탱크로 설비가 이뤄져 있어 공간, 설비가 감소된다.
③ 발효 손실에 따른 생산 손실을 줄일 수 있다.
④ 균일한 제품 생산이 가능하다.
⑤ 단백질 함량이 적어 발효 내구력이 약한 밀가루로 빵을 생산하는 데도 사용할 수 있다.

2) **단점**
① 산화제 사용량이 늘어난다.
② 환원제, 연화제가 필요하다.

4. 연속식 제빵법(Continuous dough mixing system)

액체발효법을 더욱 진전시킨 방법으로, 각각의 공정이 자동화된 기계의 움직임에 따라 연속 진행된다. 즉, 액체발효법으로 발효시킨 액종과 본반죽용 재료를 예비 혼합기에 모아 고루 섞은 뒤 반죽기, 분할기로 보내 연속적으로 반죽, 분할, 팬닝이 이뤄지게 한다. 대규모 공장에서 단일 품목을 대량으로 생산하기에 알맞은 방법이다.

(1) 종류
암 플로법(Am flow process), 도메이커법(Domaker process) 등.

(2) 제조 공정

기본 제조 공정

❖ 재료 계량 → 액체 발효기 → 열교환기 → 산화제 용액기 → 쇼트닝 온도 조절기 → 밀가루 급송장치 → 예비 혼합기 → 반죽기 → 분할기 → 팬닝 → 2차 발효 → 굽기 → 냉각 → 포장

1) **재료 계량** : 배합표대로 숫자를 누르면 자동으로 계량된 재료가 각 공정마다 자동으로 들어간다.

2) **액체 발효기** : 액종용 재료를 넣어 섞고, 온도를 30℃로 조절한다.

연속식 제빵법 식빵의 배합례

재료	전체(%)	액종(%)
밀가루	100	5~70
물	60~70	60~70
이스트	2.25~3.25	2.25~3.25
탈지분유	1~4	1~4
설탕	4~10	–
이스트 푸드	(0~0.5)	(0~0.5)
인산칼슘	0.1~0.5	0.1~0.5
브롬산칼륨	50ppm	50ppm
영양강화제	1정	–
쇼트닝	3~4	–

❖ 액종에 밀가루 양을 증가시킬 때의 효과
  ① 액종의 물리적 성질이 향상된다.
  ② 제품의 부피가 커진다.
  ③ 발효 내구성이 좋아진다.
  ④ 본반죽을 발달시키는 데 필요한 반죽기의 에너지가 절감된다.
  ⑤ 산화제의 사용량이 감소된다.
  ⑥ 제품의 맛과 향이 좋아진다.

3) **열교환기** : 위의 발효기에서 발효한 액종을 통과시켜 온도를 30℃로 조절한 뒤 예비 혼합기로 보낸다.

4) **산화제 용액기** : 브롬산칼륨, 인산칼슘, 이스트 푸드 등 산화제를 녹여 예비 혼합기로 보낸다.

> ❖ 산화제 사용 이유 : 반죽을 숙성시키기 위해서이다. 반죽기로 30~60분간 반죽하다 보면 공기가 부족해 숙성이 잘 되지 않는다.

5) **쇼트닝 온도 조절기** : 쇼트닝 플레이크를 녹여 예비 혼합기로 보낸다.

> ❖ 쇼트닝 플레이크(Shortening flake)
> ① 디벨로퍼의 반죽 배출시 온도가 평균 41℃이므로 적정 융점의 유지를 사용해야 한다.
> ② 44.7~47.8℃의 융점을 가진 쇼트닝 플레이크가 좋다.
> ③ 식물성 쇼트닝에 약 6%의 쇼트닝 플레이크를 첨가한다.

6) **밀가루 급송장치** : 액종에 사용하고 남은 밀가루를 예비 혼합기로 보낸다.
7) **예비 혼합기** : 액종, 산화제 용액, 쇼트닝, 밀가루를 받아 고르게 섞는다. 그리고 반죽기로 보낸다.
8) **반죽기(developer)** : 3~4기압에서 고속으로 회전하면서 반죽에 글루텐을 형성한다. 그리고 즉시 분할기로 보낸다.
9) **분할기**
10) **팬닝**
11) **2차 발효**
12) **굽기**
13) **냉각**
14) **포장**

(3) 연속식 제빵법의 장·단점
1) **장점**
   ① 1차 발효실, 분할기, 라운더, 중간 발효기, 정형기 등을 따로 둘 필요가 없어 설비와 설비 공간을 줄일 수 있다.
   ② 기계가 자동으로 움직이므로 노동력을 3분의 1로 줄일 수 있다.
   ③ 발효 손실이 적다(발효 손실 : 일반 공정 1.2%, 연속식 제빵 공정 0.8%).

2) **단점**
   일시에 연속식 기계를 들여 놓아야 하므로 경제적인 부담이 크다.

5. 비상반죽법(Emergency dough method)

　　표준 스트레이트법 또는 스펀지법을 변형시킨 방법이다. 기본적으로 표준 반죽법을 따르면서, 표준보다 반죽 시간을 늘리고 발효 속도를 촉진시켜 전체 공정 시간을 줄임으로써 짧은 시간에 제품을 만들어 내는 방법이다. 따라서 기계 고장 등 비상 상황이 생길 때, 계획된 작업에 차질이 생겼을 때, 갑작스러운 주문에 빠르게 대처해야 할 때 요긴하게 쓸 수 있다.

　　표준 스트레이트법은 비상 스트레이트법으로, 표준 스펀지법은 비상 스펀지법으로 바꿀 수 있고, 스트레이트법을 비상 스펀지법으로, 스펀지법을 비상 스트레이트법으로 바꿀 수도 있다. 이때, 꼭 필요한 조치 사항과 선택적인 조치 사항은 다음과 같다.

(1) 필수적인 조치 사항

1) 이스트 사용량을 25~50% 늘려 발효 속도를 촉진시킨다.
2) 이스트 활성을 높이기 위해 물 사용량을 1% 늘려준다.
3) 껍질색을 맞추기 위해 설탕 사용량을 1% 줄인다.
4) 반죽 시간을 늘린다. 반죽의 신장성을 향상시켜 발효를 촉진시키기 위해 보통 때보다 20~25% 반죽 시간을 늘린다.
5) 반죽 온도를 29~30℃로 높여 발효 속도를 촉진시킨다.
6) 공정 시간을 단축하기 위해 1차 발효 시간을 줄인다. 비상 스트레이트법에서는 15~30분간, 비상 스펀지법에서는 30분간 발효시킨다.

(2) 선택적인 조치 사항

1) 이스트의 활동을 방해하는 소금 사용량을 1.75%로 줄인다.
2) 반죽의 완충제 역할로 발효를 지연시키는 분유를 1% 정도 줄여 사용한다.
3) 이스트량이 많으므로 이스트 푸드의 사용량을 늘린다.
4) 반죽의 pH를 낮추기 위해 식초나 젖산을 0.25~0.75% 사용한다.
5) L-시스테인(환원제)을 20~25ppm 사용하여 글루텐을 약화시킴으로써 반죽의 기계 적성을 좋게 하고, 가스 보유력을 향상 시킨다.

(3) 전환하는 방법

　　표준 스트레이트법의 비상 스트레이트법 및 비상 스펀지법의 전환과 표준 스펀지법의 비상 스펀지법 및 비상 스트레이트법의 전환 방법은 다음 표와 같다.

1) 표준 스트레이트법 → 비상 스트레이트법(단위 : %)

재 료	스트레이트법(%)	→	비상 스트레이트법(%)
밀가루	100		100
물	63	─ 늘리기 →	64
이스트	2	─ 늘리기 →	3
이스트 푸드	0.2	─ 늘리기 →	0.2~0.5
설탕	5	─ 줄이기 →	4
쇼트닝	4	─ 그대로 →	4
탈지분유	3	─ 줄이기 →	2~3
소금	2	─ 줄이기 →	1.75~2
식초	0	─ (산 첨가) →	0~0.75
반죽 온도	27℃	─ 높이기 →	30℃
반죽 시간	18분	─ 늘리기 →	22분
발효 시간	2시간	─ 줄이기 →	15분~30분

2) 표준 스펀지법 → 비상 스펀지법(단위 : %)

조 건		스펀지법	→	비상 스펀지법
스펀지	밀가루	70		80
	물	39		64
	이스트	2	─ 늘리기 →	3
	이스트 푸드	0.2	─ 늘리기 →	0.2~0.5
본반죽	밀가루	30		20
	물	24		0
	소금	2	─ 줄이기 →	1.75~2
	설탕	6	─ 줄이기 →	5
	탈지분유	3	─ 줄이기 →	2~3
	쇼트닝	4	─ 그대로 →	4
	식초 or 젖산	0	─ (산 첨가) →	0~0.5
스펀지 온도		24℃	─ 높이기 →	30℃
스펀지 발효 시간		3~4시간	─ 줄이기 →	30분 이상
반죽 시간		12분	─ 늘리기 →	15분

❖ 비상 스펀지법 = 밀가루는 스펀지에 80%, 본반죽에 20%를 사용하고, 물은 스펀지에 39%, 본반죽에 24%(합 : 63%) 넣던 것을 1% 늘려 모두 스펀지에 사용한다.

3) 표준 스트레이트법 → 비상 스펀지법(단위 : %)

조 건		스트레이트법	→		비상 스펀지법
스펀지	밀가루	100			80
	물	63	—	늘리기 →	64
	이스트	2	—	늘리기 →	3
	이스트 푸드	0.2	—	늘리기 →	0.2~0.5
본반죽	밀가루				20
	물				0
	소금	2	—	줄이기 →	1.75~2
	설탕	5	—	줄이기 →	4
	탈지분유	3	—	줄이기 →	2~3
	쇼트닝	4	—	그대로 →	4
	젖산	0	—	(산 첨가) →	0~0.5
반죽 온도		27℃	—	높이기 →	스펀지 : 30℃
반죽 시간		18분	—	줄이기 →	15분
발효 시간		2시간	—	줄이기 →	스펀지 : 30분 이상

4) 표준 스펀지법 → 비상 스트레이트법(단위 : %)

조 건		스펀지법	→		비상 스트레이트법
스펀지	밀가루	80			100
	물	44			64
	이스트	2	—	늘리기 →	3
	이스트 푸드	0.2	—	늘리기 →	0.2~0.5
본반죽	밀가루	20			
	물	19			
	설탕	5	—	줄이기 →	4
	탈지분유	3	—	줄이기 →	2~3
	쇼트닝	4	—	그대로 →	4
	소금	2	—	줄이기 →	1.75
반죽 온도		스펀지 : 27℃	—	높이기 →	30℃
발효 시간		스펀지 : 3~4시간	—	줄이기 →	1차 발효 15~30분
반죽 시간		12분	—	늘리기 →	22분

(4) 비상반죽법의 장·단점

1) 장점

① 제조 시간이 짧아 노동력과 임금이 절약된다.

② 비상시에 빠르게 대처할 수 있다.

2) 단점

① 발효 시간이 짧기 때문에 빵이 쉽게 노화된다. 그래서 저장성이 짧다.

② 제품의 부피가 고르지 못하다.

③ 제품에 이스트 냄새가 날 수 있다.

6. 재반죽법(Remixed straight dough method)

스트레이트법의 한 변형으로서, 스펀지법의 장점을 받아들이면서 스펀지법보다 짧은 시간에 공정을 마칠 수 있는 방법이다. 원래의 명칭은 재배합 스트레이트법이다. 모든 재료를 한데 넣고 물만 조금(8%) 남겨 두었다가 발효한 후에 믹서 볼에서 나머지 물을 넣고 반죽하는 방법이다. 이렇게 만든 반죽은 스펀지법에서 얻을 수 있는 장점을 갖게 되어 반죽의 기계내성이 좋아진다.

(1) 재반죽법 식빵의 배합과 공정

재 료	양(%)	공 정	
밀가루	100	반죽 시간 : 저속에서 4~6분	
물	58	반죽 온도 : 25~26℃	
이스트	2.2	발효실 온도 : 26~27℃	
이스트 푸드	0.5	발효 시간 : 2~2.5시간	
소금	2.0	재반죽 시간 : 중속 8~12분	
설탕	5	반죽 온도 : 28~28.5℃	
쇼트닝	4	플로어 타임 : 15~30분	
탈지분유	2	2차 발효 시간 : 40~50분(14% 추가)	온도 : 36~38℃
재반죽용 물	8~10	굽기 온도 : 200~205℃	

(2) 재반죽법의 장점

1) 반죽의 기계내성이 양호하다.
2) 스펀지법에 비해 제조 시간이 짧다.
3) 균일한 제품을 얻을 수 있다.
4) 식감과 색상이 양호하다.

7. 노타임 반죽법(No-time dough method)

발효 시간의 길고 짧음에 관계없이 산화제와 환원제의 사용량을 늘리고, 기본적으로 스트레이트법을 따르면서 표준보다 긴 시간 고속으로 반죽하여 전체적인 공정 시간을 줄이는 방법이다. 반죽한 뒤에 잠깐 휴지시키는 일 이외에 보통 발효라 할 수 있는 공정을 거치지 않으므로 무발효 반죽법이라고도 한다.

(1) 산화제의 종류와 역할

1) 밀가루 단백질의 S-H기를 S-S기로 변화시켜 단백질 구조를 강하게 하고, 가스 포집력을 증가시켜 반죽 다루기를 좋게 한다.
2) 산화가 부족하면 제품의 기공이 일정하지 않고 부피가 작으며 제품의 균형이 나빠진다.
3) 지효성 작용을 하는 브롬산칼륨과 속효성 작용을 하는 요오드칼륨이 산화제로 사용된다.

(2) 환원제의 종류와 역할

1) **L-시스테인** : 단백질의 S-S기를 절단하여 글루텐을 약하게 하며, 믹싱 시간을 25% 단축시킨다. 믹싱 전에 넣지 않도록 하며, 오랫동안 금속에 접촉되지 않도록 한다.
2) **프로테아제** : 단백질을 분해하는 효소로, 2차 발효 중 일부가 작용한다.

(3) 스트레이트법을 노타임 반죽법으로 변경할 때의 조치 사항

1) 물 사용량을 약 1~2% 줄인다. 단, 산화제 사용시는 1~3% 늘린다.
2) 설탕 사용량을 1% 감소시킨다.
3) 이스트 사용량을 0.5~1% 증가시킨다.
4) 브롬산칼륨을 산화제로 30~50ppm을 사용한다.
5) L-시스테인을 환원제로 10~70ppm을 사용한다.
6) 반죽 온도를 27~29℃로 한다.

(4) 노타임 반죽법의 장·단점

1) 장점
① 반죽의 기계내성이 좋다.
② 반죽이 부드러우며 흡수율이 좋다.
③ 제조 시간이 절약된다.
④ 빵의 속결이 고르고 치밀하다.

2) 단점
① 제품의 질이 고르지 않다.
② 맛과 향이 좋지 않다.
③ 반죽의 발효내성이 떨어진다.
④ 제품에 광택이 없다.

8. 사우어 도우법(Sour dough method)

호밀빵을 만들 때 사용하는 발효종을 사우어 도우라 한다. 이때 사우어는 '신', '시큼한'의 뜻이며 산성화 된 종반죽의 맛을 나타낸다. 사우어 도우는 이스트의 발달로 일부 기능이 대체되기도 했으나 최근 들어 천연발효종의 이용이 다시 활발해지면서 독일빵을 중심으로 많이 활용되고 있다.

1) 사우어 도우의 제조와 리프레시

① 호밀가루 100g에 물 80g을 섞고 수화가 완료될 때까지 1~2분 정도 혼합한 다음 둥글리기를 하여 용기에 담고, 그 위에 호밀가루를 뿌려 2배로 부풀 때까지 26℃ 실온에서 24~30시간 발효시킨다.
② 1회 차 반죽 100g을 물 80g에 풀어준 다음 새 호밀가루 100g을 섞어 저속으로 3분 정도 믹싱하고, 용기에 담아 2배가 될 때까지 26℃ 실온에서 8~10시간 발효시킨다.
③ 2회 차 반죽 200g을 물 160g에 풀어 새 호밀가루 200g과 섞고 ②와 같은 방법으로 반죽하여 4~6시간 발효시킨다.
④ 3회 차 반죽을 용도에 따라 수분과 호밀가루 비율을 조정해가며 더해 믹싱하고 발효시키는 과정을 4~5회 차까지 반복하여 사우어 도우를 만들어 사용한다.

2) 사우어 도우 빵의 제조

① 사우어 도우와 유지를 제외한 전 재료를 넣고 혼합한 후 수화가 끝나면 사우어 도우를 넣고 저속으로 믹싱한다.
② 반죽이 잘 섞였으면 유지를 넣고 중속으로 얇은 막이 형성될 때까지 믹싱을 완료한 다음 제빵순서에 따라 제품을 완성한다.

❖ 사우어 도우법의 장단점 : 사우어 도우법은 초기에는 빵 반죽을 팽창시키는 용도로 주로 사용했으나 현재는 그 외에도 사우어 도우 발효산물의 효능 이용과 풍미 개선 등을 위해 사용하고 있다. 주로 젖산, 칼슘 락테이트, 펩톤, 펩타이드, 효소 등이 생성되며, 이들은 장내 부패균의 생육 억제, 위산 분비 경감, 칼슘 흡수 향상, 간 기능 개선, 소화흡수 개선 보존성 향상 등의 효능이 있다. 단점으로는 시간이 오래 걸린다는 점과 사우어 도우가 민감하여 주의를 요한다는 점 등이 있다.

9. 냉동반죽법(Frozen dough method)

1차 발효를 끝낸 반죽을 −18~−25℃에 냉동 저장하여 필요할 때마다 꺼내어 쓸 수 있도록 반죽하는 방법이다. 냉동용 반죽에는 보통 반죽보다 이스트를 2배 가량 더 넣는다. 스트레이트법에 따라 1차 발효시킨 반죽을 분할, 또는 정형하여 급속히 얼린다. 이때 이스트의 안정성은 100일 동안 지속된다.

❖ 냉동 반죽은 급속 동결해야 한다. 이는 냉동 속도가 빠를수록 반죽 속의 얼음 결정이 작아져 제품의 조직을 파괴하지 않기 때문이다. 뿐만 아니라, 급속 동결해야 얼린 반죽을 녹여 사용해도 제품 속에 수분이 조금밖에 남지 않게 된다.

(1) 제조 공정

기본 제조 공정

❖ 반죽(스트레이트법) → 1차 발효 → 정형 → ↗ 냉동 ↘ → 해동 → 2차 발효 → 굽기
　　　　　　　　　　　　　　　　　　　　　　↘ 냉동 ↗

1) **반죽** : 반죽을 완전히 발전시키고 조금 되직하게(수분 63%→58%) 만든다
　　　　(반죽 온도 20℃).
　　※ 냉동 저장시 이스트가 죽음으로써 환원성 물질이 나와 반죽이 퍼지게 되므로 되직하게 반죽해야 한다.
2) **발효** : 노타임 반죽법이나 스트레이트법에 따라 발효 시간, 온도를 정한다.
3) **냉동 저장** : −40℃로 급속 냉동하여 −18~ −25℃에서 보관한다.
　　※ −18~−25℃에서 저장해야 이스트가 살아남을 수 있다.
4) **해동** : 냉장고(5~10℃)에서 15~16시간 해동시킨다. 도 컨디셔너나 리타더 사용시 시간 조절이 가능하다.
5) **2차 발효** : 온도 30~33℃, 습도 80%
6) **굽기** : 제품 별 최적 굽기 온도에 주의하여 윗불과 아랫불의 온도를 설정한다.

(2) 배합 재료의 사용범위
1) **밀가루** : 단백질 함량이 11.75~13%인 밀가루를 사용한다.
2) **물** : 57~63% 사용한다. 물이 많아지면 이스트가 파괴되므로 가능한 한 수분량을 줄인다.
3) **이스트** : 3.5~5.5% 사용한다.
   ※ 보통 사용량은 2~3%이지만, 냉동 중 이스트가 죽어 가스 발생력이 떨어지므로 이스트의 사용량을 늘린다.
4) **이스트 푸드** : 0.5% 사용한다.
5) **소금** : 반죽의 안정성을 도모하기 위해 1.75~2.5% 사용한다.
6) **설탕** : 4~7% 사용한다.
7) **쇼트닝** : 4~5% 사용한다.
8) **SSL(노화방지제)** : 0.5% 사용한다.
9) **산화제** : 비타민 C는 40~80ppm, 브롬산칼륨은 24~30ppm을 사용한다. 단, 전자는 제빵 개량제에, 후자는 이스트 푸드에 첨가된 경우가 대부분이므로 이들을 쓸 때는 따로 산화제를 넣을 필요가 없다.

(3) 냉동반죽법의 장·단점
1) **장점**
   ① 발효 시간이 줄어 전체 제조 시간이 짧아진다.
   ② 빵의 부피가 커지고 결이 고와지며 향기가 좋아진다.
   ③ 제품의 노화가 지연된다.
   ④ 운송·배달이 용이하다.
   ⑤ 소비자에게 신선한 빵을 제공할 수 있다.
   ⑥ 야간, 휴일 작업에 미리 대처할 수 있다.
   ⑦ 다품종, 소량 생산이 가능하다.

2) **단점**
   ① 이스트가 죽어 가스 발생력이 떨어진다.
   ② 가스 보유력이 떨어진다.
   ③ 반죽이 퍼지기 쉽다.

10. 오버나이트 스펀지법(Over night sponge dough method)

밤새(12~24시간) 발효시킨 스펀지를 이용하는 방법으로, 장시간 발효 스펀지법이라고도 한다. 밤새 발효하므로 효소의 작용이 천천히 진행되어 가스가 알맞게 생성되고 반죽이 알맞게 발전된다. 이러한 방법에 따라 만든 반죽은 신장성이 아주 좋고 발효 향과 맛이 강하며, 제품의 저장성이 높아진다. 단, 다른 어떤 제조법보다 발효 시간이 길어 발효 손실(3~5%)이 크다.

❖ 물 : 스펀지 밀가루 양의 50~55%를 사용한다.
❖ 이스트 : 스펀지 밀가루 양의 0.25~0.75%를 사용한다. 발효 시간을 늘리려면 이스트량을 줄이고, 발효 시간을 줄이려면 이스트 사용량을 늘린다.

식빵의 배합례

스펀지 재료 (%)		본반죽 재료 (%)	
밀가루	60	밀가루	40
물	31	물	32
이스트	0.25	이스트	2.25
이스트 푸드	0.05	이스트 푸드	0.15
소금	0.35	소금	1.05
		쇼트닝	4
		분유	3
		설탕	5

제3장 제빵 공정

빵의 기본 제조 공정

❖ 제빵법 결정 → 배합표 작성 → 재료 계량 → 원료의 전처리 → 반죽(믹싱) → 1차 발효 → 분할 → 둥글리기 → 중간 발효 → 정형 → 팬닝 → 2차 발효 → 굽기 → 냉각 → 슬라이스 → 포장

1. 제빵법 결정

제조량, 기계 설비, 노동력, 판매 형태, 소비자의 기호 등에 따라 제빵법을 결정한다.

2. 배합표 작성

배합표란 빵을 만드는 데 필요한 재료의 양을 숫자로 표시한 것으로, 레시피(recipy)라고도 한다.

(1) 배합표의 단위

배합표에 표시하는 숫자의 단위는 퍼센트(%, 백분율)이며, 일반적으로 밀가루 양을 100%로 보고 각 재료가 차지하는 양을 %로 표시한 제과 백분율(B%)을 사용한다.

❖ 제과 백분율(Baker's percent)의 활용
1. 일반적으로 사용하는 백분율과는 달리, 배합표에 있는 밀가루의 무게를 100%로 하여 각각의 재료를 밀가루에 대한 백분율로 표시한다.
2. 밀가루를 기준으로 하는 것은 밀가루가 빵을 만드는 데 가장 많이 쓰이는 주재료이기 때문이다.
3. 제과 백분율을 사용하면 밀가루와 타 재료와의 관계, 또는 다른 반죽과의 비교가 용이하다.

제과 백분율 활용례

재료	베이커 백분율(%)	실제의 분량(g)
강력분	100	2,000
설탕	5	100
소금	2	40
탈지분유	3	60
버터	3	60
쇼트닝	3	60
생이스트	2	40
물	70	1,400

(2) 배합량 계산법

제과 백분율(B%)로 표시한 배합률과 밀가루 사용량을 알면 나머지 재료의 양을 구할 수 있다.

1) 각 재료의 무게(g) = 밀가루 무게(g)×각 재료의 비율(%)

2) 밀가루 무게(g) = $\dfrac{\text{밀가루 비율(\%)} \times \text{총 반죽 무게(g)}}{\text{총 배합률(\%)}}$

3) 총 반죽 무게(g) = $\dfrac{\text{총 배합률(\%)} \times \text{밀가루 무게(g)}}{\text{밀가루 비율(\%)}}$

❖ 예제) 다음과 같은 배합률로 500g짜리 식빵을 1개 만들고자 한다. 이때 발효 손실은 1%, 굽기 손실은 12%이고 총 배합률은 180%이다. 베이커스%에 따른 배합표를 만들면?

- 빵의 총 무게 = 1개당 무게×갯수 = 500g×1 = 500g
- 굽기 전의 반죽무게(분할 반죽무게)
  88% : 500g = 100% : x ∴568g
- 발효하기 전의 반죽무게
  99% : 568g = 100% : x ∴574g
- 밀가루 무게 = (밀가루 비율 ×총 반죽무게)÷총 배합률
  = (100%×574g)÷180
  = 318.88 ≒ 319g
- 각 재료의 무게 = 밀가루 무게×각 재료의 비율
  물 = 319×0.62 = 197.8g   이스트 = 319×0.02 = 6.4g
  소금 = 319×0.02 = 6.4g   이스트 푸드 = 319×0.001 = 0.3g
  설탕 = 319×0.06 = 19.1g   쇼트닝 = 319×0.04 = 12.8g
  탈지분유 = 319×0.03 = 9.6g

배합례

재료	제과 백분율(%)
밀가루	100
소금	2
물	62
설탕	6
이스트	2
쇼트닝	4
이스트 푸드	0.1
탈지분유	3

3. 재료 계량

결정된 배합표에 따라 재료를 준비하는 작업이다. 재료를 정확히 측정하여 필요한 만큼 준비해 놓는다. 미리 작성한 배합표대로 재료의 양을 정확히 달아서 사용해야 제대로 된 제품이 나올 수 있다.

가루나 덩어리 재료는 저울로 무게를 달고, 액체 재료는 메스실린더 같은 부피 측정기구를 이용한다.

(1) 저울의 종류
1) 판 수동 저울
2) 지시 저울(앉은뱅이 저울)
3) 등비 접시 저울·부등비 접시 저울
4) 화학 천평
5) 전자식 저울

(2) 부피 측정기의 종류
1) 액량계
2) 메스실린더
3) 메스플라스크
4) 피펫

4. 원료의 전처리

(1) 가루재료 : 밀가루, 탈지분유, 설탕 등 가루 상태의 재료는 체쳐 사용한다.

> ❖ 체쳐 쓰는 이유
> ① 가루 속의 이물질이나 덩어리를 거른다.
> ② 이스트가 호흡하는 데 필요한 공기를 넣어 발효를 촉진시키고, 흡수율을 증가시킨다.
> ③ 2가지 이상의 가루를 골고루 섞기 위함이다.

(2) 생이스트 : 밀가루에 잘게 바수어 넣고 혼합하여 사용하거나 물에 녹여 사용한다. 이스트는 물을 만나면 활성화되므로, 5배의 물(온도 28~32℃)에 교반하여 즉시 사용한다.

(3) 이스트 푸드 : 이스트와 함께 녹이지 않고 가루재료에 혼합하여 사용한다.

(4) 우유 : 사용 전에 한번 가열 살균한 뒤 차게 해서 사용한다. 가당연유를 사용할 때에는 설탕의 양을 그만큼 줄인다.

(5) 유지 : 서늘한 곳에 보관하여 사용한다. 35℃ 이상의 온도에서 오래 두면 용해되거나 변질된다. 유지는 반죽 속에 이겨 넣어야 하므로 웬만큼 유연성이 있어야 한다.

(6) 물 : 반죽 물의 양은 밀가루 단백질의 질과 양에 따라 다소 차이가 있으므로 흡수율 등을 고려하여 정한 다음 반죽 온도에 맞게 물의 온도를 조절한다.

5. 반죽(Mixing, Kneading)

반죽이란 밀가루, 이스트, 소금, 그 밖의 재료에 물을 더해 섞고 치대어 밀가루의 글루텐을 발전시키는 일을 말한다.

(1) 목적
1) 배합재료들을 균일하게 혼합한다.
2) 밀가루에 물을 충분히 흡수시켜(水化) 밀 단백질을 결합시킨다.
3) 글루텐을 숙성(발전)시켜 반죽의 가소성, 탄력성, 점성을 최적 상태로 만든다.

(2) 방법
대개 믹서(mixer)를 이용하는데, 처음에는 저속으로 돌리다가 밀가루가 충분히 흡수된 뒤 고속으로 돌려 반죽을 만든다.

(3) 믹서(반죽기, mixer)
1) 혼합 반죽용 기구로, 배합 재료를 고르게 혼합시키고 글루텐을 발전시키며 반죽 속에 약간의 공기를 혼입시킨다.
2) 구조 : 몸체, 볼, 회전축 3부분으로 나뉘며, 회전축에는 반죽 날개가 달려 있다.
3) 종류
① 용도에 따라 : 빵용 믹서(반죽기), 케이크용 믹서
② 회전축의 위치에 따라 : 수평믹서, 수직믹서

(4) 반죽의 형성 원리
밀가루 단백질에 수분이 흡수되면 글루텐이 형성된다. 글루텐이란 밀 단백질 중의 글리아

딘과 글루테닌이 서로 결합하여 생긴 단백질이다.

밀가루에 물을 넣어 반죽하면 물에 녹지 않는 글리아딘과 글루테닌이 수화(水化)하여 그 물망 조직의 글루텐을 형성하는데, 이 글루텐이 전분과 함께 빵의 골격을 만들고 가스를 보유하여 빵의 모양을 유지시킨다. 이렇게 반죽 속에 글루텐을 만들기 위해서는 물, 그리고 외부적인 힘(반죽, mixing)이 필요하다.

(5) 반죽의 특성
1) 물리적 특성
① 점성 : 유동성이 있는 물체에 있어서 흐름에 대한 저항 성질
② 탄성 : 외부의 힘에 의하여 변형을 받고 있는 물체가 원래의 상태로 돌아가려는 성질
③ 점탄성 : 탄성 변형과 점성 유동이 동시에 일어나는 복잡한 성질
④ 신장성 : 반죽이 늘어나는 성질
⑤ 경점성 : 점탄성을 가지고 있는 반죽의 경도를 나타내는 성질

2) 화학적 특성
글루텐의 결합 형태로는 S-S결합, 염 결합, 수소 결합, 물분자 사이의 수소 결합 4가지가 알려져 있다. 이 중 가장 중요한 것이 S-S결합 및 -SS기와 -SH기의 내부 교환이다. 글루테닌과 글리아딘에는 일정한 간격을 두고 시스테인 또는 시스틴이라고 불리는 유황을 함유한 아미노산이 존재하고 있는데, 그 유황이 산화된 것이 S-S결합이고 환원한 것이 -SH기이다. S-S결합은 글루텐 조직을 강하게 연결해 줌으로써 반죽에 탄력성을 제공한다. 또 -SH기의 H는 쉽게 이동하는 성격을 가져 S-S결합과 상호 전위하면서 글루텐 결합을 진전시켜 간다.

(6) 반죽의 발전 단계
1) 1단계(혼합 단계 pick-up stage)
밀가루와 그 밖의 가루재료가 물과 대충 섞이는 단계이다. 각 재료들이 고르게 퍼져 섞이고, 건조한 가루재료에 수분이 흡수된다. 반죽 상태는 진흙과 같다. 이때 믹서는 저속으로 돌린다.

❖ 빵 반죽의 재료 섞는 순서
① 마른 재료를 믹서에 넣고 고루 섞는다. ② 이스트를 넣는다.
③ 물을 넣고 믹서를 돌려 반죽한다. ④ 2단계(클린업 단계)에서 유지를 넣고 계속 반죽한다.

2) 2단계(클린업 단계 clean-up stage)

물기가 밀가루에 완전히 흡수되어 한 덩어리의 반죽이 만들어지는 단계이다. 이때 밀가루의 수화가 끝나고 글루텐이 조금씩 결합하기 시작한다. 반죽 표면이 조금 마른 느낌이 들고, 믹서의 볼(bowl) 안벽이나 날개에 반죽이 들러붙지 않는다. 이 단계에서 유지와 소금(후염법의 경우)을 넣는다. 데니시 페이스트리, 독일빵 반죽은 여기서 그친다.

3) 3단계(발전 단계 development stage)

글루텐의 결합이 급속히 진행되어 반죽의 탄력성이 최대가 되는 단계로, 반죽이 건조하고 매끈해진다. 이때 믹서의 최대 에너지가 요구된다. 프랑스빵, 공정이 많은 빵의 반죽은 여기서 그친다.

4) 4단계 (최종 단계 final stage)

글루텐이 결합하는 마지막 시기이다. 탄력성과 신장성이 가장 좋으며, 반죽이 부드럽고 윤이 난다. 믹서 볼의 안벽을 치는 소리가 발전 단계보다 부드럽게 난다. 이때 믹서의 작동을 멈춘다. 반죽을 조금 떼어내 두 손으로 잡아당기면 찢어지지 않고 얇게 늘어난다. 이 단계가 빵 반죽에서는 최적 상태로, 특별한 종류를 제외하고는 이 단계에서 믹싱을 완료한다.

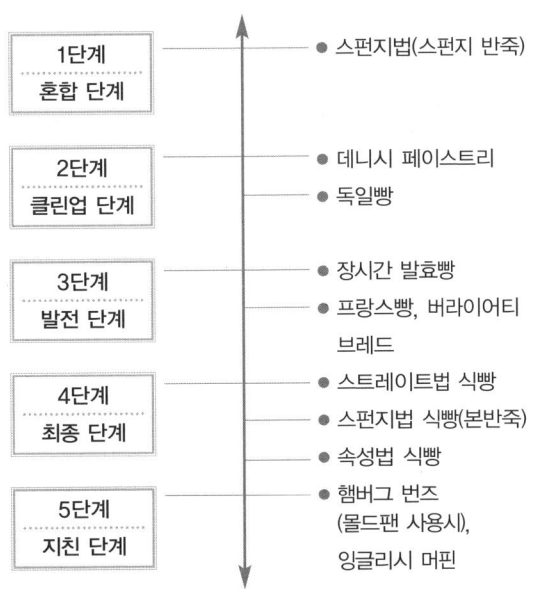

빵의 종류에 따른 반죽의 최적 상태

5) 5단계 (늘어지는 단계 let down stage)

글루텐이 결합함과 동시에 다른 한쪽에서 끊기는 단계이다. 반죽은 탄력성을 잃고 신장성이 커져 고무줄처럼 늘어지며 점성이 많아진다. 흔히 이 단계를 오버 믹싱(과반죽) 단계라고 한다. 이때의 반죽은 플로어 타임을 길게 잡아 반죽의 탄력성을 되살리도록 한다. 잉글리시 머핀 반죽은 여기서 그친다.

6) 6단계(파괴 단계 break down stage)

글루텐이 더이상 결합하지 못하고 끊기기만 하는 단계이다. 탄력성과 신장성이 줄어들어 결합력이 없으며, 빵을 만들기에 아주 부적합하다. 이러한 반죽을 구우면 오븐 팽창(스프링)이 일어나지 않아 표피와 속결이 거친 제품이 나온다.

(7) 최적·언더·오버 믹싱

1) **최적 믹싱** : 가장 좋은 상태의 빵을 만들 수 있는 반죽 정도를 가리킨다. 절대적인 기준이 따로 없고 각각의 제품, 제법에 따라 다르다. 강력분을 사용하여 소프트 브레드 반죽을 만들 경우, 글루텐의 저항력이 가장 강한 시점으로부터 약간 약해지는 시기이다. 즉, 신장성이 최대로 되는 때를 말한다.

2) **언더 믹싱(반죽 부족)** : 최적 믹싱에 미치지 못함을 뜻한다. 이러한 반죽은 작업성이 떨어지고, 제품의 부피가 작으며 속결이 맑지 않다. 이 단계의 반죽을 어린 반죽이라고 한다.

3) **오버 믹싱(과반죽)** : 최적 믹싱을 지나침을 뜻한다. 아주 오래 반죽하여 반죽이 끈적거리고 저항력이 없으며 작업성이 떨어지는 상태이다. 지친 반죽이라고도 한다. 이러한 반죽으로 빵을 구우면 부피가 작고 속결이 두꺼운 제품이 나온다. 지친 정도가 클수록 플로어 타임을 길게 잡으면 웬만큼 회복시킬 수 있다.

(8) 반죽의 흡수율에 영향을 미치는 요소

① **밀가루 단백질의 양과 질, 숙성 정도** : 단백질의 양이 많고 질이 좋으며 숙성이 잘 되었을수록 물 흡수량이 많다. 물을 많이 흡수하는 밀가루일수록 제빵용으로 좋다. 단백질 1%에 1.5%의 흡수율이 증가된다.
② **손상 전분 함량** : 밀가루의 성분 중 손상 전분 함량이 높을수록 흡수량은 증가한다. 손상 전분 1% 증가에 흡수율은 2% 정도 증가된다. 보통 강력분은 4.5~8%의 손상 전분을 가지고 있다.
③ **소금 넣는 시기** : 반죽 1단계부터 넣으면 흡수량이 적어지고, 2단계 이후 넣으면 흡수량이 많아진다.
④ **설탕 사용량** : 설탕 5% 증가시 흡수율은 1% 감소된다.
⑤ **탈지분유 사용량** : 분유 1% 증가시 흡수율도 0.75~1% 증가한다.
⑥ **물의 종류** : 단물(연수)을 사용하면 글루텐이 약해지며 흡수량이 적고, 센물(경수)을 사

용하면 글루텐이 강해지며 흡수량이 많다. 제빵에 사용되는 물은 단물(연수)과 센물(경수)의 중간인 아경수(120~180ppm 미만)가 적당하다.

⑦ 제법 : 발효 시간이 긴 제법과 짧은 제법, 비상법 등에 따라 흡수율이 달라진다. 스펀지법이 스트레이트법보다 흡수량이 적다.
⑧ 반죽 온도 : 온도가 ±5℃ 증감함에 따라 물 흡수율은 ±3% 증감한다. 즉, 반죽 온도가 높으면 수분흡수율이 줄어들고, 반죽 온도 가 낮으면 흡수율은 증가된다.
⑨ 유화제 사용량 : 유화제 사용량이 많으면 물과 기름의 결합을 좋게 하여 흡수율이 증가된다.

(9) 반죽 시간에 영향을 미치는 요소

① 반죽기의 회전 속도와 반죽량 : 회전속도가 빠르고 반죽량이 적으면 반죽 시간이 짧다. 반대로 회전 속도가 느리고 반죽량이 많으면 반죽 시간이 길다.
② 소금 투입 시기 : 처음에 넣으면 반죽 시간이 길어지고, 2단계 이후 넣으면 짧아진다.
　※ 후염법으로 반죽하면 반죽 시간을 20% 정도 단축할 수 있다.
③ 설탕 사용량 : 설탕량이 많으면 반죽의 구조가 약해지므로 반죽 시간이 오래 걸린다. 반대로 설탕량이 적으면 밀가루의 단백질 비율이 높아지므로 반죽 시간은 짧아진다.
④ 분유, 우유의 사용량 : 분유나 우유량이 많으면 단백질의 구조를 강하게 하여 반죽 시간이 길어지고, 적으면 짧다.
⑤ 밀가루 단백질의 양과 질, 숙성 정도 : 단백질의 질이 좋고 양이 많으며 숙성이 잘 되었을수록 반죽 시간이 길어지고 반죽의 기계내성이 커진다.
⑥ 유지량과 투입 시기 : 유지량이 많고 처음에 넣으면 반죽 시간이 길어진다. 반대로 유지량이 적고 2단계에 넣으면 반죽 시간이 짧아진다.
⑦ 반죽의 되기 : 사용 물량이 많아 반죽이 질면 반죽 시간이 길고, 반죽이 되면 반죽 시간은 짧다.
⑧ 스펀지량·발효 시간 : 스펀지의 배합 비율이 높고 발효 시간이 길수록 본반죽의 반죽 시간은 짧아진다.
⑨ 반죽 온도 : 높을수록 반죽 시간이 짧아지고 기계내성이 약해진다.
⑩ pH : pH 5.0 정도에서 글루텐이 가장 질기고 반죽 시간이 길어지며, pH 5.5 이상이 되면 글루텐이 약해지므로 반죽 시간은 짧아진다.
⑪ 산화제·환원제 : 산화제를 사용하면 반죽 시간이 길어지고, 환원제를 사용하면 짧아진다.

(10) 반죽 온도 조절

반죽 온도란 반죽이 완성된 직후에 나타내는 온도이다. 반죽 온도는 발효 관리에 중요한 요소이므로, 이스트가 활동하기에 알맞은 온도, 즉 27℃로 맞춰야 한다. 반죽은 반죽기(믹서, mixer)로 반죽하는 동안 기계의 마찰열로 인해 온도가 오른다. 또 밀가루, 물 온도, 작업실 온도 등에도 영향을 받는다. 따라서 온도 조절이 가장 쉬운 물을 사용해 반죽 온도 를 조절한다. 온도를 높이려면 데우고, 낮추려면 찬물 또는 얼음을 사용하면 된다.

1) 스트레이트법에서의 반죽 온도 계산

① 마찰계수 = (반죽 결과 온도×3) - (밀가루 온도 + 실내 온도 + 수돗물 온도)

② 사용할 물 온도 = (희망 반죽 온도×3) - (밀가루 온도 + 실내 온도 + 마찰 계수)

③ 얼음 사용량 = $\dfrac{\text{물 사용량} \times (\text{수돗물 온도} - \text{사용할 물 온도})}{80 + \text{수돗물 온도}}$

2) 스펀지법에서의 반죽 온도 계산

① 마찰계수
 = (반죽 결과 온도×4) - (밀가루 온도 + 실내 온도 + 수돗물 온도 + 스펀지 반죽 온도)

② 사용할 물 온도
 = (희망 반죽 온도 ×4) - (밀가루 온도 + 실내 온도 + 마찰 계수 + 스펀지 반죽 온도)

③ 얼음 사용량 = $\dfrac{\text{물 사용량} \times (\text{수돗물 온도} - \text{사용할 물 온도})}{80 + \text{수돗물 온도}}$

❖ 〈예제〉

1. 스트레이트법으로 반죽하여 반죽 온도를 27℃로 맞추려 한다. 다음과 같은 조건에서 사용할 물의 온도는 몇 ℃로 만들어야 하는가? 또, 그와 같은 계산된 온도의 물을 만들기 위해 얼음량은 얼마나 사용하여야 하는가?
   조건 : 반죽결과 온도 30℃, 희망 반죽 온도 27℃, 밀가루 온도 27℃, 실내 온도 28℃, 수돗물 온도 20℃, 사용할 물 양 1,000g

   ☞ 풀이 : 사용할 물 온도 = 희망 반죽 온도×3-(밀가루 온도+실내 온도+마찰계수) ──①
   마찰계수 = 30×3-(27+28+20) = 15
   마찰계수 15를 ①에 대입하면 사용할 물 온도 = 11(℃)
   수돗물 온도 20℃를 11℃로 낮추기 위해 얼음을 사용한다.
   얼음 사용량 = 1,000×(20-11)÷(80+20) = 90(g)

2. 스펀지법으로 반죽하여 반죽 온도 를 27℃로 맞추려 한다. 다음과 같은 조건에서 사용할 물의 온도는 몇 ℃로 맞추어야 하는가? 또 이때 얼음 사용량은?

조건 : 실내 온도 30℃, 밀가루 온도 29℃, 수돗물 온도 20℃, 스펀지 온도 30℃, 희망 반죽 온도 27℃, 물 사용량 1,000g, 반죽 결과 온도 30℃

☞ 풀이 : 사용할 물 온도 = (희망 반죽 온도 ×4)−(밀가루 온도 + 실내 온도 + 마찰계수 + 스펀지 온도)―①,   마찰계수 = (30×4)−(29+30+20+30) = 11

(11) 반죽의 물리적 실험

밀가루의 흡수 및 발효, 산화 특성을 기록할 수 있도록 고안된 기계를 사용하여 반죽의 물리적 성질을 측정할 수 있다.

1) 패리노그래프(Farinograph)

고속 믹서 내에서 일어나는 물리적 성질을 기록하여 밀가루의 흡수율, 반죽 내구성 및 시간 등을 측정하는 기계이다. 곡선이 500 B.U.에 도달하는 시간, 떠나는 시간 등으로 밀가루의 특성을 알 수 있다.

2) 아밀로그래프(Amylograph)

온도 변화에 따라 점도에 미치는 밀가루의 알파-아밀라아제의 효과를 측정하는 기계이다. 일정량의 밀가루와 물을 섞어 25℃에서 90℃까지 1분에 1.5℃씩 올렸을 때 변화하는 혼합물의 점성도를 자동 기록한다. 곡선 높이는 400~600 B.U.가 적당하며, 밀가루의 호화 정도를 알 수 있다.

3) 믹소그래프(Mixograph)

혼합하는 동안 반죽의 형성 및 밀가루의 흡수율, 글루텐의 발달 정도를 측정하는 기계이다. 글루텐량과 흡수율의 관계를 비롯, 반죽 시간, 반죽의 내구성을 알 수 있다.

4) 레오그래프(Rhe-o-graph)

반죽이 기계적 발달을 할 때 일어나는 변화를 측정하는 기계이다. 밀가루의 흡수율을 계산하는 데 적합하다.

5) 익스텐시그래프(Extensigraph)

반죽의 신장성에 대한 저항을 측정하는 기계이다. 패리노그래프의 결과를 보안해 주는 것으로서, 밀가루 개량제의 효과를 측정할 수 있다.

6) 믹사트론 (Mixartron)

믹서 모터에 전력계를 연결하여 반죽의 상태를 전력으로 환산, 곡선으로 표시하는 장치이다. 새 밀가루의 정확한 반죽 조건을 신속하게 점검할 수 있으며, 균일한 제품을 얻을 수 있다.

제빵 과정 중 반죽의 결점에 따라 나타나는 현상

제빵 공정	어린 반죽	지친 반죽
발효	● 수분이 많은 듯 질다. ● 탄력적으로 끊어진다.	● 표면이 마른다. ● 힘없이 끊어진다.
분할 · 정형	● 분할 · 정형기에 달라붙는다. (덧가루 사용량이 늘어난다.) ● 축 처져 납작해진다. ● 정형하기가 어렵다.	● 되직하여 분할 · 정형하기가 어렵다. ● 되직하여 정형하기 전에 찢어진다. ● 정형한 뒤에 찢어진다.
팬닝	● 틀 · 철판에 채워 넣으면 납작해진다. ● 끈적끈적하고 물기가 배어 나온다. ● 2차 발효시 시간 조절이 필요하다.	● 틀 · 철판 위에서 울퉁불퉁해진다. ● 반죽이 찢긴다. ● 2차 발효 시간을 줄인다.
굽기	● 정상적으로 구울 수 없어 설익기 쉽다.	● 색을 들이기 위해 오래 구워야 한다. 그러면 빵이 너무 많이 구워져 마르고 딱딱하다.
부피	● 작다.	● 작거나 크다.
껍질색	● 짙다.	● 연하다.
브레이크와 슈레드	● 생기지 않는다.	● 생기지 않는다.
구운색	● 위, 옆, 아랫면이 모두 검다.	● 연하다.
모양	● 모서리가 각지다. ● 옆면이 매끄럽다.	● 모서리가 둥글다. ● 옆면에 구멍이 있다.
껍질의 성질	● 두껍고 거칠다. ● 풍선같이 부푼 물집이 있다.	● 두꺼워 부서지기 쉽다.
결	● 거칠다. ● 결의 막이 두껍다.	● 결이 거칠고, 큼직한 구멍이 있다. ● 결의 막이 두껍거나 얇다.
속색깔	● 짙고 어둡다.	● 색이 희고, 윤기가 부족하다.
조직	● 거칠고 까칠한 느낌이 난다.	● 부서질 것처럼 꺼칠한 느낌이 난다.
향기	● 설익어 향다운 냄새가 나지 않는다.	● 신 냄새가 난다.

6. 발효(Fermentation)

　발효란 어떤 물질 속에서 효모, 박테리아, 곰팡이 같은 미생물이 당류를 분해하거나 산화·환원시켜 알코올, 산, 케톤을 만드는 생화학적 변화를 말한다. 이 변화에 의해 열이 발생하고 탄산가스 같은 기체가 발생한다. 잘 발효시킨 반죽은 발효가 불완전한 제품에 비해 더 부드러운 제품을 만들 수 있으며, 제품의 노화도 지연시킨다. 알코올 발효, 젖산 발효, 아세트산 발효 등이 있는데, 빵은 알코올 발효에 의해 만들어진다. 즉, 효모(이스트)가 빵 반죽 속의 당을 분해하여 알코올과 탄산가스를 만들고, 이 탄산가스가 그물망 모양의 글루텐 막에 막히면서 반죽을 부풀게 하는 것이다.

❖ 알코올 발효 화학식 : $C_6H_{12}O_6$(포도당) → $2CO_2$(탄산가스) + $2C_2H_5OH$(알코올) + 66㎈

(1) 발효의 목적

1) **반죽의 팽창 작용**

2) **빵 특유의 풍미 생성** : 발효하는 동안 이스트의 작용과 반죽 중 공기 중의 일부 박테리아에 의해 알코올, 유기산, 에스텔, 알데히드 같은 방향성 물질이 생성되어 빵이 특유한 향을 가지게 된다.

3) **반죽의 숙성** : 발효 과정 중에 생기는 산은 전체 반죽의 산도를 높여 글루텐을 강하게 하거나 생화학적으로 반죽을 발전시켜 가스의 포집과 보유 능력을 개선시킨다. 또한 신장성이 좋은 구조를 형성하여 정형할 때 취급을 용이하게 한다.

(2) 발효에 관계하는 효소

효소	공급원	기질	→ 생성물
알파-아밀라아제	밀가루, 맥아	전분	→ 수용성 전분
	곰팡이, 박테리아	손상 전분	→ 덱스트린
베타-아밀라아제	밀가루, 맥아	덱스트린	→ 맥아당
말타아제	이스트	맥아당	→ 포도당+포도당
인베르타아제	이스트	설탕(자당)	→ 포도당+과당
치마아제	이스트	포도당+과당	→ 탄산가스, 알코올, 유기산

(3) 발효 중에 일어나는 생화학적 변화

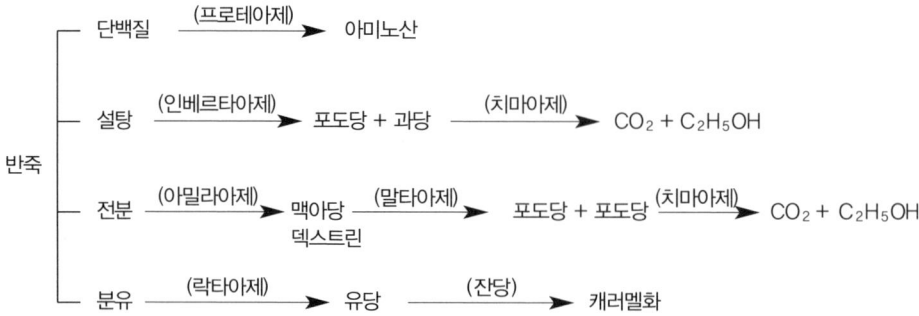

(4) 가스 발생력에 영향을 주는 요소

1) **이스트의 양과 질** : 이스트의 양과 가스 발생력은 비례하나, 이스트의 양과 발효 시간은 반비례한다. 즉, 이스트량이 많으면 발효 시간은 짧아지고, 이스트량이 적으면 발효 시간은 길어진다. 발효 시간을 조절하기 위해 이스트량을 가감하는 방법은 다음과 같다.

$$\text{가감하고자 하는 이스트량} = \frac{\text{기존 이스트량} \times \text{기존의 발효 시간}}{\text{조절하고자 하는 발효 시간}}$$

2) **당의 양** : 당의 양과 가스 발생력 사이의 관계는 당량 5%까지 대략 비례적이나, 그 이상이 되면 가스 발생력이 약해져 발효 시간은 길어진다.

3) **반죽 온도** : 반죽 온도가 높을수록 가스 발생력은 커지고 발효 시간은 짧아진다.

❖ 이스트는 10℃부터 활동하기 시작하여 35℃까지 온도가 오름에 따라 더욱 활발해진다. 그 이상부터는 활성이 줄기 시작하여 60℃에서 멎는다(이스트가 활동하기에 가장 알맞은 온도 : 24~28℃).

4) **반죽의 산도** : 산도가 낮을수록, 즉 반죽이 산성을 띨수록 가스 발생력이 커진다. 단, pH 4 이하로 내려가면 오히려 가스 발생력이 약해진다.

❖ 이스트가 활동하기에 가장 좋은 산도의 범위 : pH 4.5~5.5(최적 : pH 4.7)
❖ 제품의 pH와 발효 상태의 관계 : pH 5.0 = 지친 반죽, pH 5.7 = 정상 반죽, pH 6.0 = 어린 반죽

5) **소금의 양** : 소금은 표준량(1%)보다 많아지면 효소의 작용을 억제하기 때문에 가스 발생

력이 줄어든다.

※ 이밖에도 효소, 탄수화물의 양에 따라 발효가 빨라지거나 늦어지기도 한다.

(5) 가스 보유력에 영향을 주는 요소

① 단백질의 양과 질 : 단백질의 양이 많고 질이 좋을수록 가스 보유력도 커진다.
② 산화 정도 : 산화 정도가 낮으면 반죽이 흐르며 가스가 빠져나가고, 높으면 반죽이 잘리고 가스 보유력도 낮아진다.
③ 유지의 양과 종류 : 쇼트닝이 가장 좋다. 표준량 3~4%.
④ 가수량 : 흡수율이 정상보다 높은 부드러운 반죽은 가스 보유력이 떨어진다.
⑤ 이스트량 : 양이 많은 만큼 효소력이 커지므로 보유력도 커진다. 단, 시간이 지날수록 떨어진다.
⑥ 유제품 : 유제품이 갖고 있는 단백질이 밀 단백질과 물리적으로 결합하여 가스 보유력이 커진다. 반면, 완충작용에 따라 pH가 떨어지지 않아 반죽에 안정성이 부족하다.
⑦ 계란 : 노른자의 레시틴이 유화제 역할을 해 보유력이 향상된다.
⑧ 소금 : 글루텐의 힘을 키우고 효소의 분해 작용을 억제하기 때문에 가스 보유력이 떨어진다.
⑨ 반죽 온도 : 높을수록 보유력이 떨어진다.
⑩ 산도 : pH 5.0~5.5 사이일 때 보유력이 가장 좋다. pH 5 이하에서 급격히 떨어진다.
⑪ 산화제 : 알맞은 양을 첨가하면 글루텐의 그물 구조가 조밀해져 가스 보유력이 향상된다.
⑫ 발효 산물 : 발효하는 동안 생긴 산류, 알코올류는 글루텐 조직을 부드럽게 만들어 반죽의 신장성을 키우고 가스 보유력을 증대시킨다. 단, 적정량을 넘어서면 글루텐 조직이 약해져 보유력이 떨어진다.

(6) 발효 관리

발효하는 동안에 이스트의 가스 발생력과 반죽의 가스 보유력이 평형을 이루어야 발효가 잘 되었다고 할 수 있다. 가스 생산이 많아도 가스 보유력이 적으면 많은 양의 가스가 손실되어 반죽을 알맞게 팽창시킬 수가 없다. 따라서 발효 관리의 목적은 가스 생산력과 가스 보유력이 평행하게 같은 속도로 일어나게 함으로써 제품의 부피, 속결, 조직 상태, 껍질색 등이 원하는 대로 나오게 하는 데 있다.

1) 스트레이트법의 1차 발효 관리

① 발효 시간 : 1~3시간

발효 상태 확인 - 반죽의 부피가 처음의 3~4배 정도 되었을 때

※ 반죽에 당이나 유지 함량이 많으면 부피가 작다.

② 발효실 조건 : 온도 26~28℃, 상대습도 75~80%

③ 가스빼기(펀치, punch)

가. 시기 : 발효하기 시작하여 반죽의 부피가 2.5~3.5배(전체 발효 시간의 2/3, 60%가 지난 때) 되었을 때 반죽에 압력을 주어 가스를 뺀다.

나. 목적

ㄱ. 반죽 전체의 온도를 고르게 맞춰 발효 속도를 균일하게 한다.

ㄴ. 탄산가스를 빼내어 과다한 축적에 따른 나쁜 영향력을 줄인다.

ㄷ. 산소 공급으로 이스트를 활성화해 반죽의 산화·숙성 정도를 키운다.

2) 스펀지법의 발효 관리

① 스펀지 관리(스펀지 반죽 온도 : 23~26.5℃, 표준온도 : 24℃)

가. 발효 시간 : 3~4.5시간

ㄱ. 무가당 스펀지 : 3~4.5시간

ㄴ. 가당 스펀지(3~5% 당 첨가) : 2시간 30분 안팎

나. 발효실 조건 : 온도 27℃, 상대습도 75~80%

※ 스펀지의 온도 상승이 5.6℃를 초과하지 않도록 한다.

② 도반죽(본반죽)의 발효 관리(floor time)

가. 발효 시간 : 15~45분

나. 관리 항목 : 전체 가수율, 반죽 온도, 발효 시간, 반죽 정도

3) 발효 상태 확인

① 처음 반죽 부피의 1.5~2배 정도 부푼다.

② 쳐져 있던 반죽이 약간 팽팽해질 정도로 부푼다.

❖ 발효 상태

가. 적정 발효 상태 : 반죽이 발효하는 동안 발생하는 가스를 가장 많이 보유할 수 있는 탄력성, 점성, 신장성을 갖춘 상태를 말한다. 이때 이스트의 가스 발생력과 반죽의 가스 보유력은 평형을 이룬다. 반죽은 부드럽고, 건조하며, 유연하고 잘 늘어난다.

나. 발효 부족 상태 : 반죽 조직이 무겁고 조밀하여 저항력이 약하다. 미발효 상태라고 판단될 땐 둥

글리기를 한 후 중간 발효(벤치 타임) 시간을 늘리거나, 가스빼기를 한 뒤 중간 발효시킨다.
다. 발효 과다 상태 : 가스가 많이 차고 탄력이 없어 축축하다. 이때는 다시 믹서에 넣고 반죽하거나, 도 브레이커에 넣어 강한 압력을 주고 늘인다.

(7) 가스 생산 측정 방법

1) **압력계 방법** : 기압계를 이용하는 방법이다. 즉, 밀가루에 물과 이스트를 넣고 반죽한 뒤 발생하는 가스를 기압계로 측정한다.
2) **부피 측정 방법** : 눈금이 있는 가스 측정 장치를 이용한다. 밀가루에 물과 이스트를 넣고 반죽한 후 발생하는 가스를 가스 측정 장치에 연결하여 시간별로 부피를 측정하는 방법이다.

(8) 발효 손실

발효 손실이란 발효를 거치기 전보다 발효한 뒤의 반죽 무게가 더 줄어드는 현상을 말한다.

1) **발효 손실의 원인**

장시간 발효 중에 수분이 증발하고, 탄수화물이 발효에 의해 탄산가스와 알코올로 전환되어 발효 손실이 생긴다.

2) **발효 손실량**

발효 중 0.5~4%가 손실되나, 일반 발효 중에는 1~2% 정도 손실이 된다.

3) **발효 손실에 관계되는 요인**

① 반죽 온도 : 반죽 온도가 높을수록 발효 손실이 많으며, 낮을수록 손실이 적다.
② 발효 시간 : 발효 시간이 길수록 발효 손실이 많으며, 짧을수록 적다.
③ 배합률 : 소금과 설탕량이 너무 많으면 발효 손실은 적다.
④ 발효실의 온도 및 습도 : 발효실의 온도가 높고, 습도가 낮으면 발효 손실이 많다.

❖ 〈예제〉 190g짜리 빵을 100개 만들고자 한다. 발효 손실 2%, 굽기 손실+냉각 손실 12%, 전체 배합률 181.8%라면 반죽의 무게와 밀가루의 무게(소수점 한자리에서 반올림)는 얼마인가?

☞ 빵 100개의 무게 = 190×100 = 19,000(g) = 19(kg)
반죽의 무게 = 19÷0.88÷0.98 = 22.03(kg)

$$밀가루의\ 무게 = \frac{밀가루의\ 비율 \times 총반죽무게}{총배합률} = \frac{100 \times 22.03}{181.8} = 12.118 = 12.1(kg)$$

7. 분할(Dividing)

1차 발효를 끝낸 반죽을 미리 정한 무게만큼씩 나누는 일이다. 반죽은 분할하는 도중에도 계속해서 발효 과정이 진행되어 먼저 분할한 반죽과 나중에 분할한 반죽에 숙성도 차이가 생기므로, 가능한 빠른 시간내에 분할해야 한다. 1배합당 식빵류는 15~20분내에, 당함량이 많은 과자빵류는 최대 30분내에 분할해야 한다.

(1) 방법
1) **수동 분할법** : 반죽의 손상이 적으며 오븐 스프링이 좋아 부피가 양호한 제품을 만들 수 있으며, 단백질 함량이 적은 밀가루를 사용할 때 적합하다. 반죽을 빠른 속도로 분할하고, 한 덩어리를 여러번 잘라서 분할하지 않아야 한다. 빵속에 줄무늬가 생기지 않도록 덧가루는 가능한 적게 사용하는 것이 좋다. 일일이 사람 손을 거쳐야 하기 때문에 대량 생산에는 알맞지 않다.
2) **기계 분할법** : 분할 전용 기계를 사용하여 분할하는 방법이다. 분할하는 속도가 빠르고, 일정한 무게의 반죽을 대량 생산할 수 있어 노동력과 시간이 절약된다. 단, 기계의 압축에 의해 글루텐 조직이 파괴된다. 분당 최적 회전수는 12~16회가 적당하다. 이보다 빠른 속도는 반죽이 파괴되고 기계의 마모가 커진다. 매우 어린 반죽이라 하더라도 분당 16회전 이상 속도로 분할해서는 안된다. 지친 반죽의 경우에는 12회전 이상으로 하지 않는 것이 좋다.

❖ 이 과정에서 반죽이 분할기에 달라붙지 않도록 윤활유를 바른다. 흔히 광물유인 파라핀 용액(유동파라핀, liquid paraffine)을 사용한다. 단, 이것이 빵에 0.15%(1,500ppm) 이상 남으면 안된다.

(2) 반죽의 손상을 줄이는 방법
1) 스펀지법으로 만든다. 스트레이트법으로 만든 반죽보다 기계내성이 크기 때문이다. 그리고 약간 과반죽 상태가 좋다.
2) 반죽 온도를 낮춘다.
3) 단백질 양이 많은 질 좋은 밀가루로 만든다. 그리고 가수량이 최적의 상태이거나 조금 단단한 반죽이 좋다.
4) 피스톤식 분할기보다는 프랑스빵용 가압식 분할기가 더 낫다.
5) 분할기의 능력에 맞게 속도를 조절한다. 보통 분할기의 스트로크(주기)는 12~16이다. 이보다 늦거나 빠르면 반죽의 손상이 커진다.

※ 분할기의 시간당 능력 = 포켓 수 × 1분당 스트로크 수 × 60(분)

(3) 분할시 주의할 점
 1) 반죽의 무게를 정확히 달아 분할한다.
 2) 손으로 분할할 때는 분할 시간을 잘 맞추고, 반죽 온도가 낮아지거나 반죽 거죽이 마르지 않도록 주의한다.
 3) 기계로 분할할 때는 분할기 구조에 따라 제품이 크게 달라지므로 유의한다. 피스톤식 분할기는 반죽 손상이 크고 분할 정도가 부정확하므로, 가압식 분할기가 더 낫다.

8. 둥글리기(Rounding)
분할한 반죽을 손으로, 또는 전용 기계로 뭉쳐 둥글림으로써 잘린 반죽의 단면을 봉함과 동시에 표면을 매끈하게 마무리하는 과정이다.

(1) 목적
 1) 자른 면의 점착성을 감소시키며 표피를 형성하여 탄력을 유지시킨다.
 2) 중간 발효 중에 발생하는 가스를 보유할 수 있는 반죽 구조를 만들어 준다.
 3) 정형할 때 끈적거리지 않도록 반죽 표면에 얇은 막을 형성한다.

(2) 방법
 1) **수동** : 반죽을 손으로 둥글리기 한다. 부피가 작은 양의 반죽은 손바닥 위에서 행하고, 큰 부피의 반죽은 작업대 위에서 행한다. 이때 많은 양의 덧가루를 사용하지 않도록 한다.
 2) **기계(라운더, rounder)** : 수동보다 빠르게 둥글리기를 할 수 있으나, 반죽의 손상 정도가 크다.

(3) 라운더의 종류
 1) 우산형 라운더
 2) 절구형(사발형) 라운더
 3) 드럼형 라운더
 4) 팬 오 맷형 라운더
 5) 인테그라형 라운더
 6) 멀티 맷형 라운더

(4) 반죽의 끈적거림을 없애는 방법

1) 반죽물을 알맞게 사용한다(최적의 가수량 지키기).
2) 덧가루를 사용한다(라운더에는 덧가루 또는 윤활유 사용).

> ❖ 덧가루 : 최소량만 사용한다. 많이 쓰면 빵에 줄무늬가 생기고 이음매가 잘 붙지 않아 중간 발효 중 벌어진다. 전분은 밀가루보다 훨씬 적은 양으로 반죽의 표피를 건조시킬 수 있어 경제적이다. 또 밀가루를 적게 사용했을 때 나타나는 끈적임도 막을 수 있다.

3) 반죽에 유화제를 사용한다.
4) 반죽의 최적 발효 상태를 유지한다.
5) 분할기에서 라운더로 반죽을 옮기는 컨베이어를 가능한 한 길게 쓴다. 컨베이어는 반죽을 운반하는 기능 이외에 반죽 손상으로 인한 수분의 방출 현상을 막기도 한다. 그래서 반죽 표면의 끈적임을 줄일 수 있다.

(5) 둥글리기 할 수 없는 반죽의 특성

1) 반죽의 가수량이 적은 것
2) 아주 단단한 반죽
3) 발효가 지나친 반죽
4) 덧가루, 라운더의 윤활유 사용량이 너무 많은 것
5) 라운더의 용량을 넘는 반죽량

9. 중간 발효(Intermediate proofing)

둥글리기가 끝난 반죽을 정형하기 전에 짧은 시간 동안 발효시키는 일이다. 이 과정을 일명 벤치타임(bench time)이라고도 한다.

(1) 목적

1) 분할, 둥글리기 하는 과정에서 손상된 글루텐 구조를 재정돈한다.
2) 가스 발생으로 반죽의 유연성을 회복시킨다.
3) 정형 과정에서의 반죽 신장성을 증가시켜 밀어펴기를 쉽게 한다.

(2) 방법

1) 작업대 위에 반죽을 올리고, 실온에서 수분이 방출되지 않도록 젖은 헝겊 또는 비닐 종

이를 덮어둔다.
2) 캐비닛 발효실에 넣기도 한다.
3) 오버 헤드 프루퍼를 이용하기도 한다. 주로 연속 컨베이어 시스템이 갖추어져 있는 대규모 공장에서 사용할 수 있다.

(3) 발효 조건
① 시간 : 10~20분(팽창 비율 1.7~2.0)
② 온도 : 27~29℃(보통 실온, 1차 발효실 온도와 거의 같다)
③ 습도 : 75% 전후

❖ 습도가 낮으면 반죽 표면이 말라 딱딱해진다. 이 상태로 정형하여 구우면 빵 속에 줄무늬가 생기거나, 단단한 덩어리가 생길 수 있다. 반대로 습도가 높으면 반죽이 끈적거려 덧가루의 사용량이 늘어난다.

10. 정형(Molding)

중간 발효를 끝낸 반죽을 틀에 넣기 전에 일정한 모양으로 만드는 작업이다.

(1) 정형 순서
1) 밀기
중간 발효된 반죽을 밀대나 롤러로 밀어서 큰 가스를 빼내어 반죽내의 크고 작은 기포를 균일하게 함으로써 제품의 내부 기공을 고르게 한다. 이때 너무 무리한 힘을 주거나, 과량의 덧가루를 사용하지 않도록 한다.

2) 말기
얇게 밀어편 반죽을 적당한 압력을 주면서 고르게 균형을 맞추어 말거나 접기를 한다. 무리하게 힘을 주어 터지지 않도록 한다. 또한 정형기의 압착판(눌림판) 압력이 강하면 말은 반죽이 아령과 같은 모양이 되므로 주의한다.

3) 봉하기
2차 발효 중, 또는 굽는 과정에서 터지는 것을 방지하기 위해 말기를 한 반죽을 단단히 봉한다.

(2) 방법

1) 손으로 하는 방법
① 둥글리기 하여 발효시킨 반죽을 밀대로 얇게 밀어펴서 반죽 속의 가스를 뺀다.
② 얇게 편 반죽을 돌돌 말아 원통 모양으로 만든다.
③ 원통 반죽에 압력을 주어 단단히 조이고, 틀에 넣을 최종 형태로 다듬는다.

2) 기계(정형기)로 하는 방법
① 반죽을 2~3단 롤을 통과시켜 얇게 늘인다. 이때 가스가 빠지면서 기공이 반죽 전체에 고루 퍼진다.
② 얇게 늘인 반죽을 벨트 컨베이어가 원통 모양으로 감아 넣는다.
③ 압착판이 반죽의 간격을 밀착시켜 끝부분(이음매)을 꼭꼭 붙인다.

(3) 정형기의 종류
① 스트레이트 몰더
② 크로스 크레인 몰더
③ 리버스 몰더
④ 트위스트 몰더

(4) 정형하기에 알맞은 반죽 조건
① 제빵법 : 스트레이트법보다 스펀지법으로 만든 반죽이 롤러의 힘을 견디기 쉽다.
② 반죽의 굳기 : 부드러운 반죽은 좁은 간격의 롤러를 통과하는 동안 점착성이 나타나기 쉽다. 단단한 반죽은 반죽 손상이 커지므로 중간 발효를 충분히 가져야 한다.
③ 반죽 정도 : 어린 반죽은 끊어지기 쉽고, 지친 반죽은 점착성이 나타나 늘어나기 쉽다.
④ 반죽 온도 : 저온, 고온 모두 작업성을 떨어뜨린다.
⑤ 중간 발효 : 중간 발효 시간이 짧으면 반죽이 끊어지기 쉽다. 또 너무 길면 롤러를 통과하면서 반죽이 점착성을 띠기 쉬우므로, 중간 발효 시간을 적절히 한다.
⑥ 산화 정도 : 미숙성 반죽은 몰더를 통과하면서 점성을 조금 띤다. 과숙성 반죽은 단단하고 약해서 끊어지기 쉽다.
⑦ 효소제 : 맥아, 프로테아제, 아밀라아제 같은 효소제를 너무 많이 쓰면 반죽에 점착성이 나타난다.
⑧ 반죽 개량제 : 모노 글리세리드, 레시틴 같은 유화제는 반죽의 점착성을 낮춘다. 또 제일인산칼슘은 반죽을 건조시켜 정형하기 쉽게 만든다.

11. 팬닝(Panning)

정형이 완료된 반죽을 틀에 채우거나 철판에 나열하는 일로, 손으로 하거나 기계로 한다.

(1) 방법

① 스트레이트 팬닝법 : 한 덩어리의 식빵같이 반죽이 정형기에서 나오는 그대로 틀에 담는다.
② 교차 팬닝법 : 풀먼 브레드 같이 뚜껑을 덮어 굽는 제품에는 반죽을 길게 늘려 U자, N자, M자형으로 넣는다. 기공이 조밀하고 속결이 희어 보인다.
③ 트위스트 팬닝법 : 버라이어티 브레드 같은 제품을 만들 때 사용하며, 반죽을 2~3개 꼬아서 틀에 넣는 방법이다.
④ 스파이럴 팬닝법 : 스파이럴 몰더와 연결되어 있어 정형한 반죽이 자동으로 틀에 들어가게 된다.

(2) 올바른 팬닝 요령

1) 정형기를 통과한 반죽이나 손으로 정형한 반죽의 무게와 상태를 점검한다.
2) 반죽의 이음매가 틀의 바닥에 놓이도록 팬닝한다. 그렇지 않으면 2차 발효, 굽기를 거치면서 이음매가 벌어진다.
3) 틀이나 철판의 온도를 32℃로 맞춘다. 틀, 철판이 너무 차가우면 틀에 들어간 반죽의 온도가 낮아져 2차 발효 시간이 길어진다. 49℃까지는 무해하다는 보고가 있다.
4) 틀의 크기와 부피에 알맞은 반죽량을 넣는다. 반죽량과 비교해서 너무 크거나 작은 틀에 넣고 구우면 만족스러운 빵이 나올 수 없다.

반죽의 적정 분할량 = 틀의 용적÷비용적

❖ 비용적 : 단위 질량을 가진 물체가 차지하는 부피를 말하며, 단위는 cm^3/g이다.
(산형 식빵 : 3.2~3.4 cm^3/g, 풀먼형 식빵 : 3.3~4.0 cm^3/g)

(3) 팬 오일

1) **종류** : 굽기 중 팬에 반죽이 달라붙지 않도록 팬에 이형제를 바르거나 면실유, 땅콩기름, 대두유 등 식물성 기름을 바른다.
2) **조건** : ① 발연점이 210℃ 이상 되는 기름을 사용한다.
② 산패하기 쉬운 지방산이 없어야 한다.
3) **사용량** : 보통 반죽 무게의 0.1~0.2%를 사용한다. 적정량을 넘어서면 바닥껍질이 두껍고 색이 어두워진다. 또한 굽기 중 옆면이 약해져서 자를 때 찌그러지기 쉽다.

12. 2차 발효

정형한 반죽을 40℃ 전후의 고온다습한 발효실에 넣고 최종 숙성시켜 반죽의 신장성을 높임으로써 제품 부피의 70~80%까지 부풀리는 일을 말한다. 2차 발효는 발효의 최종 단계이다.

(1) 목적
1) 정형 공정을 거치면서 가스가 빠진 반죽을 다시 부풀린다.
2) 빵의 향에 관계하는 알코올, 유기산, 그 밖의 방향성 물질을 얻는다.
3) 발효 산물 중 유기산과 알코올이 글루텐의 신장성과 탄력성을 높여 오븐 팽창이 잘 일어나도록 한다.
4) 바람직한 외형과 식감을 얻는다.

(2) 발효실의 종류
① 선반식(캐비닛형) : 일반 베이커리에서 흔히 사용하는 것으로, 철판을 한 장씩 끼우거나 꺼낼 수 있다. 사용하기 쉬운 장점이 있는 반면, 열 손실이 크고 작업 능률이 떨어지는 단점이 있다.
② 수동 래크식 : 직접 넣거나 꺼낼 수 있도록 되어 있다. 약간 규모가 큰 베이커리에서 사용한다.
③ 레일 래크식 : 대형 공장에서 사용하는 것으로, 수동 래크식 바닥에 레일을 깔아 이동이 쉽도록 되어 있다.
④ 모노 레일 래크식 : 모노 레일을 윗부분에 설치하고 래크를 달아서 많은 반죽을 연속적으로 발효시킬 수 있다.
⑤ 도르래식 : 오버헤드 프루퍼식(중간 발효실)과 같이 도르래 위에 철판 또는 틀을 실어 회전을 하며 발효시킨다.
⑥ 래크 도르래식 : 연속적으로 운행되는 래크 위에 틀을 자동적으로 넣고 뺄 수 있도록 되어 있다. 대형 공장에서 사용된다.
⑦ 컨베이어식 : 터널형과 스파이럴형이 있다. 기계 고장이 적은 효율적인 발효 시스템이다.

(3) 발효 조건
1) 발효실 온도 : 33~54℃(평균 35~38℃)
　① 온도가 낮을 경우
　　가. 2차 발효 시간이 길어진다.

나. 제품의 겉면이 거칠어진다.

다. 반죽막이 두껍고 기공이 나쁘며, 오븐 팽창이 좋지 않다.

② 온도가 높을 경우

가. 발효 속도가 빨라진다.

나. 반죽이 산성을 띠며 잡균이 번식할 염려가 있다.

다. 반죽 속과 겉의 온도차가 크므로 속결이 고르지 못하고, 속과 껍질이 분리된다.

❖ 2차 발효실의 온도는 밀가루의 종류, 배합률, 산화제, 반죽 개량제, 유지의 종류, 발효 정도, 반죽과 정형 방법, 제품 종류 등에 따라 좌우된다.

2) 발효실 상대습도 : 65~95% (평균 75~90%)

① 습도가 낮을 경우

가. 반죽 표면의 수분이 증발하여 표피가 말라 껍질이 생긴다.

나. 마른 껍질이 형성되어 굽기 중 팽창이 작으며, 터지기 쉽다.

다. 껍질색이 고르게 나지 않는다.

라. 제품의 윗면이 솟아오른다.

② 습도가 높을 경우

가. 반점이나 줄무늬가 나타난다.

나. 반죽에 수분이 응축되어 질긴 껍질을 형성한다.

다. 껍질에 기포가 생긴다.

라. 거친 껍질이 형성된다.

마. 제품의 윗면이 납작해진다.

3) 발효 시간 : 55~65분 (이스트 사용량에 따라 조절)

반죽의 가스 발생 속도와 발전 정도가 알맞게 이루어지는 시간이다.

① 시간이 짧을 경우

가. 부피가 작아진다.

나. 색이 짙어진다.

다. 옆면이 터진다.

② 시간이 길 경우

가. 껍질색이 옅다.

나. 기공이 거칠며, 저장성이 낮다.
다. 산이 많이 생겨서 향이 좋지 않다.
라. 발효 손실이 크다.

> ❖ 같은 종류의 빵에 있어서 2차 발효 시간이 길어지게 되는 것은 1차 발효의 불충분, 어린 반죽의 사용, 반죽 온도가 낮은 경우, 플로어 타임이 짧았던 이유 등 때문이다.
> ❖ 제품에 따른 2차 발효 조건
>   ① 식빵류·과자빵류 : 온도 38~40℃, 상대습도 85%   ② 하스 브레드 : 온도 32℃, 상대습도 75%
>   ③ 도넛 : 온도 32℃, 상대습도 65~70%   ④ 데니시 페이스트리 : 온도 27~32℃, 상대습도 75~80%
>   ⑤ 크루아상, 브리오슈 : 온도 27℃, 상대습도 70~75%

(4) 2차 발효의 완료점 판단 기준

1) 완제품의 70~80%의 부피로 부풀었을 때
2) 정형된 반죽의 2.5~3배 부피로 부풀었을 때
3) 손가락으로 눌렀을 때의 반죽의 저항성으로 판단
4) 과자빵, 버터 롤, 스위트 롤 같이 철판에 굽는 제품 : 모양, 투명도, 기포의 크기, 촉감, 반죽 팽창 등으로 판단
5) 틀을 이용하는 식빵 등 : 틀 용적에 대한 부피 증가로 판단

(5) 2차 발효에 영향을 미치는 요소

① 비용적 : 비용적이 작으면 오븐 팽창이 좋고 크면 좋지 않다. 따라서 비용적이 작은 반죽은 2차 발효 시간이 짧고 오븐 팽창이 크므로 빨리 오븐에 넣는다. 비용적이 큰 반죽은 약간 늦게 오븐에 넣는다.
② 밀가루 단백질의 양과 질 : 단백질의 양이 많고 질이 좋은 밀가루를 사용한 반죽일수록 오븐 팽창이 크다. 그러나 단백질이 많을수록 탄력이 강하므로 충분히 발효시킨다.
③ 반죽의 숙성도 : 부족하거나 지친 반죽은 오븐 팽창이 좋지 않다. 따라서 최적 숙성을 시킨다.
④ 오븐의 특성과 온도 : 고정 오븐은 벽과 천장으로부터 강한 복사열이 나오는 데 비해, 가스 오븐은 열 기류를 이용하여 굽기 때문에 오븐 팽창이 크다. 따라서 가스 오븐을 이용할 때는 발효 시간을 약간 줄인다.
⑤ 제빵법 : 스트레이트법 〈 70% 스펀지법 〈 100% 스펀지법 순으로 오븐 팽창이 크므로 제빵법에 따라 발효 시간을 조절한다.
⑥ 원하는 맛 : 가볍게 잘 끊어지는 맛을 원한다면 발효 시간을 조금 늘리고 고온의 오븐에

서 굽는다.
⑦ 건포도, 옥수수 알갱이가 들어 있는 반죽 : 발효 시간을 조금 줄여 오븐에 넣는다. 보통과 다름없이 발효시키면 속결이 거칠게 된다.

13. 굽기(Baking)

반죽에 뜨거운 열을 주어 가볍고 소화하기 쉬우며, 향이 있는 제품으로 바꾸는 일이다. 굽기 과정은 최종적 공정으로, 제빵에서 가장 중요한 과정이다. 이 과정에서 2차 발효까지 이어온 생물화학적 변화는 정지되고, 미생물과 효소도 불활성화된다.

(1) 목적
1) 발효 산물인 탄산가스를 열 팽창시켜 빵의 모양을 갖추게 한다.
2) 전분을 호화시켜 소화하기 쉬운 제품을 만든다.
3) 껍질색과 향을 만든다.

(2) 방법
반죽의 배합 정도·무게, 정형 방법, 원하는 맛과 속결에 따라 굽는 방법(오븐의 사용법)이 다르다. 식빵의 경우 구울 때 일정온도, 전반 고온-후반 저온, 전반 저온-후반 고온, 고온 단시간, 저온 장시간 중의 한 방법을 골라서 굽는다.

(3) 오븐의 종류
1) **형태에 따른 분류** : 필 오븐(고정 오븐), 데크 오븐, 로터리 오븐, 릴 오븐, 터널 오븐, 트레이 오븐, 래크 오븐, 밴드 오븐, 스파이럴 오븐, 컨벡션 오븐, 네트 오븐 등
2) **열급원에 따른 분류** : 전기 오븐, 가스 오븐, 증기 오븐, 증류 오븐, 고주파 오븐, 장작 오븐 등
3) **가열 방법에 따른 분류** : 직접 가열식 오븐, 간접 가열식 오븐

(4) 굽기 조건
1) 일반적으로 온도가 191~232℃의 오븐에서 제품에 따라 18~35분간 굽는다.
2) 오븐 온도 180~230℃에서 28.4g를 굽는데 1분이 소요되므로, 1,000g의 빵을 굽는데는 약 35분이 소요된다.

3) 저배합률, 작은 종류의 빵은 높은 온도에서 단시간에 굽고, 고배합률, 큰 종류의 빵은 낮은 온도에서 장시간 굽는다.
4) 풀먼 브레드는 산형 식빵보다 오래 굽는다.
5) 호밀빵, 하드 롤은 232℃에서 증기를 많이 넣고 굽는다.
6) 당 함량이 높은 과자빵이나 4~6%의 분유를 넣은 식빵은 낮은 온도에서 굽는다.

(5) 굽기 단계

1) 1단계
   ① 부피가 급격히 커지는 단계이다.
   ② 반죽의 수분에 녹아 있던 탄산가스가 열을 받아 팽창하여 반죽 전체로 퍼짐으로써 반죽의 부피가 커진다.

2) 2단계
   ① 표피가 색이 나기 시작하는 단계이다.
   ② 수분의 증발과 함께 캐러멜화와 갈변 반응이 일어난다.
   ③ 오븐 조건을 감안하여 색이 고르게 나도록 틀이나 철판의 위치를 재배치하도록 한다.

3) 3단계
   ① 중심부까지 열이 전달되어 내용물이 완전히 익고 안정되는 단계이다.
   ② 제품의 옆면이 단단해지고 껍질색도 진해진다.

(6) 굽기 반응

1) **오븐 팽창(oven spring)** : 반죽 온도가 49℃에 달하면 반죽이 짧은 시간 동안 급격하게 부풀어 완제품 크기의 1/3만큼 되는데, 이를 오븐 팽창(오븐 스프링)이라고 한다. 반죽을 오븐에 넣고 5~8분이 지나면 일어난다.

   ❖ 오븐 팽창의 원인
   ① 발효하는 동안 생겨난 수많은 가스세포가 열을 받으면서 압력이 커져 세포벽이 팽창한다.
   ② 반죽 속에 녹아 있던 탄산가스가 열을 받아 기체로 되면서 팽창을 돕는다.
   ③ 끓는점이 낮은 액체가 증발하여 기체로 변화한다. 알코올은 79℃부터 증발한다.

2) **오븐 라이즈(oven rise)** : 반죽의 내부 온도가 아직 60℃에 이르지 않은 상태로, 여전히 이스트가 활동하여 반죽 속에 가스가 만들어지므로 반죽의 부피가 조금씩 커진다.

3) **전분의 호화** : 오븐 열에 의해 반죽 온도가 54℃를 넘으면 이스트가 죽기 시작하면서 전분이 호화하기 시작한다. 전분 입자는 70℃ 전후에서 반죽 속의 유리수와 단백질과 결합하고 있는 물을 흡수하여 호화를 완성한다. 빵의 외부층 전분은 오랜 시간 높은 열을 받아 내부의 전분보다 많이 호화할 수 있다. 그러나 열에 오래 노출되어 있는 만큼 수분 증발이 일어나 더이상 호화할 수 없다. 그래서 껍질은 빵속보다 딱딱한 구조를 가진다.

4) **글루텐 응고** : 단백질은 반죽 온도 74℃에서 굳기 시작하여 굽기 마지막 단계까지 천천히 계속된다. 빵속의 온도가 60~70℃에 이르면 열변성을 일으켜 단백질의 물이 전분으로 이동하면서 빵의 구조를 형성하게 된다.

5) **효소의 활동** : 전분이 호화하기 시작하면서 효소가 활동한다. 아밀라아제가 전분을 분해하여 반죽 전체가 부드러워지고, 반죽의 팽창이 수월해지게 된다. 알파-아밀라아제는 종류에 따라 65~95℃에서 변성이 일어나지만, 보통은 68~83℃에서 불활성이 된다. 베타-아밀라아제는 52~72℃에서 2~5분 사이에 급속히 변성된다.

6) **껍질의 갈색 변화** : 캐러멜화 반응과 메일라드 반응에 의해 껍질색이 진하게 난다.

    ❖ 캐러멜화 반응 : 열에 의해 당류가 갈색을 내는 현상
    ❖ 메일라드 반응 : 당류와 아미노산이 결합하여 갈색 색소인 멜라노이딘을 만드는 반응

7) **향의 생성** : 향은 주로 껍질 부분에서 생성되어 빵속으로 침투되고 흡수에 의해 보유된다. 향의 원천은 사용재료, 이스트에 의한 발효 산물, 화학적 변화, 열반응 산물 등이며, 향에 관계하는 물질은 다음과 같다.
    ① 알코올류 : 에탄올, 이소부탄올, 프로판올, 이소아밀 알코올 등
    ② 유기산류 : 초산, 뷰티르산, 이소뷰티르산, 젖산, 카프린산 등
    ③ 에스테르류 : 에틸 아세테이트, 에틸 락테이트, 에틸 석시네이트 등
    ④ 알데히드류 : 포름 알데히드, 프로피온 알데히드, 푸르푸랄 등
    ⑤ 케톤류 : 아세톤, 디-아세틸, 말톨, 에틸-n-뷰틸 등

8) **브레이크 앤 슈레드(break & shred)** : 빵의 터짐성을 나타내는 말로 오래된 밀가루의 사용, 효소제 과다 사용, 낮은 2차 발효실의 습도, 오븐 수증기의 부족, 높은 오븐 온도 등의 요인으로 퍼짐성이 부족해진다.

(7) 굽기 손실

1) 반죽 상태에서 빵의 상태로 구워지는 동안 무게가 줄어드는 현상이다.
2) 발효 산물 중 휘발성 물질이 휘발해서 수분이 증발한 탓에 생긴다.
3) 굽기 손실에 영향을 미치는 요인 : 굽는 온도, 굽는 시간, 제품의 크기 등.
4) 굽기 손실 계산법

굽기 손실 = DW − BW

굽기 손실 비율(%) = $\dfrac{DW - BW}{DW} \times 100$

DW : dough weight(반죽 무게)
BW : bread weight(빵 무게)

(8) 굽기의 실패 원인 및 결과

원인	결과
불충분한 오븐 열 (구워낼 반죽량이 많아 열 흡수전달이 제대로 이뤄지지 않았기 때문)	● 빵의 부피가 크고 기공이 거칠다. ● 껍질이 두껍고 색이 옅다. ● 굽기 손실이 많아진다.
높은 오븐 열	● 빵의 부피가 작고 껍질색이 짙다. ● 껍질이 부스러지고 옆면이 약해지기 쉽다.
과량의 증기	● 오븐 팽창이 커져 빵의 부피가 크다. ● 껍질이 질기고 표면에 물집(수포)이 생긴다. ※ 높은 온도에서 증기가 많으면 하스 브레드 같이 바삭바삭한 껍질이 된다.
부족한 증기	● 표피에 조개껍질 같은 터짐이 생긴다. ● 이런 현상을 막기 위해 오븐에 스팀을 주입한다.
높은 압력의 증기	● 반죽 표면에 수분이 응축되는 것을 막는다. ● 빵의 부피가 작다.
불충분한 열의 분배 (윗불과 밑불이 부조화를 이룰 때)	● 고르게 익지 않는다. ● 슬라이스할 때 빵이 찌그러지기 쉽다. ● 오븐내의 틀 위치에 따라 굽기 상태가 달라진다.
부적당한 틀의 간격	● 너무 가까우면 열 흡수량이 적어진다. ● 부피가 클수록 간격을 넓힌다. ● 450g의 반죽을 구울 때는 2cm의 간격을, 680g인 경우는 2.5cm를 유지한다.

14. 냉각(Cooling)

갓 구워낸 뜨거운 빵을 식혀 제품 온도를 상온으로 떨어뜨리는 과정이다. 갓 구워낸 빵은 껍질에 12%, 빵속에 45%의 수분을 품고 있는데, 이를 식히면 빵속 수분이 바깥쪽으로 옮겨가 고른 수분 분포를 나타내게 된다. 냉각은 빵속의 온도를 35~40℃, 수분 함량을 38%로 낮추는 것이다.

(1) 목적
1) 곰팡이 및 기타 균의 피해를 막는다.
2) 절단, 포장을 용이하게 한다.

(2) 방법
1) **자연 냉각** : 오븐에서 갓 꺼낸 빵을 냉각판에 올려 실온에 두고 2~3시간(소형빵은 30~50분) 냉각시킨다.
2) **에어컨디션식 냉각** : 22~25.5℃, 습도 85%로 조절한 냉각 공기를 180~240㎥/s의 속도로 불어넣어 약 90분간 냉각시킨다.
3) **터널(계단)식 냉각** : 빵이 뿜어내는 열을 흡수할 수 있는 공기 배출기를 이용하는 방법이다. 즉, 신선한 공기가 하부에서 상부로 이동하고, 온도가 상승된 공기는 상부에서 배출하면서 빵은 상부에서 하부로 이동하며 냉각된다. 평균 냉각시간은 2~2.5시간이며, 수분 손실이 많다.

(3) 냉각 손실
식히는 동안 수분 증발로 인해 평균 2%의 무게 감소 현상이 일어난다. 고온다습한 여름철보다 저온저습한 겨울철이 냉각 손실이 크다. 그러므로 외부 조건에 따라 공기의 습도가 조절된 상태에서 식히도록 한다.

구 분	46℃, 서냉	36℃, 서냉	31℃, 서냉	31℃, 급냉
보존성	최고 양호	중	하	최하
향미 순위	빈약	하	최적	최하

15. 슬라이스(Slice)
실온으로 식힌 빵을 일정한 두께로 자르거나, 번즈·롤 등에 칼집을 내는 일을 말한다. 자름 전용 기계(슬라이서)를 이용한다. 빵이 잘리는 속도는 제품의 유연성과 관계가 깊다. 빵이 부드러울수록 속도가 빠르다. 그밖에 빵이 칼날을 통과하는 속도, 칼날의 각도 등이 속도의 영향을 받는다.

16. 포장(Packing)

유통 과정에서 제품의 가치와 상태를 보호하기 위해 그에 알맞은 재료 용기에 담는 일을 말한다.

(1) 목적
1) 수분의 증발을 방지한다(제품의 노화 지연).
2) 빵이 미생물에 오염되지 않도록 한다.
3) 상품으로서의 가치를 높인다.

(2) 방법
낱개 포장, 속포장, 겉포장

(3) 용기·포장의 재질
① 합성수지 : 수지 종류 중 페놀수지, 요소수지, 멜라민수지, 염화비닐수지, 폴리에틸렌, 폴리프로필렌, 폴리스티렌 등이 사용된다.
② 금속제 : 통조림용 관의 재질에 사용되는 것으로, 주석 또는 납의 용출에 주의해야 한다.
③ 유리 : 액체식품용 용기 재질에 사용되는 것으로, 알칼리 성분 및 규산의 용출에 주의해야 한다.
④ 도자기 : 도자기, 옹기류 재질에 사용되는 것으로, 유약, 안료 성분의 납 등의 용출에 주의해야 한다.
⑤ 셀로판 : 무미, 무취의 투명한 재질로, 찢어지기 쉬우며 내수성이 약하다.
⑥ 알루미늄 : 알루미늄 단독 또는 종이나 플라스틱에 붙여 사용한다. 내약품성이 약하고 접히는 부분이 찢어지기 쉬운 단점이 있다.

(4) 포장 재료가 갖추어야 할 조건
1) 방수성이 있고 통기성이 없어야 한다. 통기성이 있는 재료를 쓰면 빵의 향이 날아가고 수분이 증발된다. 또한 공기 중의 산소에 의한 산패가 생겨 빵의 노화를 촉진시킨다.
2) 제품을 포장했을 때 그 제품의 상품가치를 높일 수 있어야 한다.
3) 단가가 낮아야 한다.
4) 크거나 무거운 제품을 포장했을 때 제품이 파손되지 않아야 한다.
5) 포장 기계에 쉽게 적용할 수 있어야 한다.

6) 제품과 접촉되어 먹었을 때 유해물질이 함유되지 않도록 위생적이어야 한다.

(5) 포장식품의 품질 변화
1) **식품 자체의 변화** : 최초 포장된 내용물의 색과 향, 맛이 변하지 않아야 한다. 또한 독성 물질이 생성되어서는 안된다.
2) **포장 재료의 변화** : 포장 재료의 강도, 내수성, 내산성, 내열성, 내한성, 유연성, 접착성, 수축성, 투광성, 투습성 등의 특성을 잘 선택하여 식품 고유의 특성이 변화되지 않도록 한다.
3) **포장 환경 · 저장 조건의 변화** : 포장 환경과 저장 조건이 좋지 않으면 포장식품의 품질이 변할 수 있다. 따라서 미생물, 해충, 습기, 산소, 효소, 온도, 금속이온, 광선, 충격, 마찰 등의 물리적, 생화학적 요인에 주의해야 한다.

제4장 빵류 제품의 저장 및 유통

〈1〉 빵의 노화와 부패
빵류 제품의 저장과 유통에 있어 가장 중요한 것은 제품의 노화와 부패를 최대한 지연시키고 안전하게 유통시키는 것이다.

1. 빵의 노화
빵의 껍질과 속결에서 일어나는 물리 · 화학적 변화로서, 빵이 딱딱해지고 맛 · 촉감 · 향이 좋지 않은 방향으로 바뀌는 현상이다.

(1) 노화 현상
1) **껍질의 노화** : 바삭바삭하던 껍질이 눅눅해지고 질겨진다. 빵속의 수분이 껍질로 이동하고, 공기 중의 수분이 껍질에 흡수되어 껍질은 부드러우나 빵속은 건조하게 된다.
2) **빵속의 노화** : 부드럽고 말랑말랑하던 빵속이 굳고 탄력성을 잃어 부스러지기 쉽다. 또한 조직이 거칠고 건조하며, 신선한 풍미를 잃고 좋지 않은 냄새를 풍긴다.

(2) 노화의 원인

노화의 원인은 전체 수분의 증발, 부위별 수분의 이동과 같이 물과 관계가 있다. 이와는 별도로 전분 자체가 퇴화하여 베타-전분으로 변하는 데 그 원인이 있다.

(3) 노화 속도

1) 노화에 영향을 주는 요인

① 저장 시간
가. 오븐에서 꺼낸 직후부터 노화 현상이 시작된다.
나. 냉장 온도에서 실온 사이에 제품을 두면 노화 속도가 빨라져 4일 동안 일어날 노화의 반이 하루 동안에 진행된다.
다. 신선할 때 노화 속도도 빠르다.

② 저장 온도
가. 냉장 온도에서 노화 속도가 가장 빠르게 진행된다.
나. -18℃ 이하에서는 노화가 지연된다.
다. 43℃ 이상에서는 노화 속도가 느려지지만, 미생물에 의한 변질의 우려가 있다.

③ 배합률
가. 제품의 수분 함량이 38% 이상이 되면 노화가 지연된다.
나. 밀가루 단백질의 양과 질이 많고 높을수록 노화가 지연된다.
다. 친수성 콜로이드의 함량이 많을수록, 물에 녹지 않고 수분을 흡수하는 펜토산의 함량이 많을수록 노화가 지연된다.
라. 수분 보유력을 높이는 계면 활성제의 첨가는 노화 속도를 지연시킨다.

노화에 영향을 주는 재료

재료	껍질의 신선도	빵 속의 신선도
밀가루 단백질	+	+
당	+	+
유제품	+	-
소금	±	±
유지	-	+
맥아	+	+
유화제	+	++
덱스트린	+	+

+ : 신선함 보존 개선, ± : 신선함 보존 영향없음,
- : 신선함 보존 감소

2) 노화를 지연시키는 방법

① 저장 온도를 -18℃ 이하, 또는 21~35

℃로 유지한다.
② 모노-디-글리세리드 계통의 유화제를 사용한다.
③ 반죽에 알파-아밀라아제를 첨가하거나, 물의 사용량을 높여 반죽 중의 수분 함량을 높인다.
④ 질 좋은 재료를 사용하고, 제조 공정을 정확히 지킨다.
⑤ 당류를 첨가한다.
⑥ 방습 포장 재료로 포장한다.

2. 빵의 부패

제품에 곰팡이가 발생하여 썩는 현상이다.

(1) 곰팡이 발생 방지법

1) 작업실, 작업기구, 작업자의 위생을 청결히 한다.
2) 곰팡이의 발생을 촉진하는 물질을 없앤다.
3) 곰팡이가 피지 않는 환경에 보관한다.
4) 보존료를 사용한다.

(2) 로프균 발생 방지법

1) 밀가루에 빙초산을 첨가하여 보존한다.
2) 프로피온산나트륨이나 프로피온산칼슘, 젖산(0.1~0.12%), 아세트산(0.05%)을 첨가하기도 한다.

❖ 로프균은 공기 속에 떠다니거나 밀에 붙어 있어 밀가루에 섞여들 수 있다. 열에 강하여 100~200℃에서도 죽지 않는다. 빵을 보존하는 동안 20℃에서 38~40℃로 갈수록 세력이 왕성해진다. 로프균이 번식하면 빵에 악취가 나고 어두운 색으로 변한다.

3. 노화와 부패의 차이

1) 노화한 빵

수분이 이동·발산 → 껍질이 눅눅해지거나 딱딱해지고 빵속이 푸석해진다.

2) 부패한 빵

미생물 침입 → 단백질 성분의 파괴 → 악취

〈2〉 빵류 제품의 저장 및 유통

빵류 제품의 유통에 있어 가장 중요시되는 점은 제품의 가치를 그대로 유지한 채 안전하게 운반, 보관, 진열하는 일이다.

(1) 유통상의 위험요소
① **변형과 파손** : 빵류 제품의 유통 중에 발생하는 물리적 힘과 포장용기 등에 의한 변형이나 파손으로 빵류 제품의 가치가 훼손될 수 있다.
② **변질** : 빵류 제품의 보관과 유통 과정에서 온도 · 습도 · 광선 · 산소 등에 의한 화학적 작용이나 미생물과 위생동물에 의한 생물학적 작용, 효소에 의한 생화학적 작용으로 제품이 변질될 수 있다.

(2) 변질의 종류
① **부패** : 혐기성 세균이 빵류 제품을 구성하는 단백질에 번식하여 발생하는 부패는 악취와 유해물질을 생성한다.
② **변패** : 빵류 제품의 탄수화물과 지방이 미생물에 의해 분해되어 발생하는 변패는 빵의 맛과 풍미를 저하시킨다.
③ **산패** : 유지 등 지방의 산화에 의해 발생하는 산패는 빵류 제품의 악취와 변색을 일으킨다.

(3) 예방
① 부패 등의 변질이 발생하지 않도록 원료 구입에서부터 제조 · 저장 · 유통의 각 단계별로 철저한 위생관리를 실시한다.
② 포장용기와 재질의 설계부터 보관 · 운송 등 각 단계에서 외부의 물리적 힘이 작용하지 못하도록 예방하여 제품의 변형과 파손을 방지한다.
③ 제품의 저장 및 유통 과정을 매뉴얼화하여 수행한다.

제 5 장 제품별 제빵법

1. 건포도 식빵

보통의 식빵 반죽에 건포도를 밀가루 무게의 50% 이상 배합해 만든 빵이다.

(1) 건포도의 전처리

건포도는 씨없는 포도를 말린 것이므로, 그대로 반죽에 배합하기보다 먼저 물을 흡수시켜 쓰도록 한다.

1) 건포도 양의 12% 가량 되는 물(27℃)과 건포도를 버무려 비닐종이에 넣은 뒤 실내온도 27℃ 정도의 장소에 4시간 동안 놓아둔다. 그리고 가끔씩 뒤섞어 준다.
2) 물에 담가 적신 뒤 바로 체에 걸러 물을 빼고 4시간 동안 놔둔다. 이때 물에 푹 담가두면 건포도 속의 당이 70%나 녹아 나오므로, 버무리는 정도로 그친다.

❖ 건포도에 물을 흡수시켜 쓰는 이유
① 빵속이 건조해지지 않도록 하기 위해
② 건포도가 빵속과 잘 결합되도록 하기 위해
③ 건포도의 맛과 향이 되살아나도록 하기 위해
④ 수율(收率)이 높아지도록 하기 위해. 즉, 물을 흡수시키면 건포도 속의 수분이 15%에서 25%로 증가되므로 건포도를 10% 더 넣은 효과가 나타나게 된다.

(2) 건포도 저장방법

온도 7℃ 이하, 상대습도 50%인 곳에 보관한다. 고온다습한 곳에 저장하면 저장 중 당 결정이 석출된다.

(3) 제조 공정

1) 재료 계량
2) 반죽
   ① 마가린과 건포도를 제외한 모든 재료를 믹서볼에 넣고 믹싱한다.
   ② 클린업 단계에서 유지를 넣고 믹싱한다.
   ③ 최종 단계에서 전처리한 건포도를 넣고 혼합한다.
3) **1차 발효** : 온도 27℃, 상대습도 80%인 조건에서 70~80분간 발효시킨다.
4) **분할·둥글리기** : 225g씩 분할해 둥글리기 한다.(일반 식빵 : 180g × 3개)
5) **중간 발효** : 10~15분간 중간 발효시킨다.
6) 정형·팬닝

① 반죽을 밀대로 밀어 가스를 제거한다.
② 단단하고 둥글게 만다.
③ 틀에 채워 넣는다.

7) 2차 발효 : 온도 35~38℃, 상대습도 85%인 조건에서 50~60분간 발효시킨다.

8) 굽기 : 180~200℃에서 35~40분간 굽는다.

(4) 공정상 주의할 점

1) 건포도는 반죽을 완전히 발전시킨 뒤에 넣는다.

> ❖ 그 전에 넣을 경우
> ① 건포도가 조각나서 반죽이 얼룩진다.   ② 반죽이 거칠어져 정형하기 어렵다.
> ③ 이스트의 활력이 떨어진다.   ④ 빵의 껍질색이 어두워진다.

2) 건포도를 넣은 반죽을 밀어펼 때는 조금 느슨하게 작업하여 건포도의 모양이 상하지 않도록 한다.

3) 당 함량이 높으므로 팬닝할 때 팬 기름을 많이 칠한다.

2. 과자빵

식빵 반죽보다 설탕, 유지, 계란을 더 많이 배합해 만든 빵이다. 모양이나 충전물의 종류에 따라 각각 다른 이름이 붙는다. 단팥빵, 크림빵, 스위트 롤, 커피 케이크 등이 여기에 속한다.

(1) 제조 공정

1) 재료 계량

2) 반죽

① 일반적인 스트레이트법(직접법)으로 하는 방법
② 설탕, 유지, 소금, 탈지분유를 혼합하고 계란을 조금씩 넣으면서 부드러운 크림 상태로 만든 후 물, 이스트, 밀가루를 넣고 식빵보다 짧게(3단계까지) 반죽하는 방법이 있다.

3) 1차 발효

① 스트레이트법 : 온도 27℃, 상대습도 75~80%인 조건에서 90~120분간 발효시킨다.
② 스펀지법 : 온도 24℃, 상대습도 75~80%인 조건에서 3~4시간 발효시킨다(가당 스펀지법의 경우는 2~2.5시간).

4) 분할 : 스위트 롤 1~2.5kg, 커피 케이크 240~360g, 과자빵 30~60g

5) 정형

① 앙금빵 : 앙금을 싸서 가운데를 살짝 누른다.

② 크림빵 : 크림을 싸서 끝 부분에 4~5개 칼집을 낸다.

③ 소보로빵 : 슈트로이젤(소보로)을 뿌려 얹는다.

④ 스위트 롤 : 밀어펴기, 막대형, 접기, 꼬기

6) **2차 발효** : 온도 33~45℃, 습도 80~85%인 조건에서 20~40분간 발효시킨다.

❖ 식빵보다 단위 무게에 대한 표면적이 커서 수분·온도를 잃기 쉬우므로, 과자빵을 발효시킬 때에는 온·습도를 조금 더 높인다.

7) **굽기** : 190~218℃에서 12~15분간 굽는다.

❖ 반죽의 배합률, 반죽의 되기, 숙성 정도, 반죽량의 많고 적음, 정형한 모양, 충전물·토핑의 형태와 되기에 따라 굽기 온도가 달라진다.

3. 데니시 페이스트리

과자용 반죽인 퍼프 페이스트에 이스트를 넣어 발효시키고, 롤인용 유지를 집어넣어 밀어 펴서 구운 제품이다. 처음에 롤인용 유지로서 가소성이 뛰어난 덴마크 버터를 사용하였다고 해서 데니시(Danish, '덴마크의' 뜻)라는 이름을 붙였다.

(1) 제조 공정

1) 배합률 조정

① 식빵과 비교하여 설탕 사용량을 16% 높인다.

② 쇼트닝, 계란 사용량도 같은 비율로 높인다.

③ 롤인용 유지는 반죽 무게의 20~40%를 사용한다.

❖ 버터는 품질이 고급이나 값이 비싸므로 버터에 마가린을 섞어 사용하거나, 경화시킨 식물성유지(쇼트닝)를 롤인용 유지로 사용한다. 롤인용 유지는 10~30℃에서 밀어펴기에 알맞은 가소성을 지녀야 한다.

2) **반죽** : 전통적인 방법에 따라 1단계(혼합 단계, 픽 업 단계)까지 반죽하거나, 3단계(발전 단계)까지 반죽한다.

※ 반죽 정도가 너무 지나치면 최종 제품의 부피가 커지며 결이 성글어진다.

3) **휴지** : 결 형성을 돕고, 반죽의 끈적거림을 막기 위해 온도 3~7℃의 냉장고에 30분간 넣어 둔다.

4) 밀어펴기
① 반죽의 두께가 1.2~1.6cm인 네모꼴로 밀어편다.
② 그 표면의 2/3 부분에 유지를 얹고 접어 감싸서 냉장고에 휴지시킨다.
③ 휴지시킨 반죽을 꺼내어 밀어 접는 일을 3~4번 되풀이한다.

5) 2차 발효
온도 32~35℃, 습도 70~75%인 조건에서 75%정도 발효시킨다. 롤인용 유지의 녹는점보다 발효실 온도를 낮게 잡는다. 녹는점보다 높거나, 너무 오랫동안 발효시키면 유지가 녹아 흘러나온다.

6) 굽기
오븐의 온도가 너무 낮으면 반죽의 부풀림이 크고 껍질이 더디게 만들어져 유지가 흘러나온다.

4. 조리빵류

영국의 샌드위치, 미국의 햄버거와 핫도그, 이탈리아의 피자, 구(舊)소련의 피로슈키 등과 같이 나라마다 특유의 조리빵을 갖고 있다. 그 중에서 피자는 1700년경 이탈리아에서 빵에 토마토를 조미하여 만들기 시작, 이탈리아의 독특한 형태로 발전한 것이다. 피자 바닥 껍질의 두께에 따라 얇은 나폴리 피자와 두꺼운 시실리안 피자로 구분된다.

(1) 피자 크러스트(껍질반죽)의 재료 특성
① 밀가루 : 강력분을 사용한다. 단백질 함량이 높아야 충전물의 소스가 스며들지 않는다.
② 물 : 반죽의 두께에 따라 사용량이 다르다(두꺼운 것 〉 얇은 것).
③ 유지 : 식물성 기름이나 쇼트닝을 사용한다. 사용량이 부족하면 반죽이 끈적거리고 잘 퍼지지 않는다.
④ 향신료 : 치즈가루, 마늘가루, 양파가루, 오레가노 등을 사용한다.
⑤ 기타 : 소금, 이스트, 활성 글루텐, 프로테아제, 옥수수가루 등을 사용한다.

(2) 충전물
1) 토마토 소스, 토마토 퓌레, 토마토 페이스트, 얇게 썬 양송이버섯, 쇠고기 갈은 것, 소시지, 햄 등을 깔개반죽 위에 얹는다.
2) 기본 재료에 어떤 특색 있는 재료를 얹느냐에 따라 제품의 명칭이 달라진다.
3) 피자 특유의 쫄깃한 맛은 모차렐라 치즈를 사용함으로써 얻어진다.
4) 바질, 오레가노, 후춧가루, 마늘가루, 양파가루 등을 향신료로 사용한다.

5. 소프트 롤

롤 또는 번(즈)이라 부르는 빵은 제품의 무게가 1/2파운드, 즉 225g 이하의 소형제품을 일컫는다. 롤에는 껍질이 부드러운 소프트 롤과 껍질이 딱딱한 하드 롤이 있다. 소프트 롤은 고율배합으로 만들며, 하드 롤은 저율배합으로 만든다.

(1) 재료의 사용범위(%)

재료	사용범위(%)	재료	사용범위(%)	재료	사용범위(%)
밀가루	100	소금	1.5~2	분유	0~6
물	60~64	설탕	8~12	활성 글루텐	0~2
이스트	2~5	유지	5~10	이스트 푸드	0~0.75

(2) 제조 공정(몰드 팬 사용)

① 반죽 : 신장성이 좋아야 정형하기 쉬우므로, 4단계(최종 단계) 말기에서 5단계(늘어지는 단계)까지 반죽한다 (반죽 온도 24~27℃).
② 1차 발효 : 반죽이 끈적거리지 않도록 충분히 발효시킨다.
③ 정형
④ 2차 발효 : 온도 43~46℃, 상대습도 90~95%에서 발효시킨다. 습도가 낮으면 점성이 떨어져 공 모양의 롤이 만들어진다.
⑤ 굽기 : 210~230℃의 오븐에서 짧게(10~12분간) 굽는다.

6. 프랑스빵

일정한 모양의 틀을 쓰지 않고 바로 오븐 구움대 위에 얹어서 굽는 하스 브레드의 하나로, 설탕, 유지, 계란을 거의 쓰지 않은 빵이다.

(1) 재료의 사용범위(%)

재료	사용범위(%)
밀가루	100
물	56~62
이스트	2~2.5
소금	1.75~2.25

❖ 설탕, 유지는 사용하지 않음이 원칙이나, 때에 따라 소량 사용하기도 한다.
❖ 산화제로 아스코르브산(비타민C)을 사용한다.

(2) 제조 공정

1) **반죽** : 기계로 반죽할 때는 3단계(발전 단계), 손으로 반죽할 때는 식빵 반죽의 80%까지 발전시킨다.
2) **1차 발효**
3) **정형**
   ① 조심스럽게 밀어펴기를 하여 기공을 키운다. 이때 덧가루는 사용하지 않도록 한다.
   ② 탄력이 있는 상태로 단단히 만다.
   ③ 2차 발효하는 동안 틈새가 벌어지지 않도록 이음매를 꼭꼭 눌러 준다.
4) **2차 발효** : 상대습도 75%인 발효실에서 건조 발효시킨다.
5) **칼집내기** : 발효한 반죽 표면에 비스듬히 칼집을 낸다. 어린 반죽은 깊숙이, 지친 반죽은 얇게 칼집을 넣는다. 칼집을 넣는 갯수는 빵의 길이에 따라 달라진다.
6) **굽기**
   ① 프랑스빵 전용 오븐으로 230~250℃에서 25~35분간, 일반 오븐으로는 210~220℃에서 25~35분간 굽는다.
   ② 오븐에 넣기 전후 2~3번에 나누어 증기를 넣으면서 굽는다. 단, 이때 증기를 오랫동안 넣으면 껍질이 질겨져 칼집이 벌어지지 않게 되므로 주의한다.

7. 하드 롤

껍질이 딱딱한 롤빵으로, 프랑스빵처럼 하스 브레드에 속하지만 그보다 작고(40~60g) 조금 더 고배합인 제품이다. 포장하지 않은 채 온도 20~25℃, 습도 55~60%인 조건에서 하룻동안 보존할 수 있다.

(1) 재료의 사용범위(%)

재료	사용범위(%)
밀가루	100
물	50~60

❖ 밀가루, 물 이외에도 이스트, 이스트 푸드, 소금을 기본재료로 사용한다.
❖ 설탕, 유지, 계란, 분유 등을 약 2% 정도 사용한다. 설탕, 분유를 3% 이상 쓰면 껍질색이 빨리 형성되어 굽기가 어려워진다.

(2) 제조 공정

1) **반죽**
   ① 스트레이트법 : 24~26℃로 반죽한다.
   ② 스펀지법 : 23℃로 반죽한다.

2) **1차 발효**
   ① 스트레이트법 : 2~3시간 발효시킨다.
   ② 스펀지법 : 4~5시간 발효시킨다.

3) **분할** : 40~60g으로 나눈다.
4) **정형 · 팬닝** : 동그랗게 만들어 철판에 채워 넣는다.
5) **2차 발효** : 온도 32℃, 상대습도 70%인 발효실에서 발효시킨다.
6) **자르기(칼집넣기)** : 윗면을 자른다.
7) **굽기** : 190~210℃에서 25분간 굽는다. 오븐에 넣기 전후 2~3번 증기를 넣어 반죽의 오븐 팽창을 돕는다.

8. 호밀빵

밀가루에 호밀가루를 배합해 만든 빵으로, 밀가루만으로 만든 흰빵과 비교하여 흑빵이라고도 부른다. 정통 독일식 호밀빵은 밀가루에 최고 90%의 호밀가루를 섞어 만든다.

(1) 사용 재료의 특성

1) **호밀** : 펙틴 함량이 많아 자칫 잘못하면 반죽이 끈적이게 되므로, 밀가루와 섞어서 사용한다. 밀가루와 혼합해 사용함으로써 반죽의 뼈대 형성력과 가스보유력을 높일 수 있다.
2) **물** : 호밀에 펙틴 함량이 많아 흡수율이 높은 만큼, 반죽을 되직하게 만들어야 한다.
3) **이스트** : 많이 넣으면 반죽이 터지므로, 1~2% 사용한다. 호밀가루를 많이 쓸수록 이스트 사용량을 낮춘다.
4) **소금, 기타 재료** : 소금 이외에 이스트 푸드, 유지, 맥아당, 당밀, 분유, 설탕, 캐러웨이씨드(caraway seed), 유산균(sour milk) 등을 소량 사용하기도 한다.

(2) 제조 공정

1) **반죽**
   ① 밀가루만으로 반죽할 때보다 덜 발전시킨다. 그러나 너무 어린 반죽을 만들면 기계

에 대한 반죽의 적성이 떨어지고 오븐 팽창이 작아진다. 또 너무 반죽하면 끈적거리고 빵의 부피가 작아지며 윗면이 납작해지므로 주의해야 한다.

② 반죽 온도는 흰 식빵보다 낮춘다. 그렇게 해야 끈적거리지 않고 부피가 작아지지 않는다.

③ 호밀가루를 많이 쓸수록 온도를 낮춘다.

2) **1차 발효** : 흰 식빵 반죽보다 발효 시간을 줄인다.
3) **분할** : 분할기의 피스톤 압력을 높이고, 덧가루 사용량을 줄인다.
4) **정형** : 조심스럽게 밀어펴서 꼭꼭 감아 누른다.
5) **2차 발효** : 흰 식빵보다 짧게 발효시킨다.
6) **물칠** : 발효한 반죽 표면에 물칠을 한다. 물, 또는 전분을 섞은 물, 물에 약간의 계란을 섞은 것을 표면에 바르고 구우면 칼집이 터지지 않을 뿐만 아니라, 껍질이 바삭거리고 윤기가 난다.
7) **자르기** : 물칠을 한 반죽 표면을 칼로 자른다. 자르는 횟수와 깊이는 표면이 벌어지는 정도에 영향을 준다.
8) **굽기** : 증기를 넣어 굽다가 터지지 않도록 한다. 밝은색의 호밀빵은 짧게 굽고, 어두운 색의 호밀빵은 오래 굽는다.

9. 전밀빵

100% 전밀가루로 만든 빵으로, 영양소가 골고루 함유되어 있다. 전밀가루란 밀알 전체를 갈아 만든 가루로, 이를 사용해 만든 반죽은 작업하기 쉽고, 또 구웠을 때 제품의 크기가 좋다.

(1) 사용 재료의 특성

① 물 : 반죽의 뼈대를 약하게 하지 않는 범위내에서 쓴다.
② 쇼트닝 : 윤활작용을 높이기 위해 쇼트닝의 사용량을 늘린다.
③ 소금 : 반죽 초기단계에 넣어 반죽의 내구력을 키운다.
④ 기타 : 반죽의 내구력을 키우기 위해 활성 글루텐과 반죽 개량제를 넣기도 한다.

(2) 제조 공정

① 반죽 : 24~26℃로 반죽 온도를 낮춘다.
② 1차 발효 : 짧게 발효시킨다. pH는 식빵 반죽보다 높다.

③ 분할
④ 정형
⑤ 2차 발효 : 온도 35~41℃, 상대습도 75~80%인 조건에서 55~70분간 발효시킨다. 오븐 팽창이 작으므로, 습도를 낮추어 충분히 발효시켜야 한다.
⑥ 굽기 : 199~213℃에서 25~35분간 굽는다. 부피를 키우고 껍질색을 잘 들이기 위해 낮은 온도에서 오래 굽는다.

10. 브리오슈

버터와 달걀을 듬뿍 사용한 프랑스의 대표적 비앤누아즈리다. 프랑스의 지방마다 다른 모양의 브리오슈가 만들어지며, 모양에 따라 눈사람 모양의 브리오슈 아 테트(Brioche a tete), 직사각형 모양의 브리오슈 아 낭테르(Brioche a Nanterre) 등이 있다. 파네토네, 슈톨렌, 구겔호프와 함께 고율배합빵에 속한다.

(1) 재료의 사용 범위
① 버터와 달걀 : 40% 이상까지 사용한다.
② 설탕 : 10~12% 사이로 조정하면 좋다.

(2) 제조공정
① 버터 등의 유지를 제외한 전 재료를 넣고 믹싱한다.
② 글루텐이 85~90% 정도 발전되면 부드럽게 만든 버터를 2번에 나누어 넣고 최종단계까지 믹싱한다. (반죽온도 29℃)
③ 온도 30℃, 습도 75~80%에서 50~60분간 1차 발효.
④ 40g씩 분할해 둥글리기 한 후 10~15분간 중간발효.
⑤ 40g 반죽을 3:1로 나누어 3분량을 바닥으로 브리오슈 틀에 넣고, 반죽 윗부분을 손가락으로 눌러 구멍을 낸 후 1분량을 눈사람 모양으로 올려 넣는다.
⑥ 온도 30℃, 습도 80% 정도에서 30분(가스 보유력이 최대가 될 때까지) 2차 발효.
⑦ 노른자를 바르고 윗불 180℃, 아랫불 190℃에서 15분 정도 굽는다.

제6장 제품 평가

1. 일반적 평가 기준

(1) 외부적 특성
① 부피 : 반죽 무게에 대한 제품의 부피로 평가한다. 너무 크거나 작으면 안된다.
② 껍질색 : 색이 너무 어둡거나 여리면 안된다. 또한 줄무늬가 없고 균일해야 한다.
③ 껍질 특성 : 너무 두껍거나 딱딱하지 않아야 한다. 또한 거칠거나 부서지기 쉬운 상태가 되어서는 안된다.
④ 외형의 균형 : 중앙을 기준으로 한쪽이나 양쪽으로 기울지 않아야 한다.
⑤ 굽기 상태 : 바닥면, 옆면, 윗면이 고르게 잘 구워진 상태로, 타거나 설익은 곳이 없어야 한다.
⑥ 터짐성 : 적당한 터짐과 찢어짐이 나타나는 것은 바람직하다. 단, 한쪽면에만 지나치게 만들어지거나 너무 심하게 터지지 않아야 한다. 터짐이 전혀 없는 것도 바람직하지 않다.

(2) 내부적 특성
① 기공 : 얇은 세포벽의 기공이 부위별로 일정한 크기로 형성되어야 한다.
② 조직 : 이상적인 조직상태는 절단된 면을 누르거나 문지를 때의 감각으로 평가된다. 즉, 이상적인 상태는 부드럽고 매끄러우며, 거칠거나 껄껄한 느낌 또는 물렁하거나 부스러지는 느낌이 없어야 한다.
③ 속 색상 : 얼룩이나 줄무늬가 없어야 한다. 또한 광택을 가진 밝은색이어야 한다.
④ 향 : 후각으로 느끼는 냄새로, 제품 특유의 향이 있어야 하지만 온화한 향이어야 한다.
⑤ 맛 : 빵에 있어 가장 중요한 평가 항목이다. 제품 고유의 맛이 나면서 유쾌하고 만족스러운 식감이 있어야 바람직하다.

2. 제품별 평가 기준

(1) 식빵류의 평가 기준
1) 외부 평가 항목
① 부피 : 양감이 풍부하고 힘이 있다.

② 껍질색
　가. 윤기가 나는 황금갈색이다.
　나. 전체적으로 색채가 고르다.
　다. 반점이나 얼룩이 없다.
③ 껍질 특성
　가. 껍질이 얇고 부드럽다.
　나. 껍질이 벗겨지거나 수포, 줄무늬가 없다.
④ 균형감
　가. 균형 잡힌 모양이다.
　나. 각 모서리가 너무 각지거나 둥글지 않고 알맞은 각도를 이루고 있다.
　다. 빵의 윗면, 옆면에 움푹 들어간 부분이 없다.

2) 내부 평가 항목
① 기공
　가. 크기의 차이가 없이 아주 작은 기공이 전체에 고루 퍼져 있다.
　나. 기공막이 얇다.
② 색깔
　가. 색이 희고 윤기가 있다.
　나. 줄무늬와 얼룩이 없이 깨끗하다.
③ 촉감 : 부드럽다. 단, 너무 부드러워서도 안된다.
④ 향기
　가. 은은한 향이 풍긴다.
　나. 자극적이고 시큼한 냄새가 나지 않는다.
⑤ 맛
　가. 밀가루의 담백한 맛이 있다.
　나. 향기로운 단맛이 있다.
　다. 시거나 불쾌한 맛이 없다.

(2) 페이스트리와 크루아상류의 평가 기준
1) 외부 평가 항목
① 부피
　가. 양감이 있고, 가벼운 느낌이 든다.

나. 부피가 작으면 잘못된 제품이다.
② 색깔 : 황금갈색으로, 입맛을 돋울 수 있다.
③ 외관 : 유지층이 이루는 결이 깨끗하고 균형이 잡혀 있다.
④ 균형감
　가. 얇고 유연하다.
　나. 물집(수포)이 없고, 표피가 벗겨지지 않는다.
⑤ 보형성 : 손을 대거나 눌렀을 때 찌그러들지 않고 제 모양을 유지한다.

2) 내부 평가
① 결
　가. 유지가 만든 층이 깨끗하다.
　나. 가로로 누운 반타원형의 얇은 기공막이 옆으로 이어져 있다.
② 색깔
　가. 각각의 기공막이 황금색~흰색을 띤다.
　나. 유지가 굳어서 생긴 얼룩이 없고, 윤기가 난다.
③ 풍미
　가. 밀가루의 담백한 맛과 유지의 맛이 한데 어우러져 있다.
　나. 유지 냄새, 신맛, 탄내가 나지 않는다.
④ 씹는 맛
　가. 가볍게 씹히는 맛이 있다.
　나. 파삭파삭하여 부스러지거나 딱딱하지 않다.

(3) 프랑스빵의 평가 기준

1) 외부 평가 항목
① 부피
　가. 양감이 있다.
　나. 위로 잘 부풀어 있고, 힘이 있다.
② 표피의 질
　가. 윤기가 나고 황금갈색을 띤다.
　나. 표피가 얇고, 칼집이 깨끗이 터졌다.
　다. 표피에 자잘한 균열이 있다.

③ 균형감 : 가로 길이와 높이의 비율이 5 : 5 또는 4.5 : 5.5일 때 보기 좋다.

2) 내부 평가 항목
① 기공

가. 불규칙한 크기의 기공이 전체에 퍼져 있다.

나. 얇은 기공막이 있고 끊어진 형태의 기공이 좋다.

② 색깔 : 윤기가 나며 희고 투명하다.

③ 씹는 맛

가. 입안에서 덩어리지지 않고 파삭거리지 않는다. 결이 하나하나 씹히는 듯하고 부드럽다.

나. 밀가루의 담백한 맛과 구운 향이 조금 나고, 발효냄새가 난다. 강한 풍미는 좋지 않다.

3. 빵의 결점과 원인
(1) 식빵의 결점과 원인

결 점	원 인	
부피가 작다	• 이스트의 사용량이 부족하거나 지나쳤다. • 이스트를 녹이는 물이 차거나 뜨거웠다. • 설탕의 사용량이 많았다. • 효소제나 반죽 개량제의 사용량이 많았다. • 이스트 푸드의 사용량이 부족했다. • 박력 또는 초강력 밀가루를 썼다. • 단물(연수) 또는 센물(경수)을 썼다. • 물 흡수량이 적었다. • 반죽 온도가 높거나 낮았다. • 반죽 속도가 빨랐다. • 믹서를 너무 차게 식혔다. • 틀·철판의 온도가 낮거나 높았다. • 틀·철판의 비용적에 맞지 않은 반죽량. • 오븐의 증기가 많거나 적었다.	• 오래 되거나 온도가 높은 이스트를 썼다. • 소금의 사용량이 많았다. • 분유(우유)의 사용량이 많았다. • 쇼트닝의 사용량이 많거나 부족했다. • 오래된 밀가루를 썼다. • 미숙성 밀가루를 썼다. • 알칼리성 물을 썼다. • 반죽 정도가 부족하거나 지나쳤다. • 반죽이 질거나 되었다. • 믹서 용량에 맞지 않은 반죽을 넣고 반죽하였다. • 반죽의 분할 무게가 적었다. • 틀·철판에 기름을 많이 칠했다. • 오븐의 온도가 초기에 높았다. • 작업실의 실내 온도가 낮아 발효, 분할, 중간발효시 반죽이 식었다.
부피가 크다	• 이스트의 사용량이 많았다. • 저율 배합표로 만들었다. • 1차 발효 시간이 길었다. • 정형이 잘못되었다. • 틀·철판의 비용적에 맞지 않은 반죽량. • 2차 발효 시간이 길었다.	• 소금의 사용량이 부족하였다. • 스펀지의 양이 많았다. • 분할 무게가 많았다. • 틀·철판이 뜨거웠다. • 팬 기름을 많이 칠하였다. • 오븐의 온도가 낮았다.
껍질색이 옅다	• 저율 배합표로 만들었다. • 설탕의 사용량이 부족하다. • 효소제를 썼다. • 말토오스가 낮은 밀가루를 썼다. • 1차 발효 시간이 길었다. • 중간 발효 시간이 길었다. • 2차 발효실의 습도가 낮았다. • 오븐의 윗불 온도가 낮았다. • 오븐 속의 습도가 낮았다.	• 이스트 푸드의 사용량이 많았다. • 단물(연수)을 썼다. • 반죽이 기계적 손상을 많이 입었다. • 오래된 밀가루를 썼다. • 덧가루의 사용량이 많았다. • 틀·철판에 기름칠을 많이 했다. • 오븐에 넣을 때 반죽 거죽이 말랐다. • 굽기 시간이 짧았다.
껍질색이 짙다	• 설탕의 사용량이 많았다. • 반죽 정도가 지나쳤다. • 2차 발효실의 습도가 높았다. • 오븐의 윗불 온도가 높았다. • 쇼트닝의 사용량이 부족하였다.	• 분유의 사용량이 많았다. • 1차 발효 시간이 짧았다. • 오븐의 증기 사용량이 부족하였다. • 너무 오래 구웠다. • 효소제의 사용량이 부족하였다.

결점	원인	
껍질이 두껍다	• 설탕 사용량이 부족하였다. • 이스트 푸드의 사용량이 많았다. • 지친 반죽을 썼다. • 2차 발효실의 온도가 낮았다. • 오븐의 증기가 부족하였다.	• 분유의 사용량이 부족하였다. • 틀·철판이 차거나 뜨거웠다. • 2차 발효실의 습도가 낮았다. • 오븐의 온도가 낮았다. • 반죽량이 틀·철판의 비용적에 맞지 않는다.
껍질 표면에 물집이 생겼다	• 반죽이 질었다. • 정형기의 취급 부주의. • 오븐의 윗불 온도가 높았다.	• 발효가 부족하였다. • 2차 발효실의 습도가 높았다.
껍질에 반점이 생겼다	• 배합 재료가 고루 섞이지 않았다. • 덧가루의 사용량이 많았다. • 굽기 전에 설탕의 일부가 표면에 나왔다.	• 분유가 잘 녹지 않았다. • 2차 발효실에서 수분이 응축하였다.
껍질이 갈라진다	• 효소제의 사용량이 부족하였다. • 2차 발효실의 습도가 높았다. • 오븐의 온도가 낮았다.	• 지친 반죽 또는 어린 반죽을 썼다. • 오븐의 윗불 온도가 높았다. • 갓 구워낸 빵을 너무 빨리 식혔다.
껍질이 질기다	• 박력 또는 초강력 밀가루를 썼다. • 질 낮은 밀가루를 썼다. • 2차 발효 시간이 길었다. • 오븐의 온도가 낮았다.	• 저율 배합표를 썼다. • 어린 반죽 또는 지친 반죽을 썼다. • 2차 발효실의 습도가 낮거나 높았다. • 오븐의 증기가 많았다.
옆면의 껍질색이 옅다	• 틀 간격을 좁혀 구웠다. • 새로 쓰기 시작한 틀·철판을 전처리하지 않고 썼다. • 저율 배합표를 사용했다.	• 오븐의 아랫불이 약했다. • 효소제의 사용량이 부족하였다.
껍질색이 좋지 않다	• 소금의 사용량이 부족하였다. • 지친 반죽을 썼다. • 2차 발효실의 온도가 높았다.	• 이스트 푸드의 사용량이 많았다. • 덧가루의 사용량이 많았다. • 오븐 속의 증기가 부족하였다.
브레이크와 슈레드(터짐성)가 부족하다	• 오래된 밀가루를 썼다. • 단물(연수)을 썼다. • 반죽이 질었다. • 2차 발효 시간이 길었다. • 2차 발효실의 습도가 낮았다. • 오븐의 온도가 높았다.	• 효소제의 사용량이 많았다. • 이스트 푸드의 사용량이 부족하였다. • 발효 시간이 짧거나 길었다. • 2차 발효실의 온도가 높았다. • 오븐의 증기가 부족하였다.
빵이 터진다	• 반죽 정도가 지나쳤다. • 2차 발효 시간이 짧았다.	• 정형이 잘못되었다. • 오븐의 온도가 높았다.
빵의 표면이 세로로 갈라지며 홈이 생겼다	• 스펀지의 발효 시간이 길었다. • 덧가루를 많이 썼다. • 2차 발효실의 습도가 높았다.	• 반죽이 되직하였다. • 팬닝이 잘 이루어지지 않았다. • 틀·철판에 반죽을 채울 때 반죽과 반죽 사이에 기름이 묻었다.

결 점	원 인	
빵속의 색깔이 어둡다	• 질 낮은 밀가루를 썼다. • 이스트 푸드의 사용량이 많았다. • 반죽의 신장성이 부족하였다. • 반죽이 단단하였다. • 반죽량이 틀·철판의 비용적에 맞지 않다. • 오븐의 온도가 낮았다.	• 표백 정도가 지나친 밀가루를 썼다. • 맥아의 사용량이 많았다. • 지친 반죽을 썼다. • 틀·철판에 기름을 많이 칠하였다. • 틀·철판의 온도가 높았다.
빵 속에 구멍이 생겼다	• 미숙성한 밀가루를 썼다. • 이스트 푸드의 사용량이 많았다. • 소금의 사용량이 부족하였다. • 알칼리성 물을 썼다. • 습기 차거나 덩어리진 밀가루를 썼다. • 반죽 속도가 빠르다. • 어린 반죽 또는 지친 반죽을 썼다. • 덧가루를 많이 썼다. • 틀·철판의 온도가 높았다. • 2차 발효실의 온도가 높거나 낮았다.	• 단단한 쇼트닝을 썼다. • 효소제의 사용량이 많거나 부족하였다. • 단물(연수) 또는 센물(경수)을 썼다. • 박력 또는 초강력 밀가루를 썼다. • 쇼트닝이 고루 섞이지 않았다. • 반죽이 되거나 질었다. • 분할기에 기름칠을 많이 했다. • 정형기 롤러의 온도가 높았다. • 2차 발효 시간이 길었다. • 2차 발효실의 습도가 높았다.
빵 속에 줄무늬가 생겼다	• 증기 압력이 높았다. • 반죽 개량제의 사용량이 많았다. • 표면이 마른 스펀지를 썼다. • 덧가루의 사용량이 많았다. • 정형기의 롤러 조절이 잘못되었다. • 2차 발효실의 습도가 낮았다.	• 밀가루를 체쳐 쓰지 않았다. • 반죽하는 동안에 마른 재료가 고루 섞이지 않았다. • 반죽이 되직하였다. • 분할기에 기름을 많이 썼다. • 틀·철판에 기름칠을 많이 하였다.
기공이 거칠고 조직이 좋지 않다	• 센물(경수)을 썼다. • 유지의 사용량이 부족하였다. • 반죽이 질거나 되직하였다.	• 이스트 푸드의 사용량이 많거나 부족했다. • 산화제의 사용량이 부족하였다. • 1차 발효 시간이 짧았다.
냄새와 맛이 좋지 않다	• 질 낮은 재료를 썼다. • 산패한 쇼트닝을 썼다. • 단물(연수)을 썼다. • 오래된 사워를 썼다. • 보존료의 사용량이 많았다. • 지친 반죽을 썼다. • 산패한 기름을 팬 기름으로 이용하였다. • 2차 발효 시간이 길었다.	• 소금의 사용량이 부족하였다. • 이스트 푸드의 사용량이 많았다. • 알칼리성 물을 썼다. • 반죽 개량제를 많이 썼다. • 보관을 잘 못한 재료를 썼다. • 덧가루를 많이 썼다. • 비위생적인 발효실 기구를 그대로 사용하였다. • 껍질이 타고 빵속이 설익었다.
윗면이 납작하고 모서리가 날카롭다	• 미숙성한 밀가루를 썼다. • 반죽 정도가 심하였다. • 발효실의 습도가 높았다.	• 소금의 사용량이 부족하였다. • 반죽이 질었다.
빵의 모양이 나쁘다	• 정형이 잘못되었다. • 틀·철판의 모양이 똑바르지 않았다.	• 틀·철판의 비용적에 맞지 않은 반죽량. • 2차 발효 시간이 길었다.

결 점	원 인	
빵에 곰팡이가 빨리 핀다	• 불결한 곳에 보관하였던 재료를 썼다. • 비위생적인 작업 도구를 썼다. • 취급 제조자의 위생상태가 나빴다.	• 충분히 굽지 않았다. • 식히기, 자르기, 포장이 위생적으로 이루어지지 않았다.
자르기 어렵다	• 빵을 덜 식혔다.	• 슬라이서의 칼날이 무디거나 잘못 끼워져 있다.
옆면이 움푹 들어 갔다	• 지친 반죽을 썼다. • 틀·철판의 비용적에 맞지 않다. • 2차 발효 시간이 길었다. • 오븐 속의 열이 고루 퍼지지 않아 설익었다.	• 틀·철판에 기름을 많이 칠하였다. • 새로 쓰기 시작한 틀·철판을 전처리하지 않고 썼다. • 오븐의 아랫불 온도가 낮았다.
빵의 밑바닥이 움푹 들어갔다	• 반죽 정도가 부족하거나 심하다. • 믹서의 회전 속도가 느렸다. • 틀·철판에 기름을 칠하지 않았다. • 2차 발효실의 습도가 높았다.	• 반죽이 질었다. • 틀·철판이 뜨거웠다. • 틀 바닥에 수분이 있었다. • 굽기의 초기 온도가 높았다.

(2) 과자빵의 결점과 원인

결 점	원 인	
껍질색이 옅다	• 배합 재료가 부족하였다. • 발효 시간이 길었다. • 덧가루의 사용량이 많았다.	• 반죽 온도가 높아 반죽의 숙성 정도가 지나쳤다. • 오븐에 넣기 전에 이미 반죽 거죽이 말랐다.
껍질색이 짙다	• 질 낮은 밀가루를 썼다. • 숙성이 덜 된 반죽을 그대로 정형하였다. • 2차 발효실의 습도가 낮았다.	• 반죽 온도가 낮았다. • 발효하는 동안 반죽 온도가 떨어졌다.
껍질에 흰 반점이 생겼다	• 반죽 온도가 낮았다. • 숙성이 덜 된 반죽을 그대로 정형하였다.	• 발효하는 동안 반죽이 식었다. • 2차 발효 뒤에 찬공기를 오래 쐬었다.
빵 껍질에 물집이 생겼다	• 이스트의 사용량이 부족하였다. • 숙성이 덜 된 반죽을 그대로 썼다. • 2차 발효실의 습도가 높았다.	• 반죽 정도가 지나쳤다. • 가스빼기가 부족하였다.
껍질이 두껍다	• 설탕의 사용량이 부족하였다. • 유지의 사용량이 부족하였다. • 덧가루의 사용량이 많았다.	• 박력 밀가루를 썼다. • 반죽이 되었다. • 스펀지가 숙성하는 데 시간이 오래 걸렸다.
껍질 탄력성이 적다	• 박력 밀가루를 썼다. • 반죽 정도가 부족하였다. • 2차 발효 시간이 길었다.	• 유지의 사용량이 부족하였다. • 반죽이 되었다. • 오븐의 온도가 낮았다.

결점	원인	
빵속이 건조하다	• 설탕의 사용량이 부족하였다. • 반죽이 되었다.	• 스펀지의 발효 시간이 길었다. • 오븐의 온도가 낮아 오래 구웠다.
빵속이 설 익었다	• 이스트의 사용량이 부족하였다. • 숙성이 덜 된 반죽을 그대로 썼다. • 충전물의 양이 많았다. • 오븐의 온도가 높아 빨리 꺼내었다.	• 반죽 온도가 낮았다. • 반죽이 식었다. • 2차 발효 시간이 짧았다.
노화가 빠르다	• 박력 밀가루를 썼다. • 물 사용량이 부족하였다. • 오븐의 온도가 낮거나 높았다.	• 설탕 유지의 사용량이 부족하였다. • 반죽 정도가 부족하였다. • 보관 중 빵이 바깥 공기에 닿았다.
풍미가 부족하다	• 재료의 배합이 조화를 이루지 못하였다. • 반죽 온도가 낮았다. • 2차 발효실의 온도가 높았다.	• 저율 배합표 사용. • 과숙성 반죽을 썼다.
빵의 바닥이 거칠다	• 이스트의 사용량이 많았다. • 2차 발효실의 온도가 높았다.	• 반죽 정도가 부족하였다.
빵의 허리가 낮다	• 이스트의 사용량이 낮았다. • 숙성이 덜 된 반죽을 그대로 썼다. • 2차 발효 시간이 길었다. • 오븐의 아랫불 온도가 낮았다.	• 반죽 정도가 지나쳤다. • 정형할 때 지나치게 눌렀다. • 오븐의 온도가 낮았다.
옆면에 주름이 잡혔다	• 반죽이 질었다. • 철판 위에 놓은 반죽의 간격이 좁았다.	• 중간 발효 시간이 짧았다. • 오븐의 온도가 높아서 빨리 꺼내었다.
틀에서 떼어낸 자리가 말끔하지 않다	• 저율 배합표를 사용, 더욱이 당량이 모자랐다. • 반죽이 질다. • 오븐의 온도가 낮았다.	• 반죽 정도가 부족하였다. • 2차 발효 시간이 길었다.

과자류 제조 이론

제1장 과자의 개요
제2장 제과법
제3장 제과 공정
- 재료 혼합
- 반죽 정형 · 팬닝
- 굽기 · 냉각 · 포장

제4장 과자류 제품의 저장 및 유통
제5장 제품별 제과법
- 제품별 충전물 · 토핑물 · 장식재료 포함

제6장 제품 평가

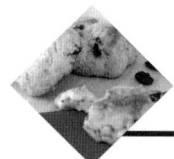

과자류 제조 이론

제1장 과자의 개요

1. 과자의 정의
곡식가루에 갖가지 감미료를 섞어 만든 것으로, 주식 이외에 먹는 기호식품을 말한다.

> ❖ 빵과 과자의 구분 기준
> ① 이스트의 사용 여부　　　② 설탕 배합량의 많고 적음
> ③ 밀가루의 종류　　　　　④ 반죽 상태 등

2. 과자의 역사
　과자는 빵과 마찬가지로 인류의 농경생활과 함께 시작되었다. 그러나 초기의 과자는 단순히 야생 소맥에 물을 붓고 반죽하는 정도에 지나지 않은 것이었다. 이후 제분기술의 발달로 그리스 시대에는 80~90종 정도의 과자와 빵이 만들어졌다. 로마제국 시대에 이르러서는 경제력과 종교의식의 발달로 현재와 같은 과자의 원형이 될만한 제품이 만들어졌다. 아이스크림의 기초인 샤벳의 원형도 이때 처음 선보였다.
이후 제과기술은 오스트리아를 거쳐 독일의 게르만 민족과 서쪽의 프랑스로 전해졌다. 그리고 시간이 지나면서 오스트리아 수도원에서 발달한 고급 과자 제법이 직접 프랑스와 덴마크로 전해졌다.
과자가 본격적으로 대중화되기 시작한 것은 르네상스 이후로, 주식인 빵과 구분되는 기호식품으로서 이를 전문적으로 취급하는 전문점과 기술자도 이때 생겨났다.

또한, 1500년대 신대륙 발견 이후 커피, 설탕, 코코아 등이 유럽에 전해지면서 과자의 품종과 기법은 더욱 발전하게 되었다.

3. 과자의 분류

같은 과자라 해도 팽창 형태, 가공 형태, 익히는 방법, 지역적 특성, 수분 함량 등에 따라 다양한 분류가 가능하다.

(1) 팽창 형태에 따른 분류

1) **화학적 팽창** : 베이킹 파우더 같은 화학 팽창제에 의존해 부풀린 제품
   - 레이어 케이크, 케이크 도넛, 케이크 머핀, 팬 케이크, 과일 케이크, 파운드 케이크 등
2) **공기 팽창(물리적 방법)** : 반죽을 휘저어 거품을 만들면서 공기를 집어넣어 부풀린 제품
   - 스펀지 케이크, 에인젤 푸드 케이크, 머랭, 거품형 반죽 쿠키 등
3) **유지 팽창** : 밀가루 반죽에 유지를 넣고 유지층 사이의 증기압으로 부풀린 제품
   - 퍼프 페이스트리, 아메리칸 파이 크러스트 등
4) **무팽창** : 아무런 팽창 작용을 주지 않고 단지 수증기압의 영향을 받아 조금 부풀린 제품
   - 타르트의 깔개반죽 일부, 쿠키(비스킷) 등
5) **복합형 팽창** : 두 가지 이상의 팽창 형태를 병용해 부풀린 제품
   - 이스트 팽창 + 화학 팽창, 이스트 팽창 + 공기 팽창, 화학 팽창 + 공기 팽창 (시폰 케이크) 등의 방법이 있다.

(2) 가공 형태에 따른 분류

1) **케이크류**
   ① 양과자류 : 반죽형, 거품형, 시폰형의 서구식 과자 등
   ② 생과자류 : 수분 함량이 높은 과자류로, 화과자의 상당수가 여기에 속한다.
   ③ 페이스트리류 : 퍼프 페이스트리, 각종 파이 등
2) **데커레이션 케이크** : 기본 제품에 여러 가지 장식을 하여 맛과 시각적 효과를 높인 케이크
3) **공예 과자** : 미적 효과를 살린 과자. 먹을 수 없는 재료의 사용이 가능하다.
4) **초콜릿 과자** : 배합에 초콜릿을 사용한 제품과 샌드나 코팅을 한 제품
5) **냉과류** : 무스, 바바루아, 아이스크림, 셔벗 등 차게해서 먹는 과자류

6) 캔디류 : 설탕류를 주원료로 하여 만든 제품

(3) 익히는 방법에 따른 분류
① 구움과자
② 튀김과자
③ 찜과자
④ 냉과

(4) 지역적 특성에 따른 분류
① 한과
② 양과
③ 화과자
④ 중화과자

(5) 수분 함량에 따른 분류
① 생과자 : 수분이 30% 이상인 과자
② 건과자 : 수분이 5% 이하인 과자

4. 과자의 주요 재료와 기능
제과 재료는 반죽 과정에서 서로 결합해 보형성, 팽창, 바삭한 식감, 풍미 등을 갖는다.
(1) 보형성 : 반죽을 뭉치게 하여 제품의 모양을 만들어 주는 성질로, 물이 가장 중요한 역할을 한다.
(2) 팽창 : 제품에 볼륨과 부드러운 식감을 주는 성질로 화학적인 방법과 물리적인 방법이 있다. 이를 위해 계란, 고형유지, 생크림, 효모, 화학 팽창제 등을 사용한다.
(3) 바삭한 식감(쇼트니스 : Shortness) : 입에서 잘 녹거나 바삭하게 씹히는 맛으로, 밀가루의 글루텐 힘을 약화시켜야 얻을 수 있다. 유지, 설탕, 팽창제, 전분, 견과류 등이 사용된다.
(4) 풍미 : 설탕, 소금, 계란, 유제품, 과일, 견과류, 스파이스류, 양주 등을 사용하면 각 재료가 갖는 풍미를 향상시킬 수 있다.

(1) 밀가루

1) 제품의 구조를 형성한다.
2) 일반적인 케이크는 단백질 함량이 7~9%, 회분 함량이 0.4% 이하인 박력분을, 유지 함량이 많은 쿠키는 중력분, 파이는 중력분 또는 강력분을 각각 사용한다.
3) 고율배합의 반죽형 케이크에는 염소 표백이 잘 된 밀가루를 사용한다. 표백이 불량한 밀가루를 사용하면 오븐에서 꺼냈을 때 찌그러지기 쉽고 제품이 건조해지기 쉽다.

(2) 설탕

1) 제품의 단맛과 향을 내고 캐러멜화 작용으로 껍질색을 진하게 한다.
2) 수분 보유력에 의해 제품의 신선도를 오랫동안 유지시킨다.
3) 단백질 연화작용으로 제품을 부드럽게 한다.
4) 자당이 가장 많이 사용되고 포도당, 물엿의 순으로 사용된다.
5) 이밖에 꿀, 당밀, 전화당, 시럽, 물엿 등도 나름의 독특한 향으로 제품에 천연향을 부여한다.

(3) 유지(쇼트닝 : Shortening)

① 크림성 : 믹싱시 공기를 혼입해 크림이 되는 성질로 파운드 케이크 등에 이용한다.
② 쇼트닝성 : 제품에 부드러움을 주는 성질
③ 안정성 : 산패에 견디는 성질로 저장 기간이 긴 건과자류에 이용한다.
④ 신장성 : 파이 제조시 반죽 사이에서 밀어 펴지는 성질로 파이나 페이스트리 등에 이용한다.
⑤ 가소성 : 고체에 힘을 주면 유동체와 같은 성질을 띠고, 또 없애도 변형시킨 모양 그대로 남는 성질로 파이나 페이스트리 등에 이용한다.

❖ 버터와 마가린은 지방 80% 이상, 수분 18% 이하이며, 쇼트닝은 지방이 100%이다.

(4) 계란

1) 밀가루와 함께 제품의 구조를 형성한다.
2) 75%가 물로 이뤄져 있어 수분공급제 역할을 한다.
3) 커스터드 크림의 결합제, 스펀지 케이크의 팽창제 역할을 한다.
4) 노른자의 레시틴은 유화제 역할을 한다.

❖ 배합표에서 계란의 양을 늘리거나 줄일 때는 반죽의 전체 고형질과 수분의 균형을 맞추기 위해 다른 액체재료를 빼거나 첨가시킨다.
- 계란 : 수분 75%, 고형질 25%
- 노른자 : 수분 50%, 고형질 50%
- 흰자 : 수분 88%, 고형질 12%

(5) 우유
1) 단백질이 포함돼 있어 제품의 구조를 형성한다.
2) 유당은 껍질색을 진하게 하고 수분 보유제 역할을 한다.
   ※ 일반 시유의 수분 함량은 88%, 분유의 수분 함량은 5% 이하이다.

(6) 물
1) 식감과 반죽의 되기를 조절한다.
2) 굽기 과정 중에 반죽 내부에 증기압을 형성해 주변 공기를 팽창시킨다.
3) 밀가루와 결합해 글루텐 형성에 필수적인 역할을 한다.
4) 순수하게 첨가하는 물, 우유와 계란 같은 액체 재료에 함유된 물, 건조재료 중의 수분이 모두 포함된다.

(7) 소금
1) 함께 사용한 재료들이 향미를 내게 한다.
2) 설탕의 단맛을 순화시킨다.

(8) 향료, 향신료
독특한 향으로 인해 제품을 차별화시킨다.

❖ 향료 및 향신료의 형태
오일타입(유용성), 에센스 타입(수용성), 미크론 타입(분말), 콩크타입(농축형)

5. 제과 기기와 도구
(1) 제과 기기
크게 대량 생산용과 제과점용으로 대분할 수 있다. 하지만 크기나 용량, 작동방식의 차이가 있을 뿐이다.

1) 믹서
일반적으로 수직형 믹서를 사용한다. 믹서는 본체와 부대물로 구성되어 있다.

① 본체

제조 회사에 따라 저속, 중속, 고속을 1단에서 3단 또는 5단까지로 만들고 있으며, 단계마다 1분당 회전 속도를 규정하고 있다.

② 믹서 부대 기구

믹서 본체에 부착하여 사용하는 부대 기구에는 다음과 같은 것이 있다.

가. 믹서 볼 : 밑이 둥근 것과 평평한 것이 있으며, 반죽 날개와 마찬가지로 떼었다 붙였다 할 수 있다.

나. 반죽 날개 : 믹서 볼 속에서 여러 재료를 섞어 반죽을 만드는 기구로, 교반 날개라고도 한다. 믹서를 이루는 한 부분으로서 휘퍼, 비터, 훅의 세 부분으로 나뉜다.

믹서

ㄱ. 휘퍼(whipper) : 교반·혼합용으로, 많은 양의 계란이나 생크림을 믹서 볼에 넣고 거품낼 때 쓴다.

ㄴ. 비터(beater) : 믹서 볼 속의 반죽을 교반·혼합하는 기구이다. 용도에 따라 록 비터, 버터 비터, 하프 비터로 나뉜다.

❖ 록 비터 : 전후좌우로 움직이는 비터로, 비교적 큰 반죽을 만들 수 있다.
버터 비터 : 버터, 크림 상태의 물질 또는 혼합물을 교반할 때 사용한다.
하프 비터 : 믹서의 용량에 못 미치는 적은 양의 반죽을 교반·혼합하기에 알맞다.

ㄷ. 훅(hook) : 반죽용 반죽 날개로, 훅의 모양은 Y, X, S, Z형이 대표적이다.

2) 자동 제과기(에어믹서)

모든 재료를 한꺼번에 넣고 믹싱하는 1단계법의 기계로서, 에어 믹서라고도 한다. 공기에 의해 비중을 조절하고, 온도도 자동 조절할 수 있어 대량 생산에 적합하다.

3) 파이 롤러

롤러의 간격을 점차 좁게 조절하여 반죽을 얇게 밀어 펴는 기계이다. 데니시 페이스트리, 퍼프 페이스트리, 케이크 도넛 등을 만들 때 균일한 두께로 밀어펼 수 있다.

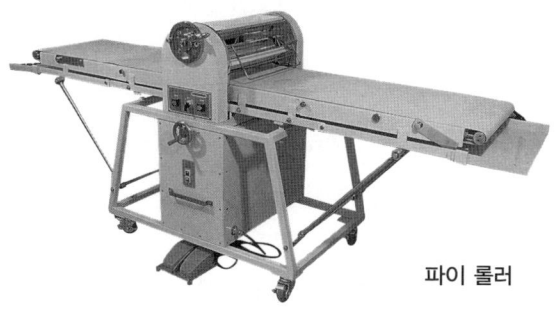

파이 롤러

4) 오븐
  ① 일반 오븐 : 소규모의 제과점용으로 '데크 오븐'이라 하여 가장 많이 사용하고 있다. 반죽을 넣는 입구와 제품을 꺼내는 출구가 같고, 같은 판에 있으므로 손으로 넣고 꺼내기가 편리하다.
  ② 릴 오븐 : 오븐 속의 선반이 회전하여 구워지는 오븐이다. 내부 공간이 커서 많은 양의 제품을 구울 수 있기 때문에 중·소규모 공장에서 주로 사용된다.
  ③ 터널 오븐 : 반죽이 들어가는 입구와 제품이 나오는 출구가 서로 다른 오븐이다. 터널을 통과하는 동안 온도가 다른 몇 개의 구역을 지나면서 굽기가 끝난다. 빵 틀의 크기에 거의 제한받지 않고, 윗불과 아랫불의 조절이 쉽다. 대량 생산 공장에서 많이 사용된다.

데크 오븐

터널 오븐

5) 튀김기
  제품별 튀김 온도가 다르기 때문에 희망하는 온도를 설정할 수 있는 자동 온도 조절 장치가 부착되어 있다. 소형 튀김기는 수동으로 튀기는 반면, 대형 튀김기는 컨베이어가 이동하면서 자동으로 튀긴다.

6) 비스킷 정형기
  비스킷류를 다량으로 만들 때 사용한다. 반죽에 수분이 많거나 유지가 많은 '짜는 형태'의 제품 제조에 사용된다.

(2) 제과 도구
  제과 공정에는 품목별로 많은 도구가 사용되는데 대표적인 도구는 다음과 같다.

1) **여러 종류의 팬** : 틀, 납작한 냄비, 철판 등을 용도에 맞게 사용한다.

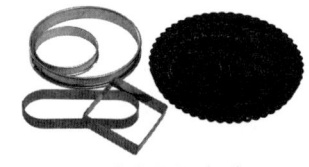
여러 종류의 팬

2) 스패튤러

① 나무 주걱 : 여러 재료를 섞거나 볶을 때, 또는 저을 때 사용한다. 재질이 나무이고 끝이 둥글기 때문에 볼이나 냄비가 긁히지 않는다.

② 팔레트 나이프 : 다 만들어진 케이크에 장식용 크림을 바르거나, 오븐 철판에 반죽을 붓고 표면을 고르게 펼 때 사용한다.

스패튤러

3) 모양 깍지
짤주머니 끝에 달아 장식용 크림이나 머랭을 짜거나, 부드러운 반죽을 철판에 짜 놓을 때 쓰는 기구이다. 파이핑 튜브라고도 한다. 별, 장미꽃, 동그라미, 물결, 잎 모양 등의 모양 깍지가 있다.

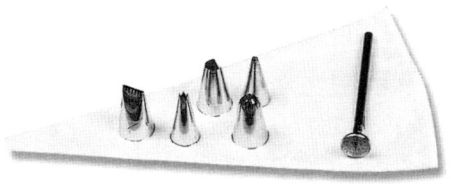

모양깍지

4) 회전대
구워낸 케이크, 파이를 올려놓고 돌리면서 크림, 초콜릿으로 코팅·장식할 수 있는 받침대이다.

회전대

5) 디핑포크
템퍼링한 초콜릿에 가나슈를 디핑할 때 사용하는 도구이다. 디핑한 초콜릿에 무늬를 내거나 디핑한 초콜릿을 부재료에 굴릴 때 사용하기도 한다. 보다 정교한 작업을 위해 가나슈의 형태와 용도를 고려하여 알맞은 모양의 디핑포크를 선택하여 사용한다.

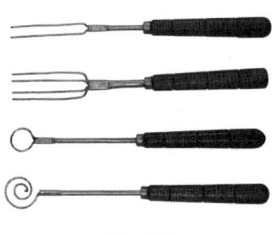

디핑포크

6) 기타도구
각종 커터, 도르래칼, 붓, 동그릇, 저울, 밀대, 세공용 소도구 등

도르래칼

제2장 제과법

제과법은 반죽을 만드는 방법에 따라 분류한다. 반죽법에는 반죽형 반죽, 거품형 반죽, 시풍형 반죽이 있다.

1. 반죽형 반죽

많은 양의 유지를 사용하고 화학 팽창제를 이용해 부풀린 반죽이다. 밀가루, 유지, 설탕, 계란을 기본으로 해 만든다. 레이어 케이크류, 파운드 케이크, 머핀 케이크, 과일 케이크, 마들렌, 바움쿠헨 등을 만들 때 사용한다.

(1) 사용 재료의 특성

1) 밀가루

① 제품에 힘을 줘 일정한 모양을 갖게 한다.
② 반죽에 글루텐이 많으면 단단해지고, 적으면 부서지기 쉽다.
③ 사용하는 밀가루 종류는 첨가되는 재료에 따라 달라지지만 특히 글루텐량과 관계가 깊다.

❖ 밀가루의 50% 이하로 유지가 들어간 경우 : 글루텐이 약한 박력분 사용
　　반대의 경우 : 글루텐이 강한 밀가루 사용

2) 유지

① 제품 제조시 유지의 에어레이션이 가장 중요하다. 어떤 방법으로 제품을 만들든지 가장 먼저 하는 작업이 버터의 크리밍이며, 이는 제품의 질을 결정하는 큰 요인이 된다. 따라서 크리밍성이 나쁜 유지를 사용하면 아무리 좋은 반죽을 만들려 해도 좋은 결과를 얻기 어렵다.
② 반죽형 케이크에 가장 좋은 유지는 크리밍성이 좋은 고형유지로, β 형의 결정을 갖고 있는 것이다.
③ 쇼트닝, 마가린, 버터, 라드 순으로 크리밍성이 좋다.
④ 풍미는 뛰어나지만 크리밍성이 떨어지는 버터를 사용할 때는 쇼트닝과 섞어 사용한다.

3) 설탕

① 설탕의 가장 큰 역할은 보수성으로, 반죽 속에 수분을 줘 제품을 촉촉하고 매끄럽게 한다.
② 설탕을 적게 넣을 때는 보습성이 우수한 상백당을, 많은 반죽에 사용할 때는 순도가 높은 그라뉴당을 쓴다.
③ 꿀, 물엿, 전화당 등으로 대체할 수 있으며, 특히 꿀은 독특한 풍미가 있어 설탕 일부를 대체해 사용해도 좋다.

4) 계란

① 다른 재료의 풍미를 살리고, 반죽을 잘 뭉치게 한다.
② 호화를 촉진시키고 글루텐의 형성을 도와 반죽을 부풀리게 한다.
③ 노른자에는 수중유적형의 유화제가 들어 있어 유지가 수분과 분리되지 않고 골고루 분산되게끔 도와준다.

(2) 만드는 방법

1) 크림법(슈거 배터법 : Sugar batter method)

① 배합 순서
  가. 유지와 설탕을 섞어 크림 상태로 만든다.
  나. 계란을 2~3회 나누어 넣고 크림 상태로 만든다.
  다. 밀가루 등의 건조재료와 물을 넣고 가볍게 혼합한다.
② 장점 : 부피가 큰 제품을 만들기에 적당하다.

2) 블렌딩법(플라워 배터법 : Flour batter method)

① 배합 순서
  가. 밀가루와 유지를 섞어 밀가루가 유지에 싸이도록 한다.
  나. 건조재료(설탕, 탈지분유, 소금 등)와 계란을 넣고 섞는다.
  다. 물을 넣고 고루 섞는다.
② 장점 : 밀가루 입자가 유지와 먼저 결합, 글루텐이 만들어지지 않으므로 유연감이 좋은 제품을 만들기에 적합하다.

3) 1단계법
① 모든 재료를 일시에 넣고 믹싱하는 방법이다.
② 장점 : 노동력과 시간이 절약된다. 크림화와 거품 올리기 중 공기 혼입이 적어질 우려가 있으므로 믹서의 성능이 좋은 경우나 화학 팽창제를 사용하는 제품에 적용한다.

4) 설탕·물 반죽법
① 배합 순서
가. 설탕과 물(설탕량의 1/2)을 더해 설탕을 녹인다.
나. 남은 물을 마저 넣는다.
다. 건조재료를 넣고 섞는다.
라. 계란을 넣어 반죽을 마무리한다.
② 장점 : 설탕을 물에 녹여 사용, 당분이 반죽 전체에 고루 퍼져 껍질색이 곱다. 반죽에 설탕 입자가 남아 있지 않아 반죽 도중 긁어낼(스크래핑 : scraping) 필요가 없다. 고운 속결의 제품 생산, 계량의 정확성과 운반의 편리성으로 대량 생산현장에서 많이 이용된다.

5) 복합법
① 배합 순서 I
가. 유지를 크림 상태로 만들어 밀가루와 섞는다.
나. 따로 계란과 설탕을 섞어 거품낸 뒤 '가'와 혼합한다.
② 배합 순서 II
가. 유지, 설탕, 노른자를 섞어 크림 상태로 만든다.
나. 따로 흰자에 설탕을 넣고 머랭을 만든다.
다. '가'에 '나'의 머랭 1/3을 섞은 후 건조재료를 섞는다.
라. 남은 머랭을 넣고 섞는다.

2. 거품형 반죽
계란의 기포성과 응고성을 이용해 부풀린 반죽이다. 계란의 흰자만을 휘핑해 사용하는 머랭 반죽, 노른자와 흰자를 휘핑해 다른 재료와 섞는 스펀지 반죽이 있다. 스펀지 케이크, 머랭, 카스텔라, 에인젤 푸드 케이크, 다쿠아즈 등을 만들 때 사용한다.

(1) 머랭 반죽

흰자에 설탕을 넣고 거품을 낸 반죽으로, 제법에 관계없이 설탕과 흰자의 비율은 2 : 1이다.

1) 종류 : 만드는 방법에 따라 냉제 머랭, 온제 머랭, 이탈리안 머랭, 스위스 머랭으로 구분한다.

2) 기본재료의 특성

① 흰자
  가. 머랭은 흰자의 기포성을 이용한 제품인데, 흰자에 함유된 단백질이 이 역할을 한다.
  나. 신선한 흰자에 비해 오래된 흰자쪽이 거품내기는 쉽지만 안정성이 떨어진다.
  다. 알칼리성인 흰자에 산을 넣으면 기포력은 높아지지만 습기가 생기기 쉽다. 그러므로 며칠 보관해야 할 머랭에는 흰자 대비 0.2% 정도의 탄산수소암모늄을 첨가한다.

② 설탕
  가. 설탕이 갖는 보습성으로 기포 표면이 건조되는 것을 막고 안정성을 높인다.
  나. 몇 번에 걸쳐 나눠 넣어 주면 흰자가 기포를 만들려는 성질을 억제할 수 있다.
  다. 설탕량이 많으면 기포성이 나빠져 열을 주면서 휘핑하기도 하는데, 이 경우 흰자의 안정성은 떨어진다.
  라. 설탕량이 적을 경우는 흰자를 찬 상태에서, 많을 경우는 따뜻한 상태에서 휘핑한다.

(2) 스펀지 반죽

계란에 설탕을 넣고 거품낸 후 다른 재료와 섞은 반죽이다. 스펀지 반죽의 수분은 대부분 계란에서 얻어지므로 계란의 성질을 최대한 이용한 반죽이라고 할 수 있다. 거품내는 방법에 따라 구분한다.

1) 공립법 : 흰자와 노른자를 섞어 함께 거품내는 방법으로, 더운 방법과 찬 방법이 있다.

① 더운 방법(Hot sponge method)
계란과 설탕을 넣고 중탕으로 가열하여 37~43℃까지 데운 뒤 거품내는 방법이다. 주로 고율배합에 사용되며, 설탕의 용해도가 좋아 껍질색이 균일하게 된다.

② 찬 방법(Cold sponge method)
중탕하지 않고, 계란과 설탕을 거품내는 방법이다. 저율배합에 적합한 방법이며, 베이킹 파우더를 사용할 수도 있다.

2) 별립법

노른자와 흰자를 분리하여 제조하는 방법으로, 기포가 단단해서 짤주머니로 짜서 굽는 제품에 적합한 방법이다. 공립법에 비해 제품이 부드럽다.

① 흰자와 노른자를 나눠 그 각각에 설탕을 넣고 따로따로 거품을 낸다.
② 노른자 거품에 머랭의 1/3~1/2을 넣고 섞어준 후 가루재료와 혼합한다.
③ 나머지 머랭을 넣고 가볍게 혼합한다.

> ❖ 스펀지 케이크에서 용해 버터를 넣을 때는 반죽의 최종 단계에서 버터를 60℃로 녹여서 넣는다.

3) 단단계법

모든 재료를 동시에 넣고 거품내는 방법으로, 기계 성능이 좋아야 하며 반드시 기포제 또는 기포 유화제를 사용해야 한다.

3. 시퐁형 반죽

별립법처럼 흰자와 노른자를 나누어 쓰되, 노른자는 다른 재료와 섞어서 반죽형 반죽을 만들고, 흰자는 설탕을 섞어 거품형 머랭을 만든 후 두 가지 반죽을 혼합해 만든 반죽이다. 거품형 반죽과 반죽형 반죽의 특징을 함께 지니는 제품으로 시퐁 케이크가 대표적인 제품이다.

> ❖ 만드는 방법
> ① 식용유와 노른자를 섞은 다음, 체친 밀가루 등의 가루를 넣고 섞는다.
> ② 물을 조금씩 넣으면서 매끄러운 상태로 만든다.
> ③ 따로 흰자에 설탕을 조금씩 넣으면서 머랭을 만든 뒤, ②와 섞어 준다.

4. 페이스트 반죽

빵 반죽보다 된 상태의 반죽으로 페이스트리류와 파이, 슈 등의 제품이 포함된다. 페이스트리류 중 이스트의 도움을 받아 반죽을 부풀리는 데니시 페이스트리는 빵류에 속하며, 유지의 힘만으로 반죽을 부풀리는 퍼프 페이스트리와 파이류는 과자로 분류된다. 크림 퍼프(Cream Puff)로 불리는 슈의 경우는 수증기 팽창의 힘만으로 반죽을 부풀린다.

(1) 만드는 법

1) 피복

페이스트 반죽은 혼합이 끝나면 피복용 유지를 반죽 위에 첨가해야 한다. 피복 유지로는 융점이 높고 가소성이 큰 제품이 사용되는데, 버터와 쇼트닝을 섞어 사용하기도 한다. 일반적으로 페이스트리용 마가린을 사용하고 있다.

① **영국식 방법** : 큰 부피의 제품을 만들고자 하는 경우에 사용한다. 반죽을 직사각형으로 밀어 편 후에 2/3정도의 부분을 피복용 유지로 덮는 방법이다.
② **프랑스식 방법** : 영국식 방법에 비해서 제품의 부피는 떨어지나 매우 부드러운 제품을 만들 수가 있다. 정사각형으로 밀어 핀 반죽위에 마름모꼴로 가운데 부분에 피복용 유지를 놓은 다음, 네 모서리의 반죽을 접어 덮는 반죽이다.
③ **스코틀랜드 방법** : 가장 손쉽게 피복할 수 있는 방법이다. 직사각형으로 밀어 핀 반죽 위에 피복용 유지를 조금씩 떼어내어 바르는 방법이다.
④ **속성법** : 피복용 유지를 밀가루 위에 놓고 잘게 잘라 밀가루와 혼합한 후 물을 투입하여 반죽을 완료한다. 층이 없으면서도 바삭한 파이를 만들 때 사용한다.

2) 접기

① 피복이 끝난 반죽은 접고 밀어 펴는 과정을 거치게 되며, 이 과정에서 페이스트 제품의 특성인 여러 겹의 층을 이루게 된다.
② 밀어 펴는 과정에서 반죽은 글루텐의 발전으로 말미암아 탄력을 얻게 되므로 접는 중간마다 냉장고와 같은 곳에서 휴지시간을 주어 탄성을 줄여야 한다. 이러한 휴지시간은 여러 가지의 요인들에 따라서 달라지므로 일정한 규칙은 없으며, 단지 다음 작업에 지장을 주지만 않으면 된다.
③ 퍼프 페이스트리와 같이 이스트가 들어가지 않는 제품에서는 피복을 한 후에 계속해서 휴지시간을 주지 않고 두 번 반복해서 밀어 펴는 과정을 행하는 것이 보통이다.
④ 접는 방법은 두 겹 접기, 세 겹 접기, 책 접기 등 여러 가지가 있으나 세 겹 접기를 예로 들어본 접기에 따른 반죽과 유지의 층수를 보면 다음 표와 같다.

반죽과 유지의 층(영국식 세 겹 접기)

접는 횟수	반죽층	유지층	합계
1	3	2	5
2	7~8	6	13
3	19	18	37

제3장 제과 공정

기본 제조 공정
반죽법 결정 → 배합표 작성 → 재료 계량 → 반죽 만들기 → 정형·팬닝 → 굽기 또는 튀기기 → 포장

1. 반죽법 결정
제품의 성격에 맞춰 팽창 방법을 결정한다.

2. 배합표 작성
각각의 제품 특성을 살리는 방법 중 하나가 배합 재료의 양적·질적인 균형을 맞추는 일이다. 과자 반죽의 특성은 고형물질과 수분의 균형이 어떠한가로 결정된다.

(1) 고율배합과 저율배합
1) 고율배합의 의미
설탕 사용량이 밀가루 사용량보다 많고, 수분이 설탕량보다 많은 배합을 말한다. 제품의 신선도를 높이고 부드러움을 지속시키는 특징이 있다.

2) 고율배합 반죽이 만들어지는 요인
① 상당량의 유지와 다량의 물을 사용해도 분리가 일어나지 않게 하는 유화 쇼트닝 사용
② 전분의 호화 온도를 낮추어 굽기 과정 중 안정을 빠르게 하여 수축과 손실을 감소시키는 염소 표백 밀가루의 사용

3) 고율배합 제품 : 레이어 케이크, 초콜릿 케이크

고율배합과 저율배합의 비교

비교 항목	고율배합	저율배합
반죽 속에 공기가 포함된 정도	많음	적음
비중	낮음	높음
화학 팽창제 사용	줄임	늘림
굽는 온도	저온 장시간	고온 단시간

3. 재료 계량

미리 작성한 배합표대로 재료의 무게를 정확히 계량한다.

4. 반죽 만들기

(1) 반죽 온도 조절

과자의 특성을 제대로 반영할 수 있는 반죽을 만들려면 반죽의 온도를 일정하게 맞춰야 한다. 반죽 온도는 반죽물의 온도로 맞춘다. 이때 반죽 온도가 낮으면 기공이 조밀해 부피가 작고 식감이 나쁜 제품을 만드는 원인이 된다. 또, 제품 표면이 터지고 거칠어지는 현상이 나타난다. 반대로 반죽 온도가 높으면 기공이 열리고 큰 공기 구멍이 생겨 조직이 거칠고 노화가 빠른 제품을 만드는 결과를 초래한다.

1) 반죽 온도 조절 공식

① 마찰계수 : 반죽 온도에 영향을 미치는 마찰열을 실질적 수치로 환산한 것

마찰계수 = (실제 반죽 온도×6)−(실내 온도+밀가루 온도+설탕 온도+쇼트닝 온도+계란 온도+수돗물 온도)

② 물 온도 계산 : 희망하는 반죽 온도를 맞추기 위해 사용할 물의 온도를 계산한다.

사용할 물 온도 = (희망 반죽 온도×6)−(실내 온도+밀가루 온도+설탕 온도+쇼트닝 온도+계란 온도+마찰계수)

③ 얼음 사용량 : 계산된 물 온도가 수돗물 온도보다 낮을 때는 얼음을 넣어 온도를 조절한다.

$$얼음\ 사용량 = \frac{물\ 사용량 \times (수돗물\ 온도 - 사용할\ 물\ 온도)}{80 + 수돗물\ 온도}$$

2) 각 제품의 적정 반죽 온도

① 파운드 케이크 : 20~24℃, 유지의 적정 품온 18~25℃

② 옐로 화이트 레이어 케이크 : 22~24℃

③ 거품형 케이크 : 21~16℃

④ 쿠키 : 18~24℃

⑤ 파이, 퍼프 페이스트리 : 18~20℃ 정도

(2) 비중

부피가 같은 물의 무게에 대한 반죽의 무게를 숫자로 나타낸 값이다. 그 값이 작을수록 비중이 낮음을 뜻한다. 비중이 낮으면 반죽에 공기가 많이 포함되어 있음을 의미한다.

1) 제품에 미치는 영향 : 비중은 제품의 외부적 특성인 부피뿐 아니라, 내부 특성인 기공과 조직에도 결정적인 영향을 미친다.
  ① 같은 무게의 반죽이면서 비중이 높으면 제품의 부피가 작고, 낮으면 크다.
  ② 비중이 낮을수록 제품의 기공이 커져 조직이 거칠게 되며, 높을수록 기공이 조밀하여 무겁고 촘촘한 조직이 된다.

$$비중 = \frac{같은\ 부피의\ 반죽무게}{같은\ 부피의\ 물무게}$$

2) 비중 측정법 : 과자 반죽의 비중은 보통 비중컵을 사용하여 측정한다.

3) 각 제품의 적정 비중

구분	적정 비중	품목
반죽형 케이크	0.75~0.85	파운드 케이크, 레이어 케이크 초콜릿 케이크, 데블스푸드 케이크
거품형 케이크	0.50~0.60	버터 스펀지 케이크
	0.40~0.50	시폰 케이크, 롤 케이크

(3) 산도

1) 제품의 적정 pH

제품마다 최상의 제품을 만들기 위한 적정 산도가 있다. 일반적으로 화이트 레이어 케이크 7.4~7.8, 옐로우 레이어 케이크 7.2~7.6, 스펀지 케이크 7.3~7.6, 파운드 케이크 6.6~7.1, 데블스 푸드 케이크 8.5~9.2, 초콜릿 케이크 7.8~8.8, 에인젤 푸드 케이크 5.2~6.0 등이다.

① 산성에 치우쳤을 때 제품에 미치는 영향
 가. 너무 고운 기공
 나. 여린 껍질색
 다. 연한 향
 라. 톡 쏘는 신맛
 마. 빈약한 제품의 부피 등

반죽의 온도와 비중, pH에 따른 제품 상태

상 태	낮 다		높 다	
반죽 온도	기공이 조밀하다. 부피가 작다. 식감이 나쁘다.		기공이 크고 열려있다. 조직이 거칠다. 노화가 빠르다.	
반죽 비중	기공이 크고 조직이 거칠다. 부피가 크고 표면이 불균형하다. 제품이 가볍다.		기공이 조밀하다. 부피가 작다. 제품이 무겁다.	
반죽 pH	산 성	기공이 조밀하다. 부피와 퍼짐이 작다. 껍질색과 속색이 여리다. 향이 여리다. 톡 쏘는 신맛이 난다.	알칼리성	기공이 거칠다. 퍼짐이 크다. 껍질색과 속색이 어둡다. 향이 강하다. 소다맛이 난다.

제과제빵 재료 및 제품의 pH

재료	pH	재료/제품	pH
밀가루(제과용)	4.9~5.8	체리	3.2~4.0
밀가루(제빵용)	5.0~6.0	배	3.8~4.6
호밀가루	6.2~6.6	사과	3.4
쇼트닝	6.2~6.4	사과 주스	3.3
설탕	6.5~7.0	레몬 주스	2.2~2.4
전화당	2.5~4.5	오렌지 주스	3.4~4.0
당밀	5.0~5.4	식초	2.4~3.4
베이킹 파우더	6.5~7.5	치즈(제과용)	4.0~4.5
베이킹 소다	8.4~8.8	과일잼	3.5~4.0
초콜릿	5.3~6.0	호박	4.8~5.2
코코아(천연)	5.3~6.0	복숭아	3.5~4.0
코코아(가공)	6.4~6.8	에인젤 푸드 케이크	5.0~6.5
계란	6.4~8.2	초콜릿 케이크	7.8~8.8
계란(노른자)	6.3~6.7	데블스 케이크	8.8~9.2
계란(흰자)	9.0~5.5	파운드 케이크	6.6~7.1
젤라틴	4.0~4.2	스펀지 케이크	7.3~7.6
맥아시럽	4.7~5.0	옐로우 케이크	7.2~7.8
탈지분유	6.5~6.8	화이트 케이크	7.2~7.8
버터밀크(분말)	4.0~5.2	쿠키	6.5~8.0
버터밀크	6.4~6.5	발효된 반죽	4.9~5.2
이스트	5.0~6.0	도넛	6.5~8.0

② 알칼리성에 치우쳤을 때 제품에 미치는 영향
가. 거친 기공
나. 어두운 껍질색과 속색
다. 강한 향
라. 소다 맛 등

2) pH 조절 방법

① 배합 재료를 이용하는 방법 : 배합 재료 중 박력분은 산성, 신선한 계란은 알칼리성, 대개의 과일과 주스는 강산성이다. 또 베이킹 파우더는 반응 후에 pH 6.5~7.5를 나타내지만 중성으로 본다. 이들 재료를 이용해 적정 pH를 맞춘다.

② 첨가제를 사용하는 방법 : pH를 낮추고자 할 때는 주석산 크림을, 높이고자 할 때는 중조를 넣는다.

❖ pH는 초콜릿과 코코아 케이크의 향과 색에도 영향을 준다. 향과 색을 진하게 하려면 알칼리성쪽으로, 향과 색을 여리게 하려면 산성쪽으로 조절한다.

5. 정형 · 팬닝

과자의 모양을 만드는 방법은 짜내기, 찍어내기, 접어밀기, 팬닝 등 여러 가지가 있다.

(1) 짜내기

반죽을 짤주머니에 채워 넣고 일정한 크기의 철판에 짜놓는 방법. 짤주머니에 끼우는 모양 깍지의 모양과 짜내는 손놀림에 따라 갖가지 형태가 만들어진다.

(2) 찍어내기

반죽을 형틀로 찍어 눌러 모양을 뜨는 방법. 원하는 모양과 크기에 알맞은 두께로 반죽을 밀어편 뒤 형틀을 대고 누른다.

(3) 접어밀기

밀가루 반죽에 유지를 얹어 감싼 뒤 밀어펴고 접는 일을 되풀이하는 방법.

(4) 팬닝

갖은 모양을 갖춘 틀에 반죽을 채워 넣고 구워 형태를 만드는 방법. 과자 반죽은 적정한 비중과 상태가 제품마다 다르기 때문에 틀 용적에 대한 반죽량도 다르게 된다. 따라서 좋은 모양을 유지하기 위해서는 적정량의 반죽을 담는 조치가 필요하다.

$$반죽무게 = \frac{틀\ 부피}{비용적}$$

1) 틀 부피 계산법

① 옆면이 똑바른 둥근틀

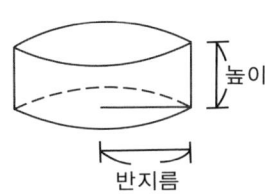

부피(cm³) = 반지름 × 반지름 × 3.14 × 높이

② 옆면이 경사진 둥근틀

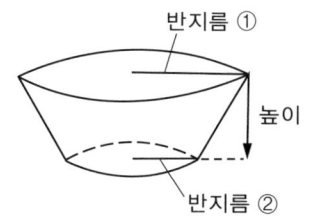

부피(cm³) = 평균 반지름 × 평균 반지름 × 3.14 × 높이
평균 반지름 = (반지름① + 반지름②) ÷ 2

③ 옆이 경사지고 가운데 관이 있는 둥근틀

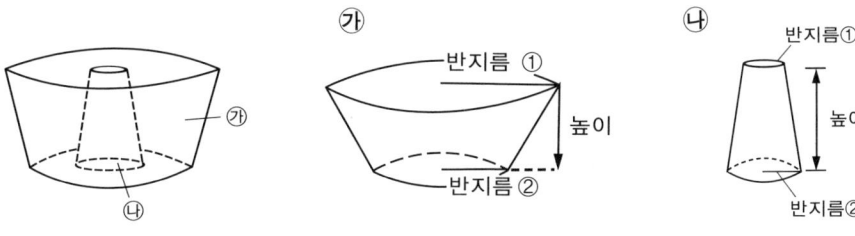

부피(cm³) = 전체 둥근틀 부피(㉮) − 관이 차지한 부피(㉯)
= 〔(평균 반지름)² × 3.14 × 높이〕 − 〔(평균 반지름)² × 3.14 × 높이〕

④ 옆면이 경사진 사각틀

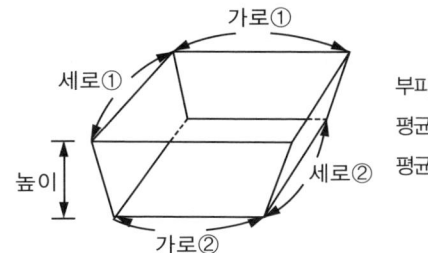

부피(cm³) = 평균 가로길이 × 평균 세로길이 × 높이
평균 가로길이 = (가로① + 가로②) ÷ 2
평균 세로길이 = (세로① + 세로②) ÷ 2

❖ 〈예제〉
둥근 틀에 케이크 반죽을 채우려고 한다(틀의 부피 2.4cm³당 반죽 1g). 이때 안치수로 재어 틀의 지름이 10cm이고 높이가 4cm라면, 이 틀에 반죽 몇 g을 넣어야 알맞은가?
☞ 반죽 무게 = 틀의 부피 ÷ 비용적
둥근 틀의 부피 = 반지름 × 반지름 × 3.14 × 높이 = 5 × 5 × 3.14 × 4 = 314(cm³)
∴ 반죽 무게 = 3.14 ÷ 2.4 = 130.8(g)

2) 각 제품의 비용적

반죽 1g당 차지하는 부피를 의미한다(단위 cm³/g).

① 파운드 케이크 : 2.40 cm³
② 레이어 케이크 : 2.96 cm³
③ 에인젤 푸드 케이크 : 4.71 cm³
④ 스펀지 케이크 : 5.08 cm³

6. 굽기 또는 튀기기

고율배합 반죽, 다량 반죽일수록 낮은 온도에서 오래 구워야 한다. 굽는 온도가 너무 낮으면 조직이 부드러우나 윗면이 평평하고 수분 손실이 큰 오버 베이킹(over baking)이 나타난다. 반면에 너무 높으면 중심 부분이 갈라지고 조직이 거칠며 설익어 주저앉기 쉽다. 또 튀길 때에는 반죽이 기름을 너무 많이 흡수하지 않도록 튀김기름의 온도를 조절해야 한다. 온도가 낮으면 너무 많이 부풀어 껍질이 거칠고 기름이 많이 흡수된다.
(튀김기름의 표준온도 : 180~190℃)

오버 베이킹과 언더 베이킹의 차이

구분	조건	제품
오버 베이킹	① 낮은 온도에서 장시간 구운 것. ② 지나치게 구운 것을 말함.	윗부분이 평평하다. 제품이 수분이 적다(건조). 제품이 오므라든다.
언더 베이킹	① 높은 온도에서 단시간 구운 것. ② 덜 구운 것을 말함.	윗면이 볼록 튀어나오고 갈라진다. 껍질색이 진하다. 제품이 수분이 많고 주저앉기 쉽다.

7. 포장

(1) 포장의 목적
1) 소비자의 구매 욕구를 충족시킨다.
2) 저장·유통 과정 중 변하기 쉬운 품질을 유지하여 상품의 수명을 늘린다.

(2) 포장기를 사용할 때 주의할 점
1) 포장지의 길이를 알맞게 맞춘다.
2) 히터 크랭크와 공급 체인 크랭크를 조절한다.
3) 높이와 각도를 조절한다.
4) 전·후진 장치를 조절한다.

제4장 과자류 제품의 저장 및 유통

〈1〉 과자의 노화와 부패

과자류 제품의 유통에 있어 가장 중요시되는 점은 제품의 가치를 그대로 유지한 채 안전하게 운반, 보관, 진열하는 일이다.

1. 과자의 노화

과자의 겉과 속에서 일어나는 물리·화학적 변화로서, 과자가 딱딱해지고 맛·촉감·향이 좋지 않은 방향으로 바뀌는 현상이다.

(1) 노화 현상
1) **겉의 노화** : 겉이 눅눅해지고 질겨진다. 과자 속의 수분이 겉으로 이동하고, 공기 중의 수분이 흡수되어 겉은 부드러우나 속은 건조하게 된다.
2) **속의 노화** : 부드럽고 말랑말랑하던 속이 굳고 탄력성을 잃어 부스러지기 쉽다. 또한 조직이 거칠고 건조하며, 신선한 풍미를 잃고 좋지 않은 냄새를 풍긴다.

(2) 노화의 원인
노화의 원인은 전체 수분의 증발, 부위별 수분의 이동과 같이 물과 관계가 있다. 이와는 별도로 전분 자체가 퇴화하여 베타-전분으로 변하는 데 그 원인이 있다.

(3) 노화 속도

1) 노화에 영향을 주는 요인

① 저장 시간
가. 오븐에서 꺼낸 직후부터 노화 현상이 시작된다.
나. 냉장 온도에서 실온 사이에 제품을 두면 노화 속도가 빨라져 4일 동안 일어날 노화의 반이 하루 동안에 진행된다.
다. 신선할 때 노화 속도도 빠르다.

② 저장 온도

가. 냉장 온도에서 노화 속도가 가장 빠르게 진행된다.

나. -18℃ 이하에서는 노화가 지연된다.

다. 43℃ 이상에서는 노화 속도가 느려지지만, 미생물에 의한 변질의 우려가 있다.

③ 배합률

가. 제품의 수분 함량이 38% 이상이 되면 노화가 지연된다.

나. 밀가루 단백질의 양과 질이 많고 높을수록 노화가 지연된다.

다. 친수성 콜로이드의 함량이 많을수록, 물에 녹지 않고 수분을 흡수하는 펜토산의 함량이 많을수록 노화가 지연된다.

라. 수분 보유력을 높이는 계면 활성제의 첨가는 노화 속도를 지연시킨다.

2) 노화를 지연시키는 방법

① 저장 온도를 -18℃ 이하, 또는 21~35℃로 유지한다.

② 모노-디-글리세리드 계통의 유화제를 사용한다.

③ 반죽에 알파-아밀라아제를 첨가하거나, 물의 사용량을 높여 반죽 중의 수분 함량을 높인다.

④ 질 좋은 재료를 사용하고, 제조 공정을 정확히 지킨다.

⑤ 당류를 첨가한다.

⑥ 방습 포장 재료로 포장한다.

2. 과자의 부패

제품에 곰팡이가 발생하여 썩는 현상이다.

(1) 곰팡이 발생 방지법

1) 작업실, 작업기구, 작업자의 위생을 청결히 한다.

2) 곰팡이의 발생을 촉진하는 물질을 없앤다.

3) 곰팡이가 피지 않는 환경에 보관한다.

4) 보존료를 사용한다.

(2) 로프균 발생 방지법

1) 밀가루에 빙초산을 첨가하여 보존한다.
2) 프로피온산나트륨이나 프로피온산칼슘, 젖산(0.1~0.12%), 아세트산(0.05%)을 첨가하기도 한다.

> ❖ 로프균은 공기 속에 떠다니거나 밀에 붙어 있어 밀가루에 섞여들 수 있다. 열에 강하여 100~200℃에서도 죽지 않는다. 빵을 보존하는 동안 20℃에서 38~40℃로 갈수록 세력이 왕성해진다. 로프균이 번식하면 빵에 악취가 나고 어두운 색으로 변한다.

3. 노화와 부패의 차이

1) **노화한 과자**
   수분이 이동·발산 → 껍질이 눅눅해지거나 딱딱해지고 속이 푸석해진다.
2) **부패한 과자**
   미생물 침입 → 단백질 성분의 파괴 → 악취

〈2〉 과자류 제품의 저장 및 유통

(1) 유통상의 위험요소
① **변형과 파손** : 과자류 제품의 유통 중에 발생하는 물리적 힘과 포장용기 등에 의한 변형이나 파손으로 과자류 제품의 가치가 훼손될 수 있다.
② **변질** : 과자류 제품의 보관과 유통 과정에서 온도·습도·광선·산소 등에 의한 화학적 작용이나 미생물과 위생동물에 의한 생물학적 작용, 효소에 의한 생화학적 작용으로 제품이 변질될 수 있다.

(2) 변질의 종류
① **부패** : 혐기성 세균이 과자류 제품을 구성하는 단백질에 번식하여 발생하는 부패는 악취와 유해물질을 생성한다.
② **변패** : 과자류 제품의 탄수화물과 지방이 미생물에 의해 분해되어 발생하는 변패는 과

자의 맛과 풍미를 저하시킨다.
③ **산패** : 유지 등 지방의 산화에 의해 발생하는 산패는 과자류 제품의 악취와 변색을 일으킨다.

(3) 예방
① 부패 등의 변질이 발생하지 않도록 원료 구입에서부터 제조·저장·유통의 각 단계별로 철저한 위생관리를 실시한다.
② 포장용기와 재질의 설계부터 보관·운송 등 각 단계에서 외부의 물리적 힘이 작용하지 못하도록 예방하여 제품의 변형과 파손을 방지한다.
③ 제품의 저장 및 유통 과정을 매뉴얼화하여 수행한다.

제5장 제품별 제과법

1. 레이어 케이크

반죽형 반죽과자의 대표적인 제품으로, 설탕 사용량이 밀가루 사용량보다 많은 고율배합 제품이다. 설탕을 녹일만한 많은 양의 물을 사용하기 때문에 신선도를 오랫동안 유지시키는 장점이 있다. 옐로 레이어 케이크, 화이트 레이어 케이크, 데블스 푸드 케이크, 초콜릿 케이크가 있다.

(1) 옐로 레이어 케이크
반죽형 케이크의 기본이 되는 제품으로, 설탕의 사용범위는 110~140%까지이다.

1) 재료의 사용범위(단위 : %)

재료	사용범위(%)
밀가루(박력분)	100
설탕	110~140
쇼트닝	30~70
계란	쇼트닝×1.1
탈지분유	변화
베이킹 파우더	2~6
소금	1~3
향료	0.5~1.0
물	변화

❖ 유화제 처리가 안된 쇼트닝을 쓸 경우 쇼트닝의 6~8%에 해당하는 유화제를 첨가한다.
❖ 설탕 사용량이 많을수록 수분 사용량이 늘어나 노화가 지연된다.

2) 배합률 조정공식

① 설탕과 쇼트닝의 양을 먼저 결정한다.

② 계란 = 쇼트닝×1.1

③ 우유 = 설탕 + 25 - 계란

④ 우유는 탈지분유 10%와 물 90%로 대치하여 사용할 수 있다.

> ❖ 〈예제〉 옐로 레이어 케이크에서 설탕을 120%, 쇼트닝을 54% 사용했다면 분유의 사용 비율은?
>
> ☞ 우유 = 설탕 + 25 - 계란   계란 = 쇼트닝 × 1.1 → 5.4 × 1.1 = 59.4
> 우유 = 120 + 25 - 59.4 = 85.6
> 분유는 우유의 10%, 따라서 분유의 사용 비율은 85.6 × 0.1 = 8.56

3) 제조 공정

① 믹싱 : 반죽형 반죽의 반죽법 중 크림법, 블렌딩법, 1단계법 중 한가지를 택한다.

> ❖ 크림법에 따른 반죽순서
> 가. 쇼트닝, 소금, 설탕, 유화제를 비터로 섞는다.
> 나. 계란을 조금씩 넣으면서 크림 상태로 만든다.
> 다. 물을 넣는다.
> 라. 밀가루, 탈지분유, 베이킹 파우더, 향료를 체쳐 넣고 저속으로 믹싱한다.
>   (반죽 온도 22~24℃, 비중 0.85~0.9)

② 팬닝 : 팬 용적의 40% 정도 반죽을 채운다.

③ 굽기 : 180~200℃ 온도에서 25~35분간 굽는다.

④ 냉각 및 마무리 : 냉각시킨 후 여러 가지 아이싱을 하거나 데커레이션 케이크를 만든다.

(2) 화이트 레이어 케이크

흰자를 사용해 반죽한 케이크로, 설탕 사용범위가 110~160%까지로 넓다.

1) 재료의 사용범위(단위 : %)

재료	사용범위(%)	재료	사용범위(%)
밀가루(박력분)	100	물	변화
설탕	110~160	베이킹 파우더	2~6
쇼트닝	30~70	소금	1~3
흰자	계란×1.3	주석산 크림	0.5
탈지분유	변화	향료	0.5~1.0

❖ 쇼트닝의 양이 증가하면 흰자의 양도 증가해 케이크 구조를 형성하는 고형질도 증가한다.

❖ 주석산 크림은 흰자의 구조와 내구성을 강화시키고, 흰자의 산도를 높여 케이크색을 희게 한다.

2) 배합률 조정공식

① 설탕과 쇼트닝의 양을 먼저 결정한다.
② 흰자 = 계란×1.3 = 쇼트닝×1.43 = (쇼트닝×1.1)×1.3
③ 우유 = 설탕 + 30 − 흰자 = 탈지분유(우유의 10%) + 물(우유의 90%)
④ 주석산 크림 = 0.5%
⑤ 베이킹 파우더 = 원래 양×1.1

3) 제조 공정

① 믹싱 : 반죽형 반죽의 반죽법 중 크림법, 블렌딩법, 1단계법 중 한가지를 택한다.
　　　　(반죽 온도 22~24℃, 비중 0.8~0.85)
　※ 흰자에 포함된 수분에 의해 크림이 분리되지 않도록 한꺼번에 넣지 않는다.
② 팬닝 : 팬 용적의 45% 정도 반죽을 채운다.
③ 굽기 : 180~200℃ 온도에서 25~35분간 굽는다.
④ 냉각 및 마무리 : 냉각시킨 후 여러 가지 아이싱을 하거나 데커레이션 케이크를 만든다.

(3) 데블스 푸드 케이크

옐로 레이어 케이크 반죽에 코코아를 넣은 것으로, 블렌딩법으로 반죽한다.

1) 재료의 사용범위(단위 : %)

재 료	사용범위(%)
밀가루(박력분)	100
설탕	110~180
쇼트닝	30~70
계란	쇼트닝×1.1
탈지분유	변화
물	변화
코코아	15~30
중조(탄산수소나트륨)	코코아 종류에 따라 결정
베이킹 파우더	2~6
소금	2~3
향	0.5~1.0
유화제	2~5

❖ 천연 코코아 사용시 : 코코아의 7%에 해당하는 중조(탄산수소나트륨)를 사용한다. 단, 중조를 사용하면 이산화탄소가 발생하기 때문에 베이킹 파우더 사용량을 줄인다(중조는 베이킹 파우더의 3배 효과).
❖ 더치 코코아 사용시 : 중조는 사용하지 않고, 베이킹 파우더만 원래의 양을 그대로 사용한다.

2) 배합률 조정공식

① 설탕, 쇼트닝, 코코아의 사용량을 결정한다.

② 계란 = 쇼트닝×1.1

③ 우유 = 설탕 + 30 + (코코아×1.5) – 계란

④ 탄산수소나트륨(중조) = 천연 코코아×7%,

　베이킹 파우더 = 원래 사용하던 양 – (중조×3)

❖ 〈예제〉 데블스 푸드 케이크에서 천연 코코아를 30% 사용시 소다는 몇 %를 사용하나?

　☞ 탄산수소나트륨 = 천연 코코아 × 7% → 30 × 0.07 = 2.1(%)

---

3) 제조 공정

① 믹싱 : 블렌딩법으로 반죽한다.

　가. 밀가루를 체친 후 쇼트닝과 섞는다.

　나. 설탕, 탈지분유, 베이킹 파우더, 코코아, 향료, 소금을 넣고 섞는다.

　다. 계란, 물 등의 액체재료 일부를 넣고 믹싱한다.

　라. 남은 액체재료를 넣고 되기를 조절한다. (반죽 온도 22~24℃, 비중 0.8~0.85)

② 팬닝 : 팬 용적의 40% 정도 반죽을 채운다.

③ 굽기 : 180~200℃ 온도에서 25~35분간 굽는다.

④ 냉각 및 마무리 : 냉각시킨 후 여러 가지 장식물을 사용해 데커레이션 케이크를 만든다.

(4) 초콜릿 케이크

기본 레이어 케이크 반죽에 24~48% 정도의 초콜릿을 넣어 맛과 향을 보강한 제품이다.

1) 재료의 사용범위(단위 : %)

재료	사용범위(%)
밀가루(박력분)	100
설탕	110~180
쇼트닝	30~70
계란	쇼트닝×1.1
탈지분유	변화

재료	사용범위(%)
물	변화
초콜릿	24~48
베이킹 파우더	2~6
소금	2~3
향료	0.5~1.0

❖ 초콜릿 중에 포함된 코코아가 천연일 경우 : 중조를 7% 사용하고, 베이킹 파우더는 중조 사용량의 3배를 줄여 사용한다.

❖ 초콜릿 중에 포함된 코코아가 더치일 경우 : 중조는 사용하지 않고, 베이킹 파우더만 원래 사용량을 그대로 사용한다.

2) 배합률 조정공식
① 설탕, 쇼트닝, 초콜릿의 사용량을 결정한다.
② 계란 = 쇼트닝 × 1.1
③ 우유 = 설탕 + 30 + (코코아 × 1.5) − 계란
④ 초콜릿 = 코코아 + 카카오버터
   코코아 = 초콜릿량 × 62.5%(=5/8)
   카카오 버터 = 초콜릿량 × 37.5%(=3/8)
⑤ 조절한 유화 쇼트닝 = 원래 유화 쇼트닝 − (카카오버터 × 1/2)

3) 제조 공정
① 믹싱 : 반죽형 반죽의 반죽법 중 크림법, 블렌딩법, 1단계법 중 선택한다.
   (반죽 온도 22~24℃, 비중 0.8~0.85)
② 팬닝 : 팬 용적의 45~55% 정도 반죽을 채운다.
③ 굽기 : 180~200℃ 온도에서 25~35분간 굽는다.
④ 냉각 및 마무리 : 냉각시킨 후 여러 가지 장식물을 사용해 데커레이션 케이크를 만든다.

(5) 레이어 케이크류의 제품 평가(결점과 원인)
1) 반죽하는 동안 반죽이 응유상태이다.
① 유화성이 없는 유지를 썼다.
② 고율배합 반죽에 표백한 밀가루를 썼다. 밀가루의 전분 입자가 액체를 흡수하여 반죽에 남는다.
③ 유화제를 쓰지 않은 유지에 액체재료를 서둘러 넣었다.
④ 우유, 계란 등의 차가운 액체재료를 썼다. 이것이 유지를 굳혀 응유현상이 일어난다.

2) 케이크의 부피가 작다.
① 재료들이 고루 섞이지 않았다. 부풀림이 작아져 부피가 작다.
② 반죽이 응유현상을 나타냈다.
③ 설탕과 액체재료의 사용량이 많았다.
④ 팽창제의 사용량이 많았다. 굽는 동안 많이 부풀었다가 구워낸 뒤 수축한다.
⑤ 오븐의 온도가 높았다. 껍질이 빨리 만들어져 부풀 수 있는 기회를 놓친다.
⑥ 구워낸 제품을 급속도로 식혔다. 온도 변화가 심하면 수축한다.

3) 기공이 열리고 조직이 거칠다.
① 표백하지 않은 박력분을 썼다.
② 재료들이 고루 섞이지 않았다.
③ 오븐의 온도가 낮았다.
④ 화학 팽창제의 사용량이 많았다.

4) 케이크가 단단하고 질기다.
① 고율배합 케이크에 적당하지 않은 밀가루를 썼다.
② 계란 사용량이 많았다.
③ 부풀림이 적었다.
④ 오븐의 온도가 높았다.

5) 굽는 동안 부풀어올랐다가 가라앉는다.
① 설탕과 액체재료의 사용량이 많았다. 그러면 밀가루의 글루텐이 지탱할 힘을 잃어 부풀다가 주저앉는다.
② 표백하지 않은 박력분을 썼다.
③ 화학 팽창제의 사용량이 많았다.
④ 재료들이 고루 섞이지 않았다.

6) 케이크 껍질에 반점이 생기거나 색의 농도가 고르지 않다.
① 입자가 굵고 크기가 서로 다른 설탕을 썼다.
② 재료들이 고루 섞이지 않았다.
③ 밀가루를 체쳐 쓰지 않았다.
④ 오븐의 열이 고루 퍼지지 않았다.

7) 맛과 향이 떨어진다.
① 재료의 배합이 균형을 이루지 못했다.
② 재료의 맛과 향이 나빴다.
③ 바닥이나 윗면이 탔다.
④ 오븐의 온도가 낮았다.
⑤ 틀이나 철판이 깨끗하지 않다.

⑥ 다 식기 전에 포장해서 포장지 냄새를 흡수했다.
⑦ 초콜릿 케이크를 오래 구워 껍질에서 쓴맛이 난다.

2. 파운드 케이크

밀가루, 설탕, 유지, 계란을 각각 1파운드씩 배합해 만든 케이크로, 최근에는 배합 비율을 여러 가지로 응용해 만든다. 다른 재료를 아무것도 섞지 않고 만든 보통의 파운드 케이크, 이 케이크 반죽에 초콜릿, 코코아를 섞어 만든 마블 케이크, 각종 과실을 넣고 만든 과일(프루츠) 파운드 케이크가 있다.

(1) 재료의 사용범위

재 료	사용범위(%)
밀가루(박력분)	100
설탕	75~125
쇼트닝	40~100
계란	40~100
유화제	2~4
베이킹 파우더	0~3
향료	0~1
소금	1~3
우유(물)	0~30

❖ 설탕 사용량이 일정하면 전체 수분량(=계란+우유)이 일정하다.
❖ 쇼트닝의 사용량을 늘리면 계란은 쇼트닝과 같은 양, 또는 쇼트닝의 1.1배만큼 증가시켜 사용한다.
❖ 계란의 역할은 공기 포집이기 때문에 계란의 사용량을 늘리면 베이킹 파우더의 양은 줄인다.
❖ 유지제품에 소금이 포함돼 있으므로 소금 양을 늘릴 경우 이를 감안한다.

(2) 배합률 조절공식

1) 쇼트닝 사용량 ≦ 계란 사용량
2) 설탕 사용량 = 75~125%
3) 계란 + 우유 ≧ 설탕 또는 밀가루

(3) 기본재료의 특성

1) 밀가루

① 부드러운 제품을 만들고자 할 때는 박력분을, 조직감을 강하게 할 때는 중력분이나 강력분을 혼합해 사용한다.

② 찰옥수수 가루는 케이크 내상을 차지게 하는 경향이 있어 부적당하다.
③ 볶아서 곱게 빻은 보릿가루는 밀가루 일부를 대치할 수 있다.

2) 계란
① 가급적 신선한 것을 사용한다.
② 냉동 계란을 사용할 때는 적정 온도로 해동하여 사용한다.
③ 계란 전체를 쓰면 옐로 파운드 케이크, 흰자만을 쓰면 화이트 파운드 케이크라고 한다.

3) 설탕
① 감미를 주며 껍질색을 진하게 한다.
② 수분 보유력이 있어 제품의 신선함을 오래 유지시킨다.
③ 과일(프루츠) 파운드 케이크 제조시 과일 맛을 살리기 위해 설탕량을 줄인다.
④ 포도당, 물엿, 액당, 꿀, 전화당 등으로 대치할 수 있다.

4) 유지
① 유화성이 높은 유지를 써야 물을 쓰면서도 공기를 많이 품을 수 있다.
② 가소성이 크고 안정성이 높으며 산가가 낮은 유지가 좋다.

(4) 제조 공정

1) 믹싱 : 반죽형 반죽의 반죽법 중 크림법, 블렌딩법, 1단계법 중에서 선택한다.

> ❖ 크림법에 따른 반죽 순서
> ① 쇼트닝, 소금, 설탕, 유화제를 비터로 섞는다.
> ② 계란을 조금씩 넣어 섞는다.
> ③ 밀가루, 탈지분유, 베이킹 파우더, 향료를 체쳐 넣고 살짝 섞는다(반죽 온도 22~24℃, 비중 0.8~0.85).

2) 팬닝 : 아무 틀이나 사용해도 무방하지만 전형적인 것은 파운드 틀이다. 대량 생산체제를 갖춘 공장에서는 이중 틀을 사용한다. 틀의 안쪽에 종이를 깔고 틀 높이의 70% 정도 반죽을 채운다. 파운드 케이크는 반죽 1g당 2.4㎤의 용적을 차지한다.

3) 굽기 : 반죽량이 많은 제품은 170~180℃에서, 크기가 작은 제품은 180~190℃에서 굽는다. 흔히 보기에 좋도록 윗면을 자연스럽게 터트려 굽는다. 터지지 않게 하려면 터지는 원인을 미리 없애거나 굽기 전에 증기를 불어넣는다.

❖ 터지는 원인
① 반죽의 수분 부족
② 설탕이 다 녹지 않음
③ 틀에 채운 반죽을 바로 굽지 않아 반죽 거죽이 마름
④ 높은 온도에서 구워 껍질이 빨리 생김

(5) 응용 제품

1) 마블 케이크
① 일반 파운드 케이크 반죽 1/4 ~ 1/3에 코코아 4~6%, 우유 9~12%, 중조 0.5%를 첨가해 코코아 반죽을 만든다. 코코아 대신 초콜릿을 사용할 수 있다.
② 틀에 일반 파운드 케이크 반죽(틀 높이의 1/4정도)을 부은 뒤 코코아 반죽을 그 위에 붓는다. 그런 다음 다시 일반 파운드 케이크 반죽을 부어 휘젓기를 한다.
③ 맨 밑바닥과 위는 일반 파운드 케이크 반죽으로 싼다.

2) 과일 파운드 케이크
① 파운드 케이크 반죽에 첨가하는 과일량은 전체 반죽의 25~50%이다.
② 과일은 건조과일을 쓰거나 시럽에 담근 과일을 사용한다. 시럽에 담근 과일은 사용 전에 물을 충분히 뺀 뒤 사용한다.
③ 반죽과 과일을 섞기 전에 과일을 밀가루에 묻혀 사용하면 과일이 밑바닥에 가라앉는 것을 방지할 수 있다.
④ 과일류와 견과류는 믹싱 최종 단계에 넣는다.

3. 스펀지 케이크
거품형 반죽과자의 대표적인 제품으로, 밀가루, 계란, 설탕, 소금을 사용해 만든다.

(1) 재료의 사용범위

재 료	사용범위(%)
밀가루	100
계란	100~300 (기본 : 166)
설탕	100~200 (기본 : 166)
소금	1~3 (기본 : 2)

❖ 스펀지 케이크의 기본재료 혼합 비율은 원래 모두 같다. 그러나 계란, 설탕, 밀가루를 모두 100으로 사용하면 무겁고 단단한 제품이 된다. 그래서 기본 배합에 변화를 주거나 다른 재료를 첨가한다.
❖ 밀가루를 기준으로 다른 재료의 배합을 변화시킬 때 계란의 양을 증가시키면 시킬수록 가벼운 스펀지가 된다. 그러나 계란이 밀가루에 비해 너무 많으면 구운 후 부풀림을 지탱하는 힘을 얻지 못해 푹 꺼지게 된다.
❖ 설탕량이 너무 많으면 제품이 끈적거리고, 반대로 너무 적으면 계란의 기포 안정성이 나빠져 부풀림이 나쁜 제품이 된다.

(2) 배합률 조정공식

밀가루 1% 첨가시 : 설탕, 우유 1% 증가
　　　　　　　　　　소금, 베이킹 파우더 0.03% 증가

(3) 기본재료의 특성

1) 밀가루
① 가볍고 부드러운 제품을 만들기 위해 글루텐이 적게 생기는 박력분을 사용한다.
② 박력분 대신 갖고 있는 밀가루에 전분(12% 이하)을 섞어 사용하기도 한다.

2) 설탕
① 흔히 쓰는 것이 흰설탕(자당)으로, 제품에 감미를 준다.
② 계란의 기포를 안정시켜 주고 반죽에 찰기를 주며 에어레이션을 도와준다.
③ 보습성이 있어 구운 제품에 촉촉함을 준다.
④ 포도당, 물엿, 전화당 시럽, 꿀 등으로 대체할 수 있다.
⑤ 설탕 중 결정이 굵은 설탕은 제품의 풍미를 좋게 하지만 보습성이 떨어진다. 따라서 보습성이 좋은 제품을 만들고자 할 때는 상백당처럼 고운 입자의 설탕을 쓴다. 계란의 기포 안정성을 꾀하고자 할 때는 설탕 중에서도 그라뉴당을 쓴다.

3) 계란
① 제품의 부피를 결정짓는 재료로, 밀가루의 100% 이상을 쓴다.
② 가급적 신선하고 고형질이 높은 계란을 사용한다.
③ 에어레이션에 중요한 영향을 미치는 것은 흰자이다. 노른자도 에어레이션 작용이 있기는 하지만 지방분이 30%나 들어 있어 기포력이 매우 약하다. 따라서 공립법으로 반죽할 때는 중탕으로 한다.
④ 노른자의 레시틴은 반죽의 유화를 돕는다.

4) 소금 : 맛을 내는데 중요한 역할을 한다.

(4) 제조 공정
1) **믹싱** : 거품형 반죽의 스펀지 반죽 중 공립법, 별립법 중에서 선택한다.
2) **팬닝** : 철판 또는 원형틀에 50~60% 정도 반죽을 채운다.

❖ 공립법에 따른 반죽 순서
① 계란, 소금, 설탕을 섞고 43℃로 가열하면서 거품을 낸다.
② 밀가루(가루재료 포함)를 넣은 후 살짝 섞는다.
③ 유지를 첨가할 경우 거품이 주저앉지 않도록 주의한다.

3) **굽기** : 반죽 양이 많거나 높이가 높은 경우는 180~190℃의 낮은 온도에서, 반죽 양이 적거나 얇은 경우는 204~213℃에서 굽는다.

4) **마무리** : 계란 함량이 높기 때문에 오븐에서 꺼내자마자 즉시 틀에서 뺀다.

(5) 응용 제품

1) 아몬드 스펀지 케이크
   ① 스펀지 케이크 배합에 견과류나 과일을 넣을 경우, 계란을 휘핑해 거품이 적당하게 됐을 때 넣어야 부피를 살릴 수 있다.
   ② 계란과 설탕을 믹싱해 거품을 낸 후 계란과 반죽한 아몬드 페이스트를 넣고 혼합하거나 처음부터 같이 넣고 강하게 기포한다.
   ③ 체친 밀가루를 넣고 섞어준 후 평철판 또는 파운드 팬에 55% 정도 채우고, 170~180℃ 온도에서 굽는다.

2) 젤리 롤 케이크
   ① 스펀지 케이크 배합으로 만들며, 설탕 100%에 대해 계란량을 75%에서 200%까지 사용할 수 있다.
   ② 일반 스펀지 케이크에 비해 계란 사용량이 많아 수분 함량이 높은 편이다.
   ③ 밀가루는 필히 체질을 하여 사용하고, 혼합할 때 덩어리가 생기지 않도록 한다. 혼합이 지나치면 거품이 파괴되거나 반죽에 끈기가 생겨 단단하고 질긴 제품이 된다.
   ④ 만드는 법은 스펀지 케이크와 동일하다. 단, 크림과 같은 충전물은 냉각 후에, 잼 또는 젤리는 뜨거울 때나 냉각된 후에 고르게 펴 바른 뒤 반듯하게 만다.

(6) 제품 평가(결점과 원인)

1) 스펀지 케이크의 부피가 작다.
   ① 제품의 모양을 유지하지 못할 만큼 약한 밀가루를 썼다.
   ② 질이 나쁘고 오래된 계란을 썼다.
   ③ 노른자의 사용량이 많았다. 흰자의 사용량이 상대적으로 줄어 **뼈대**를 만들고 공기를

포함할 능력이 부족하다.
④ 반죽을 틀에 넣고 오래 놔둔 뒤 구웠다. 그 동안 공기가 빠져나간다.
⑤ 오븐의 온도가 높았다.
⑥ 냉각 속도가 빨랐다. 그 결과 수축한다.

2) **기공과 조직이 고르지 않다.**
① 굽는 동안 부푸는 힘을 견디지 못할 만큼 약한 밀가루를 썼다.
② 설탕을 많이 사용해 시럽 상태로 한 곳에 농축돼 있다.
③ 계란을 오래 휘핑했고, 유화제의 사용량이 많았다.
④ 오븐의 온도가 낮았다. 오래 구워야 하기 때문에 수분을 잃어 건조하다.
⑤ 수분이 많았다. 계란과 베이킹 파우더의 팽창 작용이 떨어져 기공이 조밀하고 축축하다.

3) **구운 뒤에 수축한다.**
① 다 구워지지 않은 채 꺼냈다.
② 조직이 약하다.
③ 오븐의 온도가 낮았다. 제품이 건조하여 수축한다.
④ 구운 후 바로 틀에서 꺼내지 않아 케이크와 틀 사이에 수분이 응결됐다.

4) **건조 속도가 빨라 저장 수명이 짧다.**
① 계란과 설탕은 조금 쓰고 팽창제를 많이 썼다.
② 보습성이 큰 재료를 쓰지 않았다.
③ 팽창제를 많이 썼다. 기공이 열려 수분의 증발이 빠르다.
④ 오븐의 온도가 낮았다. 오래 구워야 하므로 수분 증발이 많다.
⑤ 냉각 시간이 길었다.
⑥ 냉장·냉동시킬 때 수분을 보호할 수 있도록 조치하지 않았다.

5) **롤 케이크를 말 때 터진다.**
① 스펀지 케이크 반죽의 탄력성이 부족하다.
② 반죽이 되직하다.
③ 계란의 사용량을 늘리지 않고 물을 넣어 반죽의 되기를 맞췄다.

④ 베이킹 파우더를 많이 써 기공이 열렸다.
⑤ 원형틀을 사용하는 스펀지 케이크에 비해 높은 온도에서 빨리 구워야 수분 손실을 막을 수 있는데 그렇게 하지 못했다.

6) 맛과 향이 떨어진다.
① 배합 재료의 맛과 향이 나쁘다.
② 아이싱, 충전물의 재료가 나빴다.
③ 계란과 유지의 질이 나빴다.
④ 틀이나 철판이 깨끗하지 않았다.
⑤ 향료의 사용량이 많았다.

4. 에인젤 푸드 케이크

거품형 반죽 케이크의 하나로, 흰자만을 사용해 만든 제품이다.

(1) 재료의 사용범위(전체 100%)

재료	사용범위(%)
흰자	40~50%
설탕	30~42%
주석산 크림	0.5~0.625%
소금	0.375~0.5% (주석산 크림+소금=1%)
밀가루(박력분)	15~18%

(2) 배합률 조정공식

1) 흰자와 밀가루 사용량을 결정한다.
2) 주석산 크림과 소금의 사용량을 결정한다(주석산 크림+소금=1%).
3) 설탕의 사용량을 결정한다.
   - 설탕 = 100 - (흰자 + 밀가루 + 주석산 크림 + 소금의 양)
4) 제품의 풍미를 더욱 살리기 위해 당밀을 넣을 경우 8~10%를 사용한다.

❖ 당밀 10% 사용시 : 흰자 4%, 정백당 6%를 줄인다. 또 당밀 자체가 산성이므로 주석산 크림의 사용량을 1/2로 줄인다.

(3) 기본재료의 특성

1) 밀가루
① 표백이 잘된 특급 박력분을 사용한다.
② 30% 이하의 전분 사용도 가능하다.

2) 흰자
① 고형질 함량이 높고 신선한 것을 사용한다.
② 기름기와 노른자가 섞이지 않아야 한다.

3) 주석산 크림
① 흰자의 알칼리성을 중화시켜 튼튼한 거품을 만든다.
② 머랭과 함께 주석산 크림을 섞는 산 전처리법과 밀가루 등의 가루와 섞는 산 후처리법이 있다.

> ❖ 산 전처리법은 튼튼하고 탄력있는 제품을 만들 때, 산 후처리법은 부드러운 기공과 조직을 가진 제품을 만들 때 사용한다.

③ 식초, 레몬즙, 과일즙 등 산성 재료를 사용하면 양에 따라 주석산 크림의 양을 줄이거나 사용하지 않는다.

> ❖ 머랭 제조시 주석산 크림을 사용하는 이유
> ① 흰자의 알칼리성을 중화시키기 위해 ② 흰자의 힘을 강하게 하기 위해
> ③ 머랭의 색상을 밝고 희게 하기 위해

4) 설탕
① 연화 작용을 한다. 머랭을 만들 때 2/3를 넣고, 밀가루를 섞을 때 1/3을 넣는다.
② 흰자에 넣을 때는 정백당을, 밀가루와 함께 넣을 때는 분설탕을 쓴다.

5) 소금 : 다른 재료의 맛을 내게 하며, 흰자를 강하게 한다.

(4) 제조 공정

1) 믹싱(반죽 온도 : 21~26℃)
① 산 전처리법
가. 흰자, 소금, 주석산 크림을 거품낸다.

나. 전체 설탕의 2/3를 2~3회 나누어 넣고 80% 정도(미디움 피크)의 머랭을 만든다.

다. 슈거 파우더와 밀가루를 체쳐 넣고 가볍게 섞는다.

② 산 후처리법

가. 흰자를 휘저어 끝이 뾰족해지도록(60% 정도) 거품낸다.

나. 설탕 2/3를 천천히 넣으면서 80% 정도까지 거품낸다.

다. 슈거 파우더, 주석산 크림, 체친 밀가루를 넣고 살짝 섞는다.

> ❖ 반죽 온도가 18℃ 이하이면 제품의 기공과 조직이 조밀해 부피가 작아지고, 반대로 27℃ 이상이면 기공이 열리고 조직이 거칠어진다.

2) **팬닝** : 틀의 60~70% 정도 반죽을 채운다.

3) **굽기** : 204~219℃ 온도에서 굽는다.

> ❖ 에인젤 푸드 케이크와 시퐁 케이크는 이형제로 물을 주로 사용하고 있다.
> ❖ 낮은 온도(177~191℃)에서 구우면 부피가 작다. 그리고 오래 구워야 하므로 제품의 수분 손실량이 많다.

(5) 응용 제품

1) **오렌지 에인젤 푸드 케이크**

　기본 배합에 껍질 채 강판에 갈은 오렌지를 10% 정도 넣고 흰자를 10% 정도 줄여 만든다.

2) **레몬 에인젤 푸드 케이크**

　기본 배합에 껍질 채 강판에 갈은 레몬을 5% 정도 넣고 주석산 크림을 뺀 후 만든다.

3) **견과 에인젤 푸드 케이크**

　호두, 개암, 피칸 등 견과는 전체 반죽의 1/9이 되도록 배합해 만든다.

4) **코코아 에인젤 푸드 케이크**

　기본 배합에 4~5% 정도의 코코아를 밀가루 대신 넣고 만든다. 천연 코코아인 경우 중조를 소량 사용한다.

(6) 제품 평가(결점과 원인)

1) **반죽이 되거나 묽다.**

　① 흰자의 단백질인 알부민이 부족했다.

　② 머랭을 만드는 용기에 기름기가 있었다. 기름은 흰자의 구조를 흩트린다.

　③ 흰자를 너무 많이 거품냈다.

　④ 밀가루의 사용량이 적거나 많았다.

⑤ 반죽 마지막 단계에 밀가루와 분설탕을 넣고 심하게 반죽했다.

2) 틀에서 빼놓으니 윗껍질이 움푹 들어간다.
① 틀의 바닥에 공기나 물이 들어갔다.
② 질 낮은 계란을 썼다.
③ 제대로 표백·숙성이 되지 않은 밀가루를 썼다.

3) 구워낸 제품이 수축했다.
① 너무 오래 구웠다. 오래 구우면 식히는 동안 수축한다.
② 오븐의 온도가 높았다.
③ 오븐에서 갓 꺼낸 케이크를 바로 틀에서 빼지 않았다.
④ 밀가루를 넣고 심하게 반죽했다.

4) 크고, 터널처럼 긴 구멍이 생겼다.
① 흰자를 거품내는 정도가 지나쳤다.
② 오븐의 온도가 낮았다.
③ 설탕 덩어리가 한 곳에 몰려 있다.
④ 입자가 굵은 설탕을 썼다.

5) 바닥과 옆면에 공간과 반점이 생긴다.
① 틀에 반죽을 채울 때 공기가 반죽과 틀 사이에 몰려 있었다.
② 흰자의 거품이 많이 일어 굽는 동안 공기 세포가 부풀면서 일부 깨진다.
③ 흰자를 거품낼 때 물을 넣으면 큰 구멍이 생긴다.
④ 틀에 기름칠을 했다.
⑤ 밀가루와 계란의 질이 나빴다. 구조 형성력이 약해서 바닥에 공간이 생긴다.

6) 맛과 향이 떨어진다.
① 신선하지 않은 계란을 썼다.
② 향이 강한 재료를 썼다.
③ 소금을 빠뜨렸다.
④ 깨끗하지 않은 틀이나 기구를 썼다.

7) 부피가 작다.
① 흰자에 물을 너무 많이 썼다.
② 흰자를 너무 많이 거품냈다.
③ 밀가루와 설탕을 넣고 심하게 반죽했다.
④ 필요한 밀가루의 강도보다 센 밀가루를 썼다.
⑤ 틀에 기름칠을 하면 거품이 꺼진다.
⑥ 오븐의 온도가 높았다.
⑦ 팬닝한 반죽을 오래 놔두고 굽지 않았다.
⑧ 반죽을 틀에 채우고 너무 세게 쳤다.

5. 퍼프 페이스트리

밀가루 반죽에 유지를 감싸 구운 제품으로, 프렌치 파이라고도 한다.

(1) 재료의 사용범위

재 료	사용범위(%)
강력분	100
유지	100
찬물	50
소금	1~2

(2) 기본재료의 특성

1) 밀가루
① 강력분을 사용해야 유지를 지탱할 수 있다.
② 밀가루에 글루텐이 많이 포함돼야 가소성이 커 반죽의 수축성과 신장성을 좋게 하고 부풀림이 좋은 제품을 만들 수 있다.
③ 강력분을 사용하면 수축되기 쉽고 구웠을 때 너무 단단해지는 결점이 있으므로, 충분한 휴지를 시키는 것이 필요하다.
④ 박력분을 사용하면 글루텐 강도가 약해 반죽이 잘 찢어지고 균일한 유지층을 만들기 어렵다.

2) 유지

① 반죽층과 유지층을 균일하게 하기 위해서는 똑같은 두께로 미는 것이 중요하다. 따라서 가소성, 신장성이 크고, 녹는점이 높은 유지를 쓴다.

② 버터가 가장 일반적인데, 파이 반죽에 적합한 굳기를 만들기 위해 5~8℃의 냉장고에 보관한 것을 사용한다. 또한 버터가 녹는 것을 막기 위해 반죽도 냉장 휴지시킨 후 사용한다. 단, 유지를 0℃ 이하까지 차게 하면 너무 단단해 접어미는데 부적당하고, 버터 속에 포함된 수분이 얼어 제품이 잘 만들어지지 않으므로 주의한다.

③ 버터와 마가린을 섞어 사용할 경우, 버터보다 융점이 높은 마가린을 쓰면 작업은 편리하지만 버터가 먼저 입안에서 녹고 마가린이 녹아 풍미가 떨어지게 된다. 반대로 융점이 낮은 마가린을 쓰면 작업성이 떨어진다.

3) 물 : 반죽의 온도를 낮게 유지하기 위해 찬물을 쓴다.

4) 소금

① 다른 재료의 맛과 향을 살린다.
② 유지에 함유된 소금량을 감안해 사용량을 결정한다.

(3) 제조 공정

1) 반죽 만들기 : 반죽법에는 반죽형과 접기형 두 가지가 있다.

① **반죽형(스코틀랜드식)** : 유지를 깍두기 모양으로 잘라 물, 밀가루와 섞어 반죽한다. 작업이 편리한 대신 덧가루가 많이 들고, 제품이 단단하다.

② **접기형(프랑스식)** : 밀가루, 유지, 물로 반죽을 만든 후 여기에 유지를 싸서 밀어편다. 공정이 어려운 대신 결이 균일하고 부피가 커진다.

2) 정형

① 유지를 배합한 반죽을 30분 이상 냉장고(0~4℃)에서 휴지시킨다.
② 전체적으로 똑같은 두께로 밀어편다.

❖ 밀어펴기 한 반죽의 평균 두께는 0.3cm 정도로, 패티 셸, 크림 스틱, 과일 바구니 등은 좀더 두껍게 밀고 나폴레옹 등은 좀더 얇게 민다. 그러나 가장 중요한 것은 균일한 두께로 미는 것이다.

③ 잘 드는 칼을 이용해 원하는 모양으로 자른다.
④ 굽기 전에 30~60분간 휴지시킨다.

⑤ 계란물을 칠한다.

3) 굽기 : 204~213℃ 온도에서 굽는다.

굽는 온도가 낮으면 글루텐이 말라 신장성이 줄고 증기압이 발생해 부피가 작고 묵직해진다. 반대로 굽는 온도가 높으면 껍질이 먼저 생겨 글루텐의 신장성이 작은 상태에서 팽창이 일어나 제품이 갈라진다.

(4) 응용제품

1) 과일 바구니

① 본반죽을 0.6cm 정도로 밀어편 뒤 정사각형으로 자른다.
② 자른 반죽의 중앙 부분을 눌러 움푹 들어가게 한 후 충전물을 넣는다.
③ 반죽 띠(두께 0.3cm, 길이 12.5cm, 폭 1.3cm)를 대각선으로 덮고, 본반죽과 붙여 준다.
④ 계란물을 칠하고 굽는다.

2) 애플 턴오버

① 본반죽을 0.3cm 정도로 밀어편 뒤 가로, 세로 각 10cm인 정사각형으로 자른다.
② 설탕에 절인 사과나 생사과, 사과 파이용 충전물 등을 반죽 중앙에 놓는다.
③ 가장자리에 물이나 계란물을 칠하여 모서리가 포개지도록 접은 뒤, 눌러 봉한다.
④ 윗면에 계란물을 칠하고 30분 정도 휴지시킨다.
⑤ 오븐에 넣어 구운 뒤, 시럽을 칠한다.

(5) 제품 평가(결점과 원인)

1) 굽는 동안 유지가 흘러나왔다.

① 밀어펴기를 잘못했다.
② 박력분을 썼다.
③ 오븐의 온도가 높거나 낮았다.
④ 오래 된 반죽을 사용했다.

2) 팽창이 안돼 부피가 작았다.

① 수분이 없는 유지(경화 쇼트닝)를 썼다. 증기압을 만들지 못해 부풀림이 적다.
② 밀어편 후의 휴지시간이 짧았다.
③ 유지가 적합하지 않았다.

④ 오븐 온도가 낮거나 높았다.
⑤ 계란물을 많이 칠했다.
⑥ 박력분을 썼다.
⑦ 강력분으로 되직한 반죽을 만들었다.

3) 물집이 생기고 결이 거칠다.
    ① 밀어편 반죽에 작은 구멍을 내지 않았다.
    ② 계란물칠을 잘못했다.

4) 충전물이 흘러나왔다.
    ① 밀어편 반죽에 작은 구멍을 내지 않았다.
    ② 반죽을 서로 포갠 후 위, 아래를 붙이지 않았다.
    ③ 오븐의 온도가 낮았다.
    ④ 충전물의 양이 너무 많았다.

5) 제품이 단단하다.
    ① 오래 세게 반죽했다. 반죽을 오랜 시간 동안 강하게 치대 글루텐이 지나치게 형성되었다.
    ② 자투리 반죽을 많이 섞었다.

6) 크기와 모양이 고르지 않다.
    ① 밀어편 반죽의 두께가 고르지 않았다.
    ② 자투리 반죽을 많이 썼다. 수축이 일어나고 모양이 비뚤어진다.
    ③ 계란물이 흘러내려 옆면을 적셨다. 굽는 동안 이곳이 팽창하지 않아 그렇지 않은 부분과 모양이 다르다.
    ④ 밀어편 반죽에 지방의 덩어리가 단단하거나 한 곳에 몰려 있다. 그러면 위로 부푸는 정도가 달라 모양이 기울어진다.
    ⑤ 충전물의 양이 많았다.
    ⑥ 위, 아래의 껍질 가장자리가 잘 붙지 않았다.
    ⑦ 밀어편 반죽에 덧가루가 많이 묻어 있다.
    ⑧ 건조한 공기에 닿아 반죽 거죽이 말랐다. 이 부분은 잘 부풀지 않고 갈라지기도 한다.

7) 바닥이 축축하고 속에 습기가 많다.

① 덜 구웠다.
② 아랫불의 세기가 달랐다. 익는 정도가 달라 축축한 곳이 생긴다.
③ 충전용 유지가 녹아 흘러나왔다.
④ 오븐의 온도가 높았다.
⑤ 반죽과 유지층이 깨질 정도로 밀어펴기의 횟수가 많았다.

6. 파이

쇼트 페이스트리를 가리키며, 아메리칸 파이라고도 한다. 쇼트 페이스트를 깔개 삼아 갖가지 충전물을 채워 다양한 맛의 제품을 만든다.

(1) 파이 껍질의 재료 사용범위

재료	사용범위(%)
밀가루	100
쇼트닝	40~80
찬물	25~50
소금	1~3
탈지분유	0~4
설탕	0~6
계란	0~6

(2) 기본재료의 특성

1) 밀가루

① 비표백 중력분을 쓴다. 제품 속의 색깔을 강조할 필요가 없으므로 경제적인 비표백가루를 사용한다.
② 박력분 60%와 강력분 40%를 섞어 쓰기도 한다.

2) 유지

① 가소성이 높은 쇼트닝, 또는 파이용 마가린을 쓴다.
② 유지의 증감은 반죽 상태에 중요한 영향을 미친다.

- ❖ 파이용 마가린 : 경화 쇼트닝에 30~40%의 버터를 섞은 것
- ❖ 유지 사용량 증가시 : 물의 양이 감소해 쇼트니스가 증가한다. 쇼트니스가 너무 증가하면 반죽을 취급하기 어렵고, 구웠을 때 부서지기 쉽다.
- ❖ 유지 사용량 감소시 : 물의 양이 증가해 쇼트니스가 감소하면서 단단해진다. 타르트의 깔개용 반죽으로 사용하면 적당하다.
- ❖ 쇼트니스(Shortness) : 바삭하고 부서지기 쉬운 성질

3) 물 : 유지가 녹으면 반죽이 질어지므로, 유지가 녹지 않도록 하기 위해 찬물을 쓴다.

4) 소금 : 다른 재료의 맛과 향을 살린다.

5) 착색제

① 설탕(자당) : 밀가루의 2~4% 정도를 사용한다. 껍질색을 짙게 한다.

② 포도당 : 밀가루의 3~6%를 사용한다. 자당보다 캐러멜화 속도가 빨라 껍질색이 진하다. 단, 수분 흡수율이 높아 눅눅해진다.

③ 물엿 : 수분 흡수율이 높아 오래 보관하면 제품이 축축해진다. 반죽에 고루 퍼지지 않는 단점이 있다.

④ 분유 : 밀가루의 2~3%를 사용하며, 함유된 유당에 의해 착색 효과를 낸다.

⑤ 탄산수소나트륨(중조) : 0.1% 이하를 물에 녹여 사용하는데, pH를 높임으로써 껍질색을 진하게 한다.

⑥ 버터 · 계란칠 : 녹인 버터를 반죽 표면과 구운 제품에 바르거나, 계란물을 칠하면 구운색이 곱게 든다.

(3) 과일 충전물 만들기

1) 사용하는 과일 형태

① 생과일 : 계절과일. 과일 무게의 65~70%의 물을 써서 만든다.

② 냉동 과일 : 녹인 과일에서 즙을 분리하고, 즙에 전분을 넣고 조려서 호화시킨 다음 식힌다. 과일은 다 녹여서 조린 즙에 버무린다.

③ 통조림 과일 : 시럽과 과즙을 분리한 후 시럽에 농화제를 넣고 호화시켜 식힌다. 여기에 과일을 넣고 버무린다.

④ 건조 과일 : 물에 불려 수분을 먹인 뒤에 쓴다. 예를 들어 건포도는 건포도 분량의 12% 정도 되는 물에 넣고 버무린다. 건조 사과는 몇 시간 물에 담갔다가 수분이 증발하거나 과일에 흡수될 때까지 천천히 끓인다.

2) 제조 방법

① 방법 I : 과일 시럽에 전분을 넣고 호화시키는 방법. 페이스트가 되직하고 탁해 과일을 강하게 지탱할 제품에 적당한 방법이다.

    가. 과일과 시럽을 분리한 후 과일 시럽, 물, 전분을 끓여 호화시킨다.

    나. 설탕을 넣고 다시 끓인 후 식힌다.

    다. 과일을 넣고 버무린다.

② 방법 II : 과일 시럽에 설탕을 넣은 후 전분을 넣고 호화시키는 방법. 페이스트가 다소 연하고 투명하다.

    가. 과일과 시럽을 분리한 후 과일 시럽, 물, 설탕을 끓인다.

    나. 소량의 물에 푼 전분을 넣고 끓인 후 식힌다.

    다. 과일을 넣고 버무린다.

3) 충전물용 농화제

① 종류 : 옥수수 전분, 타피오카 전분, 감자 전분, 쌀 전분, 식물성 검류.

② 사용 목적

    가. 충전물을 조릴 때 호화 속도를 촉진시키고 진하게 한다.

    나. 충전물에 광택을 제공하고 과일에 들어 있는 산의 작용을 없앤다.

    다. 조린 충전물이 식었을 때 적정 농도를 유지시킨다.

    라. 과일의 색과 향을 조절하거나 유지시킨다.

③ 사용법

    가. 전분은 시럽에 쓰는 설탕 사용량(100%)의 28.5%를 쓴다. 물 사용량의 8~11%, 설탕을 함유한 시럽의 6~10%를 쓴다.

    나. 옥수수 전분은 타피오카 전분과 3 : 1의 비율로 섞어 쓰면 더 좋은 결과를 얻는다.

    다. 감자 전분은 교질체를 형성하는 능력이 작으므로 더 많은 양을 써야 한다.

    라. 식물성 검류는 여러 전분과 섞어 쓴다. 글루텐과 같은 그물 조직을 만들어 터지거나 스며 나오는 현상을 막는다.

(4) 제조 공정

1) 반죽 만들기

① 밀가루와 유지를 섞는다.

② 소금, 설탕, 분유 등을 녹인 찬물을 넣고 물기가 없어질 때까지 반죽한다.

③ 15℃ 이하의 온도에서 4~24시간 휴지시킨다.

2) 팬닝

① 덧가루를 뿌린 면포 위에서 반죽을 밀어편 뒤 치수에 맞게 자른다.
  ※ 모양을 만든 파이 껍질 반죽은 표피가 마르지 않게 폴리에틸렌 등으로 포장해 −23 ~ −29℃의 냉동실에 넣었다가 사용하기도 한다.
② 틀에 반죽을 깔고 껍질 가장자리에 물칠을 한 뒤 충전물을 얹는다.
③ 위, 아래의 껍질을 잘 붙인 뒤 남은 반죽은 잘라낸다.
  ※ 굽는 동안 과일에서 나오는 수증기가 빠져 나오도록 윗껍질에 작은 구멍을 뚫는다.
④ 물로 희석한 계란물을 껍질에 칠한다.

3) 굽기 : 230℃ 온도에서 구우면서 아랫불 온도를 높인다.

(5) 응용 제품

1) 사과 파이

① 체친 밀가루와 분유에 쇼트닝을 넣고 작은 콩알 크기로 다진다.
② 소금과 설탕을 넣어 녹인 찬물을 ①에 붓고 잘 섞는다.
③ 반죽을 한덩어리로 뭉쳐 비닐로 싸서 20~30분간 냉장 휴지시킨 뒤, 바닥용은 0.3㎝, 덮개는 0.2㎝ 두께로 밀어편다.
④ 밀어편 바닥용 반죽을 파이용 틀에 맞게 재단해 깔고, 작은 구멍을 낸 후 충전물을 얹고 다듬는다.
⑤ 덮개용 반죽에 적당한 구멍을 내 덮거나, 덮개용 반죽을 1㎝ 폭으로 잘라 노른자물을 칠하면서 격자 모양으로 얹는다.
⑥ 가장자리에 물칠을 해서 붙인 후 윗면에 노른자를 칠한다.
⑦ 230℃ 오븐에서 20~25분간 굽는다.

2) 피칸파이

① 체 친 밀가루 위에 차가운 유지를 올려 작은 크기로 다진다.
② 우유, 노른자에 소금을 녹여 ①에 혼합, 반죽을 한 덩어리로 만든다.
③ 비닐에 싸서 30분간 냉장 휴지시킨 후, 두께 0.3㎝ 정도로 밀어펴서 피칸파이 틀에 깔고 살짝 피케한다.
④ 호두를 팬에 골고루 깔아 주고, 소스를 80% 정도 채운다.
⑤ 180℃ 오븐에서 30분간 굽는다.

(6) 제품 평가(결점과 원인)

1) **설익고 바닥이 축축하다.**
   ① 오븐의 윗불이 높았다. 바닥 껍질이 채 익기 전에 위 껍질에 구운색이 들어 오븐에서 꺼내기 쉽다.
   ② 아랫불의 온도가 낮다. 색깔이 제대로 나지 않을 뿐 아니라 구운 뒤에도 눅눅하다.
   ③ 바닥 껍질의 배합이 지나치게 고배합이다.
   ④ 충전물의 양이 적고 온도가 높다.
   ⑤ 덜 구웠다.

2) **물집이 생겼다.**
   ① 껍질에 구멍을 뚫지 않았다.
   ② 계란칠을 너무 많이 했다.

3) **과일 충전물이 풀같이 끈적거리고 덩어리가 남는다.**
   ① 충전물을 끓이지 않고 썼다.
   ② 전분을 고루 섞지 않았다.
   ③ 오래 돼 발효가 일어난 충전물을 썼다.
   ④ 농화제의 사용량이 많았다.
   ⑤ 농화제를 설탕과 미리 섞지 않고 바로 뜨거운 물에 풀었다.
   ⑥ 수분이 부족했다.
   ⑦ 호화한 충전물에 통조림의 과즙을 넣었다.
   ⑧ 전분물을 오래 놔두었다가 저어 쓰지 않아 가라앉았던 전분이 잘 퍼지지 않았다.
   ⑨ 충전물을 조릴 때 농화제를 한꺼번에 빨리 넣어 덩어리가 졌다.
   ⑩ 식은 충전물을 오래 보관했다. 쓰기 전에 부드럽게 푼다.
   ⑪ 과일이 충전물에 고루 섞이지 않고 한 곳에 몰려 있었다.
   ⑫ 호화시켜 식힌 충전물에 즙을 빼지 않은 과일을 넣었다. 이때 즙이 분리된다.

4) **충전물이 끓어 넘쳤다.**
   ① 껍질에 수분이 많다.
   ② 위, 아래 껍질을 잘 붙이지 않았다.
   ③ 껍질에 구멍을 뚫지 않았다. 수증기가 빠져나갈 곳이 없어 흘러나온다.

④ 오븐 온도가 낮다. 굽기시간 길어져 껍질이 잘 구워지기 전에 충전물이 끓어 넘친다.
⑤ 충전물에 사용한 설탕량이 적다.
⑥ 충전물의 온도가 높다.
⑦ 바닥 껍질이 얇아 충전물에 많은 열이 전달되었다.
⑧ 천연산이 많이 든 과일을 썼다.
⑨ 생과일과 다 녹지 않은 과일로 만든 충전물을 썼다.

5) 껍질이 단단하고 정형·굽기 중 수축한다.
① 강력분을 썼다.
② 반죽 시간과 휴지 시간이 부족했다.
③ 자투리 반죽을 많이 썼다.
④ 지방이 부족한 상태에서 지나치게 반죽하고 밀어폈다.
⑤ 바닥 껍질이 위 껍질보다 얇다.
⑥ 틀·철판에 기름칠을 잘못하여 반죽이 달라붙었다.

6) 껍질의 결이 불분명하다.
① 밀가루와 유지를 많이 비볐다.
② 반죽 시간이 길었다.
③ 자투리 반죽을 많이 썼다.
④ 굽는 온도가 낮았다.

7) 껍질 반죽을 만질 때 잘 떨어져 나간다.
① 유지 함량이 많은 반죽을 썼다.
② 박력분을 썼다.
③ 유지 덩어리가 너무 컸다.
④ 반죽을 함부로 다루었다.

8) 맛과 향이 떨어진다.
① 껍질이 단단하다.
② 과일 충전물의 맛과 향이 나쁘다.
③ 과일이 적은 반면, 설탕과 물이 많은 충전물을 썼다.

7. 쿠키

수분이 적고(5% 이하) 크기가 작은 과자로, 반죽 특성과 제조 특성에 따라 다음과 같이 나눠진다.

(1) 쿠키의 분류

1) 반죽 특성에 따른 분류

① 반죽형 반죽 쿠키

가. 드롭 쿠키
  ㄱ. 소프트 쿠키라고도 한다.
  ㄴ. 계란을 많이 사용해 수분이 많고 부드럽다.
  ㄷ. 반죽을 짤주머니에 채우고 짜내어 굽는다.
  ㄹ. 촉촉한 상태가 마르지 않도록 보관한다.

나. 스냅 쿠키
  ㄱ. 슈거 쿠키라고도 한다.
  ㄴ. 계란 사용량이 적고, 낮은 온도에서 오랫동안 구워 바삭바삭하다.
  ㄷ. 반죽을 밀어펴고 원하는 모양의 형틀로 찍어내어 굽는다.
  ㄹ. 바삭한 상태가 유지되도록 보관한다.

다. 쇼트 브레드 쿠키
  ㄱ. 스냅 쿠키와 비슷한 배합이지만, 쇼트닝 사용량이 더 많은 것이 특징이다.
  ㄴ. 바삭거림과 부드러움을 동시에 가지는 밀어펴서 만드는 형태의 제품이다.

② 거품형 반죽 쿠키

가. 스펀지 쿠키
  ㄱ. 스펀지 케이크보다 밀가루를 많이 사용해 수분이 적다.
  ㄴ. 철판에 짜내고, 모양을 유지하도록 실온에서 말린 다음 굽는다.
  ㄷ. 전란을 사용하는 공립법으로 만든다.
  ㄹ. 건과자 중 수분이 제일 많다.

나. 머랭 쿠키
  ㄱ. 흰자와 설탕을 주재료로 사용해 만든 쿠키이다.
  ㄴ. 밀가루를 사용할 경우 흰자의 1/3 정도만 쓴다.
  ㄷ. 구운색이 들지 않고 안정성을 주기 위해 낮은 온도에서 건조시키는 정도로 굽는다.

2) 제조 특성에 따른 분류

① 밀어펴서 정형하는 쿠키

가. 스냅, 쇼트 브레드 쿠키 같이 가소성을 가진 반죽을 밀어펴서 정형한다.

나. 반죽 완료 후 충분한 휴지를 주고 균일한 두께로 밀어편다.

② 짜는 형태의 쿠키

가. 드롭 쿠키, 거품형 쿠키 반죽을 짤주머니 또는 주입기를 이용하여 짜서 굽는다.

나. 굽기 중 퍼지는 정도를 감안해 일정한 간격을 유지한다.

다. 짤주머니에 반죽이 너무 많으면 손의 열로 물러지기 쉽다.

③ 냉동 쿠키

가. 쇼트 브레드 쿠키 같이 밀어펴는 형태의 반죽을 냉동(장)고에 넣어 얼리는 공정을 거친다.

나. 유지가 많은 배합의 제품에 많이 응용된다.

다. 반죽의 색상을 다르게 하여 서양 장기판 모양의 제품을 만들 수 있다.

라. 냉동된 쿠키는 굽기 전에 해동한다.

④ 손 작업 쿠키

가. 밀어펴서 정형하는 쿠키 반죽을 손으로 정형하여 만든다.

나. 기계를 사용하여 만들기 어려운 모양이나 특성을 만들 수 있다.

⑤ 판에 등사하는 쿠키

가. 묽은 상태의 반죽을 철판에 올려놓은 틀에 넣고 굽는다.

나. 틀에 그림이나 글자가 있어 찍히게 된다.

다. 얇으며 바삭바삭하다.

⑥ 마카롱 쿠키

가. 흰자와 설탕으로 거품을 내서 만드는 머랭 쿠키이다.

나. 아몬드와 코코넛을 사용하는 것이 대표적이며, 대부분 밀가루를 사용하지 않는다.

(2) 기본 재료의 특성

1) 밀가루

① 계란과 함께 쿠키의 형태를 유지시키는 역할을 한다.

② 짜는 형태의 반죽형 쿠키에는 중력분을 쓴다. 박력분을 사용하면 반죽이 퍼져 원하는 모양을 얻을 수 없다.

③ 스펀지 쿠키에는 박력분을 쓴다.

2) 설탕
① 쿠키의 퍼짐성에 영향을 미친다. 반죽 속에 녹지 않고 남아 있던 설탕의 결정체가 굽는 동안 녹으면서 반죽 전체에 퍼져 쿠키의 면적을 크게 한다.
② 제품에 감미를 주고, 밀가루 단백질을 연화시킨다.

3) 유지
① 수소를 첨가한 표준 쇼트닝을 쓴다. 이것은 맛이 은은하고 저장성이 길다.
② 쿠키는 저장 기간이 길기 때문에 유지의 안정성이 중요하다.
③ 버터는 풍미가 뛰어나지만 크림화 기능이나 안정성이 낮으므로 쇼트닝과 섞어 쓰거나 마가린을 쓰기도 한다.

4) 계란
거품형 쿠키의 주재료이며, 쿠키의 형태를 유지시키는 역할을 한다.

5) 팽창제
① 퍼짐성과 부피와 부드러움을 조절한다.
② 반죽과 제품의 산도를 조절한다.
③ 일반적으로 탄산수소나트륨(중조), 산염, 전분으로 구성된 베이킹 파우더를 많이 쓴다.

❖ 중조 과다시 : 어두운 색, 소다 맛, 비누 맛이 난다.
❖ 산염 과다시 : 여린 색, 여린 향, 조밀한 조직이 되기 쉽다.
❖ 암모늄염 : 물만 있으면 단독으로 작용하여 쿠키의 퍼짐을 돕고 가스를 발생시킨 후 잔유물이 남지 않는다.

(3) 제조 공정

1) 반죽
① 크림법으로 반죽을 만든다.
② 밀가루를 넣고 가능한 살짝 반죽하여 글루텐의 발달을 늦춘다.
③ 글루텐이 많이 발전하면 유동성이 작아져 짜내기 어렵고, 탄력성이 커 밀어펴기도 힘들다. 뿐만 아니라 쿠키가 단단해진다.

2) 팬닝
① 철판에 짜서 굽는 쿠키는 반죽을 같은 크기와 모양으로 일정한 거리에 짜 놓는다.
② 유지를 많이 배합한 쿠키 반죽은 철판에 기름종이를 깔고 짠다.
③ 철판에 기름칠을 할 때는 최소량의 기름으로 전체에 고루 바른다.

3) 마무리

장식할 쿠키는 팬닝 후 곧바로 장식물을 얹는다. 시간이 지나 반죽 거죽이 마르면 장식물이 잘 붙지 않고 떨어진다.

4) 굽기

① 쿠키는 크기가 작고 납작한 모양이므로 굽는 시간이 짧다.
② 196~204℃ 온도에서 굽는다.
③ 설탕 함량이 낮은 쿠키(밀가루의 35% 이하)는 설탕량이 많고 유지량이 적은 쿠키보다 높은 온도에서 굽는다.
④ 구운 후에 말거나 잼 등을 충전할 쿠키는 구울 때 특별한 주의가 필요하다. 오버 베이킹이 나타나면 쿠키를 말 때 금이 가거나 부서지기 쉽다. 조금 따뜻한 상태에서 마는 것이 오히려 낫다.

(4) 제품 평가(결점과 원인)

1) 밀어펴서 정형하는 쿠키의 평가

① 반죽이 잘 부스러진다.
  가. 지방 함량이 많았다.
  나. 밀가루의 사용량이 많았다.
  다. 유지의 사용량이 적고, 밀가루의 사용량이 많았다.
  라. 계란과 그 밖의 액체재료가 부족하거나, 덧가루의 사용량이 많았다.
  마. 자투리 반죽을 새 반죽과 섞어 쓸 때 반죽의 되기가 서로 달랐다.

② 반죽이 물러 잘 늘어붙는다.
  가. 지방 함량이 많았다.
  나. 액체재료의 사용량이 많았다. 반죽이 질어서 늘어붙는다.
  다. 밀가루의 단백질 힘이 아주 약하다.
  라. 밀가루를 섞어 넣은 뒤 고속으로 반죽하였다.
  마. 시럽, 전화당 같은 흡습성이 높은 재료를 많이 썼다.
  바. 냉동 계란을 다 녹이지 않은 채 넣었다.

③ 반죽이 굳어서 밀어 펴기 어렵다.
  가. 밀가루를 섞고 글루텐이 발달할 정도로 반죽하였다.
  나. 자투리 반죽이 많거나 글루텐의 힘이 크면 반죽이 되직하다.

다. 수분이 많은 반죽을 썼다.

라. 물엿, 전화당 등을 많이 써서 반죽이 단단해졌다.

④ 모양을 잘라낸 뒤 수축한다.

가. 설탕과 지방의 사용량이 적었다.

나. 액체재료가 많은 혼합물을 오래 반죽했다.

다. 정형하기 전에 반죽을 휴지시키지 않았다.

⑤ 굽는 동안에 많이 퍼진다.

가. 반죽 속에 녹지 않은 설탕의 결정 입자가 많았다.

나. 팽창제를 많이 썼다.

다. 계란의 사용량을 줄이고 팽창제를 늘리면 많이 퍼진다.

라. 틀이나 철판에 기름을 많이 칠했다.

마. 수분이 많은 묽은 반죽을 쓰거나, 글루텐의 힘이 약한 밀가루를 썼다.

⑥ 껍질색이 고르지 못하고 반점이 생긴다.

가. 설탕과 시럽이 반죽 전체에 고루 퍼지지 않았다.

나. 계란칠과 우유칠이 표면 전체에 고루 묻지 않았다.

다. 반죽의 두께가 다르다.

라. 중조의 사용량이 많았다. 이것이 다 녹지 않으면 반점으로 남는다.

마. 밀어펼 때 설탕이 묻으면 그 자리에 반점이 생긴다.

바. 틀이나 철판이 깨끗하지 않았다. 찌꺼기가 묻은 자리에 검은색이 나타난다.

사. 오븐의 열이 고르지 못하였다.

아. 아랫불의 온도가 높아 쿠키의 바닥색이 검다.

⑦ 모양과 크기가 고르지 않다.

가. 재료들이 고루 섞이지 않았다.

나. 밀어편 반죽의 두께가 달랐다.

다. 설탕 사용량이 많고 밀가루가 부족했다.

라. 반죽을 자르는 칼의 날이 무디었다.

마. 정형한 반죽을 철판에 얹을 때 간격이 좁았다. 그 결과 서로 달라붙어 모양이 바뀐다.

바. 철판의 모양이 바르지 못하다.

⑧ 장식물이 잘 떨어진다.

가. 굽는 동안 많이 퍼지는 반죽이었다.

나. 장식물의 양이 많았다.

다. 갓 구워내어 손을 대거나 이쪽 저쪽으로 옮기면 떨어진다.

⑨ 잘 부스러진다.

가. 설탕과 지방의 사용량이 많았다.

나. 오래 구웠다.

다. 팽창제의 사용량이 많았다.

라. 흡습성이 큰 재료의 사용량이 부족하였다.

마. 기름을 철판에 고루 묻히지 않았다.

2) 짜는 형태의 쿠키 평가

① 반죽이 되직하여 짜내기 어렵다.

가. 버터만을 쓰기보다 경화 쇼트닝을 섞어 쓴다.

나. 크림 상태가 덜된 유지에 계란을 넣어 응유현상이 일어났다.

다. 계란의 온도가 낮았다. 유지가 굳고 크림이 잘 만들어지지 않는다.

라. 밀가루를 체쳐 쓴다.

마. 반죽 정도가 심하거나, 밀가루의 글루텐 힘이 강하다.

② 모양과 크기가 고르지 않다.

가. 설탕과 유지의 사용량이 많았다. 많이 퍼져 모양이 바뀐다.

나. 장식물을 함부로 올리면 모양이 바뀐다.

다. 장식물의 양이 다르면 크기가 다르다.

③ 구워낸 쿠키에 기름기가 흐른다.

가. 지방의 사용량이 많았다.

나. 크림 상태가 좋지 않거나 지방이 고루 섞이지 않았다.

다. 철판이 뜨거웠다.

라. 오븐의 온도가 낮았다. 오래 구우면 느끼하다.

④ 잘 부러지고 부스러진다.

가. 설탕과 유지의 사용량이 많았다.

나. 짤주머니에 오래 넣어 둔 반죽을 썼다.

다. 밀가루의 질이 나쁘다. 글루텐이 적으면 결합력이 약해 부스러진다.

라. 오븐의 온도가 높았다. 짧은 시간에 구우면 설익어 부드럽지 않고 부스러진다.

마. 저율 배합 반죽, 계란과 팽창제가 부족한 반죽을 사용했다.

8. 도넛

팽창 방법에 따라 이스트를 사용하는 빵 도넛과 화학 팽창제를 사용하는 케이크 도넛으로 나눈다.

(1) 도넛의 구조와 특성

1) 반죽 특성에 따른 분류

① 껍질 : 튀김기름에 바로 닿는 부분으로, 수분이 거의 없어지고 기름이 많이 흡수된다. 황갈색이고 바삭거린다.

② 껍질 안쪽 부분 : 보통의 케이크와 조직이 비슷하다. 팽창이 일어나고 전분이 호화되기에 충분한 열을 받는다. 유지가 조금 흡수된다.

③ 속부분 : 열이 다 전달되지 않아 수분이 많다. 시간이 흐름에 따라 수분이 껍질쪽으로 옮아간다. 그 결과 도넛에 묻힌 설탕이 녹고 바삭거림이 없어진다.

(2) 재료의 사용범위

재 료	사용범위(%)
밀가루(중력분)	100
계란	30~50
설탕	20~60
소금	1~2
유지(버터)	5~20
바닐라향	0~1
탈지분유	2~8
베이킹 파우더	2~6
향신료(넛메그)	0~1

(3) 기본재료의 특성

1) 밀가루

① 중력분을 쓴다.

② 도넛용 프리믹스에 쓰는 밀가루는 수분 함량이 11% 이하이고, 수분 흡수율이 높다.

2) 설탕

① 감미제, 수분 보유제, 껍질색 개선, 저장 수명 연장 등의 기능을 가지고 있다.

② 믹싱 시간이 짧으므로 용해성이 좋은 입자가 고운 설탕을 쓴다.

3) 계란
① 영양강화 물질이고, 식욕을 돋우는 색을 낸다.
② 노른자의 레시틴은 유화제 역할을 한다.
③ 구조 형성 재료로, 도넛을 튼튼하게 하며 수분을 공급한다.
④ 프리믹스에는 노른자 가루를 쓴다.

4) 유지
① 가소성 경화 쇼트닝을 쓴다.
② 밀가루의 글루텐을 연화시킨다.
③ 버터를 쓰면 향이 높아진다.
④ 저장하는 동안 가수분해하지 않고 산패하지 않아야 한다.
⑤ 프리믹스에는 안정성이 높은 쇼트닝을 쓴다.

5) 분유
① 흡수율이 높아져 글루텐의 구조가 튼튼해진다.
② 젖당이 반응하여 껍질색을 개선한다.
③ 전지분유, 탈지분유 모두 쓸 수 있다.
④ 프리믹스에는 지방 산패가 적은 탈지분유를 사용한다.

> ❖ 도넛용 프리믹스
> 1) 프리믹스 : 밀가루에 팽창제, 설탕, 분유를 섞은 것으로, 물만 부어 반죽할 수 있도록 만든 조제 가루이다.
> 2) 장점
>   ① 균일한 품질의 제품을 얻을 수 있다.
>   ② 재료 계량시 실수를 줄일 수 있고 노동력이 절약된다.
>   ③ 재료 저장시 차지하는 면적을 줄일 수 있고 좁은 곳에서 사용하기 편리하다.
>   ④ 재료의 가격 변동에 대처할 수 있다.

6) 팽창제 : 베이킹 파우더의 상태로 쓰거나, 탄산수소나트륨과 산 작용제를 분리하여 쓴다.

7) 향료
① 우리의 입맛에 가장 익숙한 향은 바닐라향이다.

② 향신료로서 넛메그, 메이스를 쓴다.

(4) 제조 공정

1) 반죽 만들기

① 계란, 설탕, 바닐라향을 함께 넣고 강하게 거품을 올린다.

② 버터를 녹여서 ①에 넣고 혼합한다.

③ 가루종류를 체쳐 넣고 가볍게 섞는다(반죽 온도 : 22~24℃).

④ 반죽을 비닐로 덮어 시원한 곳에서 10~15분간 휴지시킨다.

❖ 휴지 효과
① 이산화탄소가 발생하여 반죽이 부푼다.　② 각 재료에 수분이 흡수된다.
③ 표피가 쉬 마르지 않는다.　　　　　　　④ 밀어펴기 작업이 쉬워진다.

⑤ 휴지시킨 반죽을 1cm 두께로 밀어펴고, 도넛용 고리 형틀로 찍는다. 10분 동안 휴지시킨다.

※ 크림법으로 반죽을 만들기도 한다.

2) 튀기기

① 180~196℃ 온도의 기름에서 튀긴다.

② 수분 함량이 0.15% 이하의 온도에서 튀겨야 한다. 높으면 가수분해가 촉진된다.

③ 튀김기에 붓는 기름의 평균 깊이는 12~15cm 정도가 되나, 도넛이 실제 튀겨지는 범위는 5~8cm가 적당하다. 기름이 적으면 도넛을 뒤집기 어렵고, 과열되기 쉽다. 반대로 기름이 너무 많으면 온도를 올리는데 시간이 많이 걸리므로 기름이 낭비된다.

3) 마무리

① 도넛 표면에 분설탕을 뿌리고 젤리, 잼, 크림 등을 충전한다.

② 설탕은 도넛이 웬만큼 식은 뒤에 뿌려야 하며, 아이싱은 도넛이 따뜻한 동안에 묻혀야 골고루 많이 묻는다.

(5) 도넛 설탕과 글레이즈

1) 도넛 설탕

① 도넛 위에 눈처럼 피복되는 설탕이다.

② 전 재료를 섞고 균일하게 혼합한다.

③ 여름철에는 전분 사용량을 늘려 발한현상을 방지한다.

2) 계피 설탕

재 료	사용범위(%)
설탕(입상형)	94~97
계피가루	3~6

① 계피가루, 설탕을 넣고 고루 섞는다.
② 계피의 순도가 낮을 때는 10%까지 사용량을 증가시킨다.
※ 도넛설탕이나 계피설탕은 도넛이 40℃ 전후일 때 뿌려야 접착력이 좋다.

3) 도넛 글레이즈

재 료	사용범위(%)
분당	80~82
안정제	0~1
물	18~20

① 분당에 물을 넣으면서 물이 고루 분산되도록 갠다. 퐁당 상태로 만든다.
② 따뜻하게 가온하여 도넛 표면에 묻힌다. 향과 색을 넣을 수 있으며, 약간의 전분(5~30%)을 사용하기도 한다.
③ 도넛 글레이즈의 사용 온도는 45~50℃가 적당하다.

4) 스위트 초콜릿 코팅

재 료	사용범위(%)
초콜릿 원액	20~50
분당	20~55
레시틴	0.1

① 중탕으로 녹인 후 모든 재료를 고루 섞는다.
② 도넛에 붓거나 도넛을 담가 묻힌다.

(6) 도넛의 주요 문제점

1) 도넛 위의 설탕 변화

① 젖는 문제 : 도넛 내부의 수분이 껍질로 옮아갔거나, 보관 온도가 높았을 경우 적신다.
② 색깔 변화 : 기름이 신선하면 노랗게(황화 : 黃化), 오래 된 기름이면 회색빛(회화 : 灰化)으로 바뀐다. 이런 경우, 튀김기름에 스테아린을 첨가(전체 기름의 3~6%)한다.

❖ 스테아린 : 경화제로서 설탕의 녹는점을 높여 기름 침투를 막는다. 단, 너무 많이 넣으면 점착성이 작아져 도넛에 묻는 설탕량이 줄어들게 된다.

2) 발한

① 도넛에 묻힌 설탕이나 글레이즈가 수분에 녹아 시럽처럼 변하는 현상이다.
② 설탕에 대한 수분이 많거나, 온도가 상승하면 일어난다.
 ※ 20~37℃ 사이에서 포도당은 5.5℃ 상승시마다 용해도가 4%씩 증가한다.
③ 대책

가. 설탕은 수분 보유력이 있으므로 도넛 위에 뿌리는 설탕 사용량을 늘린다.
　　나. 충분히 식히고 나서 아이싱한다. 단, 너무 많이 식으면 설탕이 잘 붙지 않는다. 냉각 중 환기가 잘 되도록 한다.
　　다. 튀김시간을 늘려 수분 함량을 줄인다.
　　라. 설탕 점착력이 높은 튀김기름을 사용한다.
　　마. 대량 생산의 포장용 도넛의 수분 함량을 21~25%로 만든다.

3) 글레이즈가 금이 가면서 부서지는 현상
　① 수분이 많이 빠져나간 결과이다.
　② 대책
　　가. 설탕의 일부를 수분 보유력이 더 큰 포도당이나 전화당 시럽으로 바꿔 쓴다.
　　나. 한천, 젤라틴, 펙틴 등 안정제를 사용(설탕 사용량의 0.25~1% 정도)하여 글레이즈의 점도를 높인다.

(7) 제품 평가(결점과 원인)
1) 도넛에 기름이 많다.
　① 설탕, 유지, 팽창제의 사용량이 많았다. 기공이 열리고 구멍이 생겨 기름이 많이 흡수된다.
　② 베이킹 파우더의 사용량이 많았다.
　③ 튀김시간이 길었다.
　④ 지친 반죽이나 어린 반죽을 썼다. 이들은 기공이 열리고 튀기는 동안 터져서 기름이 흡수된다.
　⑤ 묽은 반죽을 썼다. 튀기는 동안 표면적이 넓어져 기름의 흡수율이 높아진다.
　⑥ 튀김기름의 온도가 낮았다. 튀김시간이 길어져 흡유량도 많아진다.
　⑦ 설탕 사용량이 적었다. 껍질색이 더디 들므로 튀김시간이 길어진다.
　⑧ 반죽 상태가 알맞지 않았다. 기공이 불규칙하고 팽창이 고르지 못해 기름이 많이 흡수된다.

2) 도넛의 부피가 작다.
　① 배합률, 반죽 만들기, 정형 공정에 잘못이 있었다.
　② 강력분을 썼다. 반죽이 단단해져 팽창 정도가 작다.

③ 화학 팽창제의 사용량이 적었다.
④ 반죽이 부드럽지 않았다.
⑤ 튀김시간이 짧았다.
⑥ 지친 반죽을 많이 썼다.
⑦ 이스트를 쓴 빵 도넛의 2차 발효 정도가 작았다.

3) 도넛 표면에 묻힌 설탕이 끈적거린다.
① 도넛이 다 식지 않은 채 설탕을 묻혔다.
② 적정 수분인 21~25%를 넘어 수분이 많다.
③ 보관 온도가 높다.
④ 배합 재료 중 수분 흡수제가 부족했다.

4) 도넛의 글레이즈가 끈적거린다.
① 글레이즈 재료에 건조 효과를 지닌 재료가 부족했다.
② 도넛 표면이 너무 식어 글레이즈와 온도가 알맞지 않았다.
③ 도넛 표면에 기름기가 많았다. 지방은 도넛과 글레이즈의 점착을 방해한다.
④ 지친 반죽으로 만들었다. 기공이 열려 있어 글레이즈가 더 많이 흡수하여 완전히 마르기 어렵다.
⑤ 뜨거운 글레이즈에 오래 담가 두거나, 묻힌 양이 많았다.
⑥ 습도가 높은 날에 안정제를 조금 썼다.

5) 기공이 열리고 조직이 거칠다.
① 강력분을 많이 썼다. 반죽이 단단하여 튀기는 동안 큰 공기 구멍이 생긴다.
② 베이킹 파우더의 사용량이 많거나 속효성 팽창제를 썼다. 반죽 상태에서 가스가 많이 발생해 기공이 열리고 조직이 거칠어진다.
③ 노른자의 사용량이 부족하였다.
④ 튀김 온도가 낮았다. 팽창제의 기능이 더디 나타나 천천히 부푼 결과 속결이 거칠다.

6) 기공과 조직이 조밀하고 축축하다.
① 강력분을 써서 반죽이 되직하였다.
② 베이킹 파우더를 쓰지 않았거나 팽창제가 부족하였다.

③ 노른자의 사용량이 부족하거나, 배합 비율이 낮았다.
④ 반죽에 수분이 많거나 반죽이 묽었다.
⑤ 튀김 온도가 높았다. 구운색이 빨리 들므로 설익은 상태에서 꺼내 기공이 조밀하다.

7) 모양과 크기가 고르지 않다.
① 자동 기계의 주입기 압력이 고르지 않다.
② 재료가 고루 섞이지 않았다.
③ 발효 시간이 부족하였다. 반죽이 가장자리에 늘어붙어 모양을 망친다.
④ 두께가 고르지 못하게 밀어폈다.
⑤ 튀김기름에 넣을 때 반죽 모양이 뒤틀리거나 일그러졌다.
⑥ 덧가루가 부족하여 반죽에 터진 곳이 있었다.

8) 튀김색이 고르지 않다.
① 튀김기름의 온도가 달랐다. 열선으로부터 나오는 열이 기름 전체에 퍼지지 않았다.
② 재료가 고루 섞이지 않았다.
③ 튀기는 동안 탄 찌꺼기가 기름 속을 떠다니면서 도넛 표면에 달라붙었다.
④ 작업대, 정형 기구에 설탕이나 다른 가루가 묻었다.
⑤ 어린 반죽, 또는 지친 반죽으로 만들었다. 전자는 옅고 후자는 짙은 색의 도넛을 만든다.
⑥ 덧가루가 많이 묻었다. 튀겨내도 밀가루 흔적이 남는다.
⑦ 다 식지 않은 철망 위에 도넛 반죽을 얹었다. 튀겨내면 자국이 남는다.

9) 맛과 향이 떨어진다.
① 재료의 배합 균형이 맞지 않았다. 특히 향료의 사용량을 잘 맞춰야 한다.
② 튀김기름이 나빴다.
③ 쓰던 기름을 여과시키지 않고 썼다. 한번 도넛을 튀겨낸 기름은 잘 여과시켜 써야 한다.
④ 기름의 흡수가 많아서 느끼한 맛이 난다. 기름에서 건져낸 도넛은 기름기를 뺀다.
⑤ 화학 팽창제의 사용량이 많았다. 쓴맛이 나거나 뒷맛이 좋지 않다.
⑥ 충전물, 토핑 · 아이싱 재료의 맛과 향이 나빴다.

10) 튀기는 동안 껍질이 터진다.
① 반죽을 잘못 하였다.

② 저율배합 반죽으로 만들었다.
③ 너무 많이 팽창하였다.

11) 충전물을 넣은 도넛의 문제점
① 젤리가 묽으면 흘러나온다.
② 젤리나 잼을 많이 넣으면 흘러나오고 무거워진다.
③ 충전물을 잘못 만들면 도넛에 넣은 뒤 덩어리지거나 내용물이 분리된다.
④ 주입기의 주둥이가 크면 흘러나온다.
⑤ 튀김 상태가 나쁘거나 부피가 작으면 충분히 넣을 수 없다.
⑥ 쓰기 전에 잘 젓지 않아 덩어리가 생기면 분리되기 쉽다.

9. 슈

모양이 양배추 같다고 해서 슈라고 부르며, 주로 텅빈 내부에 커스터드 크림 등을 넣어 이용하므로 슈크림이라고도 한다. 다른 반죽과 달리 밀가루를 먼저 익힌 뒤 굽는 것이 특징이다. 물, 유지, 밀가루, 계란을 기본재료로 해서 만든다.

(1) 슈 껍질의 재료 사용범위

재료	사용범위(%)	일반적 배합률(%)
버터	50~150	100
물	100~250	150
밀가루	100	100
계란	150~250	200
소금	1~2	1
탄산수소암모늄	0~0.5	0.2

❖ 일반적으로 기본 배합에 소금을 넣는다. 그런데 소금은 글루텐을 강화시키는 기능이 있으므로 반드시 물에 녹여 사용한다.
❖ 슈 반죽은 배합의 변화폭이 큰 편이다. 따라서 유지량을 조절할 경우 양이 많으면 반죽이 질어지므로 계란량을 상대적으로 줄인다.

(2) 기본재료의 특성

1) 물
① 밀가루의 전분을 호화시키고 유지를 분산시킨다.
② 굽는 도중 수증기가 돼 반죽의 양감을 지탱시켜 준다.
③ 취급이 쉽고 다른 맛과 향이 나지 않으며, 열에 의한 변성이 일어날 염려가 없어 수분 공급제로 많이 사용된다.

2) 유지
① 밀가루의 과다한 글루텐 형성을 막는다. 글루텐이 너무 많으면 점성이 강해 구워도 부풀지 않고 단단해진다.
② 버터, 라드, 샐러드유 등 어느 것을 사용해도 괜찮다. 단, 맛있고 풍미가 우수한 제품을 만들고자 할 때는 버터를 사용한다.

3) 밀가루
① 계란과 함께 슈의 형태를 유지시키는 역할을 한다.
② 먹었을 때 씹는 느낌을 준다.
③ 사용하는 밀가루 종류는 유지량에 따라 결정한다. 유지량이 많으면 글루텐이 많이 함유된 강력분을 사용하고, 유지량이 적으면 박력분을 사용한다.

4) 계란
① 풍미를 좋게 하고 반죽의 되기를 조절하며 부푼 모양을 유지시켜 준다.
② 전체를 사용하되, 반죽이 단단할 때는 여분의 흰자를 사용한다.

(3) 제조 공정

1) 반죽 만들기
① 물에 소금과 유지를 넣고 센 불에서 끓인다.
② 밀가루를 넣고 계속 휘저으면서 완전한 호화가 될 때까지 젓는다.
③ 60~65℃로 냉각시킨 다음, 계란을 소량씩 넣으면서 매끈한 반죽을 만든다.
④ 짤주머니에 반죽을 채워 기름을 균일하고 얇게 바른 평철판 위에 짠 후, 껍질이 너무 빨리 형성되는 것을 막기 위해 물을 뿌려 준다.
   ※ 슈 껍질은 굽기 전에 물을 뿌리거나 침지하여 굽는데, 그 이유는 슈 반죽의 팽창을 돕고, 껍질 형성을 되도록 얇게 하기 위함이다.

2) 굽기 : 210~220℃ 온도에서 20~30분간 굽는다.

❖ 초기에는 아랫불을 높여 굽다가 표피가 거북이 등처럼 되고 밝은 갈색이 나면 아랫불을 줄이고 윗불을 높여 굽는다.
❖ 찬 공기가 들어가면 슈가 주저앉게 되므로 팽창 과정 중에 오븐 문을 자주 여닫지 않도록 한다.

(4) 유의 사항
① 평철판에 기름이 많으면 반죽이 퍼져서 구운 뒤 제품이 평평해진다.

② 철판에 반죽을 짜놓고 오랫동안 방치하면 껍질이 형성돼 구울 때 터지게 된다.
③ 습도가 높은 곳에 노출시키면 수분을 흡수하여 축축하게 된다.
④ 특히 여름철에는 위생적인 작업환경에서 만들어야 한다. 또한 사용시까지 냉장 보관해야 한다.

(5) 충전물

1) 커스터드 크림의 기본 배합률

슈 크림에 사용하는 충전물로는 커스터드 크림이 가장 보편적이며, 커스터드 크림과 버터 크림을 1:1로 섞은 프렌치 커스터드 크림이나 생크림도 많이 사용된다.

재료 사용범위

재료	사용범위(%)	일반적 배합률(%)
우유	100	100
노른자	10~40	15
설탕	10~80	25
옥수수 전분	6~15	8
버터(가염)	2~10	5
바닐라향	0.5~1	0.5
브랜디 또는 럼주	0~10	3

2) 충전물 사용

① 커스터드 크림과 같은 충전물은 조리한 후 냉각시켜서 껍질 안에 넣어야 한다.
② 도넛 충전물 주입기(injector)나 모양깍지를 끼운 짤주머니를 이용하여 충전한다.
③ 충전물은 슈 안에 고르게 충분한 양을 넣어야 한다.
④ 슈 껍질을 반쯤 잘라 크림이 보이도록 충전하는 방법도 있다.

10. 냉과

차게 해서 굳힌 모든 과자를 뜻하며 바바루아, 무스, 푸딩, 젤리, 블랑망제 등이 있다. 아이스크림, 셔벗 등은 빙과로 분류하기도 한다.

(1) 바바루아

우유, 설탕, 계란, 생크림, 젤라틴을 기본재료로 해서 만든 제품으로, 과실 퓌레를 사용하여 맛을 보강한다. 독일 바바리아 지방의 음료를 19세기초에 현재와 같은 모양으로 만들었다.

1) 배합률

재 료	사용범위(%)
우유	100
바닐라	0.5
노른자	10~30
설탕	20~50
분말 젤라틴	2~5
생크림	30~100

2) 제조 공정

① 우유와 바닐라를 섞어 80℃까지 가열한다.
② 믹싱 볼에 노른자와 설탕을 섞어 휘핑한 후 ①을 넣고 80℃까지 가열 후 냉각시킨다.
③ 분말 젤라틴을 5배의 찬물에 30분 정도 팽윤시킨 후, 중탕으로 녹여 혼합한다.
④ 얼음물 위에서 24℃로 냉각한다.
⑤ 생크림을 70~80% 정도 휘핑한 후 반죽과 섞는다.
⑥ 푸딩컵이나 유리컵 등에 반죽을 채우고 냉장고에서 굳힌다.
⑦ 따뜻한 물에 1분 정도 틀을 넣었다가 뺀다.
⑧ 휘핑 크림으로 마무리하고 소스를 곁들인다.

(2) 무스

프랑스어로 거품이란 뜻으로, 커스터드 또는 초콜릿, 과일 퓌레에 생크림, 머랭, 젤라틴 등을 넣고 굳혀 만든 제품이다.

1) 재료의 사용범위

배합 Ⅰ (이탈리아 머랭)

재 료	사용량(%)
물	15
설탕	50
흰자	18
과즙	100
젤라틴	4
생크림	100

배합 Ⅱ (앙글레이즈 소스)

재 료	사용량(%)
노른자	20
설탕	30
우유	100
젤라틴	4
생크림	100
과즙	100

배합 Ⅲ (초콜릿)

재 료	사용량(%)
다크초콜릿	100
버터	50
노른자	35
설탕	15
흰자	70
설탕	20

2) 제조 공정

① 흰자와 설탕으로 만드는 무스

가. 설탕에 물을 넣고 116~118℃까지 끓여 시럽을 만든다.
나. 흰자를 믹싱하면서 거품을 올린 다음, 설탕 시럽을 서서히 투입하면서 이탈리안 머랭을 만든다.

다. 완전히 식힌 다음, 휘핑한 생크림을 넣고 섞는다.
라. 과즙을 혼합한 후 물에 불린 젤라틴을 용해시켜 섞는다.

② 노른자와 크림 거품에 과일을 넣어 만드는 무스

가. 노른자와 분당을 섞고 하얗게 거품이 일 때까지 휘핑한다.
나. 끓인 우유를 넣고 식힌 후 다시 80℃까지 가열해 크렘 앙글레즈를 만든다.
다. 물에 불려 녹인 젤라틴을 넣고 잘 섞은 후 10℃ 정도로 냉각시킨다.
라. 휘핑한 생크림과 과즙을 넣고 섞는다.

③ 초콜릿으로 만드는 무스

가. 초콜릿을 중탕으로 녹인다.
나. 버터를 넣고 녹여 가나슈를 만든다.
다. 노른자, 설탕을 하얗게 믹싱하여 혼합한다.
라. 흰자와 설탕으로 프랜치 머랭을 만들어 섞는다.

(3) 푸딩

계란, 설탕, 우유 등을 혼합하여 중탕으로 구운 제품으로, 육류, 과일, 야채, 빵을 섞어 만들기도 한다. 계란의 열변성에 의한 농후화 작용을 이용한 제품이다.

1) 재료의 사용범위

재 료	사용범위(%)
우유	100
설탕	15 ~ 40
계란	30 ~ 80
바닐라향	0 ~ 1
소금	1 ~ 3
브랜디	0 ~ 10
설탕(캐러멜 소스용)	15 ~ 40

2) 제조 공정

① 우유와 설탕을 끓기 직전인 80~90℃까지 데운다.
② 다른 그릇에 계란, 소금, 나머지 설탕을 넣고 혼합한 뒤, 뜨거운 우유를 넣고 섞는다.
③ 모든 재료를 섞어서 체에 거른다.

④ 물이 담긴 평철판에 푸딩컵을 배열한 뒤, 반죽을 부어 굽는다.

❖ 철판에 붓는 물이 차가우면 굽는 시간이 길어진다.
❖ 캐러멜 커스터드 푸딩 : 반죽을 팬에 붓기 전에 먼저 캐러멜 소스를 붓고 굳힌다.
　캐러멜 소스는 설탕 200g에 물 60g을 넣고 가열하여 진한 갈색으로 만든다.

(4) 젤리

1) 과즙, 와인 같은 액체에 펙틴, 젤라틴, 한천, 알긴산 등의 응고제를 넣어 굳힌 제품이다.
2) 후식용은 응고제에 과즙, 우유, 양주, 잘게 자른 과일을 섞어 굳히고 요리용은 생선, 계란, 닭고기 등을 곁들여 만든다.
3) 종류
　① **젤라틴 젤리** : 젤라틴을 녹여 설탕, 주재료(과일, 와인, 커피 등), 향료를 넣고 식혀 굳힌다.
　② **한천 젤리** : 젤라틴 대신 한천을 이용한다.
　③ **펙틴 젤리** : 과일 속의 펙틴, 유기산, 당분이 가열에 의해 결합·응고된 것이다.

11. 아이싱

장식 재료를 가리키는 명칭임과 동시에, 설탕을 위주로 한 재료를 빵·과자 제품에 덮거나 한 겹 씌우는 일을 말한다.

❖ 토핑 : 아이싱을 한 제품이나 하지 않은 제품 위에 얹거나 붙여서 맛을 좋게 하고 시각적 효과를 높이는 일

(1) 아이싱

1) 아이싱 재료

① **설탕** : 그라뉴당, 분설탕처럼 설탕 입자가 고울수록 아이싱이 부드럽다.

② **유지** : 아이싱의 부드러움과 윤기를 돋우는 재료이다.
　가. 중성 쇼트닝
　　ㄱ. 크림 형태의 아이싱을 만드는 기본재료이다.
　　ㄴ. 유화 쇼트닝과 경화 쇼트닝이 있다.

❖ 유화 쇼트닝 : 가벼운 크림 아이싱(지방 함량 15%)을 만든다.
　경화 쇼트닝 : 버터 크림 아이싱(지방 함량 40%)을 만든다.

ㄷ. 자체에 맛과 향이 없고, 마른재료와 잘 섞이며 첨가하는 향료의 특성을 제대로 살린다.

　나. 버터
　　ㄱ. 향이 좋은 고급 아이싱을 만든다.
　　ㄴ. 유화 쇼트닝과 섞어 쓰면 원가를 줄이면서 향이 좋고 부피가 최대인 크림을 얻을 수 있다.

　다. 카카오버터
　　ㄱ. 아이싱의 윤기와 저장성을 높여 준다.
　　ㄴ. 녹는점이 높아 아이싱을 빨리 안정시킨다.

③ 탈지분유
　가. 가벼운 크림과 향이 진한 버터 크림 아이싱에 사용한다.
　나. 분유는 수분을 흡수하고 크림의 구성체를 이루며, 아이싱의 맛과 향을 높인다.
　　※ 실온에서 상하기 쉬우므로 생우유는 사용하지 않는다.

④ 물 : 설탕을 녹이며, 시럽으로 끓여도 설탕이 타지 않게 한다.
　　※ 지방 함량이 25% 이상인 아이싱을 묽게 할 때는 물 대신 일반 시럽을 섞는다.

⑤ 계란
　가. 신선하고 냄새가 나지 않는 것을 사용한다.
　나. 아이싱에 섞어 넣을 때는 조금씩 넣고 완전히 흡수된 뒤에 다시 넣어야 응유현상을 막고 최대의 부피를 얻을 수 있다.
　다. 계란의 온도는 케이크 반죽에 쓸 때보다 낮아야 한다.
　라. 흰자만을 거품내어 크림에 섞으면 부피가 더욱 커지고 윤기가 좋아진다.

⑥ 안정제
　가. 아이싱의 조직을 부드럽게 유지하고 제품의 건조를 막는다.
　나. 아이싱의 점착성을 감소시킨다.
　다. 타피오카 전분, 밀 전분, 옥수수 전분, 펙틴, 식물성 검 등이 있다.

⑦ 향료
　가. 아이싱에 넣은 향은 날아가지 않으므로 굽는 제품보다 조금 쓴다.
　나. 과일향, 코코아향, 합성 인공향료, 천연향, 캐러멜향을 사용한다.

⑧ 소금 : 다른 재료의 맛과 향을 보충하고 강화한다.

2) 아이싱의 형태와 제조 방법

① 단순 아이싱

가. 배합 재료 : 기본재료(슈거 파우더, 물, 물엿, 향료)에 경우에 따라 소량의 기름을 첨가한다.

나. 제조 방법 : 위의 재료를 섞고 43℃로 데워 되직한 페이스트 상태로 만든다.

다. 작업 중 아이싱이 굳으면 중탕으로 가온하여 녹여 쓰거나 설탕 시럽을 넣어 연하게 만든다.

라. 쓰고 남은 아이싱은 표면에 물을 뿌려 굳지 않도록 보관한다.

② 크림 아이싱

가. 배합 재료 : 분설탕, 유지, 분유, 계란, 물, 소금, 향료, 안정제 등 재료의 전부 또는 일부를 쓴다.

나. 제조 방법 : 유지, 설탕에 계란을 넣는 크림법과 흰자, 시럽을 거품내어 유지와 섞는 방법이 있다.

다. 설탕, 버터, 초콜릿, 우유를 주재료로 만드는 퍼지 아이싱, 설탕 시럽을 기포하여 만드는 퐁당, 흰자에 설탕 시럽을 넣어 거품을 올리는 마시맬로 아이싱 등이 있다.

라. 껍질이 생기지 않도록 신선한 곳에 뚜껑을 덮어 보관한다.

③ 조합형 아이싱

가. 배합 재료 : 단순 아이싱과 크림 아이싱을 섞어 만든다.

나. 제조 방법

ㄱ. 퐁당과 흰자를 섞을 때는 퐁당을 43℃로 데워 거품을 내고, 초콜릿은 녹여서 액체 상태로 첨가한다.

ㄴ. 아이싱에 코코아를 넣을 때는 코코아와 분설탕을 함께 체친다. 그래야 코코아가 크림 전체에 잘 분산된다.

ㄷ. 과일, 견과, 그 밖의 토핑용 재료를 아이싱 크림에 혼합할 때는 너무 치대지 않는다. 표피가 약한 장과류(딸기, 블루베리 등)는 과즙이 흘러나와 아이싱에 스며들므로 주의해야 한다.

다. 쓰고 남은 아이싱은 한데 모아 잘 혼합하고 초콜릿을 첨가하여 다시 사용한다. 초콜릿은 색과 향이 짙어 다른 색과 향을 감추기에 알맞다.

3) 아이싱의 끈적거림을 방지하는 조치

① 젤라틴, 식물성 검 같은 안정제를 사용한다.
② 전분, 밀가루 같은 흡수제를 사용한다. 흡수제를 사용함으로써 끈적거림을 막을 수 있다. 단, 양이 많으면 텁텁한 맛이 나므로 유의해야 한다.

4) 굳은 아이싱을 풀어주는 방법

① 아이싱에 최소의 액체를 사용한다. 수분이 마르기 전에는 끈적거리며, 수분이 많을 수록 잘 마르지 않기 때문이다.
② 35~43℃로 데워 쓴다. 아이싱에 수분이 적으면 끈적거리지 않는 대신 빨리 굳기 때문에 작업성이 나빠진다. 이런 경우 40℃ 전후의 온도로 데워 되기를 맞추는 게 좋다.
③ 굳은 아이싱은 데우는 정도로 안되면 시럽으로 푼다. 일반 시럽(설탕 : 물 = 2 : 1)을 소량 넣는다. 시럽의 물은 이미 설탕을 녹이고 있으므로 아이싱의 설탕을 더 이상 녹이지 않는다. 따라서 물을 직접 넣어 사용해서는 안된다.

(2) 크림

1) 버터 크림

빵·과자의 샌드나 아이싱, 데커레이션에 가장 많이 쓰이는 대표적인 크림이다. 버터 크림을 얼마나 맛있게 만드느냐에 따라 제품의 맛이 달라진다.

① 제조 공정
가. 설탕, 물, 물엿을 114 ~ 118℃로 끓여서 시럽을 만든 뒤 냉각한다.
나. 유지를 크림 상태로 만든 뒤, 식힌 시럽을 조금씩 넣으면서 계속 젓는다.
다. 마지막에 연유, 술, 향료를 넣고 고르게 섞는다. 버터 크림에 사용하는 향료의 형태는 에센스 타입이 알맞다.

재료의 사용범위

재 료	사용범위(%)
설탕	30~50
물	설탕의 25
주석산 크림	0.1 ~ 0.5
물엿	10 ~ 20
버터	70 ~ 80
쇼트닝	20 ~ 30
소금	1 ~ 2
연유	3 ~ 10
브랜디	2 ~ 5
향료	0.1 ~ 1

❖ 기본 버터 크림은 버터 : 설탕 = 1 : 1로, 가벼운 크림을 만들기 위해 크림성이 좋은 쇼트닝이나 마가린을 사용 하기도 한다. 또한 부드러움을 주기 위해 액체재료를 첨가한다.
❖ 주석산 크림은 끓인 시럽이 냉각되는 동안 결정화(結晶化)가 되는 것을 막기 위해 사용한다.

2) 휘핑 크림

① 휘핑 크림(생크림)

가. 거품낸 생크림으로, 유지방 함량이 18%인 연한 크림에서부터 유지방이 40% 이상인 진한 크림까지 용도별로 다양하다.

나. 유지방이 35% 이상인 생크림이 거품내기에 알맞다.

다. 크림 100에 대하여 5~10%의 설탕 또는 분설탕을 사용하여 단맛을 내고, 거품내기 마지막 시점에 바닐라향을 넣는다.

라. 휘핑 크림은 3~7℃로 냉각시켜 사용한다. 믹서 볼과 거품기도 차갑게 만든 후 사용한다.

마. 새하얗게 거품낸 크림을 케이크에 바르거나 짜내어 장식하면 산뜻하고 깨끗한 느낌이 든다.

❖ 생크림 : 우유의 지방분(유지방)만을 분리해낸 것으로, 프레시 크림이라고도 한다. 식물성 크림이나 컴파운드 크림(동물성과 식물성 크림 혼합 제품)도 생크림 대용으로 사용되고 있으나 순 생크림에 비해 맛이 떨어지는 단점이 있다.

② 오버런(Over run)

휘핑 후 크림의 부푼 정도(공기 포집 정도)를 나타내는 말로 증량률이라고도 한다.

오버런 = $\dfrac{B - A}{A} \times 100$ (A : 휘핑 전 부피, B : 휘핑 후 부피)

③ 디프로매트 크림

가. 커스터드 크림에 휘핑 크림을 조금씩 넣으면서 혼합하는 조합형 크림의 일종이다.

나. 우유 1리터로 만든 커스터드 크림에 무당 휘핑 크림 1리터로 만든 생크림을 혼합해 만든다.

3) 커스터드 크림

우유, 계란, 설탕을 한데 섞고 안정제로 옥수수 전분이나 박력분을 넣어 끓인 크림이다. 케이크의 샌드, 아이싱용이나 빵의 충전용으로 사용된다.

① 기본 재료의 특성

가. 밀가루 : 우유 대비 8~10%를 사용한다(우유 4% + 옥수수전분 4%를 쓰기도 한다). 가루 분량이 많으면 크림이 단단해진다.

나. 계란 : 전체를 사용해도 무방하지만 노른자만 이용하는 것이 풍미에 좋다. 우유 100cc당 노른자 한 개를 사용한다.

다. 설탕 : 우유 대비 20~50%를 사용한다. 40%를 넘으면 감미가 강하게 느껴지고, 20% 이하이면 보존성이 나빠진다.
라. 버터 : 5~10% 사용한다.

② 제조 공정
가. 노른자를 골고루 풀어준 후 소량의 우유, 설탕, 체친 박력분을 섞는다.
나. 동그릇에 우유를 넣고 약 80℃까지 가열한다.
다. '나'를 '가'에 조금씩 넣으면서 거품기로 골고루 섞어 준다.
라. 중불로 가열하면서 덩어리가 지지 않게 나무 주걱으로 저으면서 끓인다.
마. 뜨거운 상태에서 버터를 넣고 골고루 섞는다.

(3) 머랭

흰자를 거품내어 만든 제품으로, 공예 과자로 만들거나 샌드 및 아이싱 크림으로 이용한다. 만드는 방법에 따라 다음과 같이 구분한다.

1) 냉제 머랭(cold meringue) : 일반법 머랭, 기초 머랭이라고도 한다.
① 흰자 100에 대하여 설탕 200의 비율로 만든다.
② 흰자(온도 24℃)를 먼저 거품내다가 설탕을 조금씩 넣으면서 튼튼한 거품체를 만든다.
③ 거품의 안전성을 높이기 위해 0.5%의 소금과 0.5%의 주석산 크림을 넣기도 한다.
④ 온제 머랭에 비해 설탕량의 비율이 적다.
⑤ 머랭 셀(meringue shell)을 비롯해 광범위한 용도에 사용된다.

2) 온제 머랭(hot meringue)
① 흰자 100에 대하여 설탕 200, 분설탕 20의 비율로 만든다.
② 흰자와 설탕을 섞어 43℃로 데운 뒤 거품내다가, 거품이 안정되면 분설탕을 섞는다.
③ 냉제 머랭보다 설탕량이 많다.
④ 중탕하여 열을 주는 이유는 설탕이 녹기 쉽도록 하고 기포력을 낮추기 위해서이다.
⑤ 결이 곱고 묵직하며 힘이 있다.
⑥ 반죽 자체에 열이 있어 표면이 건조되기 쉽지만 모양이 흐트러지지 않아 세공품이나 머랭 쿠키 등에 적합하다.

3) 스위스 머랭(Swiss meringue)
① 흰자 100에 대하여 설탕 180의 비율로 만든다.
② 흰자 1/3과 설탕 2/3를 혼합하여 43℃로 데우고 거품내면서 레몬즙(또는 아세트산)을 첨가한다. 나머지 흰자와 설탕을 섞어 일반 머랭을 만든 뒤 둘을 섞는다.
③ 구웠을 때 표면에 광택이 나며, 하루쯤 두었다가 써도 괜찮다.

4) 이탈리안 머랭(Italian meringue) : 시럽법 머랭, 보일드 머랭이라고도 한다.
① 볼에 흰자와 설탕(흰자량의 20%)을 넣고 50% 정도 휘핑한다. 동그릇에 남은 설탕과 물(설탕량의 1/3)을 넣고 114~118℃로 끓인 후 조금씩 흘려 넣으면서 중속으로 휘핑한다.
② 뜨거운 시럽과 섞기 때문에 기포는 단단하지만 열전도율이 나빠 굽는 제품에는 사용하지 않는다.
③ 무스나 냉과 같이 굽지 않는 제품에 적합하며, 기포의 안전성이 좋으므로 짜내어 케이크 장식에 쓰면 좋다.
④ 부피가 크고 결이 거칠어 선이 고운 제품을 만들기에는 알맞지 않다.

(4) 퐁당
설탕을 물에 녹여 끓인 뒤 다시 희뿌연 상태로 재결정화시킨 것으로, 빵·과자의 윗면을 아이싱하는 데 널리 쓰인다.

1) 제조 공정
① 설탕 100에 대하여 물 30을 넣고 114~118℃로 끓여 시럽을 만든다.
② 끓인 시럽을 대리석 작업대 위에 얇게 펴고 분무기로 물을 뿌리면서 38~44℃까지 식힌다.
③ 나무 주걱 등으로 휘저으면 설탕 결정이 생겨 유백색의 크림이 된다. 이것을 계속 저으면 급격히 굳어지므로 굳기 전에 한데 모아 떡 반죽처럼 이긴다.
※ 다 식기 전에 이기면 거칠어지고, 너무 식으면 굳어서 작업하기 힘들다.

2) 사용 및 보관 방법
① 퐁당은 마르지 않도록 비닐 등에 싸서 보관하고, 35~45℃로 데워서 사용한다.
② 퐁당이 부드럽고 수분 보유력이 높아지도록 물엿, 전화당, 시럽을 첨가하기도 한다.
③ 고급 아이싱을 하기 위하여 유지, 계란, 향, 색소 등을 첨가한다.

제6장 제품 평가

1. 제품의 평가 기준

(1) 외부적 특성

1) **부피** : 크기와 비교하여 알맞게 부풀어야 한다.
2) **껍질색** : 식욕을 돋구는 색상으로, 부위별 색상이 균일하고 반점과 줄무늬가 없어야 한다. 또한 너무 여리거나 진하지 않아야 한다.
3) **형태의 균형** : 움푹 들어가거나 찌그러진 곳 없이 좌우전후 대칭으로 균형이 잡혀야 한다.
4) **껍질의 특성** : 얇으면서 부드러운 껍질이 좋다. 너무 두껍거나 고무처럼 질기지 않아야 한다. 또한 너무 약해서 쉽게 부스러지지 않아야 한다.

(2) 내부적 특성

1) **기공** : 기공막이 얇고 크기가 고른 조직이 바람직하다. 두꺼운 세포벽, 불균일한 크기, 커다란 공기 구멍은 기공을 나쁘게 한다.
2) **속색** : 밝은 빛을 띠고 윤기가 있어야 바람직하다. 속을 자른 단면에 줄무늬나 반점이 없어야 하고, 색의 농도가 균일해야 한다.
3) **향** : 신선하고 달콤하며 천연적인 향이 바람직하다. 이질적인 냄새나 곰팡이내가 나지 않아야 한다.
4) **맛** : 양질의 케이크를 결정하는 가장 중요한 항목이다. 재료의 배합, 발효, 기공과 조직에 의한 입안에서의 촉감, 향 등이 복합적으로 작용하는 것을 가리킨다. 제품마다 각기 다른 특성의 맛을 살려야 한다.
5) **조직** : 촉감에 의해 평가된다. 약하거나 부스러짐이 없이 부드럽고 유연해야 한다.

2. 제품 평가시 감점 요인

(1) 외부적 특성

1) 부피
   ① 너무 작다 : 기공이 너무 조밀하여 조직이 촘촘해지면 식감이 나빠진다.
   ② 너무 크다 : 기공이 너무 열려 조직이 거칠어지면 식감이 나빠진다.

2) 껍질색
① 균일하지 않다.　　② 너무 진하다.
③ 너무 여리다.　　④ 흐릿하다.
⑤ 반점이 있다.　　⑥ 설탕 고리가 있다.
⑦ 유지 고리가 있다.

3) 형태의 균형
① 중앙 부분이 높다.　　② 중앙 부분이 돌출해 있다.
③ 중앙 부분이 낮다.　　④ 가장자리가 높다.
⑤ 가장자리가 낮다.　　⑥ 터짐성이 불균일하다.
⑦ 전체적으로 균일하지 않다.

4) 껍질의 특성
① 너무 두껍다.　　② 질기다.
③ 표면에 물집이 생겼다.　　④ 습기가 많고 고무질 촉감을 준다.

(2) 내부적 특성

1) 기공
① 열리고 거칠다.　　② 균일하지 않다.
③ 두꺼운 세포벽을 가진다.　　④ 큰 공기 구멍이 많다.
⑤ 너무 조밀하다.

2) 속색
① 회색빛이 난다.　　② 어둡다.
③ 줄무늬가 있다.　　④ 생기가 없다.
⑤ 균일하지 않다.　　⑥ 잘 익지 않은 부위가 있다.

3) 향
① 너무 강하다.　　② 너무 약하다.
③ 이취(異臭)가 난다.　　④ 너무 자극적이다.
⑤ 곰팡이 냄새가 난다.

4) 맛
① 단조롭다.　　② 이미(異味)가 있다.
③ 짠맛이 난다.　　④ 소다맛이 난다.
⑤ 신맛이 너무 강하다.　　⑥ 불쾌한 뒷맛이 남는다.

5) 조직
　① 거칠다.　　　　　　　② 조악하다.
　③ 너무 조밀하다.　　　　④ 덩어리 상태가 있다.
　⑤ 너무 느슨하다.

3. 과자류 제품의 결점 및 원인(요약)

결 점	원 인
기공이 조밀, 촉촉한 속	과다한 액체 함량 전화당 시럽, 물엿이 많을 때 팽창 부족 높은 온도의 오븐
기공이 열리고 거친 조직	과도한 팽창제 사용 낮은 온도의 오븐 지나친 크림화
케이크 반죽의 분리 현상	낮은 품온의 유지 계란을 일시에 넣은 경우 품질이 낮은 계란 사용(유화력 감소)
작은 부피의 스펀지 케이크	높은 온도에서 구울 때 기름기가 있는 기구로 계란을 휘핑할 때 녹인 버터를 넣고 믹싱이 과도할 때 급속한 냉각
도넛의 과도한 흡유	과도한 설탕량 낮은 튀김온도 믹싱 부족 과량의 베이킹 파우더 사용
슈 바닥 껍질 중앙이 올라온다	밑불 온도가 너무 강할 때 팬에 기름칠을 할 경우 굽기 중 수분을 많이 잃게 된 경우
과일 케이크의 과일이 가라앉는다	중조를 많이 사용할 경우 낮은 단백질(강도가 낮은)의 밀가루를 사용할 경우 과일 시럽을 충분히 배수시키지 않은 과일 사용 시 과일을 밀가루에 묻혀서 사용하지 않은 경우

식품위생·환경관리

제1장 식품위생 개요
제2장 HACCP와 제조물 책임법
제3장 식품의 변질
제4장 식품과 감염병
제5장 식중독
제6장 식품 첨가물
제7장 식품위생·환경관리

식품위생 · 환경관리

제1장 식품위생 개요

1. 식품위생의 정의

식품위생이라 함은 식품, 첨가물, 기구 또는 용기·포장을 대상으로 하는 음식에 관한 위생을 말한다(식품위생법 제2조 제8항).

> ❖ WHO(세계보건기구)의 정의
> 식품의 생육, 생산, 제조에서부터 최종적으로 소비자에게 섭취되기까지의 전 과정에 걸친 식품의 안정성, 보존성, 악화 방지를 위한 모든 수단을 말한다(WHO 환경위생 전문위원회, 1955).

2. 식품위생의 목적

(1) 식품으로 인한 위생상의 위해를 방지한다.
(2) 식품 영양상의 질적 향상을 도모한다.
(3) 국민 보건의 향상과 증진에 기여한다.

3. 유해식품의 생성 요인

(1) 자연적 요인
 1) **식품 자체의 유독 물질** : 동물성 자연독, 식물성 자연독
 2) **생물에 의한 오염** : 병원 미생물, 기생충, 기타 생물

(2) 인위적 요인
 1) 제조·가공 중에 첨가 또는 생성되는 물질 : 유해 첨가물, 포장 용출물
 2) 환경 오염 : 수질 오염, 토양 오염, 대기 오염

4. 식품위생의 과제와 대책
 (1) 생산 단계에서의 위생 관리
 (2) 제조·가공·조리 과정에서의 위생 관리
 (3) 유통 과정에서의 위생 관리
 (4) 시설에 대한 위생 관리
 (5) 식품취급자에 대한 위생 관리
 (6) 제품에 대한 위생 관리
 (7) 섭취 단계에서의 위생 관리
 (8) 행정 당국의 지도와 관리

제2장 HACCP와 제조물 책임법

1. HACCP
 (1) HACCP의 정의와 의의
  1) HACCP는 위해요소 중점관리기준(Hazard Analysis Critical control)의 약자로 보통 '해썹'으로 부른다. 위해 요소분석(HA)과 중요관리점(CCP)의 합성어이다.
  2) HA는 위해가능성이 있는 요소를 찾아 분석·평가하는 것이며 CCP는 해당 위해요소를 방지·제거하고 안전성을 확보하기 위해 중점적으로 다루어야 하는 관리기준이다.
  3) 정의 : 식품의 원료, 제조·가공 및 유통의 전 과정에서 발생할 수 있는 위해요소를 규명하고, 이를 중점적으로 관리하기 위한 관리기준을 마련하여 식품의 안전성을 확보하려는 과학적 위생관리 체계

(2) HACCP의 적용단계(12절차, 7원칙)

1) 준비단계(5단계)
가. 1단계 : HACCP팀을 구성한다
나. 2단계 : 제품의 특징을 기술한다.
다. 3단계 : 제품의 용도와 사용방법을 명확히 한다.
라. 4단계 : 공정흐름도를 작성한다.
마. 5단계 : 공정흐름도를 현장에서 확인한다.

2) 실천단계
가. 원칙 1 : 위해요소(HA)를 분석한다.
나. 원칙 2 : 중요 관리점(CCP)을 결정한다.
다. 원칙 3 : 중요 관리점에 대한 한계기준(CL)을 결정한다.
라. 원칙 4 : 중요관리점에 대한 모니터링 방법을 결정한다.
마. 원칙 5 : 모니터링 결과 한계기준 이탈시 개선조치(CA) 절차를 확립한다.

3) 관리단계
바. 원칙 6 : HACCP시스템의 효과적 시행여부 검증 절차를 확립한다.
사. 원칙 7 : 설정된 원칙과 적용에 대한 기록유지 및 문서화 절차를 확립한다.

(3) HACCP 도입의 효과

1) 식품업체
가. 위생적이고 안전한 식품의 제조
나. 자주적 위생관리 체계의 구축
다. 위생관리 집중화 및 효율성 도모
라. 회사의 이미지 제고와 신뢰성 향상
마. 경제적 이익 추가 창출

2) 소비자
가. 안전한 식품소비
나. 식품선택 기준요소 확대

2. 제조물 책임법(PL법)

(1) 목적
소비자 보호를 위해 제조업자에게 불량 제조물의 책임을 묻는 제도. 제조물 결함으로 인하여 발생한 손해에 대한 제조업자 등의 손해배상책임을 규정함으로 피해자의 보호를 도모하고 국민 생활의 안전향상과 국민경제의 건전한 발전에 기여하는 것이 목적이다. 제조물의 결함에 의한 소비자 피해 보호를 강화하고, 건전한 국민경제발전에 기여한다는 취지 아래 2000년 1월 12일 제조물책임법을 신규제정하면서 도입되었다.

(2) 제조물 책임
① 소비자 또는 제3자가 제조물의 결함으로 인하여 생명, 신체 또는 재산에 손해를 입었을 경우 제조, 유통, 판매, 수입 등 사업상 그 제품에 관련된 자가 책임을 지고 배상하도록 한다.
② 책임기간은 제조자가 제품을 공급한 날로부터 1년, 피해자가 손해배상 책임자를 안 날로부터 3년 이내이다.

(3) 식품의 제조물 책임 사고 유형
① 식중독 : 가장 큰 원인. 원료·제조공정·보관·유통 등 각 단계별 철저 관리 필요
② 용기 등 외부요인 : 유리용기 파손. 포장 용기 불량 등에 의함.
③ 기타 재료의 잔류 농약이나 섭취 시 배려 부족 등에 의한 질식 등이 있다.

(4) 예방
① 제조물 책임에 대한 인식 전환
② 전사적 대응체제 구축
③ 제품안전대책마련

3. 포장 및 용기위생

(1) 포장

1) 종이류 및 그 가공품
① 글라신 종이
황산으로 처리한 펄프를 원료로 한 종이로 양과자, 빵, 빙과 등에 사용한다.

② 파치멘트 종이(유산지, parchment paper)
종이를 황산으로 가공한 것으로 버터, 마가린, 게 통조림의 내장용에 사용한다.
③ 파라핀 종이(paraffin paper)
글리신 종이에 파라핀을 입혀 가공한 것으로, 캐러멜, 빵, 육류 등에 사용한다.
④ 기타
종이를 과산화수소로 처리한 카톤 팩, 테트라 팩이 우유 포장에 많이 이용된다.

2) 알루미늄 박

박용으로 사용되는 알루미늄의 순도는 매우 높아야 하며, 가공시에 수백 도의 온도로 가열하므로 고온 살균이 가능하다. 유해물의 오염으로부터 식품을 보호하는 역할이 크고, 광선을 차단하는 성질을 가지고 있어 자외선의 조사에 의하여 변질되는 식품의 포장에 적당하다. 과자, 담배, 커피, 버터, 치즈, 마가린 등의 포장에 이용된다.

3) 셀로판(cellophane)

① 표면의 광택과 색채의 투명성이 좋고 인쇄 적성이 좋다.
② 먼지를 타지 않고 가스, 향기, 증기의 투과성이 적고 내유성이 좋다.
③ 일반적으로 독성이 없다.
④ 온도의 영향을 받는다.
⑤ 보통 셀로판에는 방습성이 없으나, 방습 셀로판과 폴리셀로는 방습성이 있다.
⑥ 보통 셀로판과 방습 셀로판은 내한성이 나쁘나 폴리셀로는 내한성이 강하다.
⑦ 가시광선의 약 90%를 투과시킨다.
⑧ 보통 셀로판은 열 접착성이 없어 물 등으로 접착시킨다.

4) 아밀로오스 필름(amylose film)

포장재 자체를 먹을 수 있는 것으로, 치즈, 버터의 내유피막, 캐러멜·젤리·캔디의 접착 방지, 피복, 냉동 식품의 저장성 향상 등으로 사용한다. 물에 녹지 않으며 셀로판 정도로 질기고 신축성이 있으며 열 접착성이 가능한 장점이 있다.

5) 플라스틱(plastic)

포장재로 사용되는 플라스틱은 열가소성 수지가 대부분이다. 보건상 문제가 되는 것은 단량체와 저분자량 물질의 혼입, 제조 공정 중 가해지는 가소제·안정제 및 기타 첨가물의 용출이다.

① 폴리에틸렌(polyethylene)

식품 포장재로 가장 많이 사용되며 불투명한 것이 결점이다. 보건 상 무해한 것으로 알려졌으나, 저분자량의 성분은 유해하며 지용성이므로 유지식품에 녹아 유해한 영향을 끼친다.

② 폴리염화비닐(polyvinyl chloride)

투명성이 우수하며 값이 싸고 내수성·내산성이 좋아 포장 재료로 많이 사용한다. 가공 시 첨가되는 가소제·안정제 등이 보건 상 문제가 된다. 가소제의 첨가량이 많아짐에 따라 안정제에서 용출되는 중금속량이 증가해 가소제를 가하지 않는 제품이 등장하고 있다.

③ 폴리스틸렌(polystyrene)

이 수지는 내약품성이 좋으나, 끓는 물 속에서 완전히 변형되므로 고온에서의 사용에는 부적당하고 상온에서 건조 식품의 보존용에 적합하다.

④ 폴리프로필렌(polyproylene)

폴리프로필렌의 특징은 플라스틱 중 가장 가벼우면서 투명성이 있고, 강도와 내열성이 좋으나 열접착성이 없는 것이 단점이다.

⑤ 염화수소고무(rubber hydrochloride)

햄·소시지의 포장용으로 이들 수지를 많이 이용한다. 열 수축성이 매우 크고 방습성과 가스 투과성이 우수하다. 폴리염화비닐리덴은 풍미의 유지 및 보향을 요하는 식품 포장과 투명을 요하는 식품 포장에 좋으며, 가스 투과성이 낮기 때문에 진공 또는 가스 포장용 필름으로 좋다. 고가이며 열 수축성이 크다는 결점이 있다.

(2) 용기

1) 금속 제품

식품의 조리용 기구나 용기는 주로 금속이나 그의 합금을 많이 사용하여 왔다. 금속으로는 은, 구리, 알루미늄, 주석, 철, 아연, 납, 안티몬, 카드뮴 등을 단독으로나 합금으로 사용한다. 이러한 금속제 용기에서 보건상 문제가 되는 것은 그 금속 자체의 용출과 금속 중에 함유되어 있는 유해 물질이 용출되는 것이다. 특히, 보건상 문제가 되는 것은 구리, 안티몬, 카드뮴, 아연, 주석 등이다.

2) 유리 제품

유리는 액체 식품의 용기로 많이 사용하고 있다. 유리의 조성은 나트륨, 칼슘, 규산이 주체를 이루고 있으나 바륨, 아연, 붕산 등이 용출된다. 오랫동안 산성 물질과 접촉되면 유리 중의 알칼리 성분이 용출되며 산성 성분인 규산이 용출되기도 한다.

3) 도자기 및 법랑 피복제

도자기에 있어서 보건상 문제가 되는 것은 유약 중에 함유되어 있는 유해금속의 용출이다.

4) 플라스틱

플라스틱이 구비해야 할 보건 조건은 다음과 같다.
① 용기 및 포장 재료가 무해하여야 한다.
② 용기 및 포장 재료에서 유해물질이 용출되지 않아야 한다.
③ 식품을 위생적으로 보존할 수 있는 일정한 강도가 있어야 한다.

가. 페놀(phenol) 수지 : 이 수지는 베크라이트라고 하여 오래 전부터 제조되어 사용하여 온 것으로서 페놀과 포르말린을 가열 축합하여 제조한다. 장기간의 사용에도 견디며 열 경화성 수지 중에서 내열성 및 내산성이 가장 우수하다. 보건 상 문제점은 축합 시 사용되는 암모니아, 헥사민, 충진제 등이 함유되어 있으나, 이들보다 중요한 것은 원료에서 유래하는 '페놀'과 '포르말린'의 용출이다. 50℃ 이하에서는 거의 없어 요소 수지 등에 비하여 보건 상 우수하다.

나. 요소 수지 : 요소 수지는 요소와 포르말린을 축합하여 만든 것으로서, 무색이므로 자유롭게 착색하여 가정용품 등에 많이 이용한다. 내열성이나 내수성이 떨어져 현재 사용되는 플라스틱 중에서 보건 상 문제가 가장 많다.

다. 멜라민 수지 : 멜라민 수지는 멜라민과 포르말린을 축합하여 만든 것이다. 보건상 문제점은 역시 '포르말린'의 용출이다. 보통 사용하는 조건으로는 보건상 위해한 포르말린이 식품에 이행할 염려는 없다.

제3장 식품의 변질

1. 미생물에 의한 변질

대부분 단세포 또는 균사로 이루어진, 육안으로 식별이 불가능할 정도의 작은 생물을 가리킨다. 경우에 따라 식품의 제조, 가공에 이용되기도 하나 식품의 변질, 부패, 식중독, 감염병의 원인이 되기도 한다.

(1) 미생물의 종류

1) 세균(bacteria)류

형태에 따라 구균, 간균, 나선균 등으로 나뉘며, 구조는 다세포 생물과 동일한 일반 구조와 편모, 아포, 협막 등 단세포 생물에서 볼 수 있는 특수 구조가 있다. 2분법으로 증식하고 세균성 식중독, 경구 감염병, 부패의 원인이 된다.

① 바실루스(bacillus)속(屬) : 그람(gram) 양성의 호기성 간균으로서 토양, 볏짚 등 자연계에 널리 분포하며, 내열성 아포를 형성하므로 가열한 식품에 있어서 부패의 주원인이 된다. 탄수화물과 단백질 분해력이 강한 균종이 많고 식품 세균으로 가장 일반적인 균이다. 쌀밥, 빵류, 면류 등 전분성 식품 중에서 증식하며, 전분을 분해하여 산을 생성한다. 또 면제품, 두류, 가열 어패류 등의 단백질성 식품도 부패시켜 암모니아를 생성한다.

　가. 바실루스 서브틸리스(bacillus subtilis) : 전분질 식품을 가수분해하며, 특히 우유, 유제품, 야채, 빵, 밥, 육류 및 어육 제품 등에 생육하기 쉽다. 발육 적온은 28~40℃이다.

　나. 바실루스 나토(bacillus natto) : 삶은 콩에 번식하며 청국장 제조에 이용한다. 이 균은 강한 아밀라아제(amylase)와 프로테아제(protease)를 분비하며 발육 적온은 42℃이다.

　다. 바실루스 앤트라시스(bacillus anthracis, 탄저균) : 병원균으로 아포는 저항성이 강하고 120℃에서 1시간 가열함으로써 사멸된다.

❖ 빵의 점조성(ropiness) 원인이 되는 로프(rope) 형성균은 바실루스 서브틸리스, 바실루스 리체니포미스의 변이 균주인 바실루스 메센테리쿠스(B. mesentericus)와 바실루스 파니(B. pani)이다.

② 슈도모나스(pseudomonas)속 : 그람 음성, 무아포, 호기성, 단모성 편모를 가진 간균은 슈도모나스라고 총칭된다. 식품과 관계있는 것은 그 중에서도 슈도모나스, 에로모나스(aeromonas) 및 비브리오의 3속이다. 증식 최적 온도는 20~30℃에 있는 것이 많고, 0℃의 저온에서 증식하는 균주도 많다. 특히 저온에 저장되는 식품의 부

패에는 가장 큰 영향을 준다. 열에 약하나, 방부제, 항생 물질에 강한 저항력을 갖는다. 저온 살균 방법으로 완전 사멸된다. 담수, 해양, 토양 등에 널리 분포한다. 단백질, 유지를 분해하고 대부분 비병원성이다. 대표적인 수생 세균인 형광균(P. fluorescens)은 저온 세균이며, 어패류에 부착하여 단백질을 분해하기 때문에 부패의 주역을 맡고 있다.

③ 비브리오(vibrio)속과 그 근록균 : 그람 음성의 무아포, 혐기성, 주모성의 편모를 가진 간균이다. 당을 혐기성 상태에서 발효시키는 것이 특징이다. 대부분 바다에서 살고 있으며 해수·해산 어패류의 미크로프롤라(microflora)의 주유 구성원이다. 콜레라균(V. comma), 장염 비브리오균(V. parahaemolyticus)은 일본에 있어 식중독 원인균 중에서 중요한 위치를 차지하고 있다.

④ 미크로콕쿠스(micrococcus)속 : 그람 양성의 무아포, 호기성 구균으로서, 대부분은 비수용성 색소를 생산하며, 내열성이 약하다. 물, 토양 등 자연계에 널리 분포하며, 육류, 어패류 및 그 가공품에 생육하기 쉬우며, 단백질 분해력이 강하다. 병원성은 없다. 황색계균으로서 미크로콕쿠스 루테우스(M. luteus)와 미크로콕쿠스 플라부스(M. flavus), 홍색계균으로서 미크로콕쿠스 로세우스(M. roseus)와 미크로콕쿠스 루벤스(M. rubens), 비색소군으로서 미크로콕쿠스 프레운드레이치(M. freundreichii)가 있다. 전분의 분해력은 약하나 단백질의 분해력은 강한 것이 많다. 소시지의 표면에 점질물을 형성하기도 한다. 항균성 물질에 대한 감수성이 높은 균주로부터 저항성이 있는 균주까지 폭넓은 분포를 나타내는 점이 이들 균주의 특징이라 할 수 있다.

⑤ 세라티아(serratia)속 : 붉은 색소를 생성하는 그람 음성의 무아포균으로, 장내 세균과의 1속이다. 단백질 분해력이 강하며 식품중에서 증식하여 생성되는 색소에 의하여 식품을 적변시키는 부패 현상을 일으킨다. 흔히 연제품 등에서 이런 현상을 볼 수 있다.

⑥ 프로테우스(proteus)속 : 그람 음성 간균으로서 호기성 부패 세균이다. 장내 세균과(enterobacteriaceae)에 속하며, 장내뿐만 아니라 토양, 물, 식품 등에 널리 분포한다. 육류·어패류·연제품·두부 등의 식품으로부터도 상당히 분리된다. 요소 분해 작용이 강하며, 주로 동물성 식품의 부패균으로 단백질 분해작용이 강하다.

⑦ 에세리키아(escherichia)속 : 그람 음성의 간균으로, 장내 세균과에 속한다. 대장균군(coli-aerogenes group)이 이에 속하는데, 대장균군은 예로부터 식품이나 물 등의 분변 오염의 지표로 쓰이며, 식중독을 일으킬 수도 있다.

⑧ 락토바실루스(lactobacillus)속 : 그람 양성의 간균으로, 당류를 발효시켜 젖산을 생성하므로 젖산균이라고도 한다. 치즈나 젖산 음료의 발효균으로 이용되며, 술, 된장, 김치 등의 품질을 저하시킨다.

⑨ 클로스트리디움(clostridium)속 : 그람 양성의 간균으로, 내열성 아포를 갖는 편성 혐기성 균이다. 이 속은 주로 토양, 하수 등에 존재하며 부패 활성이 매우 높고, 이 균에 의한 부패는 심한 악취가 난다. 식품의 심부나 멸균이 불완전한 통조림, 우유, 육류 및 그 가공품, 어패류, 야채 등 산소가 없는 상태에서 아포가 발아하여 식품을 부패시킨다.

2) 진균류(true fungi, 곰팡이류)

곰팡이는 호기성이므로 식품의 표면에 발생하고 통기성이 있을 때만 내부에 침입한다. 곰팡이의 발생 조건은 다음과 같다.

가. 건조식품(수분 10% 이하)이 온도가 높은 외계에 노출되었을 때 (분말 식품, 곡류)
나. 일정한 건조도(수분 40% 이하)에 달하여 세균의 증식이 저지되었을 때(건어패류, 빵류, 훈연 식품, 수산 가공품 등)
다. 일정한 산도(pH 4.0 이하)에 보관되었을 때(산성식품, 과실류 등)
라. 당을 함유한 식품, 고농도 식염 함유 식품(염장 건제품, 된장, 버터, 치즈, 과자류 등)
마. 세균에만 항균력이 있는 방부제가 첨가된 식품 등이다.

① 곰팡이(mold) : 균류 중 진균에 속하는 조균류, 자낭균류, 불완전균류 가운데 균사를 형성하는 미생물을 곰팡이라 한다. 형태는 사상(絲狀)으로 되어 있으며 진균독증을 일으킬 수 있다. 식품의 제조와 변질에 관여한다.
가. 누룩 곰팡이(aspergillus)속 : 식품에서 가장 보편적으로 발견되는 곰팡이로서 누룩 곰팡이(A. oryzae)는 전분 당화력과 단백질 분해력이 강하므로 양주, 탁주, 된장, 간장의 제조에 이용된다.
나. 푸른 곰팡이(penicillium)속 : 식품에서 흔히 발견되는 불완전 균류의 1속이다. 치즈,

버터, 통조림, 야채, 과실 등의 변패를 일으킨다.

다. 솜털 곰팡이(mucor)속 : 식품의 변패에 관여하는 것과 식품의 제조에 이용되는 것 등 많은 균종이 있다. 무코 라세모우스(Mucor racemous)는 전분의 당화, 치즈의 숙성 등에 이용되나, 과실 등의 변패를 일으키기도 한다.

라. 거미줄 곰팡이(rhizopus)속 : 밀감 등의 과일, 딸기 등의 채소의 변패에 관여하고 있으며, 리조프스 니그리칸스(R. nigricans)는 빵에 잘 번식하므로 빵 곰팡이(bread mold)라고도 부른다. 흑색 빵의 원인균이다.

② 효모(yeast) : 진균류 중 자낭균류, 담자균류, 불완전균류에 속하는 미생물로, 곰팡이와 마찬가지로 분류학상의 명칭은 아니며 부풀어오른다는 뜻에서 유래된 명칭이다. 효모는 분류학상으로 보면 세균과 곰팡이의 중간에 위치한다. 형태는 구형, 타원형, 난형 등이 있으며, 포자를 형성하는 것과 형성하지 않는 것이 있다. 빵, 술 등 식품의 제조와 변질에 관여한다. 병원성을 갖는 것은 드물다.

가. 사카로미세스(saccharomyces)속 : 사카로미세스 사케(Saccaromyces sake)는 청주의 발효균이고, 이속의 사카로미세스 세레비지애(Sacc. cerevisiae)는 빵 효모가 되어 상면 효모, 하면 효모로서 맥주, 포도주, 알코올 제조에 사용된다.

나. 토룰라(torula)속, 미코더마(mycoderma)속 : 토룰라(torula)속 중에는 식용 효모로 이용되는 것이 있으며, 미코더마(mycoderma) 속 중에는 맥주, 치즈 등에 산막(酸膜) 효모로서 유해하게 작용하는 것이 있다.

3) 리케차(rickettsia)

세균과 바이러스 중간에 속하는 것으로서 구형, 간형 등의 형태를 가지고 있다. 2분법으로 증식하며 운동성이 없고 살아 있는 세포 속에서만 증식한다. 발진열, 발진티푸스의 병원체이나 식품과는 큰 관계가 없다.

4) 스피로헤타(spirochaeta)

나선형의 간균으로 운동성을 갖는다. 식품과는 관계가 없으나 매독균, 재귀열, 서교증, 와일씨병의 병원체이다.

5) 바이러스(virus)

초미생물군에 속하며 형태는 구형, 간형, 올챙이형 등 여러 가지가 있다. 천연두, 인플루엔자, 일본뇌염, 광견병, 소아마비 등의 병원체이다.

6) 조류(algae)
단세포 또는 다세포로 되어 있으며, 형태는 군체를 이루어 사상(絲狀)으로 된 것이 많다. 인체에 대한 병원성은 없다.

7) 원생동물(protozoa)
단세포로 된 하등동물로서 세포 기관이 발달되어 있으며 병원성을 지니는 것도 있다.

(2) 미생물의 번식 조건

1) 영양소
탄소원(탄산가스, 유당 등), 질소원(질산염, 아미노산 등), 무기염류(인, 유황 등), 생육소(비타민 등) 등의 영양소가 필요한 만큼 충분히 공급되어야 한다.

2) 수분
몸체를 구성하고 생리기능을 조절하는 성분이 된다. 건조 상태에서는 생명 유지는 가능하나, 발육, 번식이 불가능하다. 미생물에 따라 다르나 보통 40% 이상의 수분이 필요하다.

3) 온도
미생물의 종류에 따라 발육, 번식이 가능한 온도가 다르나 일반적으로 0℃ 이하와 80℃ 이상에서는 번식하지 못한다. 고온보다는 저온에서 저항력이 강하나 아포는 열에 강하다.
① 저온균 : 0~25℃ (최적 온도 10~20℃)
② 중온균 : 15~55℃ (최적 온도 25~37℃)
③ 고온균 : 40~70℃ (최적 온도 50~60℃)

4) 최적 pH
① 곰팡이, 효모 : pH 4.0~6.0(약산성)
② 세균 : pH 6.5~7.5(중성·약알칼리성)

5) 산소
① 호기성균 : 산소 공급이 있어야 증식할 수 있다.
② 혐기성균 : 증식에 산소가 필요없다.

(3) 미생물에 의한 식품의 오염

1) 부패 미생물

이것은 식육을 변질시키는 미생물로 이러한 균에 오염되었을 경우에는 시간의 경과에 따라 그 변질 정도가 관능적으로 식별이 가능하다. 이에는 중온 세균군과 저온 세균군이 관여한다.

① **중온 세균군** : 엔테로 박테리아(entro-bacteriaceae)의 각 속, 즉 에셰리키아(escherichia)속, 클레브시엘라(klebsiella)속, 엔테로 박터(entero bact)속, 아이로박터(aerobacter)속, 세라티아(serratia)속, 프로토조아(protozoa)속 등이며 그밖에 알칼리제네스(alcaligenes)속, 아크로모박터(achromobacter)속, 아이로모나스(aeromonas)속, 비브리오(vibrio)속, 스트렙토코치(streptococci)속, 엔테로코치(enterococcii)속, 미크로코치(micrococci)속, 락토바실리(lactobacilli)속, 바실러스(bacillus)속, 클로스트리디움(clostridium)속 등이 있다.

② **저온 세균군** : 슈도모나스(pseudomonas)속, 아이로모나스(aeromonas)속, 비브리오(vibrio)속, 알칼리제네스(alcaligense)속, 아크로모박터(achromobacter)속, 플라보박테리움(flavobacterium)속, 아트로박터(arthrobacter)속, 브레비박테리움(brevibacterium)속 등이 있다.

이러한 균들 가운데에는 어떤 것은 단백질 분해 효소를, 어떤 것은 지방 분해 효소를 산생하여 그 결과 생긴 아미노산에 대해서 탈탄산기 작용, 탈아미노산기 작용으로 아민을 생성하거나 산을 생성한다. 혹은 NH_3, H_2S 등을 생성하기도 하는데 이와 같은 산물에 의해서 관능적으로 변질, 부패를 식별할 수 있는 것이다.

❖ 세균, 효모, 곰팡이의 최저 수분활성도(water activity : AW)
　세균 : 0.86~0.99 AW　　　　효모 : 0.88~0.94 AW　　　　곰팡이 : 0.80 AW

❖ 부패 미생물이 번식할 수 있는 최저의 수분활성도의 순서 : 세균 〉 효모 〉 곰팡이

2) 대장균

보건학적으로 분변 오염 지표균으로서 취급되는 대장균 군은 세균 분류학상 에셰리키아 속(escherichia coli)과는 다르며 아이로제네스(coli-aerogenes group)라고 하는 특정한 균군의 통칭명이다.

대장균 군은 "젖당을 발효하여 가스와 산을 산생하는 호기성 또는 통성 혐기성, 그람음성, 무아포 간균"이라고 정의할 수 있다. 그러므로 사람이나 동물의 장관 내에 산재하는 에셰리키아(escherichia), 클레브시엘라(klebsiella), 시트로박터(citrobacter)속 이외에도 토양이나 식물에서 유래되는 엔테로박터(enterobacter), 에르위니아(erwinia)를 포함하는 균군으로서, 장내 세균과가 아닌 아이로모나스(aeromonas) 등도 여기에 포함된다.

대장균 군 중에서 분변 유래의 대장균(e. coli)과 비분변 유래의 다른 균속을 구별하기 위하여 옛날부터 IMVC 시험(Indole 산생능 시험, Methyl red 시험, Vogesproskauer 반응 구연산 배지 발육 시험)이 행하여져 왔으나 완전한 것은 아니다. 최근에는 44.5℃에서 발육하는 분변 유래의 대장균(e. coli I형)을 판정하는 EC시험이 행하여지며 실제로는 굴, 조개의 대장균 검사에 적용된다.

❖ **병원성 대장균 O-157**
1982년 미국 오리건 주와 미시간 주에서 햄버거에 의한 집단 식중독 사건이 있어 환자의 분변으로부터 원인균을 발견한 것이 시초로 그후 미국 뿐만 아니라 영국, 프랑스, 이탈리아, 중국, 남아프리카 등의 세계 각 지역에서 발견되었다.

1) 특징
   ① 열에 약함(68℃ 이상에서 사멸, 특히 육류 조리시 75℃에서 3분 이상 가열하되 가운데 부분까지 완전히 익혀야 됨)
   ② 저온에 강함(-20℃에서도 생존)
   ③ 산에 강함(pH 4.5 사과주스에서도 생존)

2) 감염 경로
   ① 동물의 오염된 고기를 덜 익혀서 먹을 경우(생간, 육회, 덜 익힌 햄버거 고기)
   ② 동물의 분변에 오염된 야채를 덜 익혀서 먹을 경우
   ③ 동물의 분변에 오염된 식수 섭취(수영하면서 마시는 경우 등)
   ④ 병원성 대장균 O-157 설사 환자를 비위생적으로 간호할 때
   ⑤ 병원성 대장균 O-157에 오염된 음식을 통해서

3) 잠복기간 : 12~72시간
4) 주요 증상 : 혈변, 복통, 설사, 오심, 구토, 때때로 발열
5) 예방 및 관리
   ① 과일, 야채는 깨끗한 물에 충분히 씻어 먹는다.
   ② 물은 끓여서 먹는다(판매되는 생수 포함).
   ③ 간, 천엽, 양, 골 등 내장을 포함한 고기는 완전히 익혀서 먹어야 안전하다(특히 어린이, 노약자).
   ④ 조리 전 반드시 손을 깨끗이 씻고, 조리 중 생고기를 만진 후에는 다시 손을 씻은 후 다음 조리를 한다.
   ⑤ 육류와 야채는 반드시 구분하여 전용 용기에 보관, 사용한다(교차 오염방지).
   ⑥ 칼, 도마, 행주, 식기 등 조리 기구는 수시로 열탕 또는 햇빛 등으로 소독하여 사용한다.
   ⑦ 육류 및 내장은 운반 또는 보관할 때에는 냉장은 10℃ 이하, 냉동은 영하 18℃ 이하로 반드시 유지한다.

⑧ 생고기를 놓았던 곳은 다른 음식을 놓기 전에 깨끗이 하며, 익힌 고기는 생고기 담았던 그릇에 다시 담지 않는다.
⑨ 조리된 음식을 즉시 먹고, 남은 음식은 반드시 냉장고에 보관한다.
⑩ 환자 배설물 관리를 위생적으로 처리하기 위해서는 반드시 고무장갑을 사용한다.
⑪ 환자와 같이 목욕을 하지 않아야 하며, 환자의 의복은 다른 세탁물과 분리하여 끓인 물 또는 소독제로 살균 후 양지바른 곳에서 말려야 한다.
⑫ 화장실 변기는 살균제로 자주 소독하여 항상 깨끗이 유지한다.
⑬ 수돗물은 염소처리가 되었기 때문에 O-157로부터 안전하나 수돗물 이외의 물을 식수로 사용할 경우에는 반드시 끓인 후 먹는다.

(4) 소독과 살균

1) 소독
물리·화학적인 방법으로 병원균만을 사멸시키는 일을 말한다. 즉, 병원균을 대상으로 병원 미생물을 죽이거나 병원 미생물의 병원성을 약화시켜 감염을 없애는 일이다.

2) 살균
미생물에 물리·화학적 자극을 주어 이를 단시간내에 사멸시키는 일을 말한다. 즉, 병원 미생물 뿐 아니라 모든 미생물을 사멸시켜 완전한 무균상태가 되도록 하는 일을 말한다.

❖ 방부 : 미생물 번식으로 인한 식품의 부패를 방지하는 방법으로서, 미생물의 증식을 정지시키는 일을 가리킨다.

3) 소독·살균법

① 물리적 방법

가. **자외선 살균법** : 일광 또는 자외선 살균등(殺菌燈)을 이용하여 살균하는 방법이다. 자외선 살균력은 2500~2800Å의 파장일 때 가장 효과적이다.

나. **방사선 살균법** : 식품에 코발트 60등의 방사선을 조사(照射)하여 균을 죽이는 방법이다.

다. **세균 여과법** : 미생물이 통과할 수 없는 여과기에 음료수, 액체 식품 등을 통과시켜 균을 제거하는 방법이다. 바이러스는 걸러지지 않는 것이 단점이다.

라. **소각 멸균법** : 불에 타며 재사용하지 않는 물건을 대상으로 물건과 이에 오염된 미생물을 동시에 소각하는 방법이다.

마. **화염 멸균법** : 도자기 등 불에 타지 않는 물체를 알콜 램프나 분젠 버너의 불꽃에 20

초 이상 넣어 미생물을 죽이는 방법이다.

- 바. 건열 멸균법 : 건열 멸균기(드라이 오븐)에 넣고 150~160℃에서 30~60분간 가열하는 방법으로, 유리 기구 등의 소독에 이용된다.
- 사. 유통 증기 멸균법 : 100℃의 유통하는 증기 중에서 30~60분간 가열하는 방법이다. 기구 소독에 쓰인다.
- 아. 간헐 멸균법 : 100℃의 유통하는 증기 중에서 15~20분간 가열하는 조작을 24시간마다 3회 연속 되풀이하는 방법으로, 아포를 형성하는 내열성균을 죽이는 데 효과적이다.
- 자. 고압 증기 멸균법 : 고압 증기 멸균솥(오토클레이브)을 이용하여 121℃에서 15~20분간 살균하는 방법으로, 멸균 효과가 좋아 미생물뿐 아니라 아포까지 죽일 수 있으며 통조림 등의 살균에 이용된다.
- 차. 열탕 소독법(자비 멸균법) : 끓는 물(100℃)에 넣어 10~30분간 가열하는 방법으로, 식기, 행주 등에 이용된다. 손쉬운 방법이지만 아포를 죽일 수 없다는 단점이 있다.

② 화학적 방법
- 가. 염소(Cl) : 상수원(수돗물) 소독에 이용되며, 잔류 염소량은 0.1~0.2ppm이 되어야 한다. 자극성, 금속 부식성이 있다.
- 나. 치아염소산나트륨(NaOCl) : 음료수, 기구, 설비 등에 50~100ppm 용액을 5~10분간 처리한다.
- 다. 표백분 : 50~200ppm 용액을 손, 음료수, 식품, 기구 등의 소독에 이용한다. 소독, 방취, 표백 작용이 있다.
- 라. 석탄산(페놀) 용액 : 3~5% 수용액을 기구, 손, 의류, 오물 등의 소독에 사용한다. 염산이나 식염을 가하면 효과가 상승한다. 순수하고 살균력이 안정되어 다른 소독제의 살균력 표시 기준으로 쓰인다.
- 마. 역성 비누 : 원액을 200~400배로 희석하여 손, 식품, 기구 등에 사용한다. 무독성이며 살균력이 강하나, 보통 비누와 섞어서 쓰거나 유기물(단백질)이 존재하면 효과가 떨어진다.
- 바. 과산화수소 : 3% 수용액을 피부, 상처 소독에 사용한다.
- 사. 알콜 : 70% 수용액을 금속, 유리 기구, 손 소독 등에 사용한다.
- 아. 에틸렌옥사이드(기체) : 공기 1ℓ 당 450mg의 가스를 식품 포장 내에 훈증한다.
- 자. 0.1% 승홍수 : 비금속 기구의 소독에 이용한다.

차. 크레졸 비누액 : 50% 비누액에 1~3% 수용액을 섞어 오물 소독, 손 소독 등에 사용한다. 피부 자극은 비교적 약하지만 소독력은 석탄산보다 강하며 냄새도 강하다.
카. 생석회 : 오물 소독에 가장 우선적으로 사용한다.
타. 포르말린 : 30~40% 수용액을 오물 소독 등에 이용한다.

③ 이상적인 소독제로서 갖추어야 할 점
가. 살균력이 강할 것
나. 불쾌한 냄새가 나지 않을 것
다. 인축에 대한 독성이 적을 것
라. 가격이 저렴할 것
마. 유기물의 존재여부에 관계없이 소독 작용이 강할 것
바. 침투력이 강할 것
사. 사용법이 간편할 것
아. 소독 대상물에 손상을 주지 않을 것 등
그러나 이러한 조건을 모두 만족시켜 줄 만한 것은 물론 없다.

❖ 살균제의 작용 이전에는 단백질 응고(승홍, 포르말린), 산화 작용(과산화수소, 과망간산칼륨), 세균 단백질과 화합물 형성(염소, 옥도), 강산이나 강알칼리 작용에 의한 단백질 변성(중금속의 염류) 등이 있다.

④ 소독 작용이 미치는 각종 조건
가. 접촉 시간이 충분할수록 효과가 크다.
나. 온도가 높을수록 효과가 크다.
다. 농도가 짙을수록 효과가 크다.
라. 유기 물질이 있을 때에는 효과가 감퇴된다.
마. 균의 감수성은 동일 균일지라도 균주에 따라 다르다.

(5) 교차오염

1) 교차오염의 정의

식재료, 기구, 용수 등에 오염되어 있던 미생물이 오염되어 있지 않은 식재료, 기구, 종사자와의 접촉, 작업과정 중 혼입으로 인하여 미생물의 전이가 일어나는 것을 말한다.

2) 교차오염이 발생하는 경우
   ① 맨손으로 식품 취급
   ② 부적절한 손 씻기
   ③ 식품 쪽에 기침할 경우
   ④ 칼, 도마 등 혼용 사용

3) 방지요령
   ① 일반구역, 청결구역 구분 설정
   ② 칼, 도마 등 용도별 구분 사용
   ③ 세척용기, 세정대는 사용 용도별 구분, 사용 전후 소독
   ④ 식품 취급은 바닥으로부터 60cm 이상에서 실시
   ⑤ 식품 취급시 손 세척, 소독 후 고무장갑 착용
   ⑥ 용수는 반드시 먹는 물 사용

2. 변질의 개념

(1) 변질의 종류

1) 변질(spoilage)
부패, 변패, 산패를 포함한 개념으로, 그 식품 원래의 특성을 잃고 식용할 수 없는 상태로 변한 것을 말한다.

2) 부패(putrefaction)
단백질을 주성분으로 하는 식품이 미생물, 특히 혐기성 세균의 번식에 의해 분해를 일으키는 현상으로, 인체에 유해하게 되는 경우를 말한다.

3) 발효(fermentation)
식품에 미생물이 번식하여 식품의 성질이 변화를 일으키는 현상으로, 그 변화가 인체에 유익할 경우를 말한다. 빵, 술, 간장, 된장 등은 모두 발효를 이용한 식품들이다.

4) 변패(deterioratation)
단백질 이외의 성분을 가진 식품이 변질되는 현상이다.

5) 산패(rancidity)

유지나 유지 식품이 보존, 조리, 가공 중에 변하여 불쾌한 냄새가 나고, 맛, 색, 점성 증가 등의 변화로 품질이 낮아지는 현상이다.

(2) 변질 억제

1) 물리적 방법

① 냉장·냉동법

미생물의 번식 조건 중 하나인 온도를 낮춤으로써 번식을 억제하는 방법이다. 미생물의 번식을 억제할 수는 있으나, 사멸시키지는 못한다.

- 가. 냉장법 : 0~10℃(평균 5℃)의 저온에서 식품을 한정된 기간 동안 신선한 상태로 보존할 수 있는 방법이다. 채소, 과일류의 보존에 이용된다.
- 나. 냉동법 : 0℃ 이하에서 동결시켜 식품을 보존하는 방법이다. 육류, 어류 등이 여기에 해당한다. 특히 −20℃ 이하에선 장기간 어패류를 저장할 수 있다.
- 다. 움저장법 : 10℃ 전후에서 움 속에 저장하는 방법이다. 감자, 고구마, 채소, 과일류의 보존에 이용된다.

② 건조법

일반적으로 미생물은 수분 15% 이하에서는 번식하지 못하므로 이러한 원리를 이용해 식품을 보존하는 방법이다.

- 가. 일광 건조법 : 주로 농산물, 해산물 건조에 많이 이용되는 방법이다. 품질이 저하된다는 점과 넓은 면적이 필요하다는 점이 단점이다.
- 나. 고온 건조법 : 90℃ 이상의 고온으로 건조, 보존하는 방법이다. 산화, 퇴색한다는 것이 단점이다.
- 다. 열풍 건조법 : 가열한 공기를 식품 표면에 보내 수분을 증발시키는 방법이다. 일광 건조법에 비해 단시간에 끝나고 품질의 변화가 적으나, 경비가 많이 든다. 육류, 난류가 여기에 해당한다.
- 라. 배건법 : 직접 불에 가열하여 건조시키는 방법이다. 보리차가 여기에 해당한다.
- 마. 동결 건조법 : 냉동시켜 진공 상태로 만들어 건조시키는 방법으로, 한천, 당면 등이 여기에 속한다.
- 바. 분무 건조법 : 액체 상태의 식품을 건조실 안에서 안개처럼 분무하면서 건조시키는 방법이다. 분유가 여기에 속한다.
- 사. 감압 건조법 : 감압·저온으로 건조시키는 방법으로, 건조 채소가 여기에 해당한다.

③ 가열 살균법

미생물을 열처리하여 사멸시킨 후 밀봉하여 보존하는 방법이다. 영양소 파괴가 우려되나 보존성이 좋다.

- 가. 저온 살균법 : 61~65℃에서 30분간 가열 후 급랭시키는 방법이다. 우유, 술, 과즙, 소스 등의 액체 식품에 이용된다.
- 나. 고온 살균법 : 95~120℃ 정도로 30분~60분 동안 가열하여 살균하는 방법이다. 통조림 살균법에 주로 이용된다.
- 다. 초고온 순간 살균법 : 130~140℃에서 2초간 가열 후 급랭시키는 방법이다. 우유, 과즙 등에 이용된다.
- 라. 초음파 가열 살균법 : 초음파로 단시간 처리하는 방법으로, 식품의 품질과 영양가를 유지할 수 있다는 것이 장점이다.

④ 자외선 및 방사선 살균법

음료수 살균에 적합한 자외선 살균법과 곡류, 축산, 청과물 등에 이용되는 방사선 살균법이 있다. 식품 품질에 영향을 미치지 않는 이점이 있으나, 식품 내부까지 살균할 수 없다는 단점이 있다. 이 둘을 합하여 조사(照射) 살균법이라고도 한다.

2) 화학적 방법

① 염장법 : 식품을 소금에 절여 삼투압을 이용, 탈수 건조시켜 저장하는 방법이다. 이때 소금의 농도는 10% 이상이 되어야 한다. 해산물, 채소, 육류 등의 저장에 이용된다.

② 당절임법 : 50% 이상의 설탕액에 담가 부패세균의 생육을 억제하는 저장법이다. 과일류, 젤리, 잼, 가당연유 등의 보존법으로 적당하다.

③ 초절임법 : 식초산(아세트산), 구연산, 젖산을 이용하여 저장하는 방법으로, 산저장법이라고도 한다. 유기산이 무기산보다 미생물 번식 억제효과가 크다. 일반적으로 3~4%의 식초산이 함유된 식초가 사용된다.

④ 훈연법 : 햄, 소시지 같은 육질 식품에 활엽수를 태워서 나는 연기와 함께 알데히드, 페놀 등의 살균물질을 침투시켜 저장하는 방법이다.

⑤ 가스 저장법 : 식품을 탄산가스나 질소가스 속에 넣어 보관하는 방법으로, 호흡작용을 억제하여 호기성 부패세균의 번식을 저지하는 방법이다. 과일이나 채소에 이용한다.

⑥ 방부제 첨가 : 식품에 존재하는 미생물의 증식을 억제하기 위해 약제를 첨가하는 방법이다. 현재 방부제로 지정된 품목은 14종으로, 대상 품목과 사용량이 정해져 있으므로 사용 기준을 반드시 지켜야 한다.

제 4 장 식품과 감염병

1. 감염병의 개요
병원체가 면역이 없는 인체에 침입하여 증식함으로써 일어나는 질병이다. 감염병은 감염된 사람이나 동물과의 직접적인 접촉이나 매개체를 통한 간접 접촉에 의해 소수의 병원체로도 쉽게 감염되고 여러 사람에게 전파된다.

(1) 감염병 발생 조건
① 병원체(병인) : 질병 발생의 직접적인 원인이 되는 요소
② 환경 : 질병 발생 분포 과정에서 병인과 숙주 간의 맥 역할을 하거나 양자의 조건에 영향을 주는 요소
③ 인간(숙주) : 병원체의 침범을 받을 경우 그에 대한 반응은 사람에 따라 다르게 나타난다. 즉 인종, 유전 인자, 연령, 성별, 직업, 결혼 상태 및 면역 여부에 따라 서로 다른 수준의 생체 반응을 보인다.

(2) 감염병의 발생 과정
① 병원체 : 병의 원인이 되는 미생물로, 세균, 리케차, 바이러스, 원생동물 등이 있다.
② 병원소 : 병원체가 증식하고 생존을 계속하면서 인간에게 전파될 수 있는 상태로 저장되는 장소이다. 사람, 동물, 토양 등이다.
③ 병원소로부터의 탈출 : 호흡기, 대변, 소변 등을 통해 탈출한다.
④ 병원체의 전파 : 사람에서 사람으로 전파되는 직접 전파와 물, 식품 등을 통한 간접 전파가 있다.
⑤ 새로운 숙주에의 침입 : 소화기, 호흡기, 피부점막을 통해 침입한다.
⑥ 숙주의 감수성과 면역 : 병원체에 대한 감수성이 강하거나 면역이 없는 경우에 발병한다.

(3) 법정감염병
질병으로 인한 사회적 손실을 최소화하기 위하여 법률로서 이의 예방과 확산을 방지하는 감염병으로 제1군, 제2군, 제3군, 제4군, 제5군 등이 있다.

1) 제1군 감염병(6종)

전염 속도가 빠르고 국민건강에 미치는 유해가 매우 큰 감염병 : 콜레라, 페스트, 장티푸스, 파라티푸스, 세균성이질, 장출혈성 대장균감염증(O157)

2) 제2군 감염병(10종)

예방접종을 통하여 예방이 가능한 감염병 : 디프테리아, 폴리오, 백일해, 홍역, 파상풍, B형간염, 수두, 풍진, 일본뇌염, 유행성 이하선염(볼거리)

3) 제3군 감염병(18종)

간헐적으로 유행할 가능성이 있는 감염병 : 말라리아, 결핵, 성병, 한센병, 성홍열, 수막구균성 수막염, 탄저병, 비브리오폐혈증, 레지오넬라증, 발진티푸스, 발진열, 쯔쯔가무시병, 렙토스피라증, 공수병, 부르셀라증, 신증후군출혈열(유행성출혈열), 인플루엔자, 후천성면역결핍증(AIDS)

4) 제4군 감염병(19종)

국내에서 새로 발생한 신종 감염병 또는 국내 유입이 우려되는 해외감염병 : 황열, 뎅기열, 두창, 에볼라열, 라싸열, 마버그열, 아프리카수면병, 큐열, 주열흡충증, 요우스, 핀타, 보토리눔독소증, 중증급성 호흡기증후군, 조류인플루엔자 감염증, 리슈마니아증, 바베시아증, 크립토스포리디움증, 야토병, 신종감염병증후군

❖ 감염병 발생신고 : 보건소장 → 시·도지사 → 보건복지가족부장관

2. 경구감염병

(1) 경구감염병의 특징 및 발생양상

오염된 식품, 손, 물, 곤충, 식기류 등에 의해 세균이 입을 통하여 체내로 침입하는 소화기계 감염병이다. 그러나 소화기계 감염병이라고 해서 반드시 중요한 병변이 소화기에 있는 것은 아니다. 경구 감염병은 적은 양의 균으로도 감염이 잘 되며 2차 전염이 되는 경우가 많다는 점에서 세균성 식중독과 구별된다.

1) 장티푸스(typhoid fever)

① 병원체 : 세균인 살모넬라 타이피균(Salmonella typhi)에 의하여 발병, 우리나라에

서 가장 많이 발생하는 급성 감염병
　　② 감염원 : 환자, 보균자의 분변, 오줌 등
　　③ 감염 경로 : 경구 감염으로 환자, 보균자와의 직접 접촉, 식품을 매개로 한 간접 접촉
　　④ 잠복기 : 7~14일
　　⑤ 증상 : 두통, 오한, 40℃ 전후의 고열, 백혈구의 감소, 피부의 장미진 등

2) 파라티푸스(paratyphoid fever)
　　① 병원체 : 살모넬라 파라타이피 A, B, C(S. paratyphi A, B, C)
　　② 감염원 및 감염 경로 : 장티푸스와 같다.
　　③ 잠복기 : 3~6일
　　④ 증상 : 장티푸스와 유사하나, 경과가 짧고 증상이 가벼우며 치사율도 낮다.

3) 콜레라(cholera)
　　① 병원체 : 비브리오 콜레라균(vibrio cholera)
　　② 감염원 및 감염 경로 : 환자의 분변, 구토물에 균이 배출되어 해수, 음료수, 식품, 특히 어패류를 오염시키고 경구적으로 감염된다.
　　③ 잠복기 : 10시간~5일
　　④ 증상 : 설사, 구토, 갈증, 근통, 피부 건조, 무뇨, 체온 저하

4) 세균성 이질(shigellosis)
　　① 병원체 : 시겔라(shigella) 속
　　② 감염원 및 감염 경로 : 환자·보균자의 변에 의해 오염된 물, 우유, 식품. 파리가 가장 큰 매개체이다.
　　③ 잠복기 : 2~3일
　　④ 증상 : 오한, 발열, 구토, 설사, 하복통

5) 디프테리아(diphtheriae)
　　① 병원체 : 디프테리아균(Corynebacterium diphtheriae)
　　② 감염원 및 감염 경로 : 환자나 보균자의 비·인후부의 분비물에 의한 비말 감염, 오염된 식품을 통한 경구 감염
　　③ 잠복기 : 2~5일

④ 증상 : 편도선 이상, 발열, 심장 장해, 호흡 곤란. 1~4세에 많이 나타난다.

6) 성홍열(scarlet fever)
① 병원체 : A군 용혈성 연쇄상구균
② 감염원 및 감염 경로 : 환자, 보균자와의 직접 접촉, 이들의 분비물에 오염된 식품.
③ 잠복기 : 4~7일
④ 증상 : 발열, 두통, 인후통, 발진. 6~7세에 많다.

7) 급성 회백수염(소아마비, poliomyelitis)
① 병원체 : 소아마비 바이러스(poliomyelitis virus)
② 감염원 및 감염 경로 : 환자, 불현성 감염자의 분변 혹은 인후 분비물에 바이러스가 포함되어 배출되고, 오염된 식품을 통해 경구 감염, 비말 감염
③ 잠복기 : 7~21일(보통 12일)
④ 증상 : 구토, 두통, 위장 증세, 뇌증상, 근육통, 사지 마비. 5세 이하에서 많이 나타난다.

8) 유행성 간염(epidemic hepatidis)
① 병원체 : 간염 바이러스 A
② 감염원 및 감염 경로 : 감염원인 환자의 분변을 통한 경구 감염, 손에 의한 식품의 오염, 물의 오염
③ 잠복기 : 20~25일
④ 증상 : 발열, 두통, 복통, 식욕 부진, 황달

9) 전염성 설사증
① 병원체 : 전염성 설사증 바이러스
② 감염원 및 감염 경로 : 감염원은 환자의 분변이며 식품이나 음료수를 거쳐 경구 감염되고, 바이러스는 환자의 분변에만 배설되고 바이러스가 함유된 수양변은 미량으로도 감염
③ 증상 : 복부 팽만감, 메스꺼움, 구갈, 심한 수양성 설사(1일 5~20회) 등
④ 잠복기 : 2~3일 정도

10) 천열(izumi fever)
① 병원체 : 바이러스 설이 유력하나 불확실
② 감염원 및 감염 경로 : 환자, 보균자 또는 쥐의 배설물을 감염원으로, 이것에 의해 식품, 음료수 오염 후 경구 감염
③ 증상 : 39~40℃의 열이 수일 사이를 두고 오르내리는 특수한 발열 증상이 생기며, 발진이 국소 또는 전신에 생기고, 2~3일 후 없어진다.
④ 잠복기 : 평균 7~9일 정도

(2) 경구감염병의 예방대책

1) 장티푸스, 파라티푸스, 콜레라, 세균성 이질 : 환자와 보균자의 색출 및 관리, 분뇨, 식기구, 물·얼음·어패류 등의 음식물의 위생적 관리, 소독, 파리의 구제, 예방접종 중요

2) 디프테리아 : 식품의 오염방지, 환자나 보균자에의 접근금지, 예방접종

3) 성홍열 : 우유나 식품이 매개체가 되므로 환자의 식품 취급 금지, 예방접종

4) 급성 회백수염 : 예방접종이 가장 유효. 특히 생 백신(vaccine)은 강한 면역을 만들므로 광범위하게 접종하면 소아마비를 근절시키는 것이 가능

5) 유행성 간염 : 비소화기계 감염병이나 경구감염하므로 장티푸스 예방법에 준하며, 청소년들의 집단생활에서 잘 나타나므로 식기 및 기구의 소독에 유의. 감염자의 식품 취급 금지, 예방 접종

6) 전염성 설사증 : 장티푸스와 비슷, 면역이 없으므로 예방 접종이 필요 없음

7) 천열 : 비말 감염되므로 환자의 코와 입에 대한 분비물 처리에 유의. 경구 감염, 상처 감염도 가능, 이외에는 장티푸스와 유사하다.

3. 인·수공통감염병

인·수공통감염병(zoonoses)은 인간과 척추 동물 사이에 자연적으로 전파되는 질병으로 같은 병원체에 의해 똑같이 발생하는 감염병을 말한다. 병원체가 존재하는 식육, 우유의 섭취, 감염 동물, 분비물에 접촉, 2차 오염된 음식물을 먹을 때 전염될 수 있으며 보건상 중요시되는 것만도 90여 종이 된다. 원래는 동물의 질병으로서 사람에게 2차 감염되는 것이지만, 반대로 동물이 사람으로부터 감염되는 것도 있다.

(1) 주요한 인·수공통감염병의 특징

1) 탄저병(anthrax)
① 전염되는 가축 : 소, 말, 돼지, 양
② 병원체 : 탄저균(bacillus anthracis)
③ 감염원 및 감염 경로 : 사람의 탄저는 주로 가축 및 축산물로부터 감염되며 감염 부위에 따라 피부, 장, 폐탄저가 된다.
④ 잠복기 : 1~4일
⑤ 증상 : 침입 부위에 홍반점이 생기며, 종창, 수포, 가피도 생긴다. 기도를 통하여 감염되는 폐탄저는 급성 폐렴을 일으켜 패혈증이 된다.

2) 브루셀라증(파상열, brucellosis)
① 전염되는 가축 : 소, 돼지, 개, 닭, 산양, 말
② 병원체 : 브루셀라 균(brucella melitenisis, brucella abortus, brucella suis)
③ 감염원 및 감염 경로 : 병에 걸린 동물의 젖, 유제품이나 고기를 거쳐 경구감염
④ 잠복기 : 3~60일로 일정하지 않으나, 평균 5~21일 정도
⑤ 증상 : 결핵, 말라리아와 유사하며, 오후에는 38~40℃의 고열이 나는데 발열 현상이 간격을 두고 나타나기 때문에 파상열이라 한다.

3) 결핵(tuberculosis)
① 전염되는 가축 : 소, 양
② 병원체 : 결핵균(mycobacterium tuberculosis)
③ 잠복기 : 4~6주 정도

4) 야토병(tularemia)
① 전염되는 가축 : 산토끼
② 병원체 : 프란키셀라 툴라렌시스(francisella tularensis)
③ 감염원 및 감염 경로 : 동물은 이, 진드기, 벼룩에 의해 전파되고, 사람은 병에 걸린 토끼고기, 모피에 의해 피부, 점막에 균이 침입되거나 경구로 감염된다.
④ 잠복기 : 보통 3~4일
⑤ 증상 : 오한, 전율이 나면서 발열한다. 균이 침입된 부위에 농포가 생기고 궤양이 되고 임파선이 붓는다.

5) 돈단독(swine erysipeloid)
① 전염되는 가축 : 돼지, 소, 말, 양, 닭
② 병원체 : 돈단독균(erysipelothrix rhusiopathiae)
③ 감염원 및 감염 경로 : 돼지 등 가축의 장기나 고기를 다룰 때 피부의 창상으로 균이 침입하거나 경구 감염되기도 한다.

6) Q열(Q fever)
① 전염되는 가축 : 쥐, 소, 양, 염소
② 병원체 : 리케차(coxiella bumetii)
③ 감염원 및 감염 경로 : 병원균이 존재하는 동물의 생젖을 마시거나 병에 걸린 동물의 조직이나 배설물에 접촉하면 감염된다. 감염 제1숙주는 쥐와 소, 양이나 염소도 있다.

7) 리스테리아증(listeriosis)
① 전염되는 가축 : 소, 말, 양, 염소, 돼지, 닭, 오리
② 병원체 : 리스테리아 식중독균(listeria monocytogenes)
③ 감염 및 감염 경로 : 병에 감염된 동물과 접촉하거나 오염된 식육, 유제품 등을 섭취하여 감염된다.

(2) 인수공통감염병 예방대책
1) 결핵 : 정기적인 튜베르쿨린(tuberculin) 반응 검사를 실시하여 감염된 소를 조기에 발견하여 조치하고, 사람이 음성인 경우는 BCG(bacillus calmette guerin) 접종을 한다. 식품을 충분히 가열하여 섭취한다.

2) 돈단독 : 돼지의 예방 접종에는 약독생균 백신이 사용되며 치료제로서 항생 물질이 효과적이다.

3) Q열 : 우유 살균, 흡혈 곤충 박멸, 감염 동물의 조기 발견, 치료제 클로람페니콜(chloramphenicol) 사용 등이 있다.

4) 리스테리아증 : 예방 접종을 철저히 한다.

4. 식품과 기생충병

기생충이란 일시적으로 혹은 지속적으로 생체에 기생하며 그 숙주 생체에서 영양을 섭취하여 생활하고 있는 동물류를 말한다. 기생충 감염은 인체와 다른 동물에 기생하여 일으키는 질병을 말한다. 대부분의 기생충병은 주로 음식물에 의해 입을 통하여 감염된다. 감염 경로로 나누면 야채류 등 충란이 부착된 식품으로부터의 감염과 중간 숙주인 식용 동물(수육류, 어패류)에 의하여 감염이 되지만 때로는 음료수를 매개로 감염되는 경우도 있다.

(1) 기생충의 특징
1) 채소를 통해 감염되는 기생충
① 회충(ascaris lumbricoides)
가. 감염 경로 : 채소를 통한 경구 감염. 인분을 비료로 사용하는 우리 나라에서 감염률이 높다.
나. 증상 : 권태, 피로감, 두통, 발열, 식욕 부진, 구토, 현기증, 실신, 정신 착란

② 십이지장충(구충, ancylostoma duodenale)
가. 감염 경로 : 경구 감염은 경구적으로 들어온 자충이 장점막을 뚫고 소정맥, 임파관, 간, 심장, 폐로 이행된다. 피부 감염은 자충이 노출된 피부에 감염할 때 일어난다.
나. 증상 : 빈혈, 뇌빈혈, 저항력 저하로 감염병이 걸리기 쉽다.

③ 편충(trichiuris)
가. 감염 경로 : 경구 감염. 충란 → 감염 유충 → 경구 감염 → 맹장, 결장의 점막에서 발육
나. 증상 : 하리, 혈액성 설사, 빈혈, 2차 세균 감염으로 중증 빈발

④ 요충(enterobius vermicularis)

가. 감염 경로 : 어린이에게 많으며, 숙주의 항문 주위가 산란 장소이다. 성충이 항문 주위를 기어 다니므로 가려워 불쾌감을 주며 손으로 긁으면 손톱에 끼어 다시 입으로 들어간다. 손가락, 침구 등을 통해 감염된다.

나. 증상 : 항문 주위의 소양감, 발적, 종창 등으로 2차 세균 감염 유발, 복통, 구토, 설사, 직장부 궤양, 만성 충수돌기염의 원인, 학력 저하, 성격 이상의 원인

2) 어패류를 통해 감염되는 기생충

① 간디스토마(clonorchis sinensis)

가. 감염 경로 : 유충 → 제1중간숙주(왜우렁이)의 간에서 포자낭과 유미자충 → 제2중간 숙주(담수어)에 기생 → 사람의 생식으로 경구 감염

나. 증상 : 소화불량, 황달, 간비대, 복수

② 폐디스토마(paragonimus westemanii)

가. 감염 경로 : 유충 → 제1중간숙주(다슬기) → 제2중간숙주(민물 게, 가재) → 사람의 생식으로 경구 감염

나. 증상 : 기침, 각혈

③ 광절열두조충(긴촌충, diphylobothrium latum)

가. 감염 경로 : 유충 → 제1중간숙주(물벼룩) → 제2중간숙주(농어, 연어, 숭어 등 반담수어, 담수어) → 사람의 생식으로 경구 감염

나. 증상 : 소화 불량, 복통, 선통, 설사, 심한 빈혈

④ 유극악구충(gudthostoma spinigerm)

가. 감염 경로 : 개의 분변에 섞인 충란유충 → 제1중간숙주(물벼룩) → 제2중간숙주(가물치, 미꾸라지, 뱀장어) → 개, 고양이의 위벽에 낭포를 만들어 기생 → 사람의 생식으로 경구 감염

나. 증상 : 발작, 고열 및 오한

3) 육류를 통해 감염되는 기생충

① 무구조충(민촌충, taenia saginata)

가. 감염 경로 : 쇠고기를 날것으로 섭취할 때 감염되므로 '쇠고기 촌충'이라고도 한다.
나. 증상 : 항문 주위 소양감, 대변 내 이물질

② 유구조충(갈고리촌충, taenia solium)
가. 감염 경로 : 덜 익힌 돼지고기로부터 감염되므로 '돼지고기 촌충'이라고도 한다. 또한 두부(頭部)에 갈고리를 가지고 있으므로 '갈고리 촌충'이라고도 한다.
나. 증상 : 항문주위 소양감, 대변 내 이물질, 발작

③ 선모충(trichinella spiralis)
가. 감염 경로 : 우리나라에서는 보고된 예가 없고, 유럽과 중국에서는 중요시 된다. 일반적으로 포유류의 동물에서 감염된다. (쥐 → 돼지고기로부터 감염)
나. 증상 : 발작

(2) 기생충 예방대책

야채는 0.2~0.3% 농도의 중성 세제를 이용해 세척하거나 흐르는 물에 씻는다. 이를 통해 90% 이상의 충란이 제거된다. 어패류와 육류는 되도록 생식을 삼가고 익혀서 먹도록 한다.

1) 회충 : 변소의 개량, 인분의 위생적 처리, 야채의 세척, 손의 청결. 충란은 65℃에서 10분 이상이면 사멸한다. 일광 소독이 가장 효과적이다.

2) 십이지장충 : 인분의 위생적 처리, 야채 세척, 오염된 흙과의 접촉 금지

3) 편충 : 회충과 같다.

4) 요충 : 손, 항문 주위의 청결, 속옷과 침구의 소독

5) 간디스토마 : 왜우렁이나 담수어의 생식 금지, 인분의 위생적 처리

6) 폐디스토마 : 중간숙주인 게, 가재의 생식을 금하고, 충분히 가열 조리하며 게장을 담갔을때는 익혀서 먹는다.

7) 광절열두조충 : 반담수어, 담수어의 생식 금지

8) 유극악구충 : 제2중간숙주(담수어)의 생식 금지

9) 무구조충 : 쇠고기의 생식 금지, 소가 먹은 사료의 오염 방지, 쇠고기의 가열 조리(71℃에서 5분이면 사멸)

10) 유구조충 : 돼지고기의 생식을 금하며, 가열 조리하여 섭취한다.

11) 선모충 : 쥐의 구제, 돼지고기 생식 금지, 위생적인 돼지 사육

5. 위생동물

(1) 위생동물

1) 위생동물의 범위
식품과 관련있는 위생동물에는 쥐와 파리, 바퀴, 진드기 등의 해충이 있으며, 이들 위생동물에 의한 피해는 감염병의 매개, 흡혈, 불쾌감 등이 있다.

2) 위생동물의 분류
① 위생해충 : 곤충류, 진드기류
② 중간숙주 : 어패류, 갑각류, 양서류
③ 병원체 보유 동물 : 조류, 설치류, 기타 포유류
④ 기타 유독 동물 : 유독 어패류, 독사 등

(2) 위생동물의 종류와 특성

1) 쥐
① 쥐의 종류
가. 설치류에 속하고 우리 생활주변에서 흔히 볼 수 있다. 설치류는 포유류중에 가장 많은 1600여종이 지구상에 서식하고 있으며, 위생동물로서의 쥐는 세계적으로 약 250여종, 이중 20여종이 우리나라에 서식하고 있다.

나. 식품위생상 문제가 되는 쥐는 곰쥐(지붕쥐), 시궁쥐(집쥐), 생쥐이다.

② 쥐의 생태
가. 곡식, 열매류를 좋아하며, 잡식성으로 신선한 것을 즐긴다.
나. 연간 4~8회 임신하며, 1회에 6~9마리씩 분만, 임신기간은 4주다.
다. 평균수명은 2~3년으로 생후 2~3개월이면 성체로 성장한다.
라. 색맹이고 시력이 나쁘지만 청각, 후각, 촉각은 매우 발달했다.
마. 일정한 주거범위가 있어 행동반경이 좁으며 야행성이다.

③ 쥐에 의한 피해
가. 식품이나 의류, 기물을 파괴하고 농작물과 건물에 피해를 준다.
나. 식품을 오염시켜 각종 질병을 전파하고 식중독을 일으킨다.
다. 쥐가 전파하는 질병 : 페스트, 발진열, 서교증, 유행성 출혈열, 렙토스파라증, 쯔쯔가무시증, 아메바성 이질, 살모넬라 식중독 등

④ 쥐에 대한 대책
가. 쥐가 건물이나 먹이에 침입할 수 없도록 통로를 차단한다.
나. 살서제와 쥐덫 등을 이용하여 쥐를 박멸한다.

2) 파리

① 파리의 종류
가. 곤충학상 파리목에 약 9만여종이 있으며, 우리나라에는 약 500여종이 서식하고 있다. 이중 위생해충에 해당되는 파리는 약 80종 정도이다.
나. 식품위생상 문제가 되는 파리는 집파리, 큰집파리, 금파리, 쉬파리, 검정파리, 초파리 등이다.

② 파리의 생태
가. 생활사 : 알 → 유충 → 번데기 → 성충 (성충 수명은 평균 30일)
나. 1회 50~150개 일생에 5~6회 산란, 2~3주만에 성충으로 성장한다.
다. 오물, 퇴비, 분변, 하수구, 웅덩이 등 불결한 곳에서 유충이 발생한다.
라. 잡식성, 동물 배설물, 분비물, 동식물 사체, 음식물에 섭생한다.

③ 파리에 의한 피해
가. 불쾌감이나 불결감을 주고 인축에 유해한 병원체를 전파
나. 타 동물 또는 곤충에 기생, 농업해충
다. 파리가 전파하는 질병 : 이질, 장티푸스, 콜레라, 디프테리아, 결핵, 나병, 십이지장충, 회충, 요충, 편충, 파리유충증 등

④ 파리에 대한 대책
가. 환경위생을 개선하여 파리의 발생원인을 제거한다.
나. 방충망 덮개시설, 살충제, 끈끈이 테이프 등을 이용하여 구제한다.

3) 바퀴

① 바퀴의 종류
가. 지구상에 약 3,500여종이 분포되어 있으며 우리나라에는 8~9종이 서식하고 있다. 지구상에 약 3억 5천만년전 석탄기부터 출현한 것으로 보인다.
나. 위생상 문제가 되는 바퀴는 독일바퀴, 검정바퀴, 일본바퀴, 미국바퀴이다.

② 바퀴의 생태
가. 생활사 : 알 → 유충 → 성충(성충의 수명은 90~600일)
나. 바퀴벌레 암컷은 종류에 따라 수십~수백개의 알을 알주머니를 이용해 부화시키며, 부화하여 성충이 되기까지 보통 6개월이 걸린다.
다. 잡식성이며 어둡고 습하며 따뜻한 곳을 좋아한다.
라. 야행성이며 집단생활을 한다.

③ 바퀴에 의한 피해
가. 불결감과 혐오감을 주고 각종 질환을 일으킨다.
나. 바퀴에서 나오는 물질들은 알레르기와 천식, 피부질환을 일으킨다.
다. 바퀴가 전파하는 질병 : 이질, 콜레라, 장티푸스, 페스트, 살모넬라, 소아마비, 민촌충, 회충, 곰팡이 운반 등

④ 바퀴에 대한 대책
가. 발생원인 및 서식처를 제거하고 음식물을 철저히 관리한다.

나. 살충제나 유인제를 이용한 접착제, 독이법, 훈증법 등을 이용하여 구제한다.

4) 진드기
① 진드기의 종류
가. 진드기과 및 애기 진드기과의 작은 거미류로 지구상에 약 1만여종이 분포되어 있다.
나. 식품위생상 문제가 되는 진드기는 긴털가루 진드기, 수중다리가루 진드기, 설탕 진드기, 보리가루 진드기가 있다.

② 진드기의 생태
가. 생활사 : 알 → 유충 → 성충(성충이 되기까지 약 1개월 소요)
나. 건조상태에서는 증식할 수 없고, 온도 20℃, 습도 75%, 식품수분 13% 이상의 조건에서 증식한다.
다. 곡류, 곡분, 건조과일, 분유, 건어물 등의 식품류와 돗자리 등에서 많이 서식한다.
라. 잡식성이며 햇빛을 싫어한다. 진드기의 몸은 80%가 수분으로 이루어져 있다.

③ 진드기에 의한 피해
가. 병원균과 곰팡이를 식품에 옮기고, 인체 진드기증을 유발한다.
나. 진드기가 전파하는 질병 : 양충병, 유행성 출혈열, 재귀열

④ 진드기에 대한 대책
가. 식품을 밀봉하여 진드기 침입을 막고, 살충제 등을 이용하여 구제한다.
나. 식품보관시 열처리 후 냉동·냉장 보관하고, 건조보관시에는 식품의 수분을 10% 이하로 건조하여 습도 60% 이하의 장소에서 보관한다.

제 5 장 식중독

1. 식중독(food poisoning)의 종류와 특성 및 예방방법

식중독이란 일반적으로 유해 미생물 및 유해 물질이 함유되어 있는 식품을 섭취함으로써 발생하는 발열, 구토, 식욕 부진, 설사, 복통 등의 건강 장애가 발생하는 것을 총칭해 말한다. 발병의 원인 물질에 따라 세균성 식중독, 자연독에 의한 식중독, 화학 물질에 의한 식중독, 곰팡이 식중독, 부패 식중독 등이 있다. 이 중 세균성 식중독은 식중독의 80% 이상을 차지하며, 겨울철보다는 여름철에 많이 일어난다. 세균이 증식하기에 알맞은 온도는 25~37℃이다.

(1) 세균성 식중독

1) 감염형 식중독

식품과 함께 식품 중에 증식한 세균을 먹고 발병하는 식중독이다. 살모넬라, 장염 비브리오, 병원성 대장균 식중독 등이 있다.

① 살모넬라(salmonella) 식중독
가. 원인균 : 살모넬라균(salmonella enteritidis, sal. typhimurium, sal. cholera suis, sal. derby 등)
나. 원인 식품 : 육류, 어패류, 우유, 유제품, 알류 및 그 가공품, 도시락, 튀김류, 어육 연제품 등

❖ 계란 껍질에 구멍을 내고 직접 흡입하는 경우 살모넬라 식중독에 걸릴 위험이 있다.

다. 감염원 : 살모넬라(병원균)에 오염된 식품을 섭취함으로써 발생
라. 감염 경로 : 쥐, 파리, 바퀴 등에 의한 식품의 오염
마. 잠복기 : 12~24시간
바. 증상 : 구토, 복통(우측 하복부의 통증), 설사, 발열, 등
사. 예방 : 도축 검사, 방충·방서 시설, 쥐, 파리, 바퀴 등의 구제, 식품의 가열 살균, 저온 보존

② 장염 비브리오(vibrio) 식중독
가. 원인균 : 호염성 비브리오균(vibrio parhaemolyticus)

나. 원인 식품 : 장염 비브리오로 오염된 해수가 감염원이 되어서 어패류가 직접 오염, 생선회, 초밥의 생식으로 감염
다. 감염원 : 육지로부터 오염되기 쉬운 해역 즉, 연안의 해수, 바다벌 등에 분포하며 플랑크톤에 기생하기도 한다.
라. 감염 경로 : 1차 오염된 어패류의 생식, 2차 오염된 조리 기구의 사용
마. 잠복기 : 10~18시간인데 균량에 따라 차이가 있다.
바. 증상 : 복통(상복부의 통증), 설사, 발열, 구토. 중증일 때는 혈변을 보기도 한다. 여름철에 집중 발생한다.
사. 예방 : 열에 약한 특징(60℃에서 사멸)을 이용해 식품을 가열 조리해 섭취하고, 도마, 행주 등의 조리기구 및 손 등의 소독, 어패류의 충분한 세척·가열·살균 등을 철저히 한다.

③ 병원성 대장균 식중독
가. 원인균 : 병원성 대장균(bacterium coli var. neopolitanum 등)
나. 원인 식품 : 병원성 대장균에 오염된 모든 식품, 우유, 치즈, 소시지, 햄, 크로켓, 야채 샐러드, 분유, 파이, 도시락, 두부 및 그 가공품, 야채류 등
다. 감염원 : 환자나 보균자의 분변
라. 감염 경로 : 식품의 비위생적인 취급과 처리, 보균자에 의한 식품의 오염
마. 잠복기 : 10~24시간
바. 증상 : 주증상은 설사이며, 혈변, 복통, 두통, 발열 등이 수반되고, 3~5일이면 회복되므로 치사율은 낮다고 할 수 있다. 유아에 대한 병원성이 강하다.
사. 예방 : 사람이나 동물의 분변에 의해서 식품이 오염되지 않도록 하고, 유아에게 전염되기 쉬우므로 기저귀, 수건, 목욕물, 침구 및 식기 소독을 잘해야 한다. 식품을 가열 조리하여야 하고, 보균자를 철저히 가려내어 보균자에 의한 식품 오염 등에 대책을 강구해야 하고, 식품의 저장에 주의한다.

④ 아리조나균(arizona) 식중독
가. 원인균 : 살모넬라(salmonella) 중 독립된 아리조나균군(arizona group)
나. 원인 식품 : 살모넬라와 유사
다. 감염원 : 살모넬라와 유사, 파충류, 가금류(닭, 오리, 칠면조 등)에서 검출률이 높다.
라. 감염 경로 : 살모넬라와 유사

마. 잠복기 : 보통 10~24시간
바. 증상 : 주증상은 복통, 설사, 고열이 나는 경우도 있다.
사. 예방 : 방충·방서 시설에 의한 구충, 구서, 식품의 가열 살균, 저온에서 단시간 저장한다.

2) 독소형 식중독

원인균의 증식 과정에서 생성된 독소를 먹고 발병하는 식중독이다. 웰치균, 보툴리누스, 포도상구균 식중독 등이 있다.

① 웰치균(welchii) 식중독
가. 원인균 : A형 웰치균
나. 독소 : 엔테로톡신(enterotoxin)
다. 감염원 : 보균자인 식품업자, 조리자의 분변을 통한 식품의 감염, 조리실의 하수, 오물, 쥐, 가축의 분변을 통한 식품의 감염
라. 원인 식품 : 조수육 및 그 가공품, 어패류 및 그 가공품, 식물성 단백질 식품 등
마. 감염 경로 : 식품 취급자, 하수, 쥐의 분변 등에 의한 식품의 오염
바. 잠복기 : 8~20시간
사. 증상 : 주증상은 복통, 수양성 설사이고, 경우에 따라 점혈변이 보인다.
아. 예방 : 분변의 오염 방지, 혐기성, 내열성이므로 조리 후 급랭, 저온 보관한다.

② 보툴리누스(botulinus) 식중독
가. 원인균 : 생성된 독소에 따라 A형에서 G형까지 7형으로 분류되는데, 이 중 사람에게 식중독을 일으키는 것은 A, B, E, F형 보툴리누스균 4가지이다.
나. 독소 : 신경독인 뉴로톡신(neurotoxin)으로 치사율이 높은 편이다.
다. 감염원 : 이 균은 저항성이 강한 포자형으로, 토양, 물, 식품, 기타 자연계에 널리 분포되어 있으며 E형균은 이 외에 어류, 갑각류의 장관 등에도 있다.
라. 원인 식품 : 완전 가열 살균되지 않은 통조림, 어패류, 소시지, 햄 등
마. 감염 경로 : 환경 오염
바. 잠복기 : 보통 12~36시간이지만, 긴 경우에는 8일인 경우도 있다.
사. 증상 : 이 독소는 모든 동물에게 가장 맹독성이며, 주된 증상은 신경증상으로 눈에 나타난다. 시력 저하, 복시, 눈꺼풀 하수 등의 시력 장애, 동공 확대, 신경마비 등이

일어나고 그 이전에 오심, 구토, 복통, 설사 등의 소화기 증상이 나타나기도 한다. 또 구갈, 혀의 경기, 타액 분비 정지, 인후 마비, 변비, 복부 팽만, 호흡 곤란이 일어나고, 중증에서는 폐농가 나타난다. 치사율 64~68%로 식중독 중 가장 높다.

아. 예방 : 야채에 묻어 있는 오줌, 생선을 조리할 경우 내장 등을 충분히 씻는 것이 중요, 토양의 오염 방지, 식품의 가열 조리, 통조림 등의 완전 살균

③ 포도상구균(staphylococcus) 식중독

가. 원인균 : 원형 또는 타원형의 구균으로 포도송이와 같은 모양의 황색 포도상구균. 최적 증식 온도는 35~37℃, 최적 pH는 7.0~7.5이다.

나. 독소 : 장관독인 엔테로톡신(enterotoxin). 이 독소는 내열성이 있어 열에 쉽게 파괴되지 않는다.

다. 감염원 : 보균자인 식품업자, 조리자의 분변을 통한 식품의 감염, 조리실의 하수, 오물, 쥐, 가축의 분변을 통한 식품의 감염 등

라. 원인 식품 : 우유 및 유제품, 떡, 콩가루, 빵, 과자류 등

마. 감염 경로 : 식품 취급자, 하수, 쥐 분변에 의한 식품의 오염

바. 잠복기 : 1~6시간(평균 3시간)

사. 증상 : 구토, 복통, 설사 등. 우리 나라에서 가장 많이 발생한다.

아. 예방 : 화농성 염증, 인후염 등이 있는 사람의 식품 취급 금지, 손 소독, 기구 소독, 식품의 냉장 보관

④ 세레우스균(cereus) 식중독

가. 원인균 : 바실루스 세레우스(bacillus cereus)로서 그람 양성, 유포자 간균으로 통성 혐기성 균이다. 10~48℃에서 발육하며 최적 온도는 28~35℃이다. 포자는 내열성이므로 135℃에서 4시간 가열해도 죽지 않는다.

나. 원인 식품 : 쌀밥, 면류, 복합 식품 등은 구토형의 식중독을 나타내고, 육류나 야채스프, 바닐라 소스, 푸딩 등은 설사형의 식중독으로 나타난다.

다. 감염 경로 : 토양세균의 일종으로 생활환경을 비롯하여 농장과 산 등 자연계에 광범위하게 분포하고 있음. 농작물 오염과 식육제품의 오염 등

라. 잠복기 및 증상 : 8~16시간으로 평균 12시간 잠복기 후에 복통, 설사를 일으키는 설사형과 1~5시간의 잠복기 후에 오심, 구토를 일으키는 구토형이 있다. 발열은 거의 없고, 1~2일 후에 회복한다.

마. 예방 : 세레우스균의 포자는 내열성이고, 또 중식형인 것은 조리 후 냉장기간 동안 급속하게 번식하므로 이 균에 오염되기 쉬운 식품은 조리하여 바로 먹도록 한다.

(2) 자연독 식중독
유독성 물질이 함유되어 있는 식품을 섭취함으로써 발병하는 식중독이다.

1) 동물성 식중독
① 복어(puffer fish, swell fish) 식중독
  가. 독소 : 테트로도톡신(tetrodotoxin). 복어의 장기, 특히 산란기 직전의 난소와 고환에 많이 들어 있다.
  나. 잠복기 : 1~8시간
  다. 증상 : 지각 이상, 호흡 장애, 운동 장애 등. 치사율 50~60%로 동물성 식중독 중 가장 높다. 치사량은 3mg이다.
  라. 예방법 : 복어조리 전문가가 만든 요리만을 먹는다. 유독 부위는 피하고 육질부만을 식용으로 한다.

② 조개 식중독
  가. 독소 : 베네루핀(venerupin). 모시조개, 굴, 바지락 등 패류의 독소이다.
  나. 잠복기 : 24~48시간
  다. 증상 : 전신 권태, 구토, 복통, 변비, 황달, 미열 등을 거쳐 내장출혈이 나타난다. 중증일 경우 뇌증상으로 의식 혼탁, 잇몸 출혈, 혈변, 토혈을 일으키며 회복이 오래 걸려 20일이 지나도 전신 권태를 느낀다. 치사율은 44~50%이며, 발병 후 10시간~7일 이내에 사망한다.

③ 섭 조개 · 대합 식중독
  가. 독소 : 삭시토신(saxitoxin). 검은 조개, 섭 조개, 대합 조개 등의 쌍각류 조개의 독소이다.
  나. 잠복기 : 30분~3시간
  다. 증상 : 안면 마비, 사지 마비, 운동 장애, 언어 장애를 일으키며 호흡마비로 사망한다. 치사율은 10%이다.

④ 독어(ciguatera) 식중독

가. 독소 : 시구아톡신(ciguatoxin). 중남미 등에서 볼 수 있는 소라, 독어에 있는 독소이다. 그밖에 수용성의 팔리톡신(palytoxin), 마이톡티신(maitotixin), 씨구아테린(ciguaterin), 그라미스틴(grammistin) 등이 있다.

나. 잠복기 : 식후 1~8시간

다. 증상 : 구토, 설사, 복통 등의 소화기 증상과 혀, 구진, 전신 마비 등이 일어나며, 두통, 현기증, 온도 감각 실조가 특징으로 전기 쇼크나 드라이아이스를 만지는 느낌이며, 따뜻한 것을 차갑게 느낀다.

⑤ 독꼬치(sphyraena picada) 식중독

가. 잠복기 : 수~30시간

나. 증상 : 입술, 안면의 마비를 느끼고 사지 또는 전신에 감전한 것 같은 마비가 일어나 탈력감을 느낀다. 중증에서는 언어 장애, 연하 곤란이 있고, 전반적으로 말초 신경 마비, 운동 기능 장애를 주증상으로 느낀다.

2) 식물성 식중독

① 독버섯 식중독

가. 독소 : 무스카린(muscarine) 등

나. 증세 : 종류에 따라 위장형 중독, 콜레라성 중독, 뇌증형, 혈액 독형, 신경계 장애형 등이 있고, 복통, 위장 장애, 호흡 곤란, 혼수 상태 등이 나타난다.

다. 예방법 : 버섯의 줄기가 세로로 쪼개지지 않는 것, 색이 아름답고 선명한 것, 특유의 향이 아니고 악취가 나는 것, 잘랐을 때 유즙을 분비하는 것, 쓴맛이나 신맛이 나는 것은 유해하다.

② 감자 식중독

가. 독소 : 솔라닌(solanine)이라는 배당체. 감자의 발아 부위, 녹색 부위에 존재한다.

나. 증세 : 섭취 후 수시간 내에 발병해 복통, 현기증, 위장 장애, 졸음, 가벼운 의식 장애 등을 일으킨다.

다. 예방법 : 감자 조리 시 발아 부위나 주위를 제거한다.

③ 면실유 식중독
가. 독소 : 항산화 작용이 있는 고시폴(gossypol)이란 독성 물질이 있다. 면실유가 잘못 정제되었을 때 남아 중독을 일으키는 독성 물질이다.
나. 증세 : 출혈성 신염, 신장염, 복통, 구토, 설사 등이 나타난다.

④ 피마자(ricinus communis) 식중독
가. 독소 : 종자에 알카로이드(alkaloid)인 리시닌(ricinine)과 유독 단백체인 리신(ricin)과 그 외에 심한 알레르기 증상을 나타내는 앨러진(allergen)이 함유되어 있다.
나. 증상 : 복통, 구토, 설사와 알레르기 증상이 나타난다.

⑤ 독보리(holium temalentum) 식중독
가. 독소 : 유독 알칼로이드인 테물린(temulin)이 약 0.06% 함유되어 있다.
나. 증상 : 두통, 현기증, 이명, 무기력, 오심, 구토, 위통, 변비 또는 설사 등의 소화기 증상이 나타난다.

⑥ 독미나리(cicuta virosa) 식중독
가. 독소 : 시큐톡신(cicutoxin). 특히 뿌리 부분에 다량으로 함유되어 있다.
나. 증상 : 섭취한 후 수분~2시간 내에 구토, 경련, 현기증을 일으키고, 중증일 때는 10~20시간 이내에 호흡 마비로 사망한다.

⑦ 미치광이풀(scopolia parviflora) 식중독
가. 독소 : 근경 중에 있는 히오시아민(hyoscyamine).
나. 증상 : 뇌흥분, 심계 항진, 호흡 정지 등이 나타나며 흥분기에는 광란 상태가 되어 뛰어 돌아다니는데서 미치광이풀이란 이름이 생겼다.

⑧ 꽃무릇(lycoris radiatda) 식중독
가. 독소 : 뿌리 부분에 강한 구토 작용을 일으키는 알칼로이드인 라이코린(lycorine)을 함유하고 있다.
나. 증상 : 구토, 중증에서는 경련, 호흡 마비

⑨ 붓순 나물(illicium anisatum) 식중독
가. 독소 : 열매에 시키민(shikimin), 아니사틴(anisatin), 하나노마(hananomin) 등의 유독 성분이 있다.
나. 증상 : 구토, 현기증, 경련 등. 심할 때는 시안증(cyanoisis), 사지 냉감 등을 나타낸다.

⑩ 가시독말풀(datura alba) 식중독
가. 독소 : 독성분으로 종자나 잎에 스코폴라민(scopolamine), 하이오세키야민(hyosecyamine), 아트로핀(atropine)이 함유되어 있다.
나. 증상 : 식후 30분 후 눈의 동공 경련, 경련, 뇌 흥분

⑪ 바꽃(aconitun chinense) 식중독
가. 독소 : 뿌리, 줄기에 알칼로이드인 아코니틴(aconitine) 등 맹독 성분 함유하고 있다.
나. 증상 : 입술, 혀에 얼얼한 통증이 오고, 인후 위에 작열감을 느끼며 구토, 사지 마비, 연하 곤란, 산동, 언어 장애를 일으킨다.

⑫ 버마콩 식중독
가. 독소 : 파솔루네이틴(phaseolunatine)이라는 시안 배당체를 함유하고 있으며, 그 밖에 대두, 완두, 땅콩, 강낭콩 등에서 단백질 분해 효소의 작용을 억제하는 트립신 억제제(trypsininhibitor)가 있다. 또한 사포제닌(sapogenin)도 있다.
나. 증상 : 다량 섭취 시 강한 용혈 작용(hemolytic activity)을 나타낸다.

⑬ 청매, 은행, 수수, 맥각 식중독
가. 덜 익은 매실이나 살구씨 : 아미그다린(amygdalin)이라는 시안(cyan) 배당체가 함유되어 있어 그 자체가 가지고 있는 효소에 의하여 분해되어 청산(HCN)을 생성한다.
나. 은행 : 계절적으로 시안 배당체가 함유되어 있어 미숙한 은행을 많이 먹으면 중독 증상이 나타난다.
다. 수수 : 두린(Dhurin)이라는 시안 배당체가 함유되어 있다. 증상으로는 중추신경의 자극과 마비를 일으킨다.
라. 맥각 : 맥각 알칼로이드는 잔디곰팡이인 맥각균에 의해 생성된 곡식이나 곡분에 기생하는 맥각의 주성분이다. 증상으로는 유·사산, 허약 자돈 분만, 사지 말단부의 건성괴사, 파행 및 기립 불능 등을 일으킨다.

(3) 화학성 식중독

화학 물질에 의한 식중독은 유독성 화학 물질을 함유한 식품을 섭취함으로써 일어나는 식중독이다. 이는 유해 물질이나 식품 중에 고의 또는 무리, 부주의, 기타 원인으로 혼입되어 일어나므로 식품 가공업자와 식품을 취급하는 사람들은 준법 정신, 위생 지식의 향상 그리고 올바른 위생 관리의 철저와 무엇보다도 양심적인 생활 자세에 기대할 수밖에 없다.

1) 식품 첨가물에 의한 식중독

금지된 식품 첨가물 중 불법으로 사용되는 것에는 다음과 같은 것들이 있다.

① 유해 방부제

가. 붕산(boric acid) : 붕산 연고로 창상 치유에 널리 사용한다. 육류, 육제품, 우유, 유제품, 마가린, 어육 반죽 제품 등에 사용되는 일이 있다. 증상은 구토, 설사가 일어나고 연속 섭취시 체내에 축적되어 소화 효소의 작용을 방해하여 식욕 감퇴, 소화 불량을 일으키고 또한 영양소의 동화를 막고 지방의 분해를 촉진해 체중 감소를 일으킨다.

나. 포름알데히드(formaldehyde, HCHO) : 방부력이 강하며, 주류, 육류, 유제품, 우유 등에 부정 사용되는 일이 있으며, 중독 증상은 두통, 현기증, 호흡 곤란 등을 일으키고, 소화 작용을 저해하며 소화 기관을 해치고 구토를 일으킨다.

다. 우로트로핀(urotropin, hexamethylene tetramine) : 포름알데히드와 암모니아의 반응 생성물로 백색 분말 결정이며 물에 녹기 쉽다. 식품 방부제로 사용한다.

라. 승홍($HgCl_2$) : 강력한 살균력을 이용해 의약품으로서의 가치가 있으나 방부력도 강하여 주류, 기타 식품의 방부제로서 몰래 사용하는 일이 있다. 중독 증상은 구토, 복통, 경련 등을 일으키고 장 및 방광의 점막이 침해된다. 만성일 경우 반상치를 생성하고 뼈의 성장에 악영향을 끼친다.

마. 베타-나프톨(β-naphtol) : 곰팡이의 발육 저지력이 강하여 간장의 표면에 생기는 흰 곰팡이(zygosaccharomyces)를 방지하는데 사용하였으나 독성이 강하여 현재는 사용을 금지시키고 있다.

바. 티몰(thymol) : 무색의 결정으로 특유의 냄새와 자극성의 맛을 가진다. 다량 섭취하면 석탄산 중독과 같은 증상을 나타낸다. 독성은 석탄산의 1/10 정도이다.

사. 로단 초산(ethylester) : 간장의 곰팡이 방지에 효과가 있으나 독성이 상당히 강하고 첨가하면 좋지 않은 냄새가 생겨 식용상의 결함이 인정된다.

② 유해 인공 착색료
가. 아우라민(auramine) : 염기성의 황색 색소로 단무지의 착색료로서 널리 사용했으나 독성이 강하여 사용이 금지되었다. 열·빛에도 변색되지 않으므로 단무지나 과자류, 면류, 카레분 등에 사용된다. 체내 흡수가 높고 다량 섭취 시 20~30분 후에 두통, 심계 항진, 맥박 감소, 의식 불명을 일으킨다.
나. 로다민 B(rodamine B) : 분홍빛 염기성 색소로 과자나 붉은 생강, 어묵, 과자 등에 부정으로 사용되는 일이 있다. 증상은 전신 착색, 색소뇨 배출 등이 있다.

③ 유해 인공 감미료
가. 에틸렌 글리콜(ethylene glycol) : 본래는 자동차의 엔진 냉각수의 부동액으로 사용되는 액체로 단맛이 있어 감미료로 사용된 적이 있으나, 신경 장애 등의 중독 증상을 일으킨다.
나. 시클라메이트(cyclamate) : 설탕의 약 40배의 감미를 가지며 발암성분 때문에 사용이 금지되었다.
다. 둘신(dulcin) : 설탕의 250배 감미를 가지며 1966년 11월 이후 사용이 금지되었다. 섭취 후 혀에 불쾌한 느낌이 남고 소화 효소에 대한 억제 작용이 있으며 중추 신경에 자극을 준다. 동물 실험 결과 간종양을 일으키고 적혈구의 생산을 억제한다고 밝혀졌다.
라. 페릴라틴(peryllatine) : 설탕의 약 2,000배의 감미를 가진 것으로서 이 화합물은 옥심(oxime)기를 가지고 있어 불안정하므로 알데히드로 분해되며 동물 실험 결과 신장을 자극하여 염증을 일으킨다.
마. 피니트로오톨루이딘(p-nitro-o-toluidine) : 색소의 원료로 설탕의 200배의 감미가 있어 많이 사용되어 중독을 일으켜 살인당이라고까지 했다. 독성이 강하여 섭취 후 2일 후에 위통이 일어나고 4일 후에 사망한 예도 있다.

④ 유해 표백제
가. 롱가리트(rongalite) : 감자, 연근, 우엉 등 야채류에 사용되었다.
나. 형광표백제
다. 삼염화질소(NCl_3) : 밀가루의 표백과 숙성에 사용되었다.
라. 과산화수소(H_2O_2) : 어묵이나 국수류에 사용되었다.

⑤ 증량제

탄산칼슘(Ca-carbonate), 탄산나트륨(Na-carbonate), 규산알루미늄(Al-silicate), 규산마그네슘(Mg-silicate), 산성 백토, 카올린(kaolin), 벤토나이트(bentonite) 등은 곡분, 설탕, 어분, 향신료 등에 증감제로 사용되어 과량으로 섭취하면 소화 불량, 설사, 구토, 복통 등의 위장염 증상을 일으킨다.

⑥ 기타

가. 메틸 알코올(methyl alcohol) : 주류의 대용으로 사용하여 많은 중독 사고를 일으킨다. 중독 증상은 두통, 현기증, 복통, 설사 등을 일으키고, 특히 시신경 장애로 인하여 눈에 염증을 일으켜 실명의 원인이 된다.

나. 4-에틸납(tetra ethyl lead) : 노킹 방지제(antiknocking)로 사용되는 것으로 음용 알코올에 혼입되어 중독 사고가 일어난 경우가 있다.

2) 유해 금속에 의한 식중독

기구, 용기, 포장으로부터 유해 물질이 용출되거나, 첨가물의 불순물, 생물에의 농축 등에 의해 식품에 혼입되며, 대부분 체내 축적성을 갖는다.

① 비소(As, arsenic) : 불순물로 식품에 혼입되는 경우가 많으며 구토, 위통, 경련 등을 일으키는 급성 중독과 피부 발진, 간종창, 탈모 등을 일으키는 만성 중독이 있다. 식품위생법상 허용치는 최대 4ppm (구연산, 빙초산은 1.3ppm) 이하이다.

② 납(Pb, lead) : 독성이 강한 중금속으로 오염 경로는 도료, 안료, 농약, 납관 등에 의해 오염·축적되며, 급성 중독 증상은 구토, 구역질, 복통, 인사 불성, 사지 마비 등이 일어난다. 만성 중독은 피로, 빈혈, 소화기 장애, 지각 장애, 체중 감소, 시력 장애 등의 증상을 보인다. 허용치는 최대 5ppm~0.5ppm 이하이다.

③ 구리(Cu, cupper) : 구리는 인체에 필수적인 무기질이지만 다량 섭취하면 중독을 일으킨다. 오염 경로는 음식물용 기구, 식기 등에 생긴 녹청에 의한 식중독이 많으며, 급성 중독의 경우 메스꺼움, 구토, 발한, 다량의 수액 분비, 설사, 위통, 신장 및 간의 장애를 유발한다.

④ 수은(Hg, mercury) : 수은 제제인 승홍($HgCl_2$) 등이 식품의 방부제로 부정하게 사용될 경우 먹이 연쇄 등을 통해 식품에 이행된다. 급성 중독 때는 구토, 혈변을 일으키고, 만성 중독 때는 구내염, 설사, 신장 장애를 일으킨다. 미나마타병(水保病)의 원인 물질이다. 허용치는 1ppm 이하이다.

⑤ 아연(Zn, zinc) : 기구의 합금, 도금 재료로 쓰이며, 주스와 같은 산성 식품을 담았을 때 아연이 침식해서 아연염이 되거나, 아연 용기를 가열하면 산화아연이 되고, 위 속에서는 염화아연이 되어 중독을 일으킨다. 급성 중독 증상은 30분~1시간에 복통, 구토, 설사, 경련 등이다.

⑥ 안티몬(Sb, antimony) : 법랑, 도자기 등의 착색제로, 중독 증상은 구토, 설사, 경련 등으로 비소 중독과 비슷하다. 심할 경우 심장마비로 사망에 이를 수 있다.

⑦ 카드뮴(Cd, cadmium) : 도금, 플라스틱의 안정제로 쓰이며, 각종 식기, 기구, 용기에 도금되어 있는 카드뮴이 산성 식품에 용출되어 중독을 일으킨다. 이타이이타이병은 카드뮴에 의한 만성 중독으로 유명하다. 중독 증상은 구토, 설사, 복통, 허탈, 의식 불명이고, 만성 중독의 경우 신장 장애, 골연화증 등을 일으킨다. 식품위생법상 허용치는 1ppm 이하이다.

⑧ 주석(Sn, tin) : 통조림관 내면의 도금 재료로 이용되며, 내용물에 질산은이 존재하면 용출된다. 중독 증상은 구토, 설사, 복통, 권태감 등이다.

3) 농약에 의한 식중독

① 유기인제 : 독성이 심하며 체내에 흡수되어 체내 효소인 콜린에스테르 분해 효소(cholinesterase)와 결합하여 이의 작용을 억제한다. 파라티온, 말라티온, 다이아지논, 텝(TEPP) 등이 있다. 중독 증상은 신경독에 의한 부교감 신경 증상으로 구역질, 구토, 다한, 청색증 등의 증상이 일어나고, 교감 신경 증상과 혈압 상승, 근력 감퇴, 전신 경련 등의 증상을 보인다.

② 유기염소제 : 디디디(DDD : dichloro diphenyl dichloro-ethane), 디디티(DDT : dichloro diphenyl trichloethane), 비에이치시(BHC) 등이 있다. 중독 증상은 복통, 설사, 구토, 두통, 시력 감퇴, 전신 권태 등이다.

③ 비소화합물 : 살충제, 쥐약 등으로 사용하는데 야채에 살포한 비소 화합물의 잔류물을 씻지 않고 섭취했을 때 산성비산납, 비산칼슘 등이 있다. 중독되면 목구멍과 식도의 수축, 위통, 구토, 설사, 혈변, 갈증 등의 증상을 보인다.

4) 기타 유독 물질

합성수지 포장지를 사용할 경우 독성 물질이 녹아 나올 수 있다. 또 식품의 가공, 조리 과정에서 유독 물질이 생성되기도 한다.

(4) 곰팡이 독소

곰팡이가 생산하는 유해 물질인 진균독에 의한 식중독으로, 간, 신장 장애, 신경독, 조혈 기능 장애 등의 중독 증상을 보인다. 아플라톡신 중독, 맥각 중독, 황변미 중독 등이 이에 속한다.

(5) 알레르기 식중독

일부 과민한 체질을 가진 사람이, 정상적인 사람에게는 아무렇지도 않은 음식을 먹고 일으키는 식중독으로 단백질 식품에 의하여 잘 일어난다. 습진, 두드러기, 구토, 설사 따위의 증상이 나타난다.

2. 식중독 발생시 대책

식중독이 의심되면 즉시 진단을 받는다. 의사는 환자의 식중독이 확인되는 대로 행정기관(관할 보건소장)에 보고한다. 행정기관은 신속·정확하게 상부 행정기관에 보고하는 동시에 추정 원인 식품을 수거하여 검사기관에 보낸다. 또 역학 조사를 실시하여 원인 식품과 감염 경로를 파악하고 국민에게 주지시킴으로써 식중독의 확산을 막는다. 수집된 자료는 예방 대책 수립에 활용한다.

제6장 식품 첨가물

1. 식품의 첨가물(food additive)

FAO(유엔 식량농업기구) 및 WHO(세계보건기구)의 합동전문위원회에서는 "식품첨가물이란 식품의 외관, 향미, 조직 또는 저장성을 향상시키기 위한 목적으로 일반적으로 적은 양이 식품에 첨가되는 비영양 물질"이라고 하였고, 우리나라 식품위생법에서는 "식품을 제조, 가공 또는 보존함에 있어 식품에 첨가, 혼합, 침윤, 기타의 방법으로 사용되는 물질을 말한다(식품위생법 제2조 제3항)"라고 정의하고 있다.

(1) 식품첨가물의 특징
1) 식품의 외관을 만족시키고 기호성을 높인다.
2) 식품의 변질, 변패를 방지한다.
3) 식품의 품질을 개량하여 저장성을 높인다.
4) 식품의 향과 풍미를 좋게 하고 영양을 강화한다.

(2) 식품첨가물의 조건
1) 변질 미생물에 대한 증식 억제 효과가 클 것
2) 미량으로도 효과가 클 것
3) 독성이 없거나 극히 적을 것
4) 무미, 무취이고 자극성이 없을 것
5) 공기, 빛, 열에 대한 안정성이 있고, pH에 의한 영향을 받지 않을 것
6) 사용하기 간편하고 경제적일 것

2. 식품 첨가물의 용도와 사용기준

(1) 조미료 : 식품 본래의 맛을 더욱 강화하거나 각 개인의 기호에 맞게 조절하기 위하여 첨가되는 물질
① **정미료** : 식품 조리시 감칠맛을 내기 위해 사용한다.
② **산미료** : 식품의 조리, 가공시 신맛을 내기 위해 사용한다. 주로 유기산이 산미료로 쓰인다.
③ **감미료** : 식품의 조리, 가공시 단맛을 내기 위해 사용한다. 인공 감미료를 쓰는 이유는 설탕보다 값이 싸고, 당뇨병 환자나 비만 환자 등을 위해 무열량 감미료가 필요하기 때문이다. 인공 감미료에는 사카린 나트륨, 아스파탐 등이 있다.

(2) 착색료 : 식욕을 촉진하고 상품가치를 높이기 위해 사용한다. 캐러멜, β-카로틴, 타르색소 등이 있다.

(3) 착향료 : 식품의 냄새를 강화 또는 변화시키거나, 좋지 않은 냄새를 없애기 위해 사용한다. C-멘톨, 계피알데히드, 벤질 알코올, 바닐린 등이 있다.

(4) 발색제 : 식품 중의 색소와 작용, 이를 고정시켜 발색시키거나 발색을 촉진시키기 의

해 첨가한다. 육류 발색제(아질산나트륨, 질산칼륨, 질산나트륨), 식물성 색소 발색제(황산제1철)가 있다.

(5) 표백제 : 식품 가공에서 일반 색소 및 발색성 물질을 변화시키기 위해 사용한다. 과산화수소, 무수아황산, 아황산나트륨 등을 사용한다.

(6) 방부제 : 미생물의 번식으로 인한 식품의 변질을 방지하기 위해 사용한다. 디하이드로초산(치즈, 버터, 마가린), 프로피온산칼슘(빵류), 프로피온산나트륨(빵류, 과자류), 소르브산(어육 연제품, 식육 제품, 된장, 고추장), 안식향산(간장, 청량음료) 등이 사용된다.

(7) 살균제 : 식품의 부패 원인균이나 병원균을 사멸시키기 위해 사용한다. 표백분, 차아염소산나트륨 등을 사용한다.

(8) 산화방지제(항산화제) : 식품의 산화·변질 현상을 방지할 목적으로 사용한다. BHT, BHA, 비타민 E, 프로필갈레이트, 에르소르브산 등을 사용한다.

(9) 품질 개량제 : 식품의 품질을 향상시키기 위하여 사용한다. 스테아릴젖산칼슘, 피로인산나트륨, 폴리인산나트륨 등이 있다.

(10) 밀가루 개량제 : 제분한 밀가루의 표백과 숙성을 위해 사용한다. 과황산암모늄, 브롬산칼륨, 과산화벤조일, 이산화염소, 염소 등을 사용한다.

(11) 호료(증점제) : 식품의 물성, 촉감을 향상시키기 위하여 사용한다. 카세인, 메틸셀룰로오스, 알긴산나트륨 등이 있다.

(12) 유화제 : 서로 혼합이 잘 되지 않는 2종류의 액체 또는 고체를 액체에 분산시키기 위해 사용한다. 대두 인지질, 자당지방산 에스테르, 글리세린지방산 에스테르 등이 쓰인다.

(13) 이형제 : 빵을 구울 때 빵틀에서 빵을 분리하기 위해 사용한다. 현재 허용되는 것은 유동 파라핀 1종뿐이다. 유동 파라핀의 빵속 최대 잔존 허용량은 0.15% 이하이다.

(14) 피막제 : 과일, 야채의 신선도를 유지하기 위해 사용하는 첨가물이다. 몰포린 지방산염, 초산 비닐수지 2가지가 있다.

(15) 추출제 및 용제 : 추출제는 식용 유지의 추출에 사용하고, 용제는 식품 첨가물을 용해하여 식품에 균일하게 혼합하기 위하여 사용한다.

(16) 식품 제조용 첨가제 : 식품의 제조·가공시 가수분해, 중화, 여과, 기타 물질의 제거를 목적으로 사용한다. 최종 제품 완성 전에 제거 또는 중화해 식품에 잔존시키지 않

아야 한다.
- **(17) 소포제** : 식품의 제조 과정에서 생기는 필요없는 거품을 제거할 목적으로 사용한다. 허용된 것은 규소수지 1종뿐이다.
- **(18) 강화제** : 식품의 영양을 강화할 목적으로 사용한다. 비타민류, 무기염류, 아미노산류 등이 사용된다.
- **(19) 팽창제** : 빵, 카스텔라 등을 부풀려 모양을 갖추게 할 목적으로 사용한다. 명반, 소명반, 탄산암모늄, 염화암모늄, 탄산수소나트륨, 탄산마그네슘, 탄산수소암모늄 등을 사용한다.
- **(20) 검 기초제** : 검의 제조에 사용한다. 아세트산비닐수지 등이다.

제7장 식품위생 · 환경관리

1. 식품위생 관련법규

1) 식품위생의 정의
식품, 식품첨가물, 기구, 용기, 포장을 대상으로 하는 음식에 관한 위생

2) 식품위생법
13장 102조와 부칙으로 이루어져 있다. 부속 법령으로는 식품위생법 시행령, 식품위생법 시행 규칙, 식품 등의 규격 및 기준, 국민 영양 개선령이 있다.

3) 식품위생법의 주요 내용
식품 위생의 정의와 목적, 식품 등의 규격과 기준, 표시 기준, 제품 검사, 식품 위생 감시, 영업 허가, 건강 검진, 식품 위생 관리인, 식중독 보고, 기타 행정제재 등에 관한 내용이 담겨 있다.

※ 자세한 내용은 식품위생법 참조

4) 식품위생법의 목적
식품으로 위생상의 위해를 방지하고 식품영양의 질적 향상을 도모함으로써 국민보건의 증진에 이바지한다.

5) 식품위생법상 영업허가를 받아야 할 업종
① 식품첨가물제조업
② 식품조사처리업
③ 단란주점 영업 유흥주점 영업

6) 식품위생법상 식품의약품안전처장에게 직접 영업신고를 하여야 하는 업종
식품 등 수입 판매업

7) 시장, 군수, 구청장에게 영업신고를 하여야 하는 업종
① 식품제조가공업　　② 즉석식품제조가공업
③ 식품운반업　　　　④ 식품소분판매업
⑤ 식품냉동냉장업　　⑥ 용기포장류제조업
⑦ 휴게음식점영업　　⑧ 일반음식점영업
⑨ 위탁급식영업　　　⑩ 제과점영업

8) 식품위생법상 영업에 종사하지 못하는 질병
① 제1군 전염병　　　② 결핵
③ 피부병 기타 화농성균　④ 후천성면역결핍증

2. 식품위생과 환경관리

(1) 식품위생 행정
1) 행정기관
① 중앙기구
국무총리실 산하 **식품의약품 안전처**로 모든 식품위생행정업무를 일원화(2013년 3월 22일).

② 지방 행정기구

가. 시·도지사 : 위임받은 대부분의 지방식품위생 행정사무를 관장한다.

나. 각 구청 : 보건위생과에서 일선 식품위생업무를 담당한다.

다. 시·도 보건환경연구원 : 각 지역의 식품위생검사 및 시험, 연구 업무를 담당한다.

2) 조리장의 위생환경관리

① 조리장의 시설기준

가. 건물구조
- 바닥 : 배수가 잘 되어 배수구를 항상 깨끗하게 유지한다.
- 벽 : 내벽은 바닥으로부터 1m 정도까지 타일이나 시멘트 등으로 방수성, 내열성, 방부성이 있어야 한다.
- 천장 : 방우, 방충, 방서 공중낙하균 방지가 가능하도록 한다.

나. 채광, 조명
- 채광 : 창의 면적은 벽 면적의 70%, 바닥 면적의 30%
- 조명 : 포장 공정의 조명은 70~150Lux

다. 방충, 방서
- 방충, 방서용 금속망으로는 30메시(mesh)가 적당

② 조리장의 관리

가. 조리장의 내부 및 시설은 1일 1회 이상 청소하여 청결을 유지하며, 주 1회 대청소를 하고 소독제로 소독한다.

나. 조리기구는 사용 시마다 잘 닦고 1일 1회 이상 세척하여 청결을 유지한다.

다. 음식물 및 식재료는 위생적으로 보관하고, 잔여식품과 주방 쓰레기류는 위생적으로 처리 또는 폐기한다.

라. 가스기기 및 조리 설비류는 조립부분을 분해해서 세제로 깨끗이 씻고, 전원과 가스 연결부 등을 수시로 점검한다.

마. 냉동·냉장고 등은 주 1회 세정·소독하고 서리를 제거한다.

바. 칼, 도마, 행주 등은 중성세제, 약알칼리세제로 세척하여 통풍이 잘되고 햇볕이 잘 드는 곳에서 1일 1회 이상 소독한다.

(2) 식품의 위생 관리
  1) 식품의 선택
   ① 어육 제품
    가. 제조일자가 오래되지 않은 것
    나. 이취가 없는 것
    다. 물기나 끈적임이 없는 것
    라. 탄력이 좋은 것

   ② 계란
    가. 껍질이 까실까실한 것
    나. 빛을 쬐였을 때 투명하게 보이는 것
    다. 흔들어 보았을 때 소리가 없는 것
    라. 물에 넣었을 때 수평으로 눕는 것
    마. 깨뜨려 보았을 때 노른자의 형태가 뚜렷한 것
    바. 6% 소금물에 가라앉는 것

   ③ 우유
    가. 제조일자가 오래되지 않은 것
    나. 변색이나 이물(異物)이 없는 것
    다. 쓴맛이나 신맛이 없는 것
    라. 물컵에 떨어뜨렸을 때 구름같이 퍼지면서 강하(降下)하는 것
    마. 직화로 가열할 때 응고하지 않는 것

   ④ 버터
    가. 외관이 균일하고 반점이 없는 것
    나. 이취가 없는 것
    다. 가열할 때 거품이 생기는 것

   ⑤ 치즈
    가. 특유의 풍미가 있는 것

나. 건조하지 않은 것
다. 입안에서 녹을 때 이물이 남지 않는 것

⑥ 통조림
가. 외관이 정상적인 것
나. 식품의 내용과 레벨의 표시가 일치하는 것
다. 개봉시 색, 맛, 향에 이상이 없는 것
라. 통조림관 내면에 부식이나 흑변이 일어나지 않은 것

2) 식품의 보관

보관시에는 식품 특성에 알맞은 방법으로 전용 장소에 보관한다. 이때 식품이 서로 오염되지 않아야 하며, 손상을 최대한 줄일 수 있도록 한다. 포장, 또는 밀봉한 상태로 보관하고 부패, 변질된 제품은 즉시 폐기하고 보관 장소를 청결히 한다.

(3) 기계·설비의 위생 관리

1) 작업장

식품을 취급하는 장소인 만큼 항상 청결함을 유지하도록 한다. 작업에 필요한 기계나 설비 외에 세척 시설과 폐기물 용기 등이 갖추어져 있어야 한다. 적절한 실내 온도와 조도를 유지하고, 소독제와 자외선 살균기 등을 이용해 실내 공기가 오염되지 않도록 한다. 또한 구충, 구서에 힘써 바퀴나 쥐 등에 의한 식품의 오염을 방지한다.

2) 기계·기구

기계, 기구 등은 식품과 직접 접촉하는 것이므로 무해한 재질이어야 한다. 즉, 유독 물질을 용출하지 않아야 하며, 식품 성분과 반응하지 않아야 한다. 또 이물이 잘 부착되지 않아야 하며, 부착되더라도 제거가 용이해야 한다. 기계는 작업과 청소가 쉽도록 배치하고, 기구는 자주 살균, 세척하여 항상 청결하게 관리해야 한다.

(4) 식품 취급자의 위생 관리

1) 복장

① 위생모와 위생복을 착용하고, 복장은 항상 청결해야 한다.
② 위생복을 착용하고 외출하는 것을 삼간다.

2) 감염 예방
① 손을 청결히 하고, 손의 세척과 소독을 철저히 한다.
② 정기적으로 진단을 받는다.
③ 정기적 또는 임시로 예방 접종을 받는다.
④ 감염병이나 기생충 보균자의 작업을 금지한다.
⑤ 피부병 · 화농 등이 있는 사람의 작업을 금지한다.

3) 작업장에서의 주의 사항
① 반드시 전용 화장실을 사용하며, 용변 후 손을 씻도록 한다.
② 식품 취급 기구가 입, 귀, 머리 등에 닿지 않도록 주의한다.
③ 작업장내에서는 금연하고 잡담 금지를 엄수한다.
④ 관계자 외에는 작업장에 출입하지 않도록 한다.

❖ 영업에 종사하지 못하는 질병
- 소화기계 감염병(1종) : 콜레라, 이질, 장티푸스, 파라티푸스
- 3종 감염병 : 결핵
- 피부병, 화농성 질환자
- 후천성 면역 결핍증(AIDS)
- B형 간염

생산 및 안전관리

제1장 생산 관리의 개요
제2장 생산 관리와 안전

생산 및 안전관리

제1장 생산 관리의 개요

1. 생산 관리와 기업 활동
(1) 생산 관리의 정의
  1) 경영기구에 있어 사람, 재료, 자금의 3요소를 유효 적절하게 사용하여 좋은 물건을 싼 비용으로 필요한 만큼을 필요한 시기에 만들어내기 위한 관리 또는 경영
  2) 거래 가치가 있는 물건을 납기내에 공급할 수 있도록 필요한 제조를 하기 위한 수단과 방법

(2) 기업 활동의 5대 기능
  1) **제조** : 만드는 기능 ┐ 전진 기능
  2) **판매** : 파는 기능 ┘
  3) **재무** : 자금을 준비하는 기능 ┐
  4) **자재** : 자재를 조달하는 기능 ├ 지원 기능
  5) **인사** : 인재를 확보하는 기능 ┘

(3) 기업 활동의 구성 요소(7M)
  1) Man(사람, 질과 양) ┐
  2) Material(재료, 품질) ├ 제1차 관리
  3) Money(자금, 원가) ┘

4) Method (방법)
5) Minute (시간, 공정)
6) Machine (기계, 시설)
7) Market (시장)

⎫ 제2차 관리

❖ 7M에 '무리·낭비·불균형'이 없도록 하는 것이 기업 활동(생산 관리)의 원칙적 과제이다.

2. 생산 관리의 기능

(1) 품질 보증 기능
사회나 시장의 요구를 조사하고 검토하여 그에 알맞은 제품의 품질을 계획, 생산하며 더 나아가 고객에게 품질을 보증하는 기능을 갖는다.

(2) 적시·적량 기능
시장의 수요 경향을 헤아리거나 고객의 요구에 바탕을 두고 생산량을 계획하며 요구 기일까지 생산하는 기능을 갖는다.

(3) 원가 조절 기능
제품을 기획하는 데서부터 생산 준비, 조달, 생산, 품질 보증, 판매에 이르기까지 드는 비용을 어떤 계획된 원가에 맞추는 기능을 갖는다.

3. 생산 관리 조직의 편성

(1) 라인(Line) 조직
하위자가 상위자 1인에게만 지휘·명령을 받아 업무를 수행하는 조직으로, 군대식 조직이라고도 한다.
1) **장점** : 지휘·명령 계통의 일관화로 기업의 질서가 바로 잡힌다.
2) **단점** : 수평적 분업의 결여로 경영 능률이 떨어진다.

(2) 직능(職能) 조직
하위자가 전문 분야를 담당할 몇 사람의 상위자로부터 지휘·명령을 받아 업무를 수행하는 조직이다.

1) **장점** : 수평적 분업의 실현으로 경영 능률이 향상된다.
2) **단점** : 기업의 질서가 동요되고, 지휘·명령 계통에 혼란이 생긴다.

(3) 라인-스탭(Line-Staff) 조직

라인 조직과 직능 조직의 절충식 조직으로, 지휘·명령 계통은 일원화하되, 전문가는 스탭으로 활용하는 조직이다.

1) **장점** : 관리 기능의 전문화, 탄력화(능률 증진) 및 지휘·명령 계통의 강력화가 이뤄진다.
2) **단점** : 규모가 작은 조직에는 부적합하다.

(4) 사업부 제도, 별도 회사제

라인-스탭 조직보다 규모가 큰 조직에 알맞다.

4. 생산 계획과 제품

(1) 제품 분석

1) **제품의 가치**

$$V = \frac{설계(원료, 제법, 기술) + 품질(맛, 외관, 풍미)}{원가(원재료+가공비+경비)+이익} = \frac{기능(F)}{가격(P)} = \frac{품질(Q)}{비용(C)}$$

※ V : Value(가치), P : Price(가격), F : Function(기능), C : Cost(비용), Q : Quality(품질)

2) **제품의 구분**

대중성 생산 제품	품질 : 보통 가격 : 낮음 수량 : 많음 원재료 비율 : 보통 또는 높음	기계화 또는 자동화가 편리함
특수성 생산 제품	품질 : 좋음 가격 : 높음 수량 : 적음 원재료 비율 : 낮음	수작업(데커레이션 케이크, 프랑스빵 등처럼 가공도가 높은 제품)

(2) 생산 계획

1) **생산 계획의 정의**

① 수요 예측에 따라 생산의 여러 활동을 계획하는 일
② 생산해야 할 상품의 종류, 수량, 품질, 생산 시기, 실행 예산 등을 과학적으로 계획하는 일

2) 생산 계획의 분류

① 생산 계획

가. 생산량 계획

나. 인원 계획 : 평균적인 결근율, 기계의 능력 등을 감안하여 인원 계획을 세운다.

다. 설비 계획 : 기계화와 설비 보전을 계획하는 일

라. 제품 계획 : 신제품, 제품 구성비, 개발 계획을 세우는 일. 제품의 가격, 가격의 차별화, 생산성, 계절 지수, 포장 방식, 소비자의 경향 등을 고려해 제품 계획을 세운다.

마. 합리화 계획 : 생산성 향상, 외주·구매 계획을 세우는 일

바. 교육 훈련 계획 : 관리·감독자 교육과 작업 능력 향상 훈련을 계획하는 일

② 실행 예산

가. 예산 계획 : 제조 원가를 계획하는 일

나. 계획 목표 : 노동 생산성, 가치 생산성, 노동 분배율, 1인당 이익을 세우는 일

❖ 노동 생산성 = $\dfrac{\text{생산 금액}}{\text{소요 인원수}}$ ※ 가치 생산성 = $\dfrac{\text{생산 가치}}{\text{연인원}}$

❖ 노동 분배율 = $\dfrac{\text{인건비}}{\text{생산 가치}}$ ※ 1인당 이익 = $\dfrac{\text{조이익}}{\text{연인원}}$

3) 연간 생산 계획의 기초 자료

① 기본 요소

가. 과거의 생산 실적(품종별, 제품별, 월별)

나. 경쟁 회사의 생산 동향

다. 경영자의 생산 방침

라. 제품의 수요 예측 자료

마. 과거 생산 비용의 분석 자료

바. 생산 능력과 과거 생산 실적 비교

사. 과거의 계획과 실적 차이 분석표

② 구체적 요소

가. 공정별 소요 인원과 실제 인원

나. 공정별 생산성 목표치와 실현 가능성

다. 기계 가동률과 설비 기계의 내구도(耐久度)

라. 기계별 능력표

마. 공정별 작업 인원 시수(時數)와 작업 시간
바. 생산 품종수, 제품수와 ABC 분석 자료
사. 제품 품목별 밀가루(1포대당)의 금액, 제품값(개당)
아. 계절 지수

> ❖ 작업 인원 시수 : 몇 명의 인원이 몇 시간 작업을 하는가의 단위로, 공수(工數)라고도 한다 (인원×시간=H/人). 예를 들어, 공수가 800H/人이라 하면 800명이 1시간, 100명이 8시간, 또는 80명이 10시간 작업함을 뜻한다.

5. 생산 시스템의 분석

(1) 생산 시스템의 정의

투입에서 생산 활동과 산출에까지 전과정을 관리하는 것을 생산 시스템이라고 한다. 생산 시스템을 생산량과 비용의 측면에서 분석하는 것은 문제 해결을 종합적으로 평가할 수 있어 의미가 있다.

> ❖ 투입(in-put) : 제과점에서 밀가루, 설탕, 유지, 계란과 같은 원재료를 사용하는 것
> 산출(out-put) : 생산 활동을 통해서 나온 빵·과자 등의 제품

(2) 생산 가치의 분석

1) 제조 부문의 생산 가치
 = 생산금액 - (원재료비 + 부재료비) - (제조 경비 - 인건비 - 감가상각비)

2) 노동 생산성은 물량적 생산성과 가치적 생산성으로 크게 나눈다.

$$\text{물량적 생산성} = \frac{\text{생산량(또는 생산 금액)}}{\text{인원} \times \text{시간}}$$

$$\text{가치적 생산성} = \frac{\text{생산고} \times \text{생산 가치} \times \text{이익}}{\text{인원} \times \text{시간} \times \text{임금}}$$

3) 1인당 생산 가치 $= \dfrac{\text{생산 가치}}{\text{인원}}$

4) 생산 가치율 $= \dfrac{\text{생산 가치}}{\text{생산 금액}}$

5) 노동 분배율 $= \dfrac{\text{인건비}}{\text{생산 가치}}$

가치 분석표

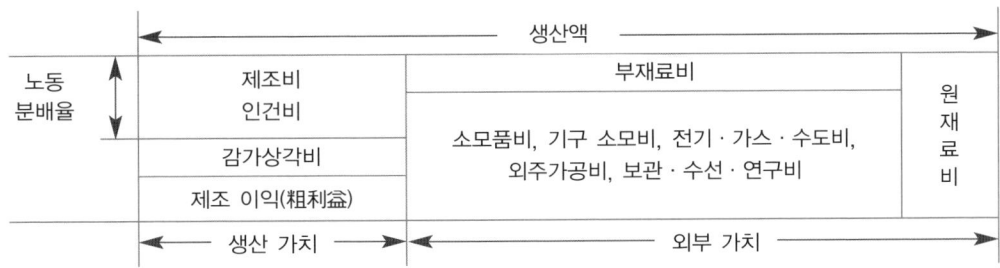

※ 조이익 : 매출 총이익이라고도 한다(매출 총이익 = 매출 − 직접원가).

(3) 비용 분석

1) ①의 변동비 비용을 절감하기보다 ②의 생산액의 증가가 더 중요하다.
2) ③의 고정비를 절감하고 ④의 생산량 증대 방안을 도모함이 중요하다.

⟨손익분기점을 이용한 도표⟩

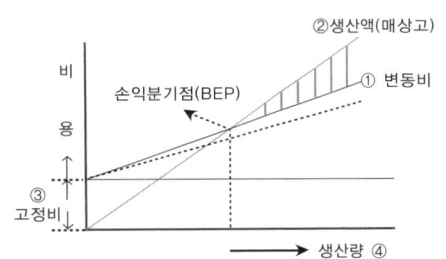

❖ 손익분기점(BEP) : 어떤 한 기간의 매출액이 총 비용과 일치하는 점이다. 매출액이 그 이하로 떨어지면 손해가 나고, 그 이상으로 오르면 이익이 생긴다. 손익분기점 분석에서는 비용을 고정비와 변동비로 나누어 매출액과의 관계를 검토한다.

제2장 생산 관리와 안전

1. 생산 준비

새로 개발하고 기획한 제품 계획서와 판매 계획서를 바탕으로 하여, 그 목표를 이루기 위한 품질, 원가, 생산 규모, 생산 설비, 생산 개시일 등을 결정하는 일이다. 이때 꼭 거쳐야 하는 일이 시험 생산이다. 설비 계획에 맞춰 조달·정비된 생산 공장에서 재료와 작업자를 투입하여 제품을 만들어 보는 과정이 시험 생산이다. 이 과정을 통해 생산 공정 전체의 능력을 점검하고 작업자를 교육한다.

2. 생산량 관리

생산하고자 하는 양을 계획하고 생산하며, 계획대로 이루어지도록 통제하는 일이다. 생산량 관리는 생산 계획, 생산 실시, 생산 통제의 3단계로 이루어진다. 생산 계획에는 기간(연간) 생산 계획, 월간 생산 계획, 일정 계획이 있다.

3. 품종·품질 관리

신제품 개발과 시장 수요의 경향에 따라 사양제품의 품종을 정리하고 생산품의 불량 여부를 검사한다. 제품의 품종을 정리하고 통제하며, 제조 공정을 관리하여 계획한 품질을 생산하고 생산품의 불량 여부를 검사한다.

4. 원가 관리

제품의 가치에는 교환 가치, 코스트 가치, 귀중 가치, 사용 가치가 있는데 고객은 교환, 귀중, 사용 가치에 관심이 있는 반면, 빵·과자와 같은 식품에서는 교환 가치와 사용 가치가 중요하다. 기업이 이익을 창출하면서 이러한 가치를 높이기 위해서는 원가를 절감하는 노력이 필요하다.

(1) 원가의 구성요소

원가는 직접비(재료비, 노무비, 경비)에 제조 간접비를 가산한 제조 원가, 그리고 그것에 판매·일반 관리비를 가산한 총 원가로 구성된다.

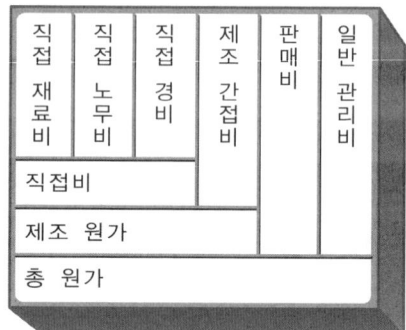

원가의 구성

(2) 원가를 계산하는 방법

1) 가공비와 외부 구입 가치를 계산하여 더하는 방법(가공비 + 외부 구입 가치 = 원가)

- ❖ 가공비 : 제품을 가공하기 위해 종업원(사무직원과 생산직원)에게 지급한 급료나 임금, 소모된 건물의 가치 등을 가리킨다.
- ❖ 외부 구입 가치 : 제품을 만드는 데 필요한 원·부재료비, 전기·가스·수도비, 외주 가공비, 기계 소모비 등을 가리킨다. 즉, 재료비와 경비를 포함하는 말이다.

2) 직접 원가 계산법

원가가 되는 비용을 고정비와 변동비로 구분하여 계산하는 방법이다.

❖ 변동비 : 재료비처럼 생산량이 늘면 늘고, 줄면 줄어드는 비용이다.
❖ 고정비 : 생산량에 관계없이 일정하게 드는 비용으로, 불변 비용이라고도 한다.

(3) 원가 절감 방법

1) 원재료비의 원가 절감
① 구매 관리를 엄격히 하여 구입 단가와 결제 방법을 합리화한다.
② 원재료의 배합 설계와 제조 공정 설계를 최적 상태로 하여 생산 수율을 높인다.
③ 창고 관리의 적정화로 원재료의 입고·보관 중에 생기는 불량품을 줄여 재료 손실을 방지한다.
④ 각 공정별 품질 관리를 철저히 하여 불량률을 최소화한다.

2) 작업 관리를 통한 불량률 개선
① **작업자 태도의 점검** : 작업 표준이나 작업 지시에 맞는지 스스로 점검하거나, 검사 기준을 설정하여 수시로 점검, 수정한다.
② **기술 수준 향상과 숙련도 제고** : 적정 기술보유자를 필요 공정에 배치하고 현장에서의 기술 개선 지도, 교육기관을 통한 수강, 사내 연구회 등을 통해 작업 능력을 향상시킨다.
③ **작업 여건의 개선** : 작업을 표준화하고, 기계와 작업기기가 정상 작동하도록 보수한다. 계량기, 측정기를 정기적으로 점검하여 정밀도를 유지한다. 작업장의 정리 정돈으로 쾌적한 작업 환경을 만들고, 적절한 조명을 설치한다.

3) 노무비의 절감
① 제품 계획 단계에서 제조 방법의 표준화와 단순화를 계획한다.
② 생산 계획의 단계에서 생산의 소요 시간, 공정 시간을 단축한다.
③ 생산 기술의 측면에서 제조 방법을 개선하고 향상시킨다.
④ 제조 공정상의 작업 배분, 공정간의 효율적 연계 등 작업 능률을 높이는 기법을 활용한다.
⑤ 설비 관리를 철저히 하여 설비를 쉬게 하거나, 작업 중 가동이 정지되지 않도록 한다.
⑥ 교육·훈련을 통한 직업 윤리의 함양으로 생산 능률을 향상시킨다.

4) 작업 시간 분석

① $\dfrac{\text{기계 조절·준비 시간}}{\text{기계 운전 시간}}$ 은 20%가 넘지 않도록 한다.

② 여유율은 25%가 넘지 않도록 한다.

③ 우발적 요소(기계의 고장, 정전, 사고 등)가 5% 이하이도록 관리한다.

④ 〈작업 인원 기준표〉에는 실제 작업 시간으로서 다음의 여유율을 가산하는 것이 합리적이다.

단순한 롤빵 제조 : 10% 　　　기계로 만드는 양금빵 : 15%
손으로 만드는 양금 제품 : 20%　데니시 페이스트리·프랑스빵 : 20%

❖ 여유율(%)=(여유 시간÷정규 시간)×100
　여유 시간은 작업 여유(작업에 관한 이야기, 청소 등), 직장 여유(재료 준비, 작업 대기 등), 용무 여유(용변, 음수 등), 피로 여유(생리적·심리적 피로) 등이 있다.

〈작업의 종류〉

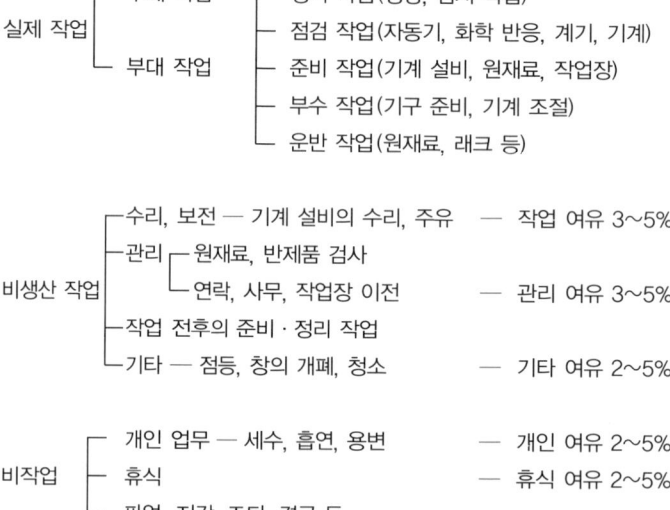

❖ 작업을 정상적으로 진행시키는 4대 원리
　① 작업 방법과 기계 설비를 분석하여 최선의 방법을 선택한다.
　② 선정한 작업에 가장 알맞은 사람을 선택한다.
　③ 경영자와 작업자 사이에 협조적 관계가 확립되는 합리적 급여 제도를 선택한다.
　④ 작업원을 최선의 방법으로 교육, 훈련시키는 기법을 선택한다.

5. 손실 관리

(1) 손실을 줄이기 위한 점검 항목

경영상의 경쟁력을 제고하는 방법의 일환으로 생산, 판매, 관리의 전부분에서 손실을 줄이려고 노력하고 있다. 여기에서는 생산 부분에 대하여 점검하고자 한다.

① 생산액(금액), 수량(개수) 점검 : 생산 계획을 수행할 능력과 생산량을 매일 점검한 뒤, 계획을 달성하지 못하는 원인을 규명하고 시정한다.

② 생산 인원(출근 인원, 출근율), 잔업 인원 점검 : 생산에 투입되는 전노동력을 생산성과 비교하여 점검한 후 조치한다. 또한 인원 부족, 결근율, 계획외 잔업 요인 등을 점검한 후, 출근율을 향상시키고 작업 관리를 철저히 한다.

③ 원재료, 포장재 사용액 및 원재료의 비율 점검 : 원·부재료의 계획과 대비하여 비교한 뒤 원인을 분석하고 검토한다. 원재료 구매를 검토하고, 원재료비 비율의 변동에 대한 조치를 취한다.

④ 불량 수량(금액), 손실 수량(금액), 불량률 점검 : 불량, 손실 한도 및 불량률 계획과 비교하여 점검한다. 그런 후 원재료, 공정, 기계 설비 등 원인을 속히 규명하고 조치한다.

⑤ 노동 생산성(금액, 시간/인) 점검 : 계획, 수행도 능력 및 생산성 저하 공정을 점검하여 생산성 향상 조치를 취한다.

⑥ 제품 1개당 평균 단가 점검 : 제품 비용을 거시적으로 파악하여 차기의 상품 계획과 가격 계획의 기초로 활용한다.

⑦ 생산 가치 점검 : 생산 가치 지수와 비교하여 생산 가치가 감소하는 원인을 분석하는 데 활용한다.

⑧ 노동 분배율 점검 : 노동 분배 지수와 비교하여 노동 분배율이 높아지는 원인을 분석하고 조치한다.

⑨ 제품 품종수 점검 : 품종수를 점검하여 품종수의 적부를 판단, 차기 계획에 반영한다.

⑩ 기계 운전 시간 및 설비 가동률 점검 : 공정, 인원과 관련된 운전 시간, 조작 시간의 균형을 점검하여 설비 계획과 공정 작업 개선의 자료로 활용한다.

(2) 공정표 작성

매일 공정표를 작성하므로 전일 또는 전월, 연평균과 비교하여 원인을 분석하고 조정하여 손실을 감소시키고 작업의 능률을 높일 수 있다.

공정표

제 품 명		생 산 량	
배 합 비	밀가루 전분 설탕 우유 계란	만드는 법 1) 만드는 법을 간략하게 글과 사진을 이용하여 적어 놓는다. 2) 마무리 재료와 마무리하는 방법을 적어 놓는다. 3) 제품의 특성을 적어 놓는다. 4) 공정상 특히 주의할 사항을 적어 놓는다.	
혼 합 시 간			
반 죽 온 도			
반 죽 비 중			
분 할 량			
철 판 종 류			
굽 기 시 간			
윗 불 온 도			
밑 불 온 도			
냉 각			

6. 자재 · 운반 · 외주 관리

자재와 외부 부품 등을 조달하고, 재고와 창고를 관리한다. 또 외주를 의뢰하고, 운반 방법을 설계한다.

(1) 자재 관리

1) 자재 관리의 개념

자재 관리는 자재가 조달되어 생산에 공급되기까지의 흐름에 따라 '조달 계획', '재고 계획', '창고 계획'의 내용을 지닌다.

2) 자재 관리의 목적

① 생산 공정에 필요한 자재의 종류와 수량을 적시에 공급한다.
② 자재의 조달과 재고에 따라 발생하는 비용을 최소화한다.

(2) 운반 관리

1) 운반은 어떠한 제품, 부품, 원료, 자재 등의 정해진 수량을 정해진 시기에 품질을 유지하며 안전하게 옮기는 일이다.

2) 운반 관리의 목적

① 운반 비용을 절감한다.
② 생산 및 운반의 리드타임을 단축시킨다.

(3) 외주 관리

타 회사 또는 외부 발주 물품을 관리하는 일이다. 외주 물품 또는 외주 회사 선택에 신중을 기해야 하며, 자사 제품과 같은 수준이 될 수 있도록 생산 지도가 필요하다.

7. 작업 환경과 안전관리

작업 환경은 복리후생 환경과 함께 기업의 생활 환경을 구성한다.

(1) 작업 환경의 분류

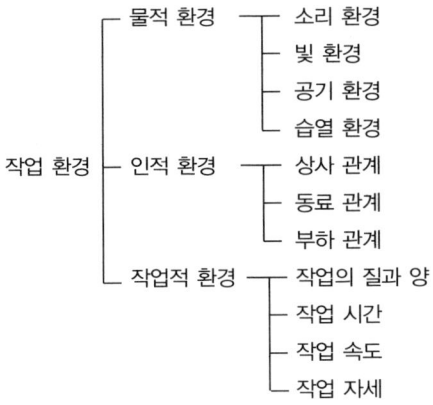

(2) 작업 환경 조건과 피로

작업자는 소음·진동, 먼지, 유해가스·물질, 폐기물, 조명·채광, 색채, 작업 자세, 온·습도, 무거운 물건, 기타 방사선·기압 등의 작업 환경 조건의 영향을 받아 피로를 느낀다. 그 밖에 작업 방법, 작업 특성, 작업자의 능력 등도 피로에 영향을 준다.

제과 · 제빵 공정상의 조도 기준

작업 내용	표준 조도	한계 조도(Lx)
장식(수작업), 마무리 작업	500	300~700
계량, 반죽, 조리, 정형	200	150~300
굽기, 포장, 장식(기계)	100	70~150
발효	50	30~70

❖ 조도(照度) : 어떤 면이 받는 빛의 세기를 나타내는 양으로, 단위는 룩스(Lx)이다.

(3) 안전

생산 공정에서 안전성을 확보하지 않으면 생산성 향상이 있을 수 없다. 따라서 개인 위생은 물론, 각 공정상의 위험 요소를 사전에 제거하고, 작업 전 작업 자세에 대한 안전교육이 꼭 선행돼야 한다.

8. 기기 및 설비의 보전관리

기존의 시설을 보전하고 새로운 시설을 갖추며, 보전하고 설치하는 비용을 줄이는 방법을 다룬다.

(1) 보전 관리의 정의

생산 준비로 마련된 설비의 상태와 기능을 유지하고 향상시키는 활동이다.

(2) 보전 관리의 목적

1) 설비 고장에 따른 손실을 줄이고 주어진 설비를 효과적으로 활용하여, 품질이 안정되고 원가가 낮은 제품을 필요한 만큼 제 날짜에 생산하기 위함이다.
2) 작업 환경을 개선하고 안전을 확보하기 위해서이다.

(3) 보전 작업의 내용

1) 설비 점검 : 설비에 나타난 이상(異狀)을 미리 찾는다.
2) 정기 수리 작업 : 설비 점검에서 나타난 문제점을 처리하거나, 사고를 예방하기 위해 정기적으로 수리한다.
3) 개량 보전 : 설비의 성능과 경제성을 향상시키기 위해 설계를 변경하여 보전한다.

(4) 보전비를 절감하는 방법

보전할 필요가 없는 기계를 쓰거나, 보전 작업의 능률을 높인다.

제과·제빵 관련 외래어 표기

재료

국 어	일 어	영 어	불 어
밀가루	小麥粉(고무기꼬)	wheat flour(윗트 플라워)	farine(파린느)
설탕	砂糖(사또)	sugar(슈거)	sucre(쉬크르)
분당	粉糖(훈또)	powdered suger(파우더드 슈거)	sucre glace(쉬크르 글라스)
그라뉴당	グラニュー糖(구라뉴또)	granulated sugar(그래뉼레이티드 슈거)	sucre granulé(쉬크르 그라뉠레)
꿀	はちみつ(하찌미쯔)	honey(허니)	miel(미엘)
포도당	ぶどう糖(부도우또)	glucose(글루코오스)	glucose(글뤼코즈)
유제품	乳製品(뉴세이힝)	dairy products(데어리 프러덕츠)	laitage(레타주)
우유	牛乳(규뉴)	milk(밀크)	lait(레)
분유	粉乳(훈뉴)	powdered milk(파우더드 밀크)	lait en poudre(레 탕 푸드르)
연유	煉乳(렌뉴)	condensed millk(컨덴스드 밀크)	lait condensé(레 콩당세)
버터	バター(바타)	butter(버터)	beurre(뵈르)
치즈	チーズ(치즈)	cheese(치즈)	fromage(프로마주)
계란	卵(다마고)	egg(에그)	oeuf(에프)
노른자	卵黃(란오)	egg yolk(에그 요크)	jaune d'oeuf(죤느 뒈프)
흰자	卵白(란빠꾸)	egg white(에그 화이트)	blanc d'oeuf(블랑 뒈프)
전분	でん粉(덴분)	starch(스타치)	fécule(페퀼르)
기름	油(아브라)	oil(오일)	huile(위일)
마가린	マーガリン(마가린)	margarine(마아져린)	margarine(마가린느)
라드	ラード(라도)	lard(라아드)	saindoux(상도우)
샐러드유	サラダ油(사라다유)	salad oil(샐러드 오일)	huile de salade(위일 드 살라드)
물	水(미즈)	water(워터)	eau(오)
끓는 물	熱湯(아쯔유)	hot water(핫 워터)	eau bouillante(오 브이양트)
냉수	冷水(히야미즈)	cold water(콜드 워터)	eau froide(오 푸와드)
소금	鹽(시오)	salt(솔트)	sel(쎌)
이스트	イースト(이스또)	yeast(이스트)	levure(르뷔르)

국 어	일 어	영 어	불 어
베이킹파우더	ベーキングパウダー (베킹구파우다)	baking powder (베이킹 파우더)	levure en poudre (러뷔르 앙 푸드르)
커피	コーヒー(코히)	coffee(커피)	café(카페)
코코아	ココア(코코아)	cocoa(코코아)	cacao(카카오)
카카오버터	カカオバター(카카오바타)	cocoa butter(코코아 버터)	beurre de cacao(베르 드 카카오)
옥수수	とうもろこし(도우모로꼬시)	corn(콘)	maïs(마이스)
밀크 초콜릿	ミルクチョコレート (미루꾸 쵸코레또)	milk chocolate (밀크 초컬릿)	chocolat au lait (쇼콜라 오 레)
스위트 초콜릿	スイートチョコレート (스이또 쵸코레또)	sweet chocolate (스위트 초컬릿)	chocolat vanillé (쇼콜라 바니에)
화이트 초콜릿	ホワイトチョコレート (화이또 쵸코레또)	white chocolate (화이트 초컬릿)	chocolat blanc (쇼콜라 브랑)
코팅용 초콜릿	被覆用チョコレート (히후꾸요 쵸코레또)	dip chocolate (디프 초컬릿)	chocolat de couverture (쇼콜라 드 쿠베르튀르)
쌀	米(고메)	rice(라이스)	riz(리)
보리	麥(무기)	barley(바알리)	orge(오르주)
밀	小麥(고무기)	wheat(윗트)	froment(프로망)
콩	豆(마메)	bean(빈)	fêve(페브)
팥	小豆(아즈끼)	red bean(레드 빈)	petit haricot(프티 아리코)
고구마	さつまいも (사쯔마이모)	sweet potato (스위트 포테이토)	patate (파타트)
감자	じゃがいも(쟈가이모)	potato(포테이토)	pomme de terre(폼므 드 테르)
당근	にんじん(닌징)	carrot(캐럿)	carotte(카로트)
양파	玉ねぎ(다마네기)	onion(어니언)	oignon(와뇽)
버섯	菌(기노꼬)	mushroom(머쉬룸)	champignon(샹피뇽)
호박	カボチャ(카보쨔)	pumpkin(펌프킨)	citrouille(시트루이)
오이	きゅうり(큐-리)	cucumber(큐컴버)	concombre(콩콩브르)
양배추	キャベツ(캬베쯔)	cabbage(캐비쥐)	choux(슈)
시금치	ほうれんそう(호-렌소-)	spinach(스피니취)	épinard(에피냐르)
샐러리	セロリー(세로리)	celery(셀러리)	céleri(셀르리)
밤	栗(쿠리)	chestnut(체스트넛)	marron(마롱)

국어	일어	영어	불어
호두	胡桃(쿠르미)	walnut(월넛)	noix(누아)
잣	マツの實(마쯔노미)	pine nut(파인 넛)	pignon(피뇽)
땅콩	ピーナッツ(피낫쯔)	peanut(피넛)	arachide(아라쉬드)
아몬드	アーモンド(아몬도)	almond(아먼드)	amande(아망드)
헤이즐넛	ヘーゼルナッツ(헤제루낫쯔)	hazelnut(헤이즐넛)	noisette(누아제트)
캐슈넛	カシューナッツ(캐슈낫쯔)	cashew nut(캐슈 넛)	noix d'acajou(누아 다카쥬)
피스타치오	ピスタチオ(피쓰따찌오)	pistachio(피스타쉬오)	pistache(피스타슈)
피칸	ペカン(페칸)	pecan(피칸)	pacanier(파까니에)
대추	ナツメ(나쯔메)	date(데이트)	jujube(쥐쥐브)
건포도	レーズン(레즌)	raisin(레이즌)	raisin sec(레젱 섹)

기구

국어	일어	영어	불어
작업대	作業台(사교다이)	bench(벤치)	planche(플랑슈)
냄비	手鍋(테나베)	pan(팬)	casserole(카스롤)
오븐주걱	ピール(삐루)	peal(필)	pelle à four(펠 아 푸르)
고무주걱	カード(카도)	dough spatula(도 스패튤러)	come(코르느)
스패튤러	スパテラ(스파테라)	tin spatula(틴 스패튤러)	palette spatule(파레트 스파퇼르)
분할주걱	スケッパ(스켓파)	scraper(스크레이퍼)	raclette(라클레트)
틀	パン(판)	pan(팬)	moule(물)
원형틀	拔き型(丸) 누끼가따(마루)	cutters(커터스)	dêcoupoir(데쿠푸아르)
하트형틀	拔き型(ハート) 누끼가따(하또)	heart cutters(하트 커터스)	dêcoupoir coeur(데쿠푸아르 쾨르)
별형틀	拔き型(星) 누끼가따(호시)	star cutters(스타 커터스)	dêcoupoir étoile(데쿠푸아르 에투알)
둥근모양깍지	丸口金(마루구찌가네)	nozzle, hole(노즐, 홀)	douille(두이유)
접시	皿(사라)	dish(디쉬)	plat(플라)
프라이팬	フライパン(후라이판)	frying pan(프라잉 팬)	poêle(푸알)
볼	ボール(보루)	bowl(보울)	bol(볼)
국자	杓子(샤쿠시)	dipper(디퍼)	louche(루슈)
대리석판	大理石(다이리세끼)	marble(마블)	marbre(마르브르)

제품일반

국 어	일 어	영 어	불 어
빵	パン(팡)	bread(브레드)	pain(팽)
과자	菓子(카시)	confectionery(컨펙셔너리)	confiseries(콩피즈리)
케이크	ケーキ(케키)	cake(케이크)	gâteau(가토)
쿠키	クッキー(쿡키)	cookie(쿠키)	petit four sec(프티 푸르 세크)
캔디	キャンディー(칸데)	candy(캔디)	candi(bonbon) 캉디(봉봉)
파이	パイ(파이)	french pie(프렌치 파이)	tarte(타르트)
비스킷	ビスケット(비스켓또)	biscuit(비스킷)	biscuit(비스퀴)
초콜릿	チョコレート(쵸코레또)	chocolate(초컬릿)	chocolat(쇼콜라)
아이스크림	アイスクリーム(아이스쿠리무)	ice-cream(아이스크림)	glace(글라스)
디저트	デザート(데자또)	dessert(디저트)	entremets(앙트르메)

반죽의 종류

국 어	일 어	영 어	불 어
비스킷 반죽	ビスケット生地 (비스켓토 기지)	short paste(쇼트 페이스트)	pâte à foncer (파트 아 퐁세)
이스트 반죽	イースト生地(이스토 기지)	yeast paste(이스트 페이스트)	pâte levée(파트 르베)
파이 반죽	パイ生地(파이 기지)	puff paste(퍼프 페이스트)	pâte feuilleté(파트 푀이테)
튀김 반죽	揚げ生地(아게 기지)	frying batter(프라잉 배터)	pâte à frire(파트 아 프리르)
파이용 반죽	パイ用ペースト (파이요 페스토)	paste for pies (페이스트 포 파이)	pâte pour feuilletée (파트 포 푀이테)
사바랭 반죽	サバラン生地(사바랑 기지)	savarin dough(사바린 도)	pâte à savarin(파트 아 사바랭)
브리오슈 반죽	ブリオッシュ生地 (부리오슈 기지)	bun dough (번 도)	pâte à brioch (파트 아 브리오슈)
크레프 반죽	クレープ生地 (쿠레푸 기지)	pan cake mixture (팬 케이크 믹스처)	pâte à crêpe (파트 아 크레프)
빵 반죽	パン生地(팡 기지)	dough(도)	pâte(파트)
과자빵 반죽	菓子パン生地(카시팡 기지)	sweet dough(스위트 도)	pâte sucrée(파트 쉬크레)
스펀지 반죽	スポンジ生地 (스폰지 기지)	sponge mixture (스펀지 믹스처)	pâte à biscuit (파트 아 비스퀴)

국 어	일 어	영 어	불 어
버터 스펀지 반죽	バタースポンジ生地 (바타스폰지 기지)	butter sponge mixture (버터 스펀지 믹스처)	génoise (제누아즈)
초코 스펀지 반죽	チョコレートスポンジ生地 (쵸코레또스폰지 기지)	chocolate sponge mixture (초컬릿 스펀지 믹스처)	biscuits au chocolat (비스퀴 오 쇼콜라)
아몬드버터 스펀지 반죽	アーモンドバタースポンジ生地 (아몬도바타스폰지 기지)	almond butter sponge mixture (아먼드 버터 스펀지 믹스처)	biscuits au beurre aux amandes (비스퀴 오 뵈르 오 자망드)
슈 반죽	シュー生地(슈 기지)	cream puff paste (크림 퍼프 페이스트)	pâte à choux (파트 아 슈)
쿠키 반죽	クッキー生地(쿡키 기지)	cookie paste (쿠키 페이스트)	pâte à petit four sec (파트 아 프티 푸르 세크)

크림 및 부재료

국 어	일 어	영 어	불 어
크림	クリーム (쿠리무)	cream (크림)	crème (크렘)
생크림	生クリーム (나마 쿠리무)	fresh cream (프레시 크림)	crème fraîche (크렘 프레슈)
치즈크림	チーズクリーム (치즈 쿠리무)	cheese cream (치즈 크림)	crème au fromage (크렘 오 프로마주)
와인크림	ワインクリーム (와인 쿠리무)	wine cream (와인 크림)	crème au vin (크렘 오 뱅)
레몬크림	レモンクリーム (레몬 쿠리무)	lemon cream (레몬 크림)	crème au citron (크렘 오 시트롱)
휘핑된 생크림	泡立てたクリーム (아와다떼따 쿠리무)	whipped cream (휩트 크림)	crème chantilly (크렘 샹티이)
커스터드크림	カスタードクリーム (카스타도 쿠리무)	custard cream (커스터드 크림)	crème pâtissière (크렘 파티시에르)
버터크림	バタークリーム (바타 쿠리무)	butter cream (버터 크림)	crème au beurre (크렘 오 뵈르)
아몬드크림	アーモンドクリーム (아몬도 쿠리무)	almond cream (아먼드 크림)	crème d'amande (크렘 다망드)
슈크림	シュークリーム (슈쿠 리무)	cream puff (크림 퍼프)	choux à la crème (슈 아 라 크렘)
퐁당	フォンダン (혼당)	fondant (폰던트)	fondant (퐁당)
머랭	メレンゲ (메렝게)	meringue (머랭)	meringue (머렝그)
마지팬	マジパン (마지팡)	marzipan (마지팬)	massepain (마스펭)

국 어	일 어	영 어	불 어
잼	ジャム(쟈므)	jam(잼)	confiture(콩피튀르)
마멀레이드	マーマーレード(마마레도)	marmalade(마멜레이드)	marmelade(마르멜라드)
시럽	シロップ(시롭푸)	syrup(시럽)	sirop(시로)
검페이스트	ガムペースト(가무페쓰또)	gum paste(검 페이스트)	pâte de gomme(파트 드 곰므)
누가	ヌガー(누가)	nougat(누가)	nougat(누가)

공정용어

국 어	일 어	영 어	불 어
공정	工程(고우테이)	process(프로세스)	procédé(프로세데)
온도	溫度(온도)	temperature(템퍼러처)	température(탕페라튀르)
습도	濕度(시쓰도)	humidity(휴미더티)	humidité(위미데테)
시간	時間(지칸)	hour(아워)	heure(외르)
분	分(분)	minute(미니트)	minute(미뉴트)
중량(무게)	重量(쥬우료우)	weight(웨이트)	poids(푸아)
반죽(하다)	捏ねる(고네루)	kneading(니딩)	pétrissage(페트리사주)
혼합	混合(곤고우)	blend(블렌드)	mélange(멜랑주)
체(치다)	ふるう(후루우)	sifting(시프팅)	tamiser(타미제)
계량하다	計る(하카루)	measure(메저)	peser(프제)
정리(정돈)	整える(도토노에루)	arrange(어레인지)	arranger(아랑제)
닦다	拭く(후꾸)	wipe(와이프)	essuyer(에쉬예)
찾다	探す(사가쓰)	look for(룩 포)	chercher(셰르셰)
점화하다	點火する(덴까쓰루)	turn on(턴 온)	allumer(알뤼메)
씻다	洗う(아라우)	wash(워시)	laver(라베)
(으깨어) 거르다	裏ごす(우라고쓰)	strain(스트레인)	passer(파세)
(밀어) 펴다	伸(ば)す(노(바)쓰)	roll out(롤 아웃)	rouler(룰레)
굽다	燒く(야꾸)	bake(베이크)	cuire(퀴이르)
자르다	切る(키루)	cut(컷)	couper(쿠페)
거품내다	泡立てる(아와다떼루)	whip(휘프)	battre(바트르)

빵류 제품명

국 어	일 어	영 어	불 어
단과자빵	菓子パン(가시팡)	sweet roll(스위트 롤)	pâte sucré(파트 쉬크레)
흰빵	白パン(시로팡)	white bread(화이트 브레드)	pain blanc(팽 블랑)
흑빵	黒パン(구로팡)	brown bread(브라운 브레드)	pain bis(팽 비)
롤	ロール(로루)	roll(롤)	petit pain(프티 팽)
번즈	バンズ(반즈)	buns(번즈)	petit pain(프티 팽)
바게트	バゲット(바겟또)	baguette(배겟)	baguette(바게트)
크루아상	クロワッサン(구로왓상)	crescent(크레슨트)	croissant(크루아상)
데니시 페이스트리	デニッシュペストリー(데닛슈페스토리)	danish pastry(데니시 페이스트리)	pâtisserie danoise(파티스리 다누아즈)
브리오슈	ブリオシュ(부리오슈)	brioche(브리오시)	brioche(브리오슈)
토스트빵	トーストパン(토스토팡)	tosted bread(토스티드 브레드)	pain griller(팽 그리예)
조리빵	調理パン(쵸우리팡)	cooking bread(roll)(쿠킹 브레드(롤))	pain de cuisine(팽 드 퀴진)
우유빵	ミルクパン(미루꾸팡)	milk bread(밀크 브레드)	pain de lait(팽 드 레)
버터빵	バターパン(빠다팡)	butter bread(roll)(버터 브레드(롤))	pain de beurre(팽 드 뵈르)
호밀빵	ライ麥パン(라이무기팡)	rye bread(라이 브레드)	pain de seigle(팽 드 세글)
건포도빵	レーズンパン(레즌팡)	raisin bread(레이즌 브레드)	pain de raisins secs(팽 드 레젱 섹)
감자빵	じゃがいもパン(쟈가이모팡)	potato bread(포테이토 브레드)	pain aux pomme de terre(팽 오 폼무 드 테르)
보리빵	麥パン(무기팡)	Barley bread(바알리 브레드)	pain d'orge(팽 도르쥬)
냉동빵	冷凍パン(레이또팡)	frozen bread(프로즌 브레드)	pain congelée(팽 콩즐레)
무염빵	無鹽パン(무엔팡)	saltless bread(솔트리스 브레드)	pain sans sel(팽 성 셀)

과자류 제품명

국 어	일 어	영 어	불 어
따뜻한 디저트	溫かいテザート(아따따까이 데자또)	hot sweet(핫 스위트)	entremets chaud(앙트르메 쇼)
찬 디저트	冷たいテザート(츠메따이 데자또)	cold sweet(콜드 스위트)	entremets froid(앙트르메 프루아)
바닐라 아이스크림	バニラアイスクリーム(바니라 아이스쿠리무)	vanilla ice - cream(버닐러 아이스크림)	glace à la vanille(글라스 아 라 바니유)

국 어	일 어	영 어	불 어
커피 아이스크림	コーヒーアイスクリーム (코히 아이스쿠리무)	coffee ice-cream (커피 아이스크림)	glace au café (글라스 오 카페)
레몬 아이스크림	レモンアイスクリーム (레몬 아이스쿠리무)	lemon ice-cream (레몬 아이스크림)	glace au citron (글라스 오 시트롱)
체리 아이스크림	チェリアイスクリーム (체리 아이스쿠리무)	cherry ice-cream (체리 아이스크림)	glace aux cerises (글라스 오 스리즈)
럼바바	ラムババ (라무바바)	baba with rum (바바 위드 럼)	baba au rhum (바바 오 롬)
바나나 머랭	バナナメレンゲ (바나나 메렝게)	banana meringue (버내너 머랭)	banane meringue (바나느 메렝그)
바바루아	ババロワ (바바로와)	babarian cream (버베리언 크림)	crème babaroise (크렘 바바루아즈)
딸기 바바루아	いちごババロワ (이찌고 바바로와)	strawberry babarian cream (스트로베리 버베리언 크림)	babaroise aux fraises (바바루아즈 오 프레즈)
수플레	スフレ (스후레)	souffle(수플레)	soufflé(수플레)
아이스 봄브	ポンブ・グラッセ(봄부 구랏세)	ice bombe(아이스 봄브)	bombe glacée(봉브 글라쎄)
푸딩	プディング(푸딩구)	pudding(푸딩)	pouding(푸딩)
밀푀유	ミルフィーユ(미루휘유)	cream slice(크림 슬라이스)	mille-feuille(밀푀유)
과일 샐러드	フルーツサラダ (후루-츠 사라다)	fruits salad (프루츠 샐러드)	macédoine de fruit (마쎄두안느 드 프뤼)
마카롱	マカロン(마카론)	macaroons(매커룬)	macaron(마카롱)
마롱 글라세	マロングラッセ (마론 구랏세)	glazed chestnut (글레이즈드 체스트넛)	marrons glacés(마롱 글라세)
젤리	ゼリー(제리-)	jelly(젤리)	gelée(즐레)
크레프	クレープ(쿠레푸)	crepe(크레이프)	crêpe(크레프)
오믈렛	オムレット(오무렛또)	omelet(오믈릿)	omelette(오믈렛뜨)
타르트	タルト(타루또)	tart(타르트)	tarte타르트(타트)
과일 타르트	フルーツタルト(후르츠 타루또)	fruits tart(프루츠 타르트)	tarte aux fruits(타르트 오 프뤼)
체리 타르트	チェリータルト(체리 타루또)	cherry tart(체리 타르트)	tarte aux cerises(타르트 오 스리즈)
딸기 타르트	いちごタルト(이찌고 타루또)	strawberry tart(스트로베리 타르트)	tarte aux fraises(타르트 오 프레즈)
사과 타르트	りんごタルト(링고 타루또)	apple tart(애플 타르트)	tarte aux pommes(타르트 오 폼므)
배 타르트	ペアータルト(페아 타루또)	pear tart(페어 타르트)	tarte aux poires(타르트 오 푸아르)
파인애플 토르테	パイナップルトルテ (파이낫푸루 토루테)	pineapple cake (파인애플 케이크)	gâteau à l'ananas (가토 아 라나나스)

국 어	일 어	영 어	불 어
사커 토르테	ザッハトルテ(잣하 토루테)	sacher cake (사커 케이크)	gâteau au chocolat à la sacher (가토 오 쇼콜라 아 라 사세)
모카 토르테	モカトルテ(모카 토루테)	mocha cake(모카 케이크)	tourteau au moka (투르토 오 모카)
초콜릿 토르테	チョコレートトルテ (쵸코레또 토루테)	chocolate cake (초컬릿 케이크)	tourteau au chocolat (투르토 오 쇼콜라)
타르트레트	タルトレット(타루토렛토)	tartlet(타트릿)	tartlettes(타르트레트)
과일 타르트레트	フルーツタルトレット (후르츠 타루토렛또)	fruits tartlet (프루츠 타트릿)	tartlettes aux fruits (타르트레트 오 프뤼)
복숭아 타르트레트	ピーチタルトレット (피치 타루토렛또)	peach tartlet (피치 타트릿)	tartlettes aux pêche (타르트레트 오 페쉬)
오렌지 타르트레트	オレンジタルトレット (오렌지 타루토렛또)	orange tartlet (오린지 타트릿)	tartlettes aux oranges (타르트레트 오 오랑주)
라스베리 타르트레트	ラズベリータルトレット (라즈베리 타루토렛또)	raspberry tartlet (라스버리 타트릿)	tartlettes aux framboises (타르트레트 오 프랑부아즈)
살구 타르트레트	アプリコットタルトレット (아프리콧토 타루토렛또)	apricot tartlet (애프리콧 타트릿)	tartlettes aux abricots (타르트레트 오 자브리코)
소형케이크	プーチ・ガトー(푸치 가토)	small cakes(스몰 케이크)	petits gâtea(프티 가토)
체리 소형케이크	チェリプチ・ガトー (체리 푸치가토)	small cherry cakes (스몰 체리 케이크)	petits gâteaux aux cerises (프티가토 오 스리즈)
아몬드 케이크 슬라이스	アーモンドケーキスライス (아몬드 케키 스라이스)	almond cake slices (아먼드 케이크 슬라이스)	tranche aux amandes (트랑슈 오 자망드)
초콜릿 케이크 슬라이스	チョコレートケーキスライス (쵸코레또 케키 스라이스)	chocolate cake slices (초컬릿 케이크 슬라이스)	tranche aux chocolat (트랑슈 오 쇼콜라)
핑거 비스킷	フィンガービスキュイ (휭가 비스퀴)	finger biscuit (핑거 비스킷)	biscuit à la cuillère (비스퀴 아 라 퀴에르)
비스퀴 글라세	ビスキュイグラッセ (비스퀴 구랏세)	ice biscuit (아이스 비스킷)	biscuit glacé (비스퀴 글라세)
슈 껍질	シュー皮(슈히)	puff(퍼프)	chou(슈)
아이스 쿠페	アイスのクープ(아이스노쿠프)	ice coupe(아이스 쿠페이)	coupe de glacée(쿠프 드 글라세)
구운 사과	焼きりんご(야끼링고)	baked apple(베이크드 애플)	pomme au four(폼 오 푸르)
과일 콩포트	フルーツコンポート (후르츠 콤포토)	stewed fruits (스튜드 프루츠)	compote de fruits (콩포트 드 프뤼)
팬 케이크	パンケーキ(판 케키)	pan cake(팬 케이크)	pannequet(판느케)
생과자	生菓子(나마카시)	cake(케이크)	gâteau(가토)
당과	糖菓(도카)	candy(캔디)	confiseries(콩피즈리)
도넛	ドーナッツ(도낫츠)	doughnut(도넛)	berline(베르린느)

제과제빵 산업기사 출제 기준[필기]

한국산업인력공단

직무 분야	식품가공	중직무분야	제과·제빵	자격 종목	제과·제빵산업기사	적용 기간	2022.1.1.~2024.12.31.

※ 직무내용 : 과자류·빵류 제품 제조에 필요한 이론지식과 숙련기능을 활용하여 생산계획을 수립하고 재료구매, 생산, 품질관리, 판매, 위생 업무를 실행하는 직무이다.

필기검정방법	객관식	문제수	60	시험시간	1시간 30분

제빵 산업기능사

과목명	주요항목	세부항목	세세항목
위생안전관리	1 빵류 제품 생산 작업 준비	1 개인위생 점검	1 개인위생 점검
		2 작업환경 점검	1 생산 전 작업장 위생 점검
		3 기기 도구 점검	1 기기도구 점검
		4 재료 계량	1 배합표 작성 및 점검
	2 빵류 제품 위생 안전관리	1 개인 위생안전관리	1 공정 중 개인위생관리 2 교차오염관리 3 식중독 예방관리 4 경구감염병
		2 환경 위생안전관리	1 작업환경위생관리 2 미생물관리 3 방충, 방서관리 4 이물관리
		3 기기 위생안전관리	1 기기위생안전관리
		4 식품위생 안전관리	1 위해요소관리 2 공정안전관리 3 재료위생관리 4 식품위생법규
	3 빵류 제품 품질관리	1 품질기획	1 품질관리
		2 품질검사	1 제품품질 평가
		3 품질개선	1 제품품질 개선관리
제과점 관리	1 빵류 제품 재료 구매 관리	1 재료 구매관리	1 재료구매·검수 2 재료 재고관리 3 밀가루 특성 4 부재료 특성 5 영양학
		2 설비 구매관리	1 설비관리
	2 매장 관리	1 인력관리	1 인력관리 2 직업윤리
		2 판매관리	1 진열관리 2 판매활동 3 원가관리
		3 고객관리	1 고객 응대관리
	3 베이커리 경영	1 생산관리	1 수요 예측 2 생산계획 수립 3 생산일지 작성 4 제품 재고 관리
		2 마케팅관리	1 고객 분석 2 마케팅
		3 매출손익 관리	1 손익관리 2 매출관리
빵류 제품 제조	1 빵류 제품 스트레이트 반죽	1 스트레이트법 반죽	1 스트레이트법 반죽 2 비상스트레이트법 반죽
	2 빵류제품 스펀지 도우 반죽	1 스펀지반죽	1 스펀지법 반죽
	3 빵류제품 특수 반죽	1 특수 반죽	1 사우어도우법 반죽 2 액종법 반죽 3 다양한 반죽(탕종 등)
	4 빵류제품 반죽발효	1 반죽발효	1 1차 발효관리 2 2차 발효관리 3 다양한 발효관리 (유산균, 저온발효 등)
	5 빵류제품 반죽정형	1 반죽정형	1 반죽 분할, 둥글리기, 중간 발효, 성형, 패닝
	6 빵류제품 반죽익힘	1 반죽 익힘	1 반죽 굽기 2 반죽 튀기기
	7 기타 빵류 만들기	1 기타빵류 제조	1 페이스트리 제조 2 조리빵 제조 3 고율배합빵 제조 4 저율배합빵 제조 5 냉동빵 제조
	8 빵류제품 마무리	1 빵류제품 충전 및 토핑	1 충전물 제조 2 토핑 제조
	9 빵류제품 냉각포장	1 냉각 및 포장관리	

제과 산업기능사

과목명	주요항목	세부항목	세세항목
위생안전	1 과자류 제품 생산 작업준비	1 개인위생 점검	1 개인위생 점검
		2 작업환경 점검	1 생산 전 작업장 위생 점검
		3 기기 도구 점검	1 기기도구 점검
		4 재료 계량	1 배합표 작성 및 점검
	2 과자류 제품 위생 안전 관리	1 개인위생 안전관리	1 공정 중 개인위생관리 2 교차오염관리 3 식중독 예방관리 4 경구감염병
		2 환경위생 안전관리	1 작업환경위생관리 2 미생물관리 3 방충, 방서관리 4 이물관리
		3 기기 위생 안전관리	1 기기위생안전관리
		4 식품위생 안전관리	1 위해요소관리 2 공정안전관리 3 재료위생관리 4 식품위생법규
	3 과자류 제품 품질 관리	1 품질기획	1 품질관리
		2 품질검사	1 제품품질 평가
		3 품질개선	1 제품품질 개선관리
제과점 관리	1 과자류 제품 재료 구매 관리	1 재료 구매관리	1 재료구매·검수 2 재료 재고관리 3 밀가루 특성 4 부재료 특성 5 영양학
		2 설비 구매관리	1 설비관리
	2 매장 관리	1 인력관리	1 인력관리 2 직업윤리
		2 판매관리	1 진열관리 2 판매활동 3 원가관리
		3 고객관리	1 고객 응대관리
	3 베이커리 경영	1 생산관리	1 수요 예측 2 생산계획 수립 3 생산일지 작성 4 제품 재고 관리
		2 마케팅관리	1 고객 분석 2 마케팅
		3 매출손익 관리	1 손익관리 2 매출관리
제과류 제품 제조	1 과자류제품 재료혼합	1 반죽형 반죽	1 반죽형 반죽 제조
		2 거품형 반죽	1 거품형 반죽 제조
		3 퍼프 페이스트리 반죽	1 퍼프 페이스트리 반죽 제조
		4 부속물 제조	1 충전물, 토핑물, 장식물 제조
		5 다양한 반죽	1 슈, 타르트, 파이 등 제조
	2 과자류제품 반죽정형	1 케이크류 정형	1 케이크류 정형
		2 쿠키류 정형	1 쿠키류 정형
		3 퍼프페이스트리 정형	1 퍼프페이스트리 정형
		4 다양한 정형	1 슈, 타르트, 파이 등 정형
	3 과자류제품 반죽익힘	1 반죽 익힘	1 반죽익힘 관리 (굽기, 튀기기, 찌기 등)
	4 초콜릿제품 만들기	1 초콜릿제품 제조	1 초콜릿 원료에 대한 지식 2 초콜릿제품 제조 및 보관
	5 장식케이크 만들기	1 장식케이크 제조	1 아이싱크림 만들기 2 완성하기
	6 무스케이크 만들기	1 무스케이크 제조	1 무스케이크 제조
	7 과자류제품 포장	1 과자류제품 냉각	1 냉각
		2 과자류제품 마무리	1 장식 및 마무리 (충전물, 성형, 시럽)
		3 과자류제품 포장	1 포장재 및 포장 방법
	8 과자류제품 저장유통	1 과자류 제품 저장 및 유통	1 실온·냉장·냉동보관 온도 및 습도관리 2 유통 시 온도관리